识干家

日進日新 學以致用

制造企业上10亿其实并不难

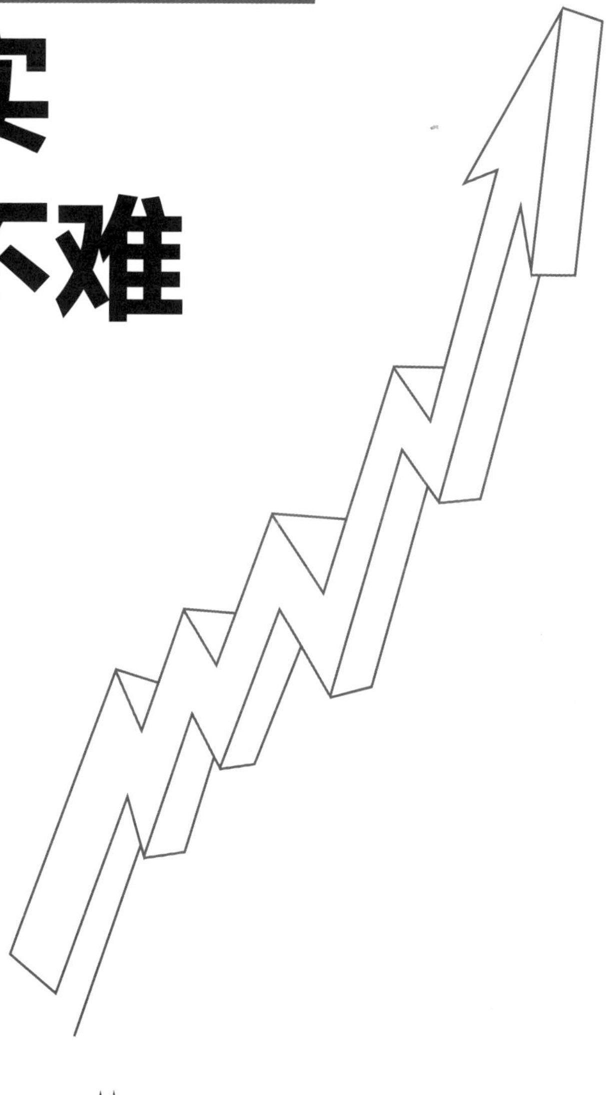

杨小林◎著

北京燕山出版社
BEIJING YANSHAN PRESS

图书在版编目（CIP）数据

制造企业上10亿其实并不难 / 杨小林著. -- 北京 ：北京燕山出版社，2020. 7

ISBN 978-7-5402-5768-2

Ⅰ. ①制… Ⅱ. ①杨… Ⅲ. ①制造工业－中小企业－工业企业管理－研究－中国 Ⅳ. ①F426. 4

中国版本图书馆CIP数据核字（2020）第119189号

书　　名：制造企业上10亿其实并不难
作　　者：杨小林
责任编辑：满　懿
出版发行：北京燕山出版社
地　　址：北京市丰台区东铁营苇子坑路138号
网　　址：http://www. bjyspress. com
电　　话：（010）65240430
电子邮箱：bjyspress@126. com
印　　刷：河北宝昌佳彩印刷有限公司
经　　销：新华书店
规　　格：170毫米×240毫米　16开本　26. 5印张　407千字
版　　次：2020年9月第1版　2020年9月第1次印刷
定　　价：98. 00元

一般制造型企业的全面崛起，还要补哪些课？

当下企业所面临的经营环境正发生着深刻变化、产业行业也不断被重新定义，但我国一般制造型企业仍然呈现明显地多而不精、大而不强的整体特征。

本书是笔者服务世界一流制造型企业和从事咨询顾问实战20年的部分精华归纳与提炼，是管理科学在世界一流企业、国有企业、民营企业、港台企业反复实践后的"方法论"呈现，其目的在于解决当下一般制造型企业不精、不强的源头共性问题。书中对一般制造型企业的计划经营、设计开发、质量管理、现场制造、生产计划和管理会计提出了独到的底层实践见解，在原创近300幅模型、模板、图表的过程中，紧紧围绕Do what、Why和How to do提出了系统而行之有效的管理操作要求及建议，是一般制造型企业经营决策者及高管的随身工具书。

第一关：计划经营，谋全局者胜。依据企业所处的内外部环境，构建企业中长期发展蓝图，科学合理地设定年度经营目标、确定行之有效的年度经营计划、预备必要的投放资金是企业年复一年走向成功的开始，同时不断发展完善组织团队、优化改造管理制度、分享企业经营所得是企业走向成功的基本保证。

第二关：设计驱动，从源头做提升。设计开发应精准地抓取终端消费者的需求，通过全生产要素评估系统、联合设计开发模式、无浪费地制造过程设计技术，在同步工程和设计开发平台的支持下，实现企业决策者向设计开发要经营效益的目的。

第三关：质量管理，管了就会优。经营决策者应从质量管理体系失效反省入手，重视供应商质量、回归过程控制伦理，深入问题本质，以质量成本的分析和改善为切入点，有序推进质量文化建设。

第四关：现场制造，价值的源泉。通过打造可营销的制造现场、快速提高有效效率、大力革新生产方式、正确导入自働化及卓越班组建设等行之有效的措施，建立一个低成本、快流通、准交付的现场生态系统。

第五关：工厂运营，产销要均衡。经营决策者对工厂的运营管理应以生产计划为抓手，平衡产销矛盾、创建科学的工厂运营环境，让订单像高铁一样在工厂有序、高效运行，并持续缩短计划的交付周期，推动工厂的管理、技术进步。

第六关：管理会计，利润最大化。企业要想经营成功，首先应建立正确的经营姿态，经营决策者对企业经营业绩的检验和解读应有助于企业管理行为和规范的形成。借此不断提高企业经营的宽裕率、科学降本、平衡现金收支等，将助力企业和经营决策者走向成功。

本书各章可自成一体，亦互相关联、递进，建议企业经营决策者及高管按章节次序研读、学习。

全要素竞争，永续经营胜在基础管理。

近年来，很多世界一流老牌企业被唱衰——管理外强中干，以致不断瘦身、节节败退……其中不乏 Sony、Panasonic、Toshiba 等显赫一个时代的世界一流企业。然而事实果真如此吗？

笔者早年工作期间，曾得到 TDK 执行役植村先生、工场长佐佐木先生、UL Panasonic 原顾问山内义春先生、Omron 原制造部长松尾定次先生的数年教导，所以对日系企业的产业布局与发展有所了解。笔者于 2006 年就已详细研读了 TDK、Omron、Panasonic 等企业的中长期经营计划，如被唱衰的 Panasonic 曾在 1999 年制定的“Panasonic 2000 - 2010 年经营计划”中已预测到：“2004 年，Panasonic 海外中国区家电事业的利润会跌破两位数，于 2010 年左右利润将会跌破 3%，于 2012 年前后可能出现的赤字（亏损）风险将大幅增加。”因此，Panasonic 于 2000 - 2010 年的经营计划中明确提出：

- 2002 年，将制定海外中国区传统电器事业于 2010 年全面撤退的管理计划。
- 2005 年，将启动海外传统电器事业的重组和布局。
- 2010 年，将启动海外中国区传统电器事业的撤退和转移。

2013 年后，我们看到的 Panasonic “败退”，实则是 Panasonic 在执行 10 年前的既定经营策略。完整的商业逻辑、敏锐的经营触觉、科学精细的经营管理，让 Panasonic 在中国区赚得盆满钵满后从容撤退。其实，类似的案例很多，包括与笔者早年工作期间有着密切合作的 Emerson、Osram、Honeywell 等世界一流企业都是如此。

这些百年巨擘的持续成功基因是什么？他们做对了什么？襟怀敬畏之心，仅从工厂管理研究来看，笔者发现他们具有以下几个显著共性特征：

- 具备了强大的先知先觉和先行能力，让经营更从容。
- 形成了科学严谨的价值识别、价值控制和价值创造体系，让管理更精准。
- 实现了工厂总控、职能担当和单元落地三级协同，让运营更高效。

自《公司法》（1993年）、《合伙企业法》（1997年）、《个人独资企业法》（1999年）陆续颁布算起，我国一般制造型企业，特别是民营企业成就非凡，其快速成长大概经历了以下五个阶段：

- 2000年前的闯王开创阶段，经营决策者的商业胆识+市场真空+社会红利=大部分企业经营成功。
- 2005年前的价格竞争阶段，经营决策者的勤劳+市场机遇+社会红利=大部分企业经营业绩尚佳。
- 2010年前的质量竞争阶段，经营决策者的智慧+社会红利=大部分企业经营业绩尚可。
- 2015年前的品牌竞争阶段，经营决策者的创新+企业变革=小部分企业经营业绩尚可。
- 2015年后的全维竞争阶段，（人才+品牌+渠道+技术+环保+管理）竞争=极少部分企业经营业绩尚可。

的确，我们现在是制造大国，但还远没有达到制造强国的水准，尽管我们在不少领域已经取得了重大技术突破。从企业收益能力、管理成熟度和永续经营角度而言，一般制造型企业与世界一流老牌企业相比，至少还有30年以上的差距。这些差距就在企业的基础管理层面，如企业的经营规划、设计开发、质量管理、现场制造、生产计划和管理会计等领域，特别是在全要素竞争的今天，企业之间这些基础管理上的差距往往是致命的。

然而，当今国际政经环境更加多变、技术迭代更加迅猛、人口土地红利消失殆尽、国家政策监管更加完善、市场需求更加透明、新兴经济体更加成熟开放……经营决策者更应深度思考以下问题：

- 企业将依靠什么存续下去？
- 企业如何再次取得成功？
- 支持企业存续与再次成功的基础条件是什么？
- 一般制造型企业将如何构建这些基础条件？

实际上，上述四个问题是 2009 年 5 月一次高级别闭门会议中 TDK 执行役植村先生给予笔者的质询与教育。受此启发，笔者带着上述问题于 2009 年 9 月进入咨询顾问领域，试图转换视角为中国一般制造型企业寻找答案。

经过 3 年实践，虽然被辅导的十余家一般制造型企业在 P（效率）、Q（质量）、C（成本）、D（交期）、S（安全）、M（士气）上均有显著的进步，但距离解答一般制造型企业的持续成功问题还有相当长的路要走。笔者总结归纳后的主要原因有以下几点：

- “快金主义”“成功学”等给予了一般制造型企业错误的思想引导，绝大部分经营决策者缺少企业家精神。
- 经营决策者缺少科学、高效的工作范式，长期用“个人之力”驱动企业发展。
- 企业持续盈利能力不强，经营决策被迫陷入“当下优先”的恶性循环。
- 经营决策者对企业创造价值的源头及基础认知不足，没有建立起科学、严谨的经营管理逻辑。

为了便于研究，2012 年开始，笔者精心选择了一批经营 15 年以上、有强烈企业家精神的大型国有企业、中国台湾高科技企业、中国香港知名品牌企业，以及数家民营企业入厂辅导和实践研究，他们分别是：河钢唐山钢铁股份有限公司、中策朝阳轮胎有限公司、东莞物资集团、半导体封装杰群科技公司、时代皮具、东进农牧集团、创新家具、健隆化工、新崎机械、港之鞋业、泛亚压铸、美亚环球木业、幸福之光照明电器、美珑美利刀具……

在入厂辅导和实践研究过程中，笔者在引导企业回归价值创造源头及基础条件上，一步一个脚印、言传身教，将世界一流企业的基础管理技术和实践一一传承。7 年来，这些企业扛住了外部经营环境的恶化、盈利能力企稳并有序提升，更重要的是其底层价值逻辑、基础管理、经营体制和组织成长方面的长足进步显著巩固了他们的行业地位。

经过多年实践、反复验证后，笔者于 2016 年 10 月回顾、小结这些年工作和研究成果，旨在为一般制造型企业，特别是产值在 1 亿 ~10 亿元人民币的中小企业提供一条“夯实基础管理、促进企业持续发展”的参考出路。

为便于企业经营决策者及高管们学习和实践，笔者将这条修行之路拆分为计划经营、设计开发、质量管理、现场制造、生产计划和管理会计六个独立而又紧密关联的模块，并坚持以作业指导书的表达方式进行阐述——尽管这样的成书难度极高。

2017年开始，由于笔者接到的企业管理研究的工作量急剧增加，中途写作更加缓慢。创作跨越四个年头，今天成书，是给予培养笔者20年的制造型企业一个迟到的回报，期望本书能够给予广大中小制造型企业在永续经营和再次成功的探索中有所助益，于是，甚慰！

本书的成形，首先要感谢TDK执行役植村先生，没有他于2009年给予笔者的鞭策就没有笔者后来的研究之路；也要感谢TDK工场长佐佐木先生，在2009年6月的一次晚宴中，他还特别鼓励笔者结合中国实情研究植村先生提出的问题；特别要感谢笔者的导师与忘年之交UL Panasonic原顾问山内义春先生和工作训导Omron原制造部长松尾定次先生的数年教导，以及中国台湾地区老一辈企业家廖万斌先生早年给予笔者的企业经营理念与治理启蒙；还要感谢《孙子兵法》传播者杨天林老师于本书创作之初给予笔者的支持和勉励；最后要感谢的是这些年来一直协助笔者从事管理实践与研究的各个企业。本书能与读者顺利见面，与博瑞森张总和贺君编辑团队的努力密不可分，在此一并感谢！

杨小林

第一关　计划经营，谋全局者胜

第三关 质量管理，管了就会优

第四关 现场制造，价值的源泉

第五关 工厂运营，产销要均衡

第六关　管理会计，利润最大化

第一关

计划经营，谋全局者胜

现实中，很多经营决策者经常遇到以下问题：

● 经营决策者、高中层管理者、基层作业者认知各不相同，企业竞争力大打折扣。

● 资源配置的合理性、必要性、适时性不规范，最终由经营决策者买单。

● 绩效是否发放、怎么发放、发放多少，总会“好心办坏事”。

● 大事小事一把抓，企业过于依赖经营决策者。

● 市场环境瞬息万变，各种不确定、风险总是突然来袭。

● 企业经营多年，但一直没有做大……

这究竟是什么原因？是否可以更有效地解决？计划经营可以做些什么？从经营决策者的角度而言，计划经营要协助回答如下问题：

我们面临什么样的环境？我们的目标是什么？我们要做什么？我们该如何做？我们如何把控风险？

一个科学、有效的计划经营系统具有图 1.1 的重要作用。

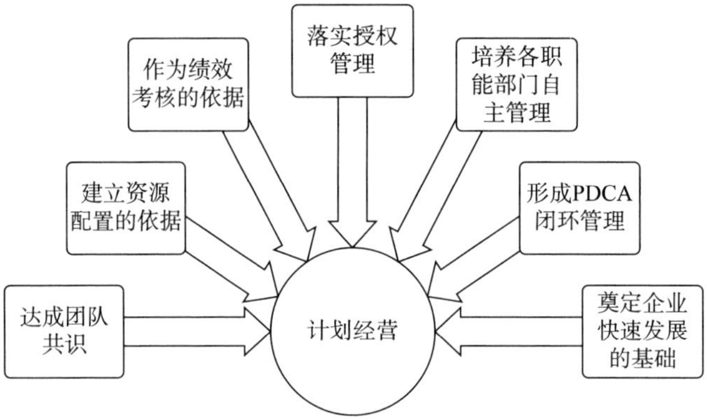

图 1.1　计划经营系统的作用

第一节　企业经营环境分析

自《公司法》(1993 年)、《合伙企业法》(1997 年)、《个人独资企业法》(1999 年)陆续颁布算起，我国一般制造型企业，特别是民营企业成就非凡。当今国际政治经济环境更加多变、技术迭代更加迅猛、人口土地红利消失殆尽、国家政策监管更加完善、市场需求更加透明、新兴经济体更加成熟开放……在全维竞争的时代，很多一般制造型企业面临增长困难、持续盈利能力衰退等严峻的问题。过往粗放的运作，已不太可能支持企业的持续经营与再次成功。

经营，必须回归初心：

- 我们的愿景是什么？成为一家什么样的企业，如行业地位、社会贡献、员工感受如何？

- 我们的目标是什么？主要的经营业绩期望，如企业的成长性、收益性、安全性、资产效率性等目标是什么？

- 我们将靠什么获取利润？依据什么赚钱，如介入哪些产业、主攻哪些区域、服务哪些客户、主营哪些产品？

- 我们需要具备或建立哪些核心能力，如品牌营销、工程技术、生产制造、质量管理、组织团队、经营分析？

如果我们能够回答清楚上述问题——经得起时间的拷问，那么我们创办的事业、经营的企业更容易获得成功。

如何回答这些问题呢？这需要企业经营决策者不断做出一系列的取舍。我们将这一统筹、谋划企业发展的全局性思考与系统性的布局过程称为企业策略或企业发展规划蓝图，它直接关乎企业的兴衰成败和长远发展。

一个优秀的企业策略又是从何而来？我们该如何进行企业策略拟定前的研究和分析？请参考图 1.2 的企业经营环境对称分析模型。

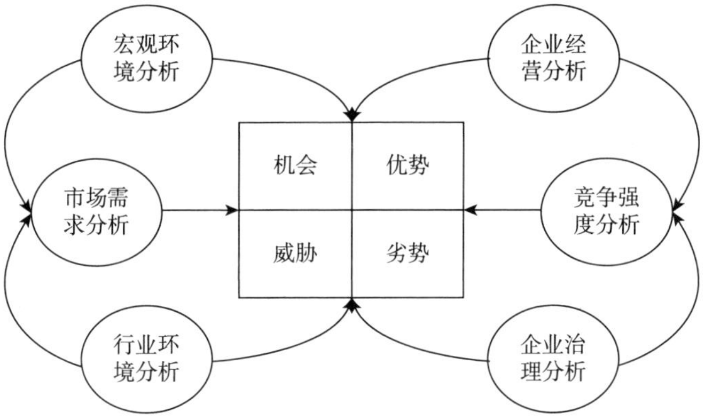

图 1.2 一般制造型企业经营环境对称分析模型

任何企业都置身于特定的历史潮流中，“适者生存”是企业无法规避的现实课题。如何科学、全面地把握企业正确的前进方向，需要经营决策者对内外部环境有清晰认知和准确判断。如果说企业外部环境分析是解决“知彼”，那么企业内部环境分析则是为了更好地“知己”，这是确保企业策略理性、促成企业策略成功的重要基础。

一、宏观经营环境分析

宏观经营环境分析包括政治及法律、经济、社会和技术层面，其作用及内容简述如下。

（一）政治及法律分析

政治与法律是企业经营决策者在识别宏观环境、制定企业策略应确认的首要因素，它对企业当下和未来的影响与作用力是无与伦比的，它直接限制和约束了企业的行为。

◎企业所处国家或区域的政治局势分析：政局是否稳定、执政当局的态度、政治趋势、利好政策及其连续性和稳定性等。

◎企业所处国家或区域的法律法规及标准分析：劳动法、专利法、商标法、经济合同法、税法、清洁生产法、环保法令、健康安全法规、国家标准等。

（二）经济分析

经济状况、经济条件是影响企业经营的直接作用因素，经济统计学数据表明：大多数企业的发展均与经济形势存在较强的线性正相关。

企业所处国家或区域的经济表现分析：经济总量、经济结构、人均生产总值、人均收入、人均可支配收入、物价指数、恩格尔系数、消费态度、黄金及大宗商品价格、交通、物流等。

（三）社会分析

企业置身于社会，为服务社会、改造和推动社会的进步而存在，所以社会人口、文化价值观、消费习惯是制约企业经营发展的基础因素。

◎企业所处国家或区域的人口分析：人口总量、人口密度、年龄结构、人口寿命、男女比例、家庭规模等。

◎企业所处国家或区域的文化价值分析：教育程度、民族宗教、风俗习惯、职业构成、价值取向、思想态度、道德观念等。

◎企业所处国家或区域的消费习惯分析：消费模式、消费时机、消费决策者、消费决策者的特质等。

（四）技术分析

科学技术的发展和进步必将影响消费需求的变化，最终促使企业经营、管理和运营的改变。技术作为企业发展的关键因素，其对企业的作用力越来越明显，如：

◎以蒸汽机、电灯、计算机、互联网为代表的创造发明，催生了很多新的产业。

◎以石墨烯为代表的新材料正在衍生很多新产品。

◎以3D打印为代表的新工艺大幅提升了生产效率。

◎以智能机器人为代表的新设备正在大规模代替人工……

二、市场及行业环境分析

（一）市场需求分析

◎历史需求分析：过去1～20年市场需求量、品类、产品、趋势等。

◎未来需求预测分析：未来1～10年市场需求量、品类、产品、趋势等。

◎市场需求制约分析：历史、当下、未来影响市场需求量、品类、产品的制约因素等。

（二）市场供给分析

国际、国内、区域市场结构的分析应预警企业所处行业不同阶段的供给平衡情况，作为企业介入或发展规划的依据，所以这些分析至少应该结合如下信息：

◎当下竞争企业的数量、规模能力、市场份额、供给组织形态等。

◎未来可能出现的供给量增长预测。

（三）行业集约度分析

国际、国内、区域、行业前10～20名企业的市场份额往往体现了本行业的集约水平（一般制造型企业可参见表1.1判断）和竞争激烈程度，例如2017—2018年华为、OPPO、vivo、小米、苹果手机占据国内73%～88%的市场份额。

表1.1 行业集约度CR判断标准

市场结构	集约度	
	CR_4%	CR_8%
寡占Ⅰ型	$CR_4 \geqslant 85$	—
寡占Ⅱ型	$75 \leqslant CR_4 < 85$	$CR_8 \geqslant 85$
寡占Ⅲ型	$50 \leqslant CR_4 > 75$	$75 \leqslant CR_8 < 85$
寡占Ⅳ型	$35 \leqslant CR_4 < 50$	$45 \leqslant CR_8 < 45$
寡占Ⅴ型	$30 \leqslant CR_4 < 35$	$40 \leqslant CR_8 < 45$
竞争型	$CR_4 < 30$	$CR_8 < 40$

当时间坐标与行业集约度构建线性分析时，我们往往能更直观地发现行业集约度的整合演变趋势，这种趋势可做如下解读：

◎单位时间内（1~3年）趋势上升较快时，竞争一般比较激烈、行业整合加快，此时已占据优势的企业通常会通过品牌、渠道、价格、资本运作等手段提高市场占有率。

◎单位时间内（1~3年）趋势较为平稳时，竞争一般比较有序，但优势企业的地位已经建立，企业的大举扩张会受到抵制，此时通常较适宜于差异化、细分化策略。

（四）行业生命周期分析

行业不同，行业的生命周期差异较大，但理论上都存在退出时间。如同产品一样，其导入、成长、成熟及衰退都存在客观规律，这些规律的探寻不仅表现在企业行业层面，更反映在企业的经营绩效中。如图1.3所示。

◎导入期。企业成长性一般较好，如营业额增加的良好表现、营业研究开发费用投入较多。

◎成长期。企业成长性极佳，如营业额增加迅速，同时企业收益性变强、安全性提高，如资本收益率、营业利润率、资本流动比率、固定费用率等均会表现较好。

◎成熟期。企业成长性下降。如营业额持续高速增加困难，同时企业在损益平衡点、营业费用率、营业利润率方面表现较为稳定，但脱颖而出的新产品开发将会变得比较困难。

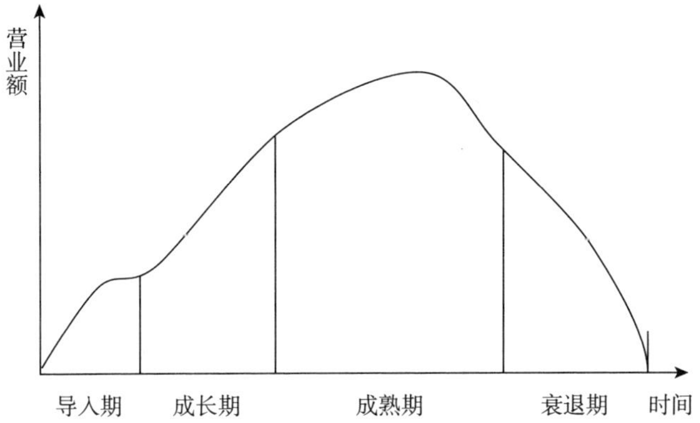

图 1.3　行业生命周期特征

◎衰退期。市场需求减少、产品及竞争对手减少，企业营业额下降，此时，过度维护企业成长性而付出的代价将会显著提高，损益平衡会提高、营业费用率及研究开发费用会提高，企业经营安全性普遍降低。

三、竞争强度分析

当下及未来，企业不可避免地受到如下利益驱动因素的影响：

◎竞争威胁。现有的竞争对手、未来可能出现的新进入资本和替代品。如图 1.4 所示。

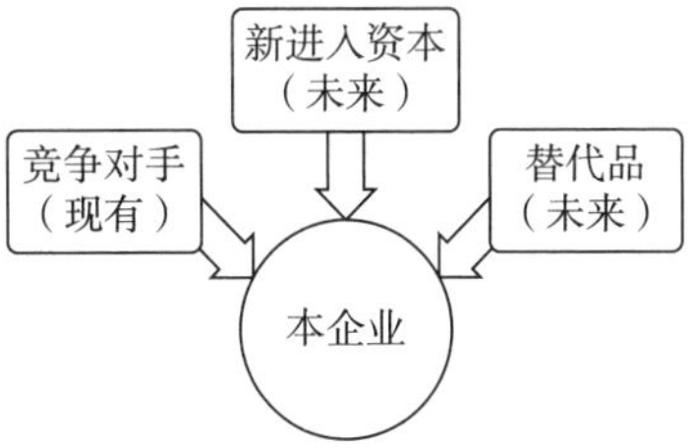

图 1.4　竞争威胁模型

◎反作用力量。价值链中客户、供应商和员工的利益诉求。如图 1.5 所示。

企业经营决策者在宏观经营环境分析、市场及行业环境分析、竞争强度分析后，应将外部环境因素提炼归纳为“机会”和“威胁”，并运用“外部环境因素总结评估表”就这些因素对企业影响的重要程度进行评估，

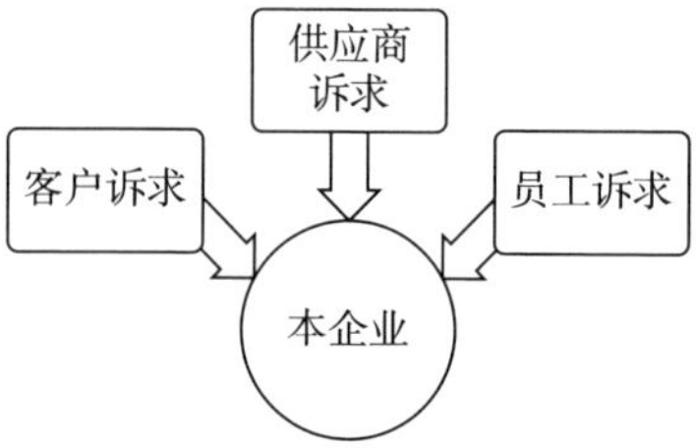

图1.5　反作用力量模型

确认企业应该做出反应的情况或等级。以某钢铁企业为例，请参考表1.2外部环境因素总结评估表。

表1.2　某钢铁企业外部环境因素总结评估表

外部环境因素		比重/%	企业自评分数					得分	备注
			1	2	3	4	5		
机会	“中国制造2025”战略	10					5	0.5	
	国民生活水平持续提升	10				4		0.4	
	冶金与炼钢科技进步	10				4		0.4	钢材应用能力较好
	欧美地区产能不足	10				4		0.4	
	行业产品质量平均水准不高	10				4		0.4	
威胁	汇率变化幅度较大	10				4		0.4	90%以上产品出口
	行业门槛较低	10			3			0.3	
	客户每年定期降价	10			3			0.3	
	材料价格及人工成本上涨	10			3			0.3	
	老品牌成长及兼并迅速	10			3			0.3	
合计		100	0	0	12	20	5	3.7	

四、企业经营分析

在企业经营分析中，有关收益性、成长性及安全性等指标的分析，请参见第六关第二节经营业绩诊断。

企业核心竞争力分析：在第四次工业革命时代，企业不是从实物中获取利润，而是通过知识和科学技术创造价值。经营决策者通过对企业核心竞争力的分析，确认企业为消费者创造价值的能力。企业核心竞争力的分析步骤及输出模式，请分别参见图1.6、表1.3。

企业能力是指经营决策者、各级员工在信息、技术、知识等领域的交流学习与成长，这种能力很多时候是建立在经营决策者和各级员工的专长方面。企业能力表现在营销能力、开发能力、生产能力、质量控制能力、计划调试能力、物流配送能力、售后服务能力、人力资本管理能力、财务资本管理能力等方面。

企业竞争能力是指企业能力在内部多个具体职能的整合、协同，它对客户而言就是下达订单的理由和动机。企业竞争力表现在对客户需求的呼应速度（如按期完成项目或交付）、客户对本企业价值的认同度（如满意度、美誉度、新产品开发的中标，可信度、忠诚度及知名度等）。它是客户使用研究、产品工程开发、信息系统及设备技术能力整合的结果。

企业核心竞争力是指企业竞争力跨越多个职能领域的交集，它对企业的作用相当于刀具的“利刃”，但又遍布企业各职能人员和人力资本中，是竞争对手难以模仿和复制的。企业核心竞争力表现在品牌价值、产品开发、准时生产、低成本、员工能力、企业文化等方面。

图 1.6　一般制造型企业核心竞争力分析三部曲模型

表 1.3　一般制造型企业核心竞争力分析结果表

定义	能力因素	能力表现
核心竞争力是企业竞争力中最基本的、能使整个企业保持长期稳定的竞争优势，获得稳定超额利润的竞争力，是将技能资产和运作机制有机融合的企业组织能力，它具有以下特征： ■决定组织是否成功的关键性因素 ■能够显著地为客户带来收益或节约成本 ■塑造这种能力花费了相当长的时间，竞争对手难以在中短期内模仿	客户开发与服务能力	·庞大的客户网络和渠道 ·良好的信誉和客户关系 ·充分把握客户需求 ·良好的客户服务和解决方案
	低成本高品质竞争能力	·强大的物资采购成本控制 ·卓越的生产制造成本控制 ·高效的销售效率 ·良好的管理费用、财务费用控制 ·优秀风险识别与变异控制 ·先进的质量管理与保证体系
	资金与技术力量	·能够提供个性化解决方案 ·能够不断地、持续地技术创新 ·雄厚的资金实力 ·良好的现金流
	管理团队力量	·有理想、有抱负 ·充满激情、热情 ·丰富的知识、技能和经验 ·团结、执行力强

弱　能力评定　强

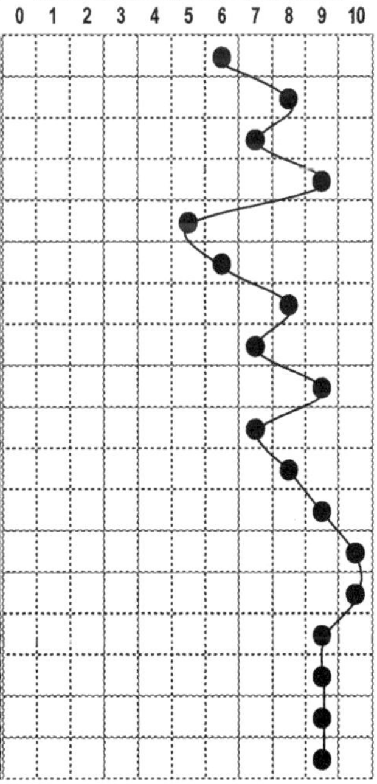

五、企业治理问题分析

企业治理问题的显现源于经营决策者对企业发展的期望和追求，所以企业经营治理表现的症状及成因才是分析的焦点。

（一）企业文化分析

◎是否有共同的信仰，以支撑企业的持续经营和发展？

◎是否建立共同的价值观，以塑造团队、规范企业行为、提升运营效率？

◎是否形成强大的自我驱动力，以突破边界束缚、实现自主管理、加速组织的学习成长？

（二）人力资本分析

◎是否识别了领军岗位、核心岗位、关键岗位并确保相应人才的供应？

◎是否建立了共创、共享的价值命运共同体？

（三）组织结构分析

◎组织功能是否适宜，以支持企业目标、职能任务完成？

◎是否统分结合，以落实权责、建立高效的协同？

（四）职能管理分析

◎是否明确了各职能领域的信仰和目标？

◎是否取得了各职能领域的预期业绩？

◎是否识别并确定了各职能领域的不足及有效的行动计划？

（五）价值流程分析

◎是否识别并明确了企业内部价值是如何创造、转换和传递的？

◎是否识别并明确了企业内部价值制约因素的监督和管理方法？

（六）风险管理分析

◎是否及时识别并明确了企业面临或存在的内外部风险？

◎是否及时确定并实施了风险防范与有效的控制措施？

企业经营决策者在企业经营分析、企业核心竞争力分析、企业治理问题分析后，应将内部环境因素提炼归纳为“优势”和“劣势”，并运用“内部环境因素总结评估表”就这些因素对企业影响的重要程度进行评估，确认企业应该做出反应的情况或等级。以某刀具企业为例，请参考表1.4内部环境因素总结评估表。

表1.4 某刀具企业内部环境因素总结评估表

内部环境因素		比重/%	企业自评分数					得分	备注
			1	2	3	4	5		
优势	企业文化与价值认同	10				4		0.4	
	经营管理团队	10				4		0.4	
	现金流	10				4		0.4	
	成本控制能力	10			3			0.3	
	应急响应能力	10			3			0.3	
劣势	产品品牌	10		2				0.2	
	流程效率	10		2				0.2	
	基础应用科学技术	10		2				0.2	有经验、缺乏科学知识
	基础管理	10		2				0.2	一线管理薄弱
	对客户需求理解的准确度	10		2				0.2	
合计		100	0	10	6	12		2.8	

第二节 五年发展规划确立

内外部环境分析完成后，应如何正确利用分析结果？如何描绘企业的发展蓝图，拟定企业的中期发展规划？

第一步，制定企业环境与策略矩阵。通过企业环境与策略矩阵构建公司、业务及职能发展规划拟定的指导框架。将已经识别并确定的外部环境因素之机会、威胁与内部环境因素之优势、劣势按环境与策略矩阵分别构建如下四大类策略（参见表1.5），最终抉择并拟定最适合本企业的经营策略。

◎SO策略。利用企业优势，把握外部机会的策略。

◎WO策略。克服企业劣势，把握外部机会的策略。

◎ST策略。利用企业优势，规避外部威胁的策略。

◎WT策略。克服企业劣势，规避外部威胁的策略。

表1.5 环境与策略矩阵

外部环境因素	内部环境因素	
	优势（S）	劣势（W）
	经营管理团队	产品品牌
	成本控制能力	流程效率
	现金流	对客户需求理解的准确度
机会（O）	SO策略	WO策略
“中国制造2025”战略	创新管理体系，提高接单柔性	加快品牌培育，抢占国内市场
冶金与炼钢科技进步	提升产品质量，增强竞争力	进行流程再造，实施规范化管理
行业产品质量平均水准不高	增加产品线，订单持续稳定增长	建立基于客户需求的产品开发体制
威胁（T）	ST策略	WT策略
行业门槛较低	组建生产战略联盟，集聚行业资源	产品差异化，避免恶性竞争
材料价格及人工成本上涨	全面执行自働化，并探索智能化	生产效率提升，控制人工成本
老品牌成长及兼并迅速	通过价值链，控制内外部成本	邀请客户、供应商进行联合开发

第二步，企业的坚持与期望值确认。当企业面对不同策略时，应对曾经遵守的企业信仰、明确的期待和展望需要及时确认并再次明确经营方针、治理准则、经营目标。

某光电企业示例摘录如下：

◎企业信仰：建立国际化企业，通过不懈努力，让全体员工更有尊严地生活。

◎经营方针：用全球视角满足所有客户的期望，以合理的价格提供高质量的产品和服务。

◎治理准则：开放、创新，对工作、生活和社会负责。

◎经营目标：计划通过5年的努力，即自2010年1月至2014年年底，达成年营业额30000万元、年净利润额不低于3000万元、客户满意度不低于90%的总体经营目标。

第三步，确定企业策略。企业策略的确定是经营决策者的在理想与现实、取舍之间的抉择，它将至少指导企业5年或更长久的经营发展。这是考验经营决策者的判断能力、胆识和心性的关键时刻，也是科学决策、理性决策的必然过程，直接关乎企业经营的成败；路走错了，再多的努力也枉然。企业策略一般有以下三种，经营决策者往往会结合自身的实际情况给予选择或组合。

◎进攻型策略：是以提升营业额、利润率等为目的的策略。这种策略通常会基于本企业的产业核心进行扩大生产、外发加工，通过控股参股、合并、并购等手段在关联领域延伸产业链，甚至进入不同的产业。进攻型策略比较适合在成本、差异化、品牌、渠道或企业治理等方面有较好表现的企业。

◎防守型策略：是以维持当下经营业务但不寻求方向改变的策略。这种策略的特点是强调保存实力、提高对风险的识别及管控能力，但其发展速度相对较慢、竞争能力较弱，一般会维持产量、品牌形象、地位等不变。

◎收缩型策略：是以应对外部环境恶化或内部经营管理不善的方向转移、退出，甚至是变卖的策略。收缩型策略的目的是快速止损、保存有生力量，为经营管理变革或再次创业准备必要条件。

第四步，拟定业务策略。经营决策者必须回答未来5年或更长的时间里，企业将：

◎**在哪些产业中经营？**

◎**在哪些国家或地区经营？**如图1.7所示。

◎**经营什么或哪些产品？**如图1.8所示。

◎**将产品卖给谁或哪些人？**如图1.9所示。

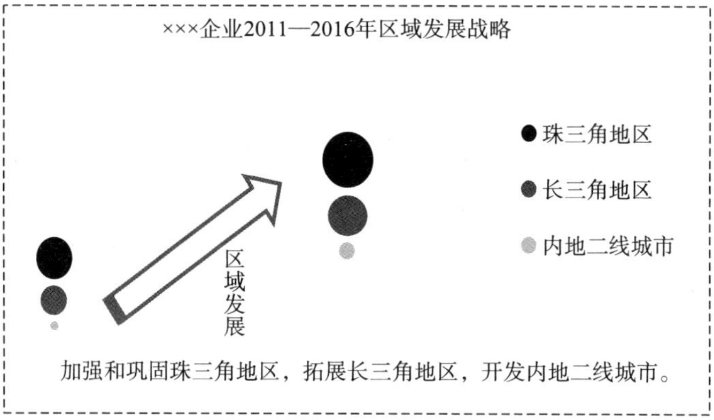

图 1.7　区域发展战略示意图

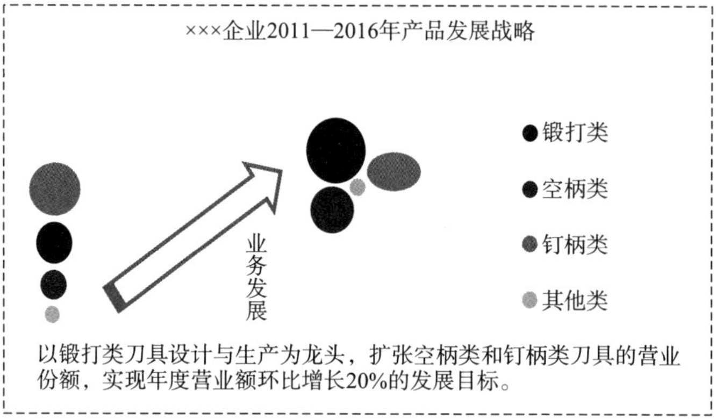

图 1.8　产品发展战略示意图

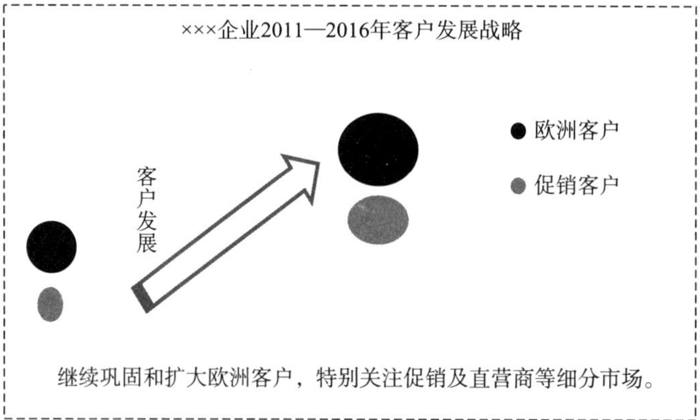

图 1.9　客户发展战略示意图

第五步，拟定职能策略。职能策略是企业五年发展规划的接地性策略，也是构建企业五年发展蓝图的重要输入。经营决策者必须明确营销、财务、人力资源、研发、采购、计划、制造、质量、物流、资信、行政等职能的价值及定位、优势、劣势，并与职能领域的决策者共同确定足以支持企业策略、经营目标及业务策略得以实现的职能策略。

职能的价值及定位作为职能策略拟定的关键输入，请参考第一关第七节薪奖设计中图 1.20 的归纳。

某刀具企业技术职能的策略示例

依据五年营收目标，某厨房用品企业技术职能确定执行技术领先策略，具体如图 1.10 所示。

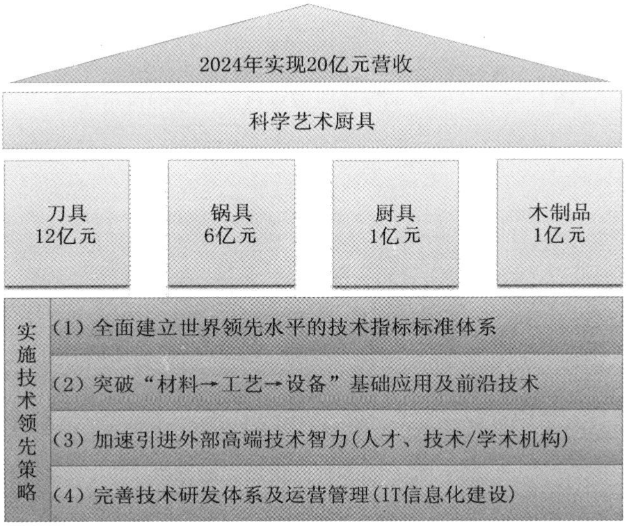

图 1.10　基于五年营收目标的技术领先策略

支撑该企业技术领先策略实现，突破产品性能所需筹备或攻克的技术任务，具体如图 1.11 所示。

该企业技术领先策略中关于各产品性能指标突破的时间表，具体如图 1.12 所示。

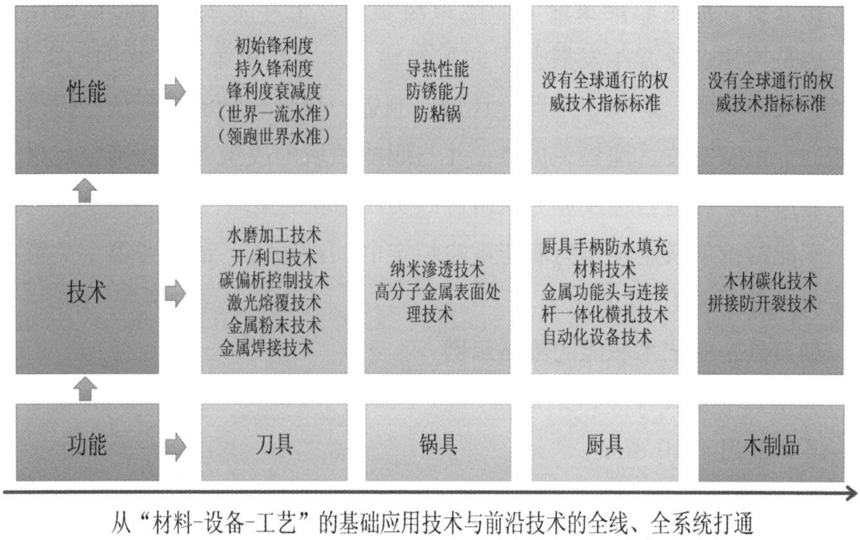

图 1.11　突破产品性能所需筹备或攻克的技术任务

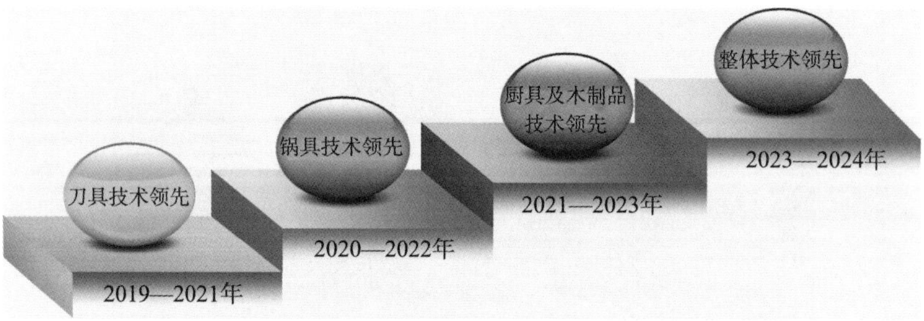

图 1.12　技术领先策略实现路线

第六步，绘制企业五年发展蓝图。五年发展蓝图是企业中期发展的指引，是企业展开具体经营活动、运营管理、日常事务的行动总纲。以某光电照明企业为例，请参考图 1.13 五年发展蓝图。

第七步，企业五年发展规划发布。五年发展规划，是企业中期战略的重要部署、是企业经营决策者的意志体现、是企业全体成员的奋斗之源，所以必须在企业所有层次进行充分地沟通并达成共识，凝聚全体成员的智慧和力量。以某汽车零部件企业为例，请参考表 1.6 企业五年发展规划发布安排表。

业绩目标

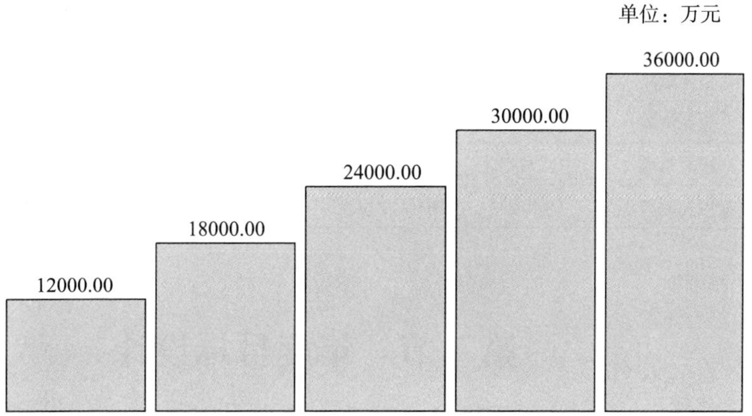

经营期间	2010年	2011年	2012年	2013年	2014年
业绩结构	中国: 海外: 12000.00 OEM: ODM: 12000.00 X1灯具: X2灯具: X3灯具: 12000.00	中国: 海外: 18000.00 OEM: ODM: 18000.00 X1灯具: X2灯具: X3灯具: 18000.00	中国: 海外: 24000.00 OEM: ODM: 24000.00 X1灯具: X2灯具: X3灯具: 24000.00	中国: 海外: 30000.00 OEM: ODM: 30000.00 X1灯具: X2灯具: X3灯具: 30000.00	中国: 海外: 36000.00 OEM: ODM: 36000.00 X1灯具: X2灯具: X3灯具: 36000.00
经营对策	高品质灯具 灯具质量较好 企业管理规范 销售利润适度	中高档灯具 灯具质量较优 企业风险较低 产量较快增长	中高档灯具 品牌灯具 中档灯份额较高 开发设计能力强 品牌灯具启动	中高档灯具 品牌灯具 品牌灯份额较高 营销利润较好 产量营销提速	品牌灯具 产品线多元化 品牌价值 系统解决方案 营销利润较好
组织规划	管理岗需求: 技术岗需求: 营销岗需求: 事务岗需求: 员工岗需求:	管理岗需求: 技术岗需求: 营销岗需求: 事务岗需求: 员工岗需求:	管理岗需求: 技术岗需求: 营销岗需求: 事务岗需求: 员工岗需求:	管理岗需求: 技术岗需求: 营销岗需求: 事务岗需求: 员工岗需求:	管理岗需求: 技术岗需求: 营销岗需求: 事务岗需求: 员工岗需求:

图 1.13 企业五年发展蓝图（简图）

表 1.6 企业五年发展规划发布安排表

发布内容	沟通对象	共识对象	发布形式
企业信仰	全体成员	全体成员	企业报纸、网站、专栏、发布会、恳谈会等
企业方针	全体成员	全体成员	企业报纸、网站、专栏、发布会、恳谈会等
治理准则	全体成员	全体成员	企业报纸、网站、专栏、发布会、恳谈会等
经营目标	全体成员	全体成员	企业报纸、网站、专栏、发布会、恳谈会等

续表

发布内容	沟通对象	共识对象	发布形式
企业策略	核心骨干	核心骨干	恳谈会等
业务策略	核心骨干	核心骨干	恳谈会等
职能策略	中层及以上	中层及以上	发布会、恳谈会等
五年发展蓝图	全体成员	中层及以上	发布会、恳谈会等

第三节　年度目标设计

一、工作职责与工作目标的区别

在笔者多年的咨询职业生涯中，常遇到企业将工作职责与工作目标相混淆的情况，为此总结表1.7予以澄清。

表1.7　工作职责与工作目标的区别

对比项目	工作职责	工作目标
作用	这个岗位的功能是什么	这个岗位的工作要做到什么程度
内容	这个岗位应该做什么工作	这个岗位某个阶段关注什么
时间	相对稳定、长远	往往跨度不超过一年或更短
清晰度	广泛的、概括的	具体的、可考核的
设定方式	必须做的	可选择的

对于企业经营决策者而言，目标是为消费者创造价值的同时取得合理的营业额、利润率、回款准时率等一系列经营管理控制要素的期望值，是经营决策者的追求和意志的体现。

二、目标类别与制定原则

（一）企业目标分类

◎按时间分：包括长期目标、五年目标、年度目标。

◎按属性分：包括成长性、收益性、安全性及其他目标。

◎按层级分：包括企业目标、职能目标、岗位目标。

（二）一个合格的目标必须遵守的原则

◎具体原则：切中具体所指、不可笼统。

◎可度量原则：可用数据或图表检视，并且这些信息可以获取。

◎可实现性原则：在付出努力后可以实现。

◎相关性原则：不是孤立地特指工作或事项，而是与目标负责人的工作有着重要或密切的关联。

◎时限性原则：年度目标应当在一个财务年度内可以完成。

简单来讲，目标就是企业及内部各职能部门集中精力和资源办大事、要事，而企业的经营策略和发展规划也可解读为对目标的延伸。因此，在遵循上述原则的基础上搞清楚目标对上、对下，以及与左右业务活动之间的逻辑关系和相关程度，是目标选择过程中的重要环节。

三、目标的基本构成

目标的基本构成包括名称、定义、功能、计算公式、度量单位、判断标准、负责人、考核人、标杆及适用期间十个要素。以某钢铁企业为例，请参考如下目标构成。

（1）名称：是指在适用范围内必须管理或控制的主题对象，如提高转炉中碳钢氧位合格率。

（2）定义：氧位合格率，是指中碳钢中氧元素含量达成质量标准的炉次比率。

（3）功能：提升炼钢质量水平、控制炼钢成本。

（4）计算公式：转炉中碳钢合格炉数÷转炉中碳钢炼钢炉数。

（5）度量单位：百分比。

（6）判断标准：中碳钢中氧元素含量≤250PPM为合格。

（7）标杆：≥98%，即转炉车间中碳钢氧位合格率≥98%。

（8）负责人：转炉车间主任。

（9）考核人：热轧部厂长办公室。

（10）适用期间：2014年全年。

四、如何制定年度目标

第一步，确定新年度任务。源于五年发展蓝图要求的新年度任务应精准解码并列成清单，作为年度目标、年度计划、年度预算的输入。

第二步，年度经营业绩分析及改善需求。企业的经营管理实际上是由一系列的数据构成的，这些数据不仅反映了企业过去及当下的经营管理水平，还体现了企业在内外部环境作用下的经营成果和改善需求，所以对企业历史经营数据的分析是拟定年度经营目标的必需作业。企业经营数据的分析是一项系统、科学的工作，要能够层层剖析反映问题并为后续的改善提供依据。以某家具企业为例，请参考如下经营数据（BI）分析摘录。

经营层面业绩分析及改善需求。请参考表1.8的2013年度营业额分析及改善要求表。

表1.8　2013年度营业额分析及改善要求表

公司2013年度营业额×.××××亿元人民币，具体业绩层别构成如下				
营业额结构		**营业额/亿元人民币**	**占比/%**	**改善需求**
a. **通路别**	a1 电商	×.×××	×	问题描述1
	a2 直营店	×.×××	×	问题描述2
	a3 经销商	×.×××	×	问题描述3
	小计（a）	×.×××	100	
b. **产品别**	b1 产品1……	×.×××	×	问题描述4
	小计（b）	×.×××	100	
c. **客户别**	c1 客户1……	×.×××	×	问题描述5
	小计（c）	×.×××	100	
d. **区域别**	d1 区域1……	×.×××	×	问题描述6
	小计（d）	×.×××	100	
e. **业务员别**	e1 业务员1……	×.×××	×	问题描述7
	小计（e）	×.×××	100	

续表

营业额结构		营业额/亿元人民币	占比/%	改善需求
f. 消费者别	f1 行业 1……	×. ×××	×	问题描述 8
	小计（f）	×. ××××	100	

说明 1：小计（a）+小计（b）+小计（c）+小计（d）+小计（e）+小计（f）=×××公司 2013 年度营业额；

说明 2：表中数据信息与可视化图表相结合，以便更直观、更美观地反映问题。

管理层面业绩分析及改善要求。请参考表 1.9 的 2013 年度成本分析及改善要求表。

表 1.9 2013 年度成本分析及改善要求表

公司 2013 年度成本总额×. ××××亿元人民币，其中，固定成本×. ××××亿元人民币、占比×%，变动成本×. ××××亿元人民币、占比×%，具体的成本构成如下				
成本结构		成本额/亿元人民币	占比/%	改善需求
a. 固定成本别	a1 设备折旧费	×. ×××	×	
	a2 间接人工费	×. ×××	×	问题描述 1
	a3 间接加班费	×. ×××	×	问题描述 2
	a4 电气费	×. ×××	×	
	a5 水费	×. ×××	×	
	a6 房租费	×. ×××	×	
	a7 模具治具费	×. ×××	×	
	a8 杂材费	×. ×××	×	问题描述 3
	a9 加工费	×. ×××	×	问题描述 4
	a10 品质失败费	×. ×××	×	问题描述 5
	a11 认证公证费	×. ×××	×	
	a12 维修费	×. ×××	×	
	a13 社保费	×. ×××	×	
	a14 福利费	×. ×××	×	
	a15 伙食费	×. ×××	×	
	a16 办公用品费	×. ×××	×	问题描述 6
	a17 交际费	×. ×××	×	问题描述 7
	a18 差旅费	×. ×××	×	
	a19 税金	×. ×××	×	
	小计（a）	×. ××××	100	

续表

成本结构		成本额/亿元人民币	占比/%	改善需求
b. 变动成本别	b1 木材成本	×. ×××	×	问题描述 8
	b2 不锈钢板成本	×. ×××	×	问题描述 9
	b3 油漆成本	×. ×××	×	
	b4 五金件成本	×. ×××	×	问题描述 10
	b5 皮革成本	×. ×××	×	
	b6 布料成本	×. ×××	×	问题描述 11
	b7 石料成本	×. ×××	×	
	b8 发泡棉成本	×. ×××	×	
	b9 玻璃成本	×. ×××	×	
	b10 木皮成本	×. ×××	×	
	b11 黏合剂成本	×. ×××	×	
	b12 包装材料成本	×. ×××	×	问题描述 12
	b13 直接人工成本	×. ×××	×	问题描述 13
	b14 直接加班成本	×. ×××	×	问题描述 14
	b15 运输成本	×. ×××	×	问题描述 15
	b16 快递成本	×. ×××	×	
	小计（b）	×. ××××	100	

说明 1：小计（a）+小计（b）=×××公司 2013 年成本总额；

说明 2：表中数据信息与可视化图表相结合，以便更直观、更美观地反映问题。

第三步，年度反省。包括经营决策者、职能部门、单位及岗位的全范围进行年度成果取得和缺失根本原因的反省，这些反省与新年度任务、内外环境分析作为年度目标的输入。如图 1.14 所示。

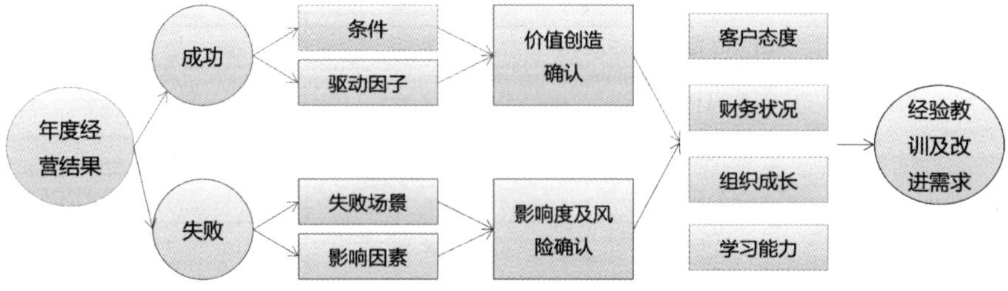

图 1.14　年度反省作业逻辑

第四步，拟定企业年度经营总目标。经营决策者依据新年度任务、年度经营业绩分析及改善需求确定年度经营总目标。

第五步，拟定各职能部门年度运营目标。营销、研发、制造、质量、采购、计划、物流、人力、资信、行政、财务等部门依据经营决策者确定的次年年度经营目标，经内部分析、讨论后向经营决策者提报支持企业年度经营日标实现的职能日标。

第六步，拟定各单位管理目标。各业务单位依据所属职能部门的年度运营目标，经内部分析、讨论后向本部门最高负责人提报支持本部门年度运营目标实现的单位管理目标。

第七步，拟定岗位控制目标。各岗位依据所属单位的年度管理目标，经与上级主管共同分析、讨论后向所属主管提报支持本单位年度管理目标实现的岗位控制目标。

第八步，年度目标汇编。由人力资源部门将企业年度经营目标、年度运营目标、年度管理目标及年度岗位目标整理汇编为企业年度目标管理清单。

第九步，年度目标审批及发布。企业年度目标管理清单应当由各职能部门最高负责人会审，经营决策者批准后由人力资源部统一发布。

第四节　年度经营计划编制

企业年度目标无论多么科学、合理或完美，终究也只是一个期望值，这些期望值在具体岗位、单位、职能及公司层面的实现是需要明确的支持方案和实施计划的。那么，年度经营计划包括哪些内容，又该如何编写呢？

一、年度经营计划的拟订原则

年度经营计划的拟订应遵循5W2H原则，具体内容如下：

（1）What，支持年度目标得以实现的关键或重要工作、项目是什么？

（2）Why，落实或推动这些工作、项目的目的是什么？

（3）Where，这些工作、项目将在哪些层面或范围内展开？

（4）When，这些工作、项目将在什么时间开始、什么时间完成？

（5）Who，这些工作、项目将由谁主导，谁协同，谁确认验收？

（6）How to do，这些工作、项目得以高效实施的成立条件、具体方案、措施、步骤，以及输入、输出是什么？

（7）How much，这些工作、项目的衡量标准或预期效果是什么，得以顺利实施的资源需求及预算成本是多少？

5W2H原则看似非常简单，实则相当不易。如当企业或各职能部门能够讲清楚要做什么和为什么要做时，年度经营计划的导入和实施往往已经成功了一半。反之，企业所编制的年度经营计划、预算等往往是在做无用功。

二、职能部门年度经营计划的一般任务

年度计划一般包括企业年度计划、部门年度计划、单位年度计划、岗位年度计划等。依据企业的组织职能，部门往往需要承上启下，并且也是具体业务开展及资源的实际运用人，其工作的有效性将直接影响企业的经营效益和员工的经济收益。另外，由于行业、企业个体等因素的不同，下面仅就一般制造型企业的部门年度经营计划可能涉及的工作或项目等简要概述如下，仅供参考。

（一）营销部门年度经营计划的一般任务

（1）展会的规划安排，如上海展、广州展、法兰克福展、芝加哥展等。

（2）市场需求调研的规划安排，如畅销商品、订单趋势及预测、消费者新需求等。

（3）客户、渠道开发的规划安排，如潜在客户、目标客户、经销商的开发等。

（4）营销结构业绩的规划分解及落实对策。

（5）营销任务的规划分解及落实对策。

（6）产品价格体系的维护及更新。

（7）市场开拓、促销活动的规划安排。

（8）客户忠诚度的调查、分析及响应对策。

（9）营销成本控制措施。

（10）组织建设，如职能完善或调整、人才引进及培训等。

（11）经营决策者特别交办的重要事项。

（12）需要公司或其他部门、单位等支援的事项。

（13）资源及资金预算需求。

（二）研发技术部门年度经营计划的一般任务

（1）创新要素研究应用的规划安排，如新技术、新材料、新工艺、新设备的研究与应用等。

（2）新产品开发的规划安排。

（3）旧产品技术改造的规划安排。

（4）设备引进或技术改造的规划安排。

（5）模具能力建设及维护的规划安排。

（6）完善或建立研发技术平台、资料库的规划安排，如同步工程、并行工程的持续改善等。

（7）聘请外部技术专家、教授的规划安排。

（8）重大技术专案的规划安排。

（9）研发成本控制措施。

（10）组织建设，如职能完善或调整、人才引进及培训等。

（11）经营决策者特别交办的重要事项。

（12）需要公司或其他部门、单位等支援的事项。

（13）资源及资金预算需求。

（三）制造部门年度经营计划的一般任务

（1）生产能力的规划安排，如依据计划和财务信息增加、削减或优化相应产品线资源。

（2）生产效率提升的规划安排与持续改善对策。

（3）准时生产的响应规划安排与持续改善对策。

（4）在制品库存削减的规划安排与持续改善对策。

（5）生产周期控制的规划安排与持续改善对策。

（6）物流周转优化的规划安排与持续改善对策。

（7）5S的规划安排与持续改善对策。

（8）安全生产的规划安排。

（9）制造成本控制措施。

（10）组织建设，如职能完善或调整、人才引进及培训等。

（11）经营决策者特别交办的重要事项。

（12）需要公司或其他部门、单位等支援的事项。

（13）资源及资金预算需求。

（四）质量部门年度经营计划的一般任务

（1）动态识别、完善客户质量要求的规划安排。

（2）动态识别、完善产品线质量要求的规划安排。

（3）建立或持续改善质量管理体系的规划安排。

（4）审核、认证、公证检测的规划安排，如体系审核、过程审核、产品审核、第三方检测等。

（5）测量系统的校验、校准及分析的规划安排，如仪器设备外校及分析研究再现性、可靠性等。

（6）过程能力研究、持续改善的规划安排。

（7）供应链质量水平提升的规划安排。

（8）重大质量专案的规划安排。

（9）质量成本控制措施。

（10）组织建设，如职能完善或调整、人才引进及培训等。

（11）经营决策者特别交办的重要事项。

（12）需要公司或其他部门、单位等支援的事项。

（13）资源及资金预算需求。

（五）采购部门年度经营计划的一般任务

（1）动态跟进、研究分析供应市场的规划安排，如渠道、价格、新材料或可替代材料等。

（2）与供应合作伙伴的沟通规划安排，如年度、季度、月度会议等。

（3）供应商开发的规划安排。

（4）供应商发展培育的规划安排，如帮助供应商提升管理、技术水平等。

（5）供应商业绩评价的规划安排。

（6）供应商稽核的规划安排。

（7）招标采购的规划安排，如年度集中招标采购、重大项目招标采购等。

（8）建立或完善供应商信息数据库的规划安排。

（9）采购成本控制措施。

（10）组织建设，如职能完善或调整、人才引进及培训等。

（11）经营决策者特别交办的重要事项。

（12）需要公司或其他部门、单位等支援的事项。

（13）资源及资金预算需求。

（六）计划部门年度经营计划的一般任务

（1）计划模式与机制的持续改善对策。

（2）产能规划与预警的持续改善对策。

（3）工厂资源柔性配置的规划安排。

（4）100%准时交付评估的持续改善安排。

（5）计划达成率的持续改善安排。

（6）订单交付周期缩短的持续改善安排。

（7）监控订单实现过程的持续改善安排。

（8）工厂运营效率的分析、监控安排。

（9）订单信息流效率提升的持续改善对策。

（10）组织建设，如职能完善或调整、人才引进及培训等。

（11）经营决策者特别交办的重要事项。

（12）需要公司或其他部门、单位等支援的事项。

（13）资源及资金预算需求。

（七）物流部门年度经营计划的一般任务

（1）动态跟进、研究分析物流发展的安排，如更适用、更高效的设备或系统等。

（2）与物流合作伙伴的沟通规划安排，如年度、季度会议等。

（3）物流合作伙伴开发、业绩评价的规划安排。

（4）库房及设备使用、维护效率提升的规划安排。

（5）准时配送的持续改善对策。

（6）财产安全的规划安排。

（7）数据精准度的持续改善对策。

（8）5S 的规划安排与持续改善对策。

（9）物流成本控制措施。

（10）组织建设，如职能完善或调整、人才引进及培训等。

（11）经营决策者特别交办的重要事项。

（12）需要公司或其他部门、单位等支援的事项。

（13）资源及资金预算需求。

（八）人力资源部门年度经营计划的一般任务

（1）人力需求及供应的规划安排，如人力需求计划、人力供应保障计划等。

（2）人力供应渠道建设的规划安排。

（3）员工薪酬的规划安排。

（4）员工奖金的规划安排。

（5）员工培训的规划安排。

（6）员工福利的规划安排。

（7）用工风险与对策。

（8）企业文化建设的规划安排。

（9）人力成本控制措施。

（10）组织建设，如职能完善或调整、人才引进及培训等。

（11）经营决策者特别交办的重要事项。

（12）需要公司或其他部门、单位等支援的事项。

（13）资源及资金预算需求。

（九）资信部门年度经营计划的一般任务

（1）建立或优化信息系统的规划安排，如 PLM、PDM、APS、MRP、MES、MIS 等系统的构建等。

（2）硬件维护、增加、削减或优化的规划安排。

（3）外包服务商的开发或合作规划安排。

（4）及时向各职能部门提交运营资信数据的保障措施。

（5）IT 成本控制措施。

（6）组织建设，如职能完善或调整、人才引进及培训等。

（7）经营决策者特别交办的重要事项。

（8）需要公司或其他部门、单位等支援的事项。

（9）资源及资金预算需求。

（十）行政部门年度经营计划的一般任务

（1）动态跟进、解读法律法规及新政策的规划安排，如法律法规的改变对企业的影响与对策等。

（2）内外部合同争议的诉讼预防及应对措施。

（3）重大危机事件的预防及应对措施，如导致媒体或互联网关注的市场投诉等。

（4）安全生产的应对措施。

（5）公关的规划安排。

（6）基建项目的规划安排。

（7）公司重要活动的规划安排，如年会、庆典等。

（8）内部服务的持续改善对策，如饭堂、住宿、交通等。

（9）行政成本控制措施。

（10）组织建设，如职能完善或调整、人才引进及培训等。

（11）经营决策者特别交办的重要事项。

（12）需要公司或其他部门、单位等支援的事项。

（13）资源及资金预算需求。

（十一）财务部门年度经营计划的一般任务

（1）预算编制的规划安排。

（2）预估收益编制的规划安排。

（3）预估损益编制的规划安排。

（4）现金流量平衡预估编制的规划安排。

（5）资产增加或处置的规划安排。

（6）盘点的规划安排。

（7）内外审计的规划安排。

（8）经营分析及对策。

（9）公司成本控制措施。

（10）组织建设，如职能完善或调整、人才引进及培训等。

（11）经营决策者特别交办的重要事项。

（12）需要公司或其他部门、单位等支援的事项。

（13）资源及资金预算需求。

三、年度经营计划拟订流程

年度目标的拟定是一个自上而下的过程，我们也明白这实际是一个贯彻经营决策者的管理意志的活动。

而年度计划作为支持年度目标实现的具体的操作方案，自然应该由下至上拟订——这实际上是逐层向上呈献谋划并表达决心的过程。

年度目标拟定与年度计划的编制，请参见图1.15。

（1）年度计划由岗位年度计划、班组单位年度管理计划、职能部门年度运营计划、企业年度经营计划汇编总表构成。

（2）岗位年度控制计划由计划编制人（一般为重要岗位、关键岗位任职员工）依据岗位年度控制目标、上年度总结反省、新年度上级或公司要求等拟订，报直接主管批准后发布。

（3）班组单位年度管理计划由计划编制主导者（一般为班组单位最高

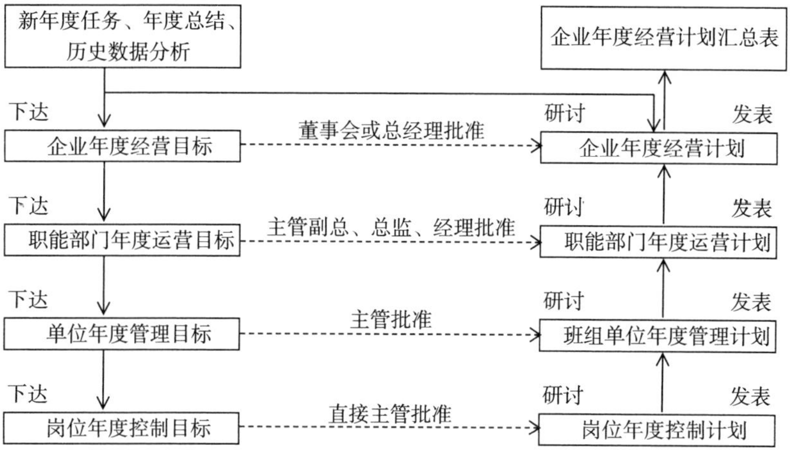

图 1.15　年度目标与计划的编制流程

负责人）依据单位年度管理目标、上年度总结反省、新年度上级或公司要求等拟订，报主管批准后发布。

（4）职能部门年度运营计划由计划编制主导人（一般为职能部门最高负责人）依据职能部门年度运营目标、上年度总结反省、新年度上级或公司要求等拟订，报主管副总、总监或经理批准后发布。

（5）企业年度经营计划由计划编制人（一般为经营决策者）依据企业年度经营目标、年度总结反省、新年度工作要求及各职能部门初步拟订的年度经营计划编制，经董事会或总经理批准后发布。

第五节　年度预算编制

在岗位、单位、部门、企业年度计划编制后，我们会发现很多工作、项目的推动或订单的生产交付都需要大量的资源，这些资源无论是我们现有的，还是需要再投入的，每一笔都是资金支出，即资金保障年度计划的落实。

那么，经营决策者到底需要投入多少资金才能推动年度计划、达成年度目标？这些资金从哪里来，又该如何分配使用呢？

一、年度预算编制原则

企业编制年度预算，应遵守如下原则：

◎一致原则。计划项目的编制与该项目的预算编制由同一人主导完成。

◎计划原则。凡是年度计划中没有的工作项目一律不得纳入资金预算。

◎精准原则。充分解析计划工作项目、科学计算所需的每一笔资金。

◎规范原则。使用经公司统一设计、批准的表格载体。

◎标准原则。财务科目的设定、归纳应符合会计准则，也应便于后续的管理会计分析。

二、营收预算编制

营收是企业最重要的经营任务，如果没有对营收的展望（年度目标）和预期规划（年度计划），很难想象企业该如何存活下去。营收预算就是在年度营销目标和年度营销计划的基础上，对年度营收金额和营收结构进行科学预测、二次解码的过程。

营收预算由营销部门长与团队成员依据年度营销目标、年度营销计划，在科学预测的基础上运用“营收预算表”编制。请参考表1.10营收预算表。

表1.10　营收预算表

预测营业额结构			预测营销数量/万	预期单价/元	预期营销额/亿元	贡献率/%	20××年各月份营销收入				
							1月	2月	3月	……	12月
a产品别	×1系列	×1产品	×××××	××.×××	×.×××	×					
		……	×××××	××.×××	×.×××	×					
	小计（a）		××××××	—	×.×××	100					
b客户别	×1客户	×1产品	×××××	××.××	×.×××	×					
		……	×××××	××.××	×.×××	×					

续表

预测营业额结构			预测营销数量/万	预期单价/元	预期营销额/亿元	贡献率/%	20××年各月份营销收入				
							1月	2月	3月	……	12月
b 客户别	×2 客户	×1 产品	×××××	××.××	×.×××	×					
		……	×××××	××.××	×.×××	×					
	×3 客户	×1 产品	×××××	××.××	×.×××	×					
		……	×××××	××.××	×.×××	×					
	小计（b）		××××××	—	×.×××	100					
c 业务员别	业务员 1	×1 产品	×××××	××.×××	×.×××	×					
		……	×××××	××.×××	×.×××	×					
	业务员 2	×1 产品	×××××	××.×××	×.×××	×					
		……	×××××	××.××	×.×××	×					
	业务员 3	×1 产品	×××××	××.×××	×.×××	×					
		……	×××××	××.×××	×.×××	×					
	小计（c）		××××××	—	×.×××	100					

说明：小计（a）=小计（b）=小计（c）=对应栏位 20××年度各月份营销任务之和。

三、产品直接成本预算编制

变动成本的预算是以营收预算为基础的，其作业要求如下：

（1）计划部门编制对应的年度生产计划。

（2）物控部门依据年度生产计划、物料需求表等编制物料及零部件年度需求计划。

（3）采购部门依据物料及零部件年度需求计划、物料及零部件供应等编制采购计划。

（4）采购部门在考虑价格因素后，编制物料及零部件年度成本预算并提交财务部门。

（5）财务部门在考虑人力资源部门提供的员工薪资趋势因素后，依据年度生产计划、标准工时、标准工价等编制人工成本。

产品直接成本预算由财务部门主导、各职能部门协作编制，请参考表 1.11 产品直接成本预算表。

表1.11　产品直接成本预算表

<table>
<tr><th colspan="2" rowspan="2">预测营业额结构</th><th rowspan="2">预测营销量/万</th><th rowspan="2">科目</th><th rowspan="2">标准耗用（支套）或（小时）</th><th rowspan="2">单价/元</th><th rowspan="2">预计支出成本/亿元</th><th colspan="5">20××年各月份成本</th></tr>
<tr><th>1月</th><th>2月</th><th>3月</th><th>……</th><th>12月</th></tr>
<tr><td rowspan="20">产品别</td><td rowspan="9">×1产品</td><td rowspan="9">×××××</td><td>×1 材料</td><td>×××</td><td>×.××</td><td>×.×××</td><td></td><td></td><td></td><td></td><td></td></tr>
<tr><td>……</td><td>×××</td><td>×.××</td><td>×.×××</td><td></td><td></td><td></td><td></td><td></td></tr>
<tr><td>材料成本小计</td><td>××××</td><td>—</td><td>×.××××</td><td></td><td></td><td></td><td></td><td></td></tr>
<tr><td>×1 部件</td><td>×××</td><td>×.××</td><td>×.×××</td><td></td><td></td><td></td><td></td><td></td></tr>
<tr><td>……</td><td>×××</td><td>×.××</td><td>×.×××</td><td></td><td></td><td></td><td></td><td></td></tr>
<tr><td>部件成本小计</td><td>××××</td><td>—</td><td>×.××××</td><td></td><td></td><td></td><td></td><td></td></tr>
<tr><td>×1 人工</td><td>×××</td><td>×.××</td><td>×.×××</td><td></td><td></td><td></td><td></td><td></td></tr>
<tr><td>……</td><td>×××</td><td>×.××</td><td>×.×××</td><td></td><td></td><td></td><td></td><td></td></tr>
<tr><td>人工成本小计</td><td>××××</td><td>—</td><td>×.××××</td><td></td><td></td><td></td><td></td><td></td></tr>
<tr><td colspan="5">×1 产品成本合计</td><td>×.×××××</td><td colspan="5"></td></tr>
<tr><td rowspan="9">×N产品</td><td rowspan="9">×××××</td><td>×1 材料</td><td>×××</td><td>×.××</td><td>×.×××</td><td></td><td></td><td></td><td></td><td></td></tr>
<tr><td>……</td><td>×××</td><td>×.××</td><td>×.×××</td><td></td><td></td><td></td><td></td><td></td></tr>
<tr><td>材料成本小计</td><td>××××</td><td>—</td><td>×.××××</td><td></td><td></td><td></td><td></td><td></td></tr>
<tr><td>×1 部件</td><td>×××</td><td>×.××</td><td>×.×××</td><td></td><td></td><td></td><td></td><td></td></tr>
<tr><td>……</td><td>×××</td><td>×.××</td><td>×.×××</td><td></td><td></td><td></td><td></td><td></td></tr>
<tr><td>部件成本小计</td><td>××××</td><td>—</td><td>×.××××</td><td></td><td></td><td></td><td></td><td></td></tr>
<tr><td>×1 人工</td><td>×××</td><td>×.××</td><td>×.×××</td><td></td><td></td><td></td><td></td><td></td></tr>
<tr><td>……</td><td>×××</td><td>×.××</td><td>×.×××</td><td></td><td></td><td></td><td></td><td></td></tr>
<tr><td>人工成本小计</td><td>××××</td><td>—</td><td>×.××××</td><td></td><td></td><td></td><td></td><td></td></tr>
<tr><td colspan="5">×N 产品成本合计</td><td>×.×××××</td><td colspan="5"></td></tr>
<tr><td></td><td colspan="5">成本支出总计</td><td>×.×××××</td><td></td><td></td><td></td><td></td><td></td></tr>
</table>

说明：20××年度产品直接成本支出总计＝“×1 产品成本合计”＋…＋“×N 产品成本合计”＝对应栏位20××年各月份成本控制任务之和。

四、综合费用预算编制

费用是吞噬企业利润的一项较大的成本，它通常由财务部门、人力资源部门、行政部门及各职能部门分开核算后，最终由财务部门确认、汇编而成。

（1）由财务部门主导的预算。如设备折旧费、模具治具费、加工费、杂材费、品质失败费、品质认证费、税金等。

（2）由人力资源部门主导的预算。如间接人工费、间接加工费、社保费、福利费、绩效奖励金、退休金等。

（3）由行政部门主导的预算。如伙食费、房租费、水费、电费、维修费、办公用品费、交际费、差旅费等。

（4）由各职能部门主导的预算。各职能部门最高负责人依据既定的年度目标、年度计划逐项核算每个项目所需的费用。

综合费用预算的编制，请参考表 1.12 综合费用预算表。

表 1.12　综合费用预算表

序号	费用科目	预计费用/万元	20××年各月份费用支出计划											
			1 月	2 月	3 月	4 月	5 月	6 月	7 月	8 月	9 月	10 月	11 月	12 月
1	设备折旧费	××. ××												
2	模具治具费	××. ××												
3	加工费	××. ××												
4	杂材费	××. ××												
5	品质失败费	××. ××												
6	品质认证费	××. ××												
7	税金	××. ××												
8	间接人工费	××. ××												
9	间接加工费	××. ××												
10	绩效奖励金	××. ××												
11	社保费	××. ××												
12	福利费	××. ××												
13	退休金	××. ××												
14	伙食费	××. ××												
15	房租费	××. ××												
16	水费	××. ××												
17	电费	××. ××												
18	维修费	××. ××												
19	办公用品费	××. ××												
20	交际费	××. ××												

续表

序号	费用科目	预计费用/万元	20××年各月份费用支出计划											
			1月	2月	3月	4月	5月	6月	7月	8月	9月	10月	11月	12月
21	差旅费	××.××												
22	专案项目费1……	××.××												

五、设备购置资金支出预算

设备关系到企业的生产力和效率，设备购置是资金支出预算的主体对象，通常由各部门依据年度计划提出需求后，最终由财务部门确认、汇编而成。请参考表1.13设备购置资金支出预算表。

表1.13 设备购置资金支出预算表

序号	需求设备型号规格	数量/套	单价/万元	金额/万元	20××年各月份资金支出计划				
					1月	2月	3月	…	12月
生产类设备	注塑成型机，型号规格：×01	×	××.××	××.××					
	自动机械手，型号规格：×02	×	×.××	××.××					
	粉碎机，型号规格：×03	×	×.××	××.××					
	模温机，型号规格：×04	×	×.××	××.××					
	颗粒机，型号规格：×05	×	×.××	××.××					
	电木成型机，型号规格：×06	×	×.××	××.××					
	插针机，型号规格：×07	×	×.××	××.××					
	端子机，型号规格：×08	×	×.××	××.××					
	烘干机，型号规格：×09	×	×.××	××.××					
	CNC加工中心系统，型号规格：×10	×	××.××	××.××					
	车床，型号规格：×11	×	×.××	××.××					
	配模机，型号规格：×12	×	××.××	××.××					
	高位叉车，型号规格：×13	×	××.××	××.××					
	包装机，型号规格：×14	×	×.×××	××.××					
	炼胶机，型号规格：×15	×	×.×××	××.××					
	中央供料系统，型号规格：×16	×	××.××	××.××					
	小计1	××	–	×××.××					

续表

序号	需求设备型号规格	数量/套	单价/万元	金额/万元	20××年各月份资金支出计划				
					1月	2月	3月	…	12月
服务类设备	视频电话会议系统，型号规格：L01	×	××.××	×.××					
	笔记本电脑，型号规格：L02	×	×.××	×.××					
	打印机，型号规格：L03	×	×.××	×.××					
	交换机，型号规格：L04	×	×.××	×.××					
	投影机，型号规格：L05	×	×.××	×.××					
	客运大巴，型号规格：L06	×	×.××	××.××					
	割草机，型号规格：L07	×	×.××	×.××					
	厨房消毒设备，型号规格：L07	×	×.××	×.××					
	小计2	××	—	××.××					
合计		××	—	×××.××					

六、预估损益

预估损益是对新年度获利情况的预估，也是年度计划实施最主要的资金保障来源。预估损益由财务部门主导编制，其核算原理可表达为：预估损益 = 营收预算 – 产品直接成本预算 – 综合费用预算。

七、预估资产负债

预估资产负债由财务部门主导编制，其核算原理可表达为：预估资产负债 = 预估损益 – 设备购置资金支出预算。

八、资金运用预编

由财务部门主导编制的资金运用表有两个重要作用：一是解决预估资产负债所识别的资金供应与支出之间的平衡情况；二是作为年度资金支出及高效运用的控制依据。相应用表请参考表1.14。

表1.14 企业资金运用预编表

项目	第一季度			第二季度			第三季度			第四季度		
	1月	2月	3月	4月	5月	6月	7月	8月	9月	10月	11月	12月
一、上期结余												
二、当期存款及现金												
三、当期收入												
应收账款												
应收票据												
营业外收入												
其他收入												
小计1												
四、当期支出												
应付账款												
应付票据												
营业外支出												
其他支出												
小计2												
五、本期净利												
六、本期余额												
七、现金流量平衡												
还款												
转存												
借款												
融资												
其他措施												
八、本期结余												
九、解决对策及行动计划												

九、预算审批

第一步，预算于各职能部门内的确认。由营收预算、产品直接成本预算、综合费用预算及设备资金支出预算的需求部门负责人对所提出的预算项目、预算金额进行确认。

第二步，财务审核。由财务部门对各职能部门的预算情况进行资金需求的合理性、精确性及支出时间的审核。

第三步，批准。财务部门将通过审核的各部门预算情况进行规范化汇编，形成营收预算总表、产品直接成本预算总表、综合费用预算总表（当管理需要时，可将项目费用预算剥离后单独建立预算总表）、设备资金支出预算总表并报经营决策者批准。

第四步，会审。财务部门将编制的预估损益表、预估资产负债表、资金运用预编表同各职能部门负责人一起检讨会审。

第五步，财务部门将通过会审的预估损益表、预估资产负债表、企业资金运用预编表报经营决策者批准。

以上概述的年度营收、成本、费用及设备资金支出预算基本逻辑关系可参考图1.16。

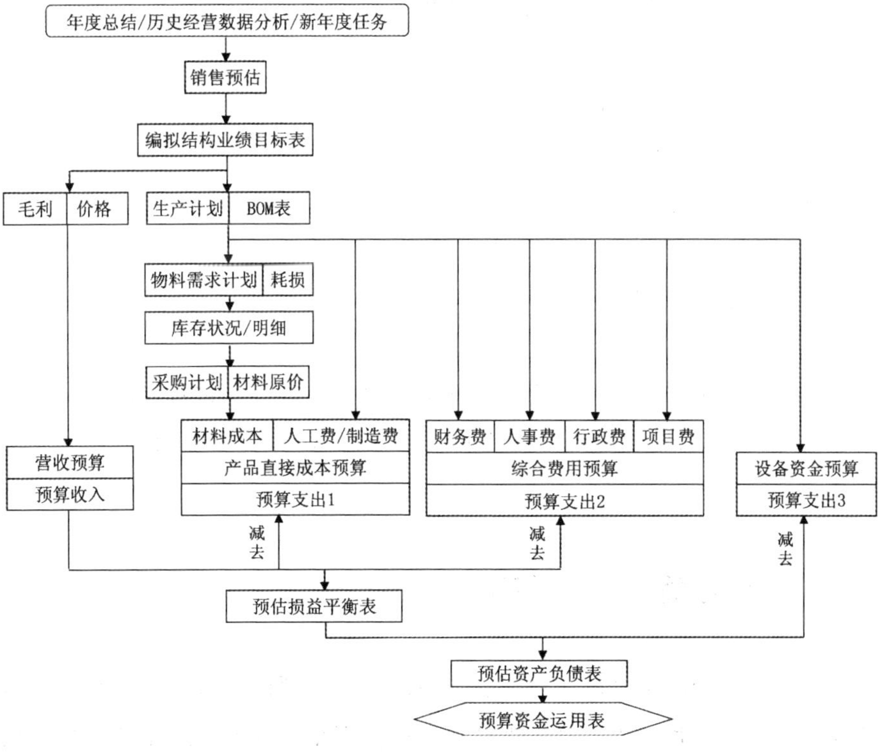

图1.16　一般制造型企业年度预算逻辑关系

最后，经营决策者也应明白：预算能够检视企业现金流入与支出之间的平衡能力，确定企业是否可以实施相应的项目或对项目及其实施方案进行调整，并为控制资金的使用风险提供依据。

第六节　年度经营计划汇编及实施

年度经营计划和预算编制完成后，就一定能取得预期效果吗？答案是未必！

前期的策划只是解决了“预”的问题，具体的落实行动同样左右年度经营计划及预算执行的最终结果。如何高效执行既定规划和安排，从而将企业纳入一个可知、可控的稳健运营轨道呢？

一、企业年度计划总表汇编

一般由人事行政部门或经营决策者指定的幕僚单位将各职能部门已呈报经营决策者签批的年度经营计划汇总整编成年度经营计划总表，是为了更好地掌握企业年度计划的总体实施管理。

二、项目进度稽核机制

由经营决策者指定的幕僚单位（如人事行政部门、审计部门、总经办等）按年度计划汇编总表稽核各项目工作的实施进度（含问题），并向经营决策者汇报处理。

三、项目资金监管机制

由财务部门以资金运用预编表为主线，结合部门资金支出预算表、费用预算表、成本预算表、营收预算表严格控制年度计划实施中的资金支出及使用情况（含问题），并向经营决策者汇报处理。

四、异常处理机制

年度经营计划的实施并非一帆风顺，其影响因素可能来自企业内外部环境的变化、年度经营计划前期分析和策划失误，以及执行不当等，各职能部门负责人应及时、客观地报告问题，并主动寻找问题的最佳解决措施。

五、专题报告机制

由各职能部门、项目进度稽核人、项目资金监管人每月向经营决策者做专题汇报，经营决策者在保持策略定力的同时视实际情况及时解决进度、资金问题；对于个别经论证于计划年度内无法继续开展的项目应果断、妥善地安排处理。

六、财务结算机制

项目资金的支出应遵守专款专用的原则，禁止不同项目之间的资金或费用挪用；所有项目实施计划期间为一个财务年度，当一个财务年度的结算截止时间到达时不可再支出任何预算资金或费用，且所有待支出的项目资金或费用将被财务部门冻结，并由经营决策者批准后转作他用。

七、总结反省机制

无论是初次导入年度经营计划还是年度经营计划实施效果较好的企业，均应在一个项目结束、一个财务年度结束后及时总结项目的成败得失，作为下一个年度经营计划和预算工作的输入。年度经营计划实施流程如图 1.17 所示。

年度经营计划总表	由专人依据各部门计划、费用汇编
各职能部门按计划执行	由部门最高负责人组织实施
进度稽核、支出监管	由专人对项目进度稽核、预算支出给予监管
异常处理	由各职能部门主导处理
运行汇报	每月向经营决策者报告项目进展、预算的使用情况
决策应对	经营决策者及时应对并帮助各职能部门解决问题
财务结算	专款专用，按财务年度结算（余额预算归零）
总结反省	项目完成总结、按财务年度总结，总结经验教训并传承

图 1.17　年度经营计划实施流程

第七节　薪奖设计

薪奖，是年度经营计划的必要构成部分，更是年度经营计划有效实施、年度经营目标如期达成的重要激励性因素。因此，企业预算多少成本用于支付员工薪酬，意义非凡。

在一般制造型企业里，员工薪酬的构成可参考图 1. 18。其中，基本薪资与绩效奖金的支付往往给经营决策者带来诸多困扰，本节将着重对此进行讨论。

一、薪资设计

薪资设计直接决定了薪资预算和薪资支出。

（一）薪资设计原则

薪资设计理论繁多，但至少应坚守如下三个原则：

◎公平性原则。按照承担责任大小、能力要求高低及工作属性的不

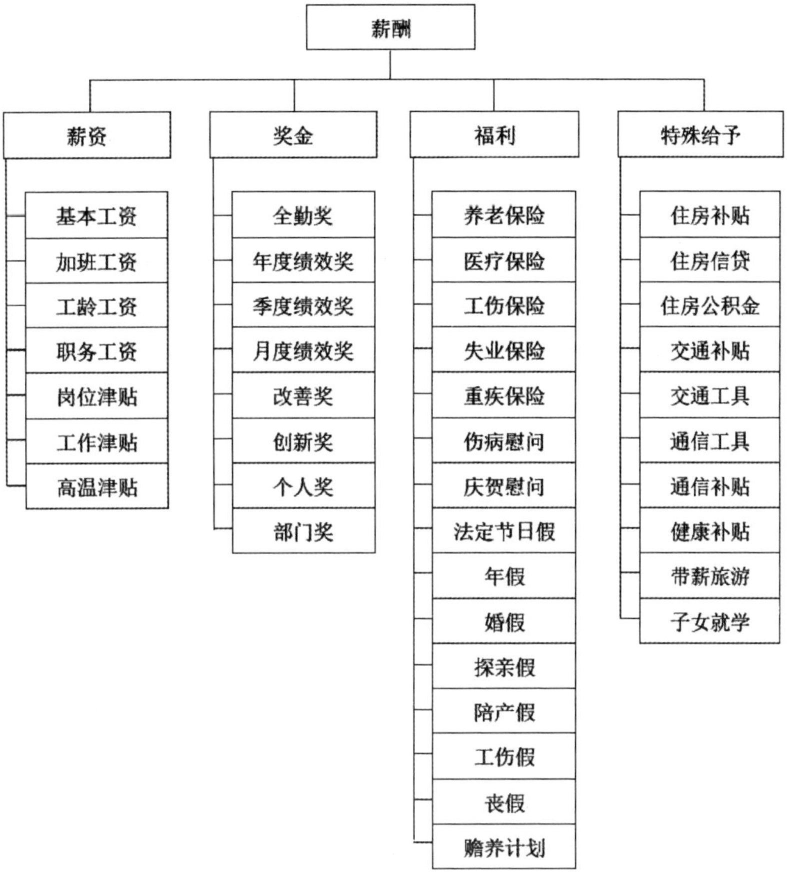

图 1.18　一般制造型企业薪酬体系构成

同，在薪资上合理体现不同职系、不同岗等、不同岗级的价值差异。

◎激励性原则。一是本企业的薪资在本地、行业中应具有一定的竞争力；二是基于目标导向的绩效考评应在薪资中得以准确体现，激励员工沿着正确的方向做正确的事情；三是开设不同的薪资通道，使不同职系、不同岗等、不同岗级的员工均有发展的空间。

◎经济性原则。薪资应在符合国家、地区相应的法律法规的基础上，充分考虑企业可承受的支付能力范围（如薪资预算）进行设计，任何薪资的增长都必须推动企业生产力和效益增加，并且薪资的增长应低于企业生产力和效益的增长速度。

不同行业、不同企业的实际情况各不相同，经营决策者在设计本企业员工的薪资时，必须综合考虑企业的发展阶段、策略诉求、文化特点和管理现状等因素，确保薪资体系的易操作性和灵活性。

（二）薪资设计的一般作业步骤及注意事项

第一步，确定薪酬策略。薪酬策略必须与公司既定的业务策略、职能策略保持一致，以支持企业经营目标的实现为出发点。实践中，企业薪酬策略往往将预算支出总额策略和薪酬结构组合策略一起结合运用。

第一，薪酬预算支出总额策略包括以下几点：

◎领先型薪酬。企业薪酬水平在同行业的竞争对手中处于领先地位。

◎跟进型薪酬。企业建立或找准了自己的标杆企业，企业的经营与管理模式向自己的标杆企业看齐，薪酬水平跟标杆企业保持一致或差距不大。

◎成本型薪酬。企业在制定薪酬水平策略时不考虑市场和竞争对手的薪酬水平，只考虑尽可能地节约生产、经营和管理的成本，这种企业的薪酬水平一般比较低。

◎混合型薪酬。企业针对不同的部门、不同的岗位、不同的人才，采用不同的薪酬策略。

第二，薪酬结构组合策略包括以下几点：

◎高弹性薪酬。奖金、绩效薪酬比例较大，基本薪酬比例较小。

◎高稳定性薪酬。奖金、绩效薪酬比例较小，基本薪酬比例较大。

◎调和性薪酬。奖金、绩效薪酬比例适中，基本薪酬比例适中。

薪酬结构组合策略矩阵如图1.19所示。

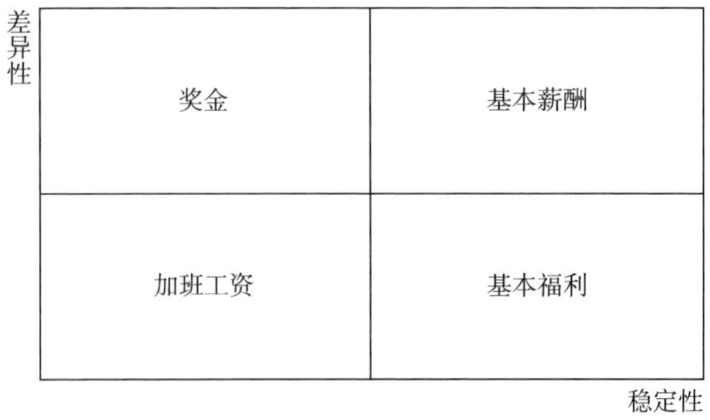

图1.19　薪酬结构组合策略矩阵

第三，经营决策者选择什么样的薪酬策略，或薪酬策略组合必须充分考虑企业策略、业务策略、职能策略、五年发展规划蓝图及薪酬设计三原则等因素。

第二步，组织设计。企业因消费者而存在，组织因企业而存在。组织之于企业，如器官之于人体一样。组织设计一般包括如下五个作业要点：

◎确认组织的生存环境，如股权结构、行业特性、组织目标等。

◎确定组织的层级结构，如依据企业规模、管理复杂程度等设立管理层级。

◎赋予职能价值（参见图 1.20）、确定职能构成及相互关系。

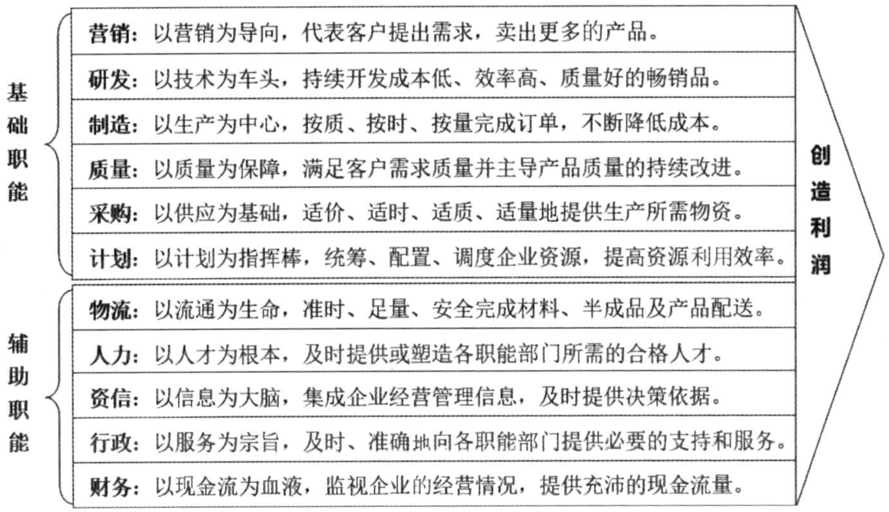

图 1.20　企业职能价值定位

◎完成各职能部门的内部单元构造，如质量部门内设 IQC、IPQC、OQA 等。

◎绘制企业的组织架构图，如直线领导型、直线职能型、事业部型、集团控制型等组织。

组织设计，从企业注册筹备开始便伴随企业动态成长，它是一项动态、持续完善的工作，但也需要有一定的前瞻性，不可频繁变动——从而影响组织、团队建设。

第三步，岗位设置。不同岗位在组织中发挥不同的功能、创造不同的价值，因此不同岗位对人才综合素养及核心胜任力的要求往往是不同的。岗位设置完成，应输出岗位编制系列清单（参见表1.15）、岗位说明书（参见表1.16、表1.17）。

表1.15　岗位编制系列清单（示例）

×××公司岗位编制系列清单	
岗位序列	岗位名称
决策层系列（MP序列）	董事长、总经理
高层管理序列（MA序列）	副总经理（分管品质/采购/PMC/生产部门）、副总经理（分管营运发展/信息管理/人力资源/财务部门）、总工程师
中层管理序列（MB序列）	市场部经理、开发部经理、品质部经理、采购部经理、PMC部经理、生产部经理、营运发展部经理、信息管理部经理、人力资源部经理、财务部经理
基层管理序列（MC序列）	生产科主管、生产工程科主管、SMT/邦定科文、扦件/装配/包装科文、生产线修理组长、SMT组长、邦定组长、扦件/装配/包装组长、调试组长、扦件/装配/包装/SMT/邦定副组长、调试副组长、计划科主管、报关科主管、仓库管理科主管、仓库管理科组长、品质检验科主管、品质工程科主管、质量体系管理科主管、计量科主管、IQC组长、QC组长、QA组长、产品工程科主管、经营管理科主管、企划投资科主管、行政后勤科主管、保安队长、安全主任、保安班长、食堂班长、维修班长、绿环班长、销售科主管、客户服务中心主管、广告科主管、财务科主管、成本科主管
研发序列（R序列）	项目开发经理、电子设计工程师、结构设计工程师、软件设计工程师、外观设计工程师
销售序列（S序列）	区域经理、销售助理
技术序列（T序列）	包装工程师、电子工程师、结构工程师、IE工程师、包装技术员、电子技术员、结构技术员、IE技术员、PE工程师、PE技术员、ME工程师、ME技术员、生产线修理员、SMT技术员、邦定技术员、QE工程师、IQC工程师、QE技术员、计量科技术员、计量员、应用工程师、系统工程师、开发工程师、网络工程师、助理网络工程师、客服技术员、广告设计技术员
职能序列（O序列）	审计会计、税务会计、应收款会计、成本会计、材料会计、应付款会计、价格审批专员、出纳、人事事务专员、绩效考核专员、薪酬管理专员、培训管理专员、人事事务文员、薪酬管理文员、绩效考核文员、培训管理文员、员工操作指导员、产品工程科工程助理、生产科统计员、生产科文员、物料员、产品工程科文员、报关员、PMC统计员、PC员、MC员、仓务员、销售科文员、销售科PC员、客服中心文员、

续表

岗位序列	岗位名称
职能序列（O 序列）	行政事务员、厂刊编辑、文娱文员、信息管理文员、品质检验科统计员、质量体系管理科文员、IQC 员、QA 员、开发部文员、开发部工程助理、采购代表、采购助理、采购部文员、审计师、法律顾问、高管秘书
后勤序列（L 序列）	医生、司机、总务文员、前台接待、安全员、保安员、厨师、厨房杂工、花工、木工维修工、水/电维修工、清洁工
生产序列（F 序列）	MT 贴片机操作员、邦定机操作员、调试员、生产设备操作员、SMT/邦定/扦件员工、SMT/邦定/扦件检查员、普通操作工、仓库操作员、QC 员

表 1.16　岗位说明书（示例 1）

岗位名称	经理	岗位编号	JXG－001
所属部门	工程开发部	岗位定编	1 人
直接上级	董事总经理	薪酬类型	高管—技术类
直接下级	产品副经理、工艺副经理、模具副经理、设备副经理、专利主管、经理助理	薪酬等级	II 级
团队人数	126 人	编制日期	2015 年 10 月 18 日
岗位价值	价值 1：精准识别客户的需求，提供具有竞争力的厨具问题系统解决方案		
	价值 2：为实现订单提供安全、高效的作业依据		
岗位目标	目标 1：产品解决方案中标率≥40%		
	目标 2：产品成本预算精度≥95%		
	目标 3：专利件数≥3 件/年		
职责描述	职责综述：依据客户要求设计产品、开发产品，并及时解决产品量产及持续改进中的问题		
	职责一：确立工程技术发展战略，协助经营决策者拟定产品战略		
	→以公司中长期经营目标和战略规划为基础，拟定工程开发职能战略		
	→依据科学技术发展、市场趋势及公司技术力量建议各时期的产品战略		
	职责二：精益研发体系建设		
	→工程开发流程、机制塑造及持续优化		
	→工程技术团队人才的持续培养		
	→工程技术研究与传承		

续表

职责描述	职责三：项目统筹及管理
	→项目安全、法律法规、可行性审定
	→产品前期策划及项目计划审定
	→项目预算及成本核算审定
	职责四：技术攻关及技术改造
	→协调内外部科学家、技术专家联合攻关，研究并夯实产品基础应用科学
	→产品、工艺、模具、设备等技改方案审定
行使权力	人事权：所属范围内人员的任免权
	财务权：预算范围内的支出批准权、预算外 10000 元人民币的支出批准权
	行政权：所属范围内人员的晋升审批权、考核权、激励权
协作关系	内部协调：各子公司、事业部、职能部门经理
	外部协调：客户、供应商、政府技术单位、大专院校、研究及测试机构
任职资格	人格特质：创新、务实、严谨、敏锐
	教育水平：本科、（在职）研究生
	专业需求：机械、工业工程、工商管理
	知识结构：优秀的综合职业素养、以技术为核心的复合型人才
	工作经验：世界 500 强企业相同岗位或相关岗位同级别 6 年以上经验
	能力要求：优秀的系统、创新、问题解决、统筹指挥及沟通协调能力
	职业资质：工程师、高级工程师
	年龄需求：35 周岁以上
	软件平台：办公软件
工作环境	室内

一份填写完整的岗位说明书实际上就是某个具体岗位的工作指导手册，岗位说明书的设计质量直接影响岗位设置的出发点。

第四步，岗位价值评估。比较企业内部各个岗位的相对重要性得出各职位等级序列，从而为薪酬建立统一的职位评估标准是岗位价值评估的目的。

表 1.17　岗位说明书（示例 2）

<table>
<tr><td colspan="5">××××公司</td><td colspan="6" rowspan="2">养殖事业部</td><td>文件编号</td><td>SC - WI - 044</td></tr>
<tr><td colspan="5"></td><td>文件版本</td><td>A/6</td></tr>
<tr><td rowspan="3">基本信息</td><td colspan="3">岗位名称</td><td colspan="3">保育舍饲养员</td><td>隶属部门</td><td colspan="3">生产线</td><td>拟定日期</td><td>2018 年 10 月 29 日</td></tr>
<tr><td colspan="3">上级岗位</td><td colspan="3">保育组长</td><td>管理通道</td><td colspan="3">班长、组长、主管、副场长/场长</td><td>更新日期</td><td>2018 年 10 月 29 日</td></tr>
<tr><td colspan="3">下级/协同</td><td colspan="3">无/各组饲养员</td><td>技术通道</td><td colspan="3">技术员、医疗师、防疫师</td><td>更新原因</td><td>组织机能优化</td></tr>
<tr><td rowspan="5">岗位原则</td><td colspan="3">岗位目的</td><td colspan="9">在组长带领下，严格落实公司及场部各项饲养管理制度，按时、按质、按量完成《年度生产任务指标》和公司赋予的其他生产经营任务，并促进效益最大化</td></tr>
<tr><td colspan="3" rowspan="4">价值目标</td><td colspan="2">价值指标</td><td colspan="2">指标定义</td><td>目标</td><td>计算方式</td><td>数据来源</td><td colspan="2">管理频度</td></tr>
<tr><td colspan="2">成活率</td><td colspan="2"></td><td></td><td></td><td></td><td colspan="2"></td></tr>
<tr><td colspan="2">日增重</td><td colspan="2"></td><td></td><td></td><td></td><td colspan="2"></td></tr>
<tr><td colspan="2">料肉比</td><td colspan="2"></td><td></td><td></td><td></td><td colspan="2"></td></tr>
<tr><td rowspan="5">作业标准</td><td colspan="3">类别/属性</td><td>工作时间</td><td colspan="3">工作内容</td><td>周期</td><td>频率</td><td>要求/标准</td><td>依据</td><td>使用表单</td></tr>
<tr><td rowspan="4">每日</td><td>1</td><td>P</td><td>7：00 - 7：10</td><td>早会</td><td colspan="2">1. 执行组长当天安排的工作
2. 团队协助、分工合理</td><td>10 分钟</td><td>每天 1 次</td><td>及时完成当天的工作</td><td>早会制度</td><td>《早会签到表》</td></tr>
<tr><td rowspan="3">2</td><td rowspan="3">C</td><td>7：10 - 8：00</td><td rowspan="3">巡栏</td><td>顺序</td><td>1. 从小到大，从健康到隔离舍
2. 对发抖、喘气的挑出治疗</td><td rowspan="3">30 ~ 50 分钟</td><td rowspan="3">每天 2 次</td><td>及时准确把握猪群动态</td><td rowspan="3">巡栏操作指导书</td><td rowspan="3">《巡栏检查表》</td></tr>
<tr><td>10：40 - 11：00</td><td>通风保暖</td><td>仔猪睡觉不上堆，温度刚刚合适</td><td>饲料保持新鲜、无霉菌发生</td></tr>
<tr><td>13：30 - 14：00</td><td>猪的动态</td><td>皮毛光滑、呼吸均匀、鼻盘红润不粘饲料、眼睛清亮无内斑为正常</td><td>干净卫生、无明显异味</td></tr>
</table>

续表

作业标准	每日	2	C	17：10－17：30	巡栏	检查料槽	检查饲料有无发霉，每天清槽2次					
						设备检查	保证风机、保温灯、线路使用安全，饮水器的出水情况良好					
		3	D	8：00－8：40	加料	1. 根据仔猪大小、头数、采食分量添加		40分钟	每天4次	饲料保持新鲜、无霉菌发生	按操作手册执行	《×××××》
				10：20－11：00		2. 保持饲料新鲜						
				16：00－16：40		3. 注意料槽卫生，每次投料前清扫一次料槽						
				20：00－20：40		4. 加料一定要以仔猪吃完为准						
		4	D	8：40－9：10	卫生	坚持每天铲猪粪一次，清扫走道一次，保持栏内干燥		30分钟	每天1次	干净卫生、无明显异味	按操作手册执行	《×××××》
		5	A	9：10－9：30	弱差猪护	1. 按大小、强弱、精神状态进行分群饲养		20～30分钟	每天4次	合理分群、喂料无浪费	按操作手册执行	《×××××》
				10：40－11：00		2. 对发烧、喘气、食欲不振的进行针对治疗和护理						
				14：00－14：30		3. 喂糊料前料槽内一定要有干料，以免空腹进食造成胃溃病						
				16：00－16：30		4. 喂糊料一定要少量多次添加，保证每头弱猪都能吃到，没吃完40分钟清走						
		6	A	9：30－10：30	其他日常工作	挑猪	××××××××	60～90分钟	每天2次	操作注意细节	按操作手册执行	《×××××》
						转群	××××××××					
				14：30－16：00		拉料	××××××××					
						疫苗接种	××××××××					

续表

作业标准	每周	1	P	周一、周四	每周必须完成事项	申购、领用生产物资（药品）	30 分钟	每周 2 次		按操作手册执行	《×××××》
		2	A	周三 14：00 后		根据猪群的大小、健康度、饲养密度进行调整	30 分钟	每周 2 次	挑猪尽量降低应激		
		3	C	周六		栏舍内外的大扫除，生产用具保养和栏舍硬件的查修	50 分钟	每周 1 次	做好内外卫生，及时对用具进行维护		
		4	D	周日		盘点存栏数目，核对报表	30 分钟	每周 1 次	数据、报表准确		
	每月	1	A	×××	每月必须完成事项	执行猪群的保健，对效果和问题及时反映、提报		认真执行总结效果		按操作手册执行	《×××××》
		2	P	×××		参加小组月生产及岗位考核分析总结会议	90 分钟	每月一次	做好总结分析		
	每年				——						
					——						

制定： 审核： 批准：

岗位价值评定要素的设计与企业特性、企业对岗位的期望、岗位在组织中承担的功能等强烈相关，因此岗位价值评定要素没有绝对统一的标准，也不会在同一企业里一成不变，但任何岗位都是将输入通过过程经营活动转化为输出的增值器官，由此可以依据各具体岗位输入的专业知识与经验、管理技能、输出的成果、影响，以及过程经营活动的人际沟通、问题复杂性、风险管理涉及程度、决策等要素设计岗位价值评估表（参见表1.18）进行各岗位的价值评估，形成岗位价值评估汇总表（参见表1.19）。

表1.18　一般制造型企业岗位价值评估表（示例）

序号	评估因素	子因素	配分/%	1分	2分	3分	4分	5分
1	对企业的影响	营业收入	××					
		成本控制	××					
		产品质量	××					
		成长促进	××					
2	解决问题	复杂性	××					
		创造性	××					
3	责任范围	工作独立性	××					
		工作内容的广度	××					
		知识的广度	××					
4	监督	人数	××					
		下属素质	××					
		层次类别	××					
5	知识经验（任职资格）	知识	××					
		行业经验	××					
		职务经验	××					
6	沟通	沟通频率	××					
		沟通技巧	××					
		内外要素	××					
7	环境风险	生理条件	××					
		自然条件	××					
		工作风险	××					

表 1.19　岗位价值评估汇总表

×××公司岗位价值评估汇总表												
岗位序列	岗位名称	岗位价值评估得分明细							岗位得分	占总计分比/%	排名
		对企业的影响	解决问题	责任范围	监督	知识经验	沟通	环境风险			
决策层系列	董事长										
	总经理										
高层管理序列	×1 副总										
	×2 副总										
中层管理序列											
基层管理序列											
研发序列											
销售序列											
……											
总计分											

第五步，岗等岗级设定。一般制造型企业需依据企业的实际情况、岗位价值评估汇总表划定岗位价值得分范围，完成岗等设定，具体可参考表 1.20。

表 1.20　职系与岗位等级对照表（示例）

岗位价值得分范围	岗位等级规划	经营类职系	技术类职系	营销类职系	财务类职系	生产类职系	质量类职系	……职系
	九级	董事长						
	八级	总经理						
	七级	副总经理 管理顾问	总工程师		总会计师			
	六级		工程经理 技术顾问 高级工程师	营销总监	财务经理 经营分析师 注册会计师	生产经理 生产厂长 计划经理	质量经理 高级质量工程师	
	五级		工程副经理 工程师 工程主管	渠道经理 品牌经理 区域经理	财务副经理 会计师 经济师	生产副经理 生产副厂长 计划主管	质量副经理 质量工程师	

续表

岗位价值得分范围	岗位等级规划	经营类职系	技术类职系	营销类职系	财务类职系	生产类职系	质量类职系	……职系
	四级		初级工程师 工程组长	业务主管 业务主办	成本专员 审计专员	车间主任 采购主管 仓库主管 计划员	质量主管	
	三级		助理工程师	业务员	助理会计	班长/线长/组长/采购员	质量组长 助理质量工程师	
	二级		技术员	业务助理 业务跟单	财税专员 出纳	多能工 作业能手 仓管员	测试技术员 品管员	
	一级					作业员 帮工	检验员	

岗级设定的关键在于岗级的起始值、差值、平均值确定。在一般制造型企业里，各岗等的岗级差值是不同的，等级越高，岗级差值往往越大。一般都遵循：决策者层（岗等九级）＞经营层（岗等八级）＞管理层（岗等六级、七级）＞执行层（岗等三级、四级、五级、六级）＞员工层（岗等一级、二级、三级）的价值差异，但差值的具体大小需依企业的实际情况而定。

岗级，同样也可以有一级至九级，企业可视规模大小进行缩减或增加级数，但通常都会保留前三级。

岗等岗级的设计输出用表，可参考表 1.21 示例。

第六步，市场薪酬调查及分析。企业应及时调查市场薪酬现状，作为本企业薪酬定位的决策输入。市场薪酬调查体系已经十分成熟，如委托专业机构完成或订购专业的行业薪酬调查报告等。

第七步，薪资结构设计。依据企业既定的薪酬策略、岗位价值评估汇总表、岗等岗级标准表等确定各序列各岗位的薪资结构表（参见表 1.22）。

表 1.21　岗等岗级标准表（示例）

岗位价值	岗位等级	管理职系	岗位价值与岗级标准									
		岗位名称	经理一级（300 分）	经理二级（320 分）	经理三级（340 分）	经理四级（360 分）	经理五级（400 分）	经理六级（420 分）	……	员工二级（100 分）	员工三级（105 分）	……
	六级	技术经理										
		财务经理										
		经营经理										
		行政经理										
		实验室经理										
		子公司经理										
		人力资源经理										
		培训经理										
		发展规划经理										
		开发部经理										
		市场部经理										
		财务部经理										
		董事会秘书										
		总经理秘书										
		行政主管										
		会计										
		出纳										

续表

岗位价值	岗位等级	管理职系	岗位价值与岗级标准									
		岗位名称	经理一级（300 分）	经理二级（320 分）	经理三级（340 分）	经理四级（360 分）	经理五级（400 分）	经理六级（420 分）	……	员工二级（100 分）	员工三级（105 分）	……
		审计										
		市场研究专员										
		……										

备注：浅色块代表职级调整范围，如会计岗位对应员工二级至五级；深色块代表最可能职级，如称职的会计可定为员工三级。

表 1.22　薪资结构表

×××公司各序列薪资结构标准表				
岗位序列	代码	基本薪资:加班薪资:绩效奖（月/季/年）		
		实施初期	实施中期	实施成熟期
决策层系列（MP 序列）	MP			
高层管理序列（MA 序列）	MA	7:0:2	6:0:4	5:0:5
中层管理序列（MB 序列）	MB	7:1.5:1.5	6:1.5:2.5	6:0:4
……				
销售序列（S 序列）	S			
技术序列（T 序列）	T			
生产序列（F 序列）	F			

第八步，确定企业薪点平均值。依据企业基本薪资预算（取自薪酬预算总额之中）、岗位价值评估汇总表核算基本薪点平均值，即企业薪点平均值 $=\frac{\text{企业基本工资预算金额}}{\sum\text{（岗位价值评估得分×岗位定编人数）}}$。

第九步，设定岗位基本薪资。原则上，某个具体岗位的岗级基本薪资 = 企业薪点平均值 × 岗位价值评估得分，随后代入表 1.21，形成岗级基本薪资对照表即可。

企业发展受内外部环境的制约因素和程度是动态变化的，企业在不同阶段、不同时期的追求和关注焦点是不同的，因此薪酬策略、组织结构、岗位设置、岗位价值、薪资结构、薪点平均值等均应定期检视，并适时进行合理化调整。

二、绩效奖金设计

奖金是薪酬发挥激励作用最直接的手段，好的奖金制度可以最大限度地发挥员工的智慧和才干，是企业发展不可缺少的管理机制。奖金种类较多，具体参见图 1.18，这里主要讨论一般制造型企业，特别是中小企业的绩效奖金设计与支付。

（一）绩效奖金设计原则

绩效设计与管理的理论繁多，但至少应坚守如下四个原则：

◎共享原则。企业经营业绩是经营决策者资源投入的结果，也是全体员工共同奋斗的结果，经营决策者应该与全体员工合理地分享经营成果。

◎双赢原则。奖金源自创造，企业在考虑盈亏平衡、资本收益能力、持续发展留存需求后，应确立奖金发放的基准线。

◎时效原则。绩效目标的统计、奖金核算及发放应当及时。

◎帮扶原则。各级管理应辅导、协助部属改善业绩以提升部属绩效。

（二）绩效奖金的构成

在一般制造型企业，特别是中小企业，绩效奖金一般可分为两种：一是员工绩效奖金，如月度绩效奖、年终绩效奖；二是主管绩效奖金，如季度奖、年终奖等。

在绩效奖的构成上，员工绩效奖金一般遵循“（月度绩效奖×12）∶年终绩效奖＝6∶4”、主管人员的绩效奖金一般遵循“（季度绩效奖×4）∶年终绩效奖＝5∶5”的结构。不同企业也可视实际情况给予调整，但年终奖考核额度不建议低于全年绩效奖总额的30%。

（三）年中绩效考核

对于一般员工（非主管人员的统称），建议以月度为时间单位进行绩效考核。如每月3日前（遇节假日顺延），由一般员工参考表1.23对自己上个月的表现进行考核，并提交一级主管确认、二级主管批准承认。

表1.23　非管理人员月度绩效自评表（示例）

部门：　　　月份：　　　填表人：　　　一级主管：　　　二级主管：

<table>
<tr><th colspan="2">基于年度经营计划的目标/工作</th><th>实际成效</th><th>差异分析</th><th>改善对策</th></tr>
<tr><td colspan="2"></td><td></td><td></td><td></td></tr>
<tr><td rowspan="4">上级主管考评</td><td rowspan="2">目标计划执行成效
1. 量化（数据）
2. 时序化（时限）
3. 具体化（品质）（70%）</td><td colspan="2" rowspan="2"></td><td>成绩评定</td></tr>
<tr><td rowspan="3"></td></tr>
<tr><td>改善学习（15%）</td><td colspan="2"></td></tr>
<tr><td>工作态度（15%）</td><td colspan="2"></td></tr>
</table>

续表

备注	90 分以上：A 级；85 分以上：B + 级；80 分以上：B 级；75 分以上：B – 级；70 分以上：C + 级；65 分以上：C 级；60 分以上：C – 级；60 分以下：D 级。

对于主管人员（班组长至副总经理等管理人员的统称），建议以季度为时间单位进行绩效考核。如每个季度第一个月 3 日前（遇节假日顺延），由主管人员参考表 1.24 对自己上个季度的表现进行考核，并提交一级主管确认、二级主管批准承认。

表 1.24　管理人员季度绩效自评表（示例）

部门：　　　　月份：　　　　填表人：　　　　一级主管：　　　　二级主管：

<table>
<tr><th colspan="2">基于年度经营计划的目标/工作</th><th>实际成效</th><th>差异分析</th><th>改善对策</th></tr>
<tr><td colspan="2"></td><td></td><td></td><td></td></tr>
<tr><td rowspan="4">上级主管考评</td><td rowspan="2">目标计划执行成效
1. 量化（数据）
2. 时序化（时限）
3. 具体化（品质）（60%）</td><td colspan="2" rowspan="2"></td><td>成绩评定</td></tr>
<tr><td></td></tr>
<tr><td>领导与管理
1. 人员稳定性
2. 培训
3. 工作管控（20%）</td><td colspan="2"></td><td></td></tr>
<tr><td>改善学习（20%）</td><td colspan="2"></td><td></td></tr>
<tr><td>备注</td><td colspan="4">90 分以上：A 级；85 分以上：B + 级；80 分以上：B 级；75 分以上：B – 级；70 分以上：C + 级；65 分以上：C 级；60 分以上：C – 级；60 分以下：D 级。</td></tr>
</table>

（四）年终绩效考核

无论是一般员工还是主管级人员，年度绩效考核均建议包括两个部分：一是对所在岗位年度目标的实现进行考核，即年终 KPI 考核；二是对被考核人的个人表现进行考核，即年终 PPI 考核。

1. 年终 KPI 考核

在 × –1 年进行 × 年度的目标设计时，应同步考虑 × 年的年终绩效奖金支付考核需要，如将目标继续分解为底限值（如不能低于企业盈亏平衡点的营业额）、基准值和努力值，这就是 × 年的年终 KPI 考核评分标准，具体可参考图 1.21。

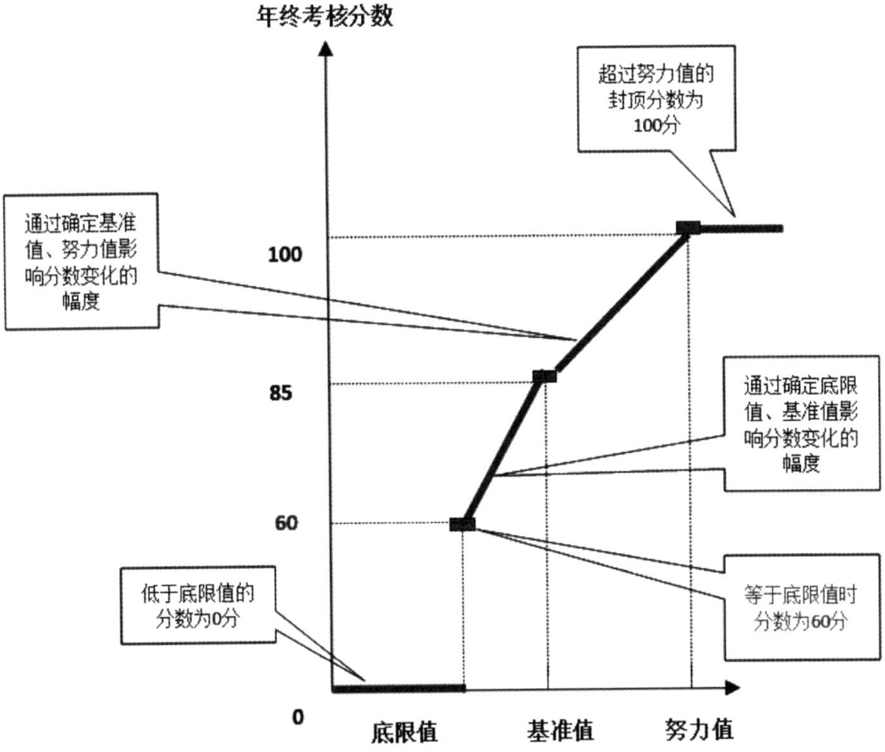

图 1.21　年终 KPI 考核评分规则

①当实际完成值 < 底限值时，考核得分 = 0 分；

②当实际完成值 > 努力值时，考核得分 = 100 分；

③当底限值 < 实际完成值 < 基准值时，

$$考核得分 = 60 + \frac{25 \times（实际完成值 - 底限值）}{基准值 - 底限值};$$

④当基准值 < 实际完成值 < 努力值时，

$$考核得分 = 85 + \frac{15 \times（实际完成值 - 基准值）}{努力值 - 基准值}。$$

相关核算，请参考下述案例：

已知：年终销售收入的考核标准是底限值 80 万元人民币、基准值 120 万元人民币、努力值 150 万元人民币。

求实际销售收入完成额为 110 万元、130 万元时，其 KPI 考核得分分别是多少？

解：①实际销售收入完成额为 110 万元时的考核得分

$$=60+\frac{25\times(\text{实际完成值}-\text{底限值})}{\text{基准值}-\text{底限值}}$$

$$=60+\frac{25\times(110-80)}{120-80}$$

$$=79\text{ 分}$$

②实际销售收入完成额为 130 万元时的考核得分

$$=85+\frac{15\times(\text{实际完成值}-\text{基准值})}{\text{努力值}-\text{基准值}}$$

$$=85+\frac{15\times(130-120)}{150-120}$$

$$=90\text{ 分}$$

2. 年终 PPI 考核

一般员工和主管人员的年终 PPI 考核，由其一级主管参考表 1.25、表 1.26 的要求主导考核并完成表格的填写。

表 1.25　一般员工年终 PPI 考核表

部门：　员工编号：　姓名：　职位：　到职日期： 考核期间：　年　月　日—　年　月　日					
考核项目	评述等级说明	评分标准			得分
（一）操行与品德：指其工作态度、遵守规定、时间观念、成本观念、修养及礼貌状况	优：工作认真，态度诚恳，遵守一切规定，堪为他人模范	18	19	20	
	上：工作认真，态度诚恳且能守法，获得他人的好感	15	16	17	
	中：工作态度、品行、守法观念尚称良好	12	13	14	
	下：工作态度、品行、守法观念稍差，须加督导	6	8	10	
	劣：守法观念淡薄，工作态度、品行均差	0	2	4	
（二）知识与技能：指完成职务所必需的基本知识、专门知识和技能熟练度	优：有极丰富的学识和技能，能充分发挥，顺利完成本职工作	13	14	15	
	上：有丰富的学识和技能，足够完成本职工作	10	11	12	
	中：知识和技能均为一般水准，尚能完成本职工作	7	8	9	

续表

考核项目	评述等级说明	评分标准			得分
	下：知识和技能稍感不足，执行职务需详细提示	4	5	6	
	劣：知识和技能均不足，日常工作不能圆满完成	1	2	3	
（三）工作意愿度：指对工作的热忱、自动自发的精神及不怕困难的气魄	优：极有工作热忱，自动自发完成工作，对工作富有创意	13	14	15	
	上：对工作具有兴趣并积极，且能认真执行	10	11	12	
	中：圆满完成分内的工作，工作意愿尚称良好	7	8	9	
	下：工作意愿稍差，偶尔会偷懒且有逃避困难工作的倾向	4	5	6	
	劣：意志消沉，阳奉阴违，毫无工作欲	1	2	3	
（四）贯彻命令度：指完成工作上责任及贯彻指示命令的努力程度	优：有强烈责任感，认识本职工作的重要性，适时完成工作	9	9.5	10	
	上：富有责任感，认识本职工作职责，完成指派的工作	7.5	8	8.5	
	中：有责任感，贯彻命令及工作努力程度尚称良好	6	6.5	7	
	下：责任感稍差，常不能贯彻指示命令，时有逃避责任之事情	1.5	5.5	5.5	
	劣：无责任感，时常半途而废，掩饰虚报，须严加督导	3	3.5	4	
（五）工作效率度：指在一定的时间内完成预定工作的量和度	优：工作效率超群，指派工作能在预定时间内完成	18	19	20	
	上：工作效率高，能在预定时间内完成工作，并加复核	15	16	17	
	中：工作效率为一般水准，能在预定时间内完成工作	12	13	14	
	下：工作效率稍差，有时未能在预定时间内完成工作，须加督促	6	8	10	
	劣：工作效率差，虽然催促，亦不能在预定时间内完成工作	0	2	4	
（六）工作精确度：指工作有无错误，是否细心？就工作成果之良好及正确性的程度加以考核	优：工作处理经过，结果极具安定性与正确性，能充分信赖	18	19	20	
	上：工作细心，成果正确，堪能信赖	15	16	17	
	中：偶尔会发生错误，但工作成果尚称良好	12	13	14	
	下：时常发生错误，工作成果稍差	6	8	10	
	劣：虽加督导，工作成果仍差，粗心大意，浪费多	0	2	4	

续表

<table>
<tr><td>（七）潜能评估</td><td colspan="5"></td><td colspan="2">考核得分
一级主管</td></tr>
<tr><td rowspan="4">考勤 10 分</td><td>迟到/早退</td><td>旷工</td><td>事假</td><td>病假</td><td rowspan="4">教育训练成绩（10 分）

得分</td><td colspan="2" rowspan="4">奖惩记录 □大功 次 □大过 次
□小功 次 □小过 次
□嘉奖 次 □申诫 次
应加扣 分</td></tr>
<tr><td>次</td><td>次</td><td>次</td><td>次</td></tr>
<tr><td>分</td><td>分</td><td>分</td><td>分</td></tr>
<tr><td colspan="4">得分</td></tr>
<tr><td rowspan="3">PPI 考绩总评</td><td colspan="5">考绩得分×80%＋考勤得分＋训练成绩＋/－奖惩分数＝考绩实际分数</td><td rowspan="3">人事单位</td><td rowspan="3">总经理核定</td></tr>
<tr><td colspan="5">考绩核给等级□特优□优□甲□乙□丙</td></tr>
<tr><td colspan="5">原职为 等 级改叙为 等 级，生效日自 年 月 日起</td></tr>
</table>

表 1.26 主管人员年终 PPI 考核表

<table>
<tr><td colspan="6">部门： 员工编号： 姓名： 职位： 到职日期：
考核期间： 年 月 日— 年 月 日</td></tr>
<tr><th>考核项目</th><th>评述等级说明</th><th colspan="3">评分标准</th><th>得分</th></tr>
<tr><td rowspan="5">（一）领导策划：指对经营计划之拟订及运用管理科学统御部属之能力</td><td>优：拟订经营计划之能力极佳，对其部属之工作分配得当，能全面掌握</td><td>18</td><td>19</td><td>20</td><td></td></tr>
<tr><td>上：拟订经营计划之能力尚佳，对其部属之工作分配亦佳，大致能全面掌握</td><td>15</td><td>16</td><td>17</td><td></td></tr>
<tr><td>中：拟订经营计划之能力平平，对其部属之工作分配尚可，绝大部分可掌握</td><td>12</td><td>13</td><td>14</td><td></td></tr>
<tr><td>下：拟订经营计划之能力略差，对其部属之工作分配稍有不当，偶有顾此失彼现象</td><td>6</td><td>8</td><td>10</td><td></td></tr>
<tr><td>劣：拟订经营计划之能力甚差，对其部属之工作分配不当，影响组织功能甚大</td><td>0</td><td>2</td><td>4</td><td></td></tr>
<tr><td rowspan="5">（二）工作绩效：指单位目标管理下，其经营绩效质量之达成度</td><td>优：经营绩效有显著成长，超出预定目标甚多</td><td>18</td><td>19</td><td>20</td><td></td></tr>
<tr><td>上：经营绩效较前进步，偶能超出预定目标</td><td>15</td><td>16</td><td>17</td><td></td></tr>
<tr><td>中：经营绩效尚佳，大致均能达成预定目标</td><td>12</td><td>13</td><td>14</td><td></td></tr>
<tr><td>下：经营绩效平平，有时未能达成预定目标</td><td>6</td><td>8</td><td>10</td><td></td></tr>
<tr><td>劣：经营绩效不佳，大多未能达成预定目标</td><td>0</td><td>2</td><td>4</td><td></td></tr>
<tr><td rowspan="2">（二）沟通协调：指为促进工作与其他内外单位之沟通协调、支援之表现</td><td>优：能积极与每一单位建立极佳的关系，且能不顾小我，充分发挥团队精神</td><td>13</td><td>14</td><td>15</td><td></td></tr>
<tr><td>上：能与有关单位维系良好的关系，遇事愿摒弃己见，能发挥团队精神</td><td>10</td><td>11</td><td>12</td><td></td></tr>
</table>

续表

考核项目	评述等级说明	评分标准			得分
（三）沟通协调：指为促进工作与其他内外单位之沟通协调、支援之表现	中：大体能与有关单位维持良好的关系，但有时会坚持己见，对整体工作尚无影响	7	8	9	
	下：与有关单位联系不够，且本位主义思想稍浓厚，经常造成工作妨碍	4	5	6	
	劣：经常无合作意愿，且本位主义思想浓厚，经常造成工作妨碍	1	2	3	
（四）革新改造：指为达成目标或解决工作问题所做之创意、思考及革新之绩效程度	优：对各项经营管理问题，均能主动提供优异建议，力图革新，卓有成效	13	14	15	
	上：对大部分经营管理问题能提出建议，以图革新，尚有成效	10	11	12	
	中：面临问题之时能自行拟订改进办法或提出建议，成就平平	7	8	9	
	下：缺乏革新意愿，且沿袭成性，职责内之工作鲜有改进	4	5	6	
	劣：故步自封，满足现状，虽知问题严重亦不谋改进，致工作效率低落	1	2	3	
（五）命令执行：指上级主管交代命令之贯彻努力程度及工作效率之表现	优：对上级交代命令能彻底有效执行，并主动检讨追踪，工作效率极高	13	14	15	
	上：对上级交代命令多能彻底执行，大致能加以检讨追踪，工作效率甚佳	10	11	12	
	中：对上级交代命令尚能执行，偶尔需提醒检讨，工作效率平平	7	8	9	
	下：对上级交代命令未能有效执行，需经常予以督促，工作效率较差	4	5	6	
	劣：对上级交代命令阳奉阴违，检讨时亦敷衍塞责，工作效率甚差	1	2	3	
（六）人员培育：指对所属人员训练遴选、培养的技巧及成效	优：终年有计划地积极培育部属，且因方法优异故效果显著	13	14	15	
	上：积极培育部属，且因方法正确，故效果尚佳	10	11	12	
	中：尚能适时培育部属，但因方法运用不够正确，故效果平平	7	8	9	
	下：随兴之所至，指挥部属，且方法亦不够正确，故效果较差	4	5	6	
	劣：不重视教育训练，缺乏指导训练能力，故效果甚差	1	2	3	

续表

<table>
<tr><td rowspan="2">（七）潜能评估</td><td colspan="5" rowspan="2"></td><td colspan="2">考核得分</td></tr>
<tr><td colspan="2">一级主管</td></tr>
<tr><td rowspan="4">考勤 10 分</td><td>迟退</td><td>旷职</td><td>事假</td><td>病假</td><td rowspan="4">教育训练成绩（10 分）
得分</td><td colspan="2" rowspan="4">奖　□大功 次　□大过 次
惩　□小功 次　□小过 次
记　□嘉奖 次　□申诫 次
录　应加扣　分</td></tr>
<tr><td>次</td><td>次</td><td>次</td><td>次</td></tr>
<tr><td>分</td><td>分</td><td>分</td><td>分</td></tr>
<tr><td colspan="4">得分</td></tr>
<tr><td rowspan="3">考绩总评</td><td colspan="5">考绩得分×80%＋考勤得分＋训练成绩＋/－奖惩分数＝考绩实际分数</td><td rowspan="3">人事单位</td><td rowspan="3">二级主管核定</td></tr>
<tr><td colspan="5">考绩核给等级□特优□优□甲□乙□丙</td></tr>
<tr><td colspan="5">原职为　等　级改叙为　等　级，生效日自　年　月　日起</td></tr>
</table>

（五）绩效沟通

绩效考核实施过程中，被考核人的一级、二级主管应及时与被考核人进行沟通（必要时人力资源部门需要参加），承认被考核人的工作并给予应有的鼓励，探讨被考核人工作中存在的不足之处、困难，聆听被考核人心声，寻找改进机会，帮助被考核人解决实际问题等。

（六）绩效考核结果公示

月度、季度、年终绩效考核结果均应由人力资源部门及时整理、汇总、公布，若遇异议，则应及时进入内部申诉通道处理。

（七）绩效奖金的发放

经公示无误后，财务部门依据如下核算及时发放绩效奖金：

（1）一般员工月度绩效奖金＝一般员工年度奖金预算×60%÷12 个月×（月度绩效考核最终得分÷月度绩效考核标准总分）×100%。

（2）一般员工年终绩效奖金＝一般员工年度奖金预算×40%×［（年终 PPI 考核最终得分÷年终 PPI 考核标准总分）×40%＋（年终 KPI 考核最终得分÷年终 KPI 考核标准总分）×60%］。

（3）主管人员季度绩效奖金＝主管人员年度奖金预算×50%÷4 个季度×（季度绩效考核最终得分÷季度绩效考核标准总分）×100%。

（4）主管人员年终绩效奖金＝主管人员年度奖金预算×50%×［（年终PPI考核最终得分÷年终PPI考核标准总分）×20%＋（年终KPI考核最终得分÷年终KPI考核标准总分）×80%］。

（八）绩效与组织建设

人力资源职能部门应主导绩效考核结果在企业组织建设中的积极应用。

（1）发掘绩优人员（如月度季度考核A级、年终PPI考核特优）的工作方法、技能、态度等，并在企业内部给予宣讲、推广。

（2）辅导绩差人员（如月度季度考核C级、年终PPI考核乙等）分析绩效差距，寻找绩效提升的方法和途径。

（3）对月度、季度考核绩差人员进行有针对性的在岗培训。

（4）对连续三个月考核绩差的一般员工或连续两个季度考核绩差的主管人员进行岗位调整。

（5）辞退连续六个月考核绩差的一般员工或年度绩效考核绩差的主管人员。

（6）对年度考核绩优的一般员工和主管人员进行升职、加薪。

（7）依据绩效考核情况，保证人力岗位异动计划、培训计划、招聘计划、薪资福利调整计划有序实施等。

三、其他常用的辅导性奖励

（一）个人奖与部门奖

这是一个不需要个人英雄主义的时代，但企业永远需要先进标兵，这种先进标兵可以以个人或团队形式出现，影响整个组织的进步。设置什么样的个人奖、班组奖、部门奖，不同企业的需求不同，唯一相同的是评定准则需要透明、科学并兼具公平，奖金额度具有一定的激励作用即可。

（二）改善奖

一个企业的管理水平、经营能力如何，在很大程度上取决于企业的改善力度和改善成果的贡献，因此改善是企业的一个永恒话题，也是经营管理最重要的话题之一。聚集全体员工智慧，从点滴入手、层层深入，持续不断地解决企业存在的不合理、不均衡和浪费问题，是改善成功实施的关键。企业参考丰田等世界一流企业建立改善提案制度，鼓励员工改善、奖励改善。

最后，关于计划经营在一般制造型企业的操作，可参考图 1. 22。

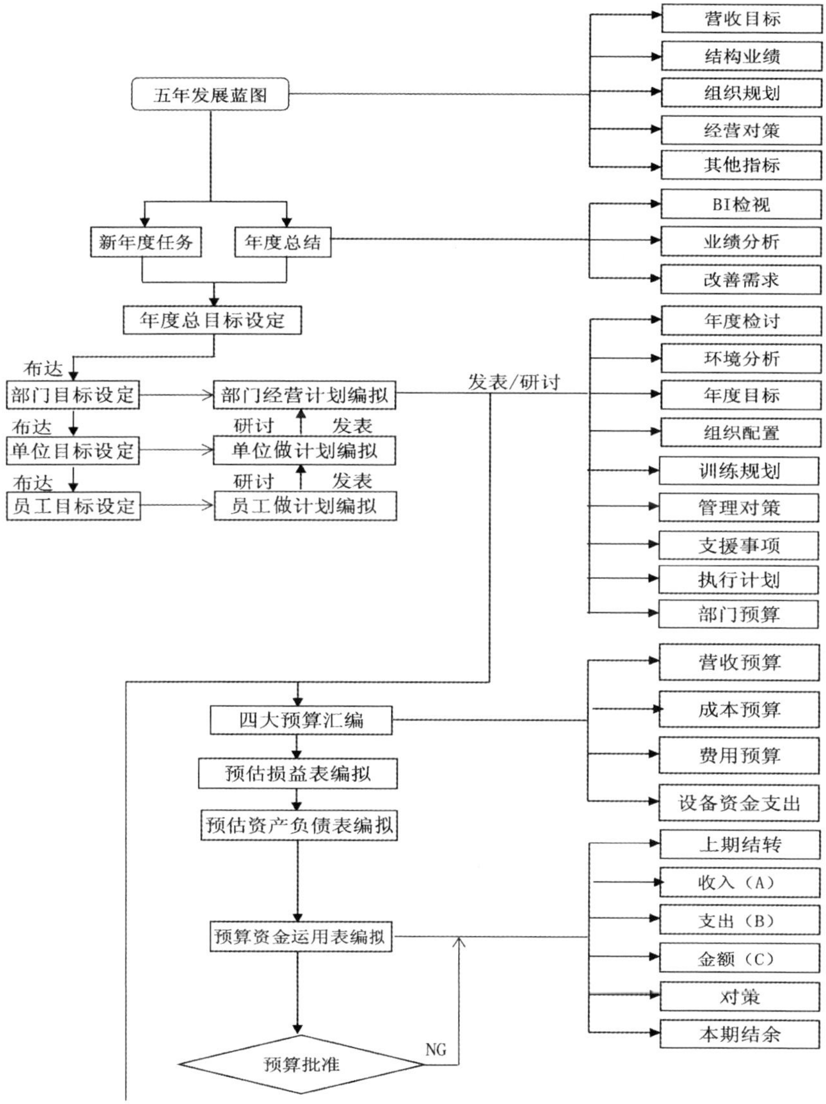

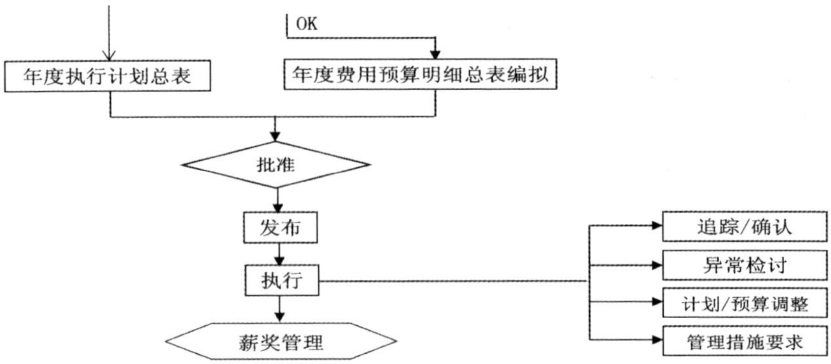

图 1.22　一般制造型企业计划经营操作指导路标

第二关

设计驱动，从源头做提升

现实中，很多经营决策者经常遇到以下问题：

- 一年到头都在琢磨产品、做产品，甚至也有一些产品参评获奖，但就是没有贡献多少营业额。
- 工厂产品种类、型号、规格可以编制几个大册子，但真正赚钱的产品却很少。
- 每天报价的项目很多，但最终接到的订单却寥寥无几。
- 样品迟迟不能交付，好不容易送一次样品，但客户（含公司内部承认部门）不满意。
- 产品研发周期太长，以至于错过上市或竞单的最佳时机。
- 费尽心思抢到客户（含公司内部下单部门）订单，但生产时效率低、质量差，问题一大堆。

这究竟是什么原因、是否可以得到更有效的解决？从市场角度而言，设计开发的服务对象是消费者（真正使用产品的人），只有消费者满意、感动，产品才算得到认可。因此，经营决策者需要设计开发协助企业回答如下问题：

（1）企业卖什么？

（2）可以放心地卖吗？

（3）好卖吗？

（4）能赚钱吗？

（5）能持久地卖吗？

设计开发应发挥图2.1归纳所示的七大作用。

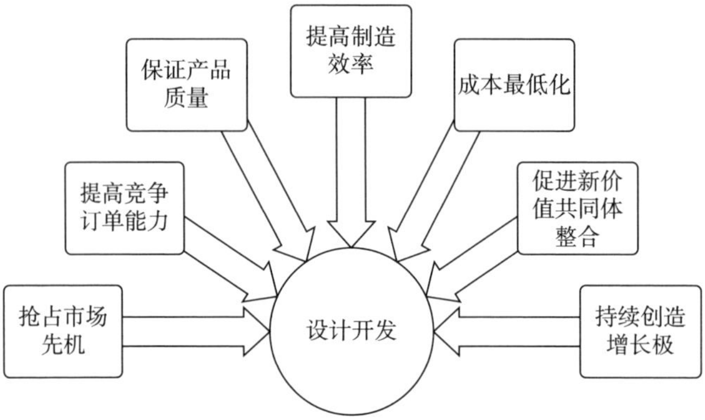

图2.1　设计开发的作用

第一节　企业相关方对产品的期望

一、左右企业产品设计开发的相关方

产品，是企业连接内外部价值的桥梁。因此，设计开发必须考虑并平衡相关方的利益（诉求）。与产品相关的利益方参见图2.2。

图2.2中，企业必须支出的资金有以下四大部分：

- 缴纳给政府的税金及各项费用。
- 支付给供应商的材料及零部件货款。
- 支付给员工的薪酬和福利。
- 回报给股东的收益分红等。

但企业收入只有来自消费者购买企业产品时回报给企业的利润（其他类投资或资本运作非本书讨论重点），所以企业在关注政府、供应商、员工和股东诉求的基础上，必须以消费者诉求为绝对核心进行产品和产品实现过程的设计开发。

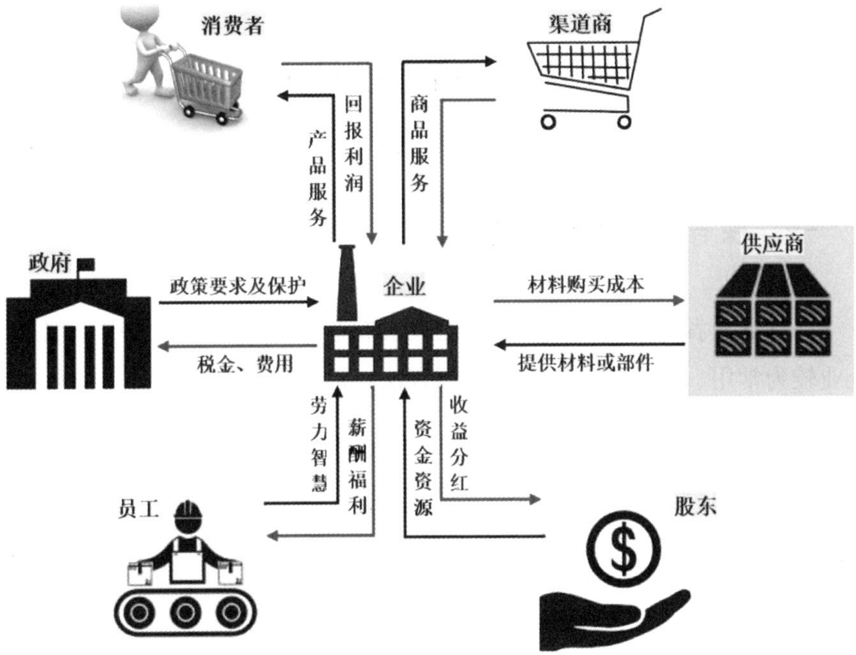

图 2.2　左右企业产品设计开发的相关方

二、消费者对产品的期望

从消费动机角度来看，消费者需求的产品应满足两点：愉快的体验和问题的解决。具体来说，当下呈现的消费需求特征有以下几个：

（1）更快的选购时间。

（2）更个性化的商品。

（3）更新颖的感观追求。

（4）更完美的质量要求。

（5）更健康、更环保。

（6）更享受的使用感觉。

（7）更好地获取新知识、新技能。

（8）更快捷地送货及安装。

（9）更简便地操作及维护等。

第二节　确定设计方向

一、探寻消费者需求的有效途径

探寻消费者需求的途径很多，但一般制造型企业，特别是中小制造型企业较为常用、有效的途径有问卷调查法、消费者意见领袖法、大数据法和用户体验研究中心法等。

（一）问卷调查法

调查问卷的设计在很大程度上直接影响着调查结果的精准度，以及调查资源投放的效费比，甚至左右产品的设计开发和持续改进。当企业决定自行设计调查问卷时，一般需要从营销、市场、产品、研发、技术等部门抽调业务骨干组成消费需求调查问卷编写小组，小组应紧扣消费群体的购买动机、消费习惯、支付能力、产品期望、服务诉求等方面展开问卷的设计和论证。**需要注意的是，（就产品设计开发而言）消费者对产品的期望和愿意支付的价格是调查问卷设计的重要部分。**

（二）消费者意见领袖法

消费者意见领袖法是指在与产品应用相关的某一特定领域拥有一定的社会知名度且能够影响潜在消费者的人，如烘焙达人可以视为烘焙材料、用具的意见领袖，旅游达人可以视为某些路线、景点的意见领袖，企业可以找到与之相关的意见领袖，聆听他们的意见作为产品设计开发的输入。

（三）大数据法

在信息高度发达的今天，企业可以结合实际情况建立大数据或调用商业大数据，如很多企业会取得阿里巴巴、京东、特百惠等后台数据进行产品设计开发或调整市场营销策略等。

（四）用户体验研究中心法

用户体验研究中心法（User Experience Research Center，简称 UERC），即以应用场景为核心，通过消费行为分析、关注消费者的情感需求，并将其提炼后转化为产品价值、业务价值的一种方法。

由于“体验消费”的兴起，越来越多的制造型企业开始构建 UERC 体系，旨在为产品设计开发输入更精准、更全面的消费需求。用户体验研究的实施应特别重视用户构成、研究内容及体验应用后的问题输出。

1. 体验研究用户的构成

参与体验研究的用户直接决定了研究结果的价值导向性，企业可参考图 2.3 组建体验研究用户群体。

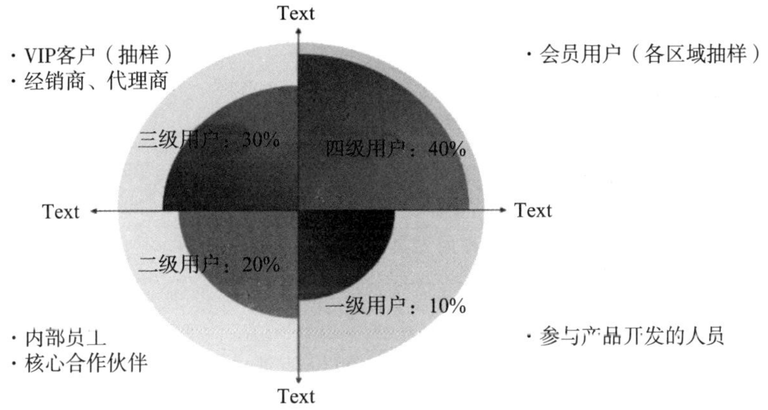

图 2.3 体验研究用户群体构成

2. 体验研究的内容

体验研究的内容直接影响设计开发的产品分析环节，所以企业在进行某个具体项目的体验研究前应充分考虑该项目的背景、产品定位、目标消费者等，明确研究目的、研究对象、研究方法和研究内容。以某企业的刀具产品为例，其研究内容可参见图 2.4。

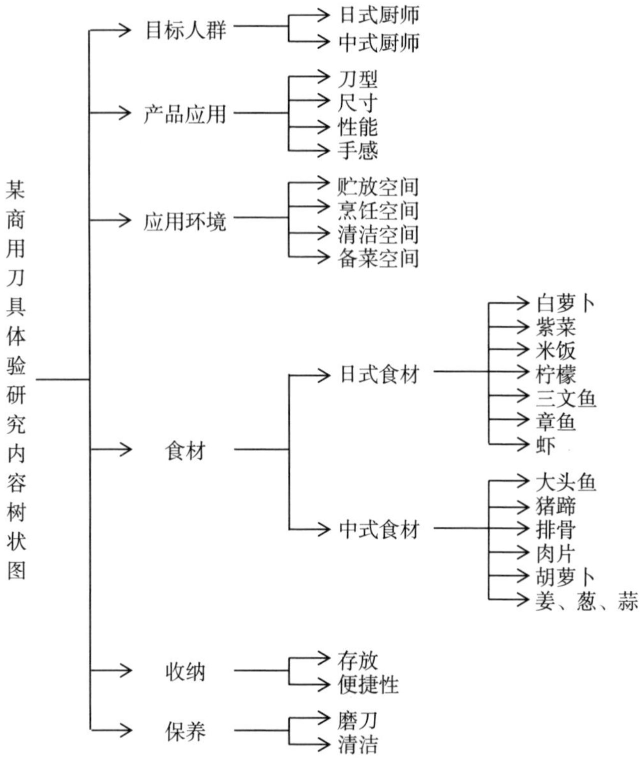

图 2.4　某商用刀具体验研究内容树状图

3. 问题输出

体验应用后的问题输出是研究活动的价值所在，结合图 2.4 的研究问题输出可参考表 2.1。

表 2.1　某商用刀具用户体验问题总结清单

研究产品	研究过程发现的问题	产品可改进的机会
日式刀具	日式刀具多为碳钢，易断、易生锈、易崩口	不锈钢 3Cr、5Cr，刀刃激光熔覆特殊材料
	分刀开刃角度大，使用易钝	开刃角度需更小、刀厚应更薄
	不锈钢手柄易滑手	采用木柄、碳化木、化学彩木
	木柄要注意干燥，易发霉、不卫生	化学彩木、不锈钢 + 塑胶、塑胶

续表

研究产品	研究过程发现的问题	产品可改进的机会
中式刀具	砍刀样板弧度线太大，砍切效率低	优化刀具刃口弧度
	砍刀样板重量偏轻，砍切效率低、难度大	增加刀片厚度
	家用刀具手柄尺寸纤细，不适合商用	增加手柄径粗，提升手柄握感
	菜刀使用频率高，2 ~ 3 天需磨刀一次	刀刃激光熔覆特殊材料
	刀具初始锋利度、持久锋利偏低	刀刃激光熔覆特殊材料、升级开刃工艺
	无外带工具包，收纳不方便	增加外带工具包

除了上述方法，企业探寻消费者需求的手段和途径还有很多，如免费试用、在线活动、客户反馈、用户会议、用户探寻、用户访谈、标杆分析、竞争对手分析、行业发展研究报告、行业学术交流、客户订单及订单需求的变化趋势、财务报表所呈现的营业结构变化等都可以提炼出非常有意义的消费需求信息。

尽管发掘消费者需求的工具很多，但无论使用哪种方法，企业都必须善于同消费者沟通，引导消费者表述出对产品的真实需求，如消费者最期待实现的需求和尽快能够得到满足的需求——这是产品设计开发为消费者创造价值的关键。

二、如何准确抓取消费者需求

在与消费者一起探寻问题时，企业往往发现绝大多数消费者并不能准确地表达产品诉求，甚至会有错误的阐述。那么，企业该如何收集、评价消费者需求作为产品设计开发的输入呢？

第一步，制作消费者单项需求信息采集表。企业可以结合问卷调查、用户体验研究中心、意见领袖、大数据、客户反馈等收集消费者需求，做成表 2.2“消费者单项需求采集表”。

表2.2　消费者单项需求采集表

需求者：	采集人姓名：	联系方式：
采集活动（Where/When） 消费者情况说明（Who）	消费者表述（What）	产生的原因（Why）
需求描述（Demands）	客户的评判（How）	需求关联

填表说明：

（1）采集活动（Where/When）：产生该需求的用户活动的特定的时间、地点、环境。

（2）消费者情况说明（Who）：联系方式、教育程度、岗位经验、其他与本项需求相关的经验。

（3）消费者表述（What）：用主语+谓语+宾语的语法结构，禁止使用修饰语句。

（4）产生的原因（Why）：保持怀疑，很多时候理由是假想出来的。

（5）需求描述（Demands）：功能需求、非功能需求、需求的紧急度、时间持续性、需求满足后情感（1一般~5非常高兴）、需求未实现情感（1略感遗憾~5非常懊恼）。

（6）客户的评判（How）：用量化的语言，无法量化时寻找标杆。

（7）需求关联：需求关联的用户影响人物、需求关联的用户业务与关联需求编号、需求关联的客户系统或设备、需求关联的公司产品及版本。

第二步，消费者单项需求归纳。依据“消费者单项需求采集表”，首先将所有单项需求信息归类、整理成消费者需求群组，然后利用树状图逐级分解需求群组，再由营销、市场、产品、设计、工程、生产等人员构成的需求小组进行头脑风暴式讨论完善需求，最后将消费者需求按$APPEALS模型要素归纳，如表2.3所示。

表 2.3　消费者需求 $ APPEALS 模型指标影响要素表

$（价格影响因素）	A（可获得性影响因素）	P（包装影响因素）	P（性能影响因素）	E（易用性影响因素）	A（保证影响因素）	L（生命周期成本影响因素）	S（社会接受程度影响因素）
设计	行销	外形	功能	用户友好	可靠性	寿命	间接影响
可生产性	销售	尺寸/数量	吸引力	操纵控制	质量	终止时间	顾问
原材料	渠道	几何设计	规格	显示	安全性	保险	采购代理
零部件	分销	模块化	功率	人机工程	误差	责任	标准组织
生产	交货期	架构	速度	培训	完整性	可维护性	政府
供应商	广告	表面	容量	文档	强度	服务	社会认可度
制造	配置	结构	灵活性	帮助系统	灵活性	备件	法律事项
配件备件	选件	标识	多功能	人性化	动力	迁移路径	股东
人力成本	定价	图形	尺寸	接口	负荷量	标准化	管理层
管理费用	客户定制	内外部		操作	冗余	基础设施	工人
装备						运转成本	工作场所

第三步，消费者需求重要性审视。消费者对商品价值判断的不同，实际上是对产品各项需求重要性不同的体现。消费者对需求被满足的感觉可以分为基本需求、兴奋需求、最好满足的需求，这就要求企业在产品价格一定的前提下，针对消费者各项需求所投入的资源和支出的成本是不同的。

因此，消费者需求重要性的排序尤为重要，KANO 模型（图 2.5）正是解决这一问题的有效工具。

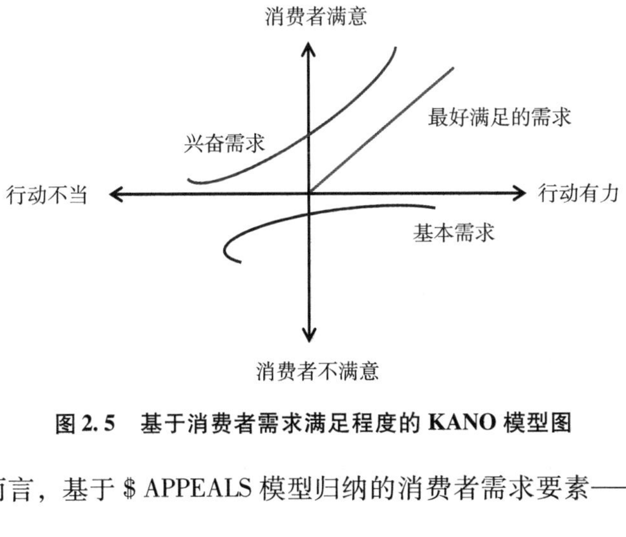

图 2.5　基于消费者需求满足程度的 KANO 模型图

一般而言，基于 $ APPEALS 模型归纳的消费者需求要素——价格、可获得性、包装、性能、易用性、保证、生命周期成本、社会接受程度进行重要等级的评定和权重设定，可以做成对应产品的消费者需求分析基础数据表，具体参考表2.4。

表2.4 消费者需求$APPEALS模型指标影响要素评价表

序号	评价要素	权重/%	非常重要(10分)	重要(8分)	次要(6分)	一般(4分)	可以不要(2分)	小计
1	**$价格**	100	—	—	—	—	—	8.8
1.1	设计	40	10					4
1.2	材料	30		8				2.4
	……	30		8				2.4
2	**A可获得性**	100	—	—	—	—	—	
2.1	渠道							
	……							
3	**P包装**	100	—	—	—	—	—	
3.1	外形							
	……							
4	**P性能**	100	—	—	—	—	—	
4.1	功能							
4.2	灵活性							
	……							
5	**E易用性**	100	—	—	—	—	—	
5.1	操纵控制							
	……							
6	**A保证**	100	—	—	—	—	—	
6.1	安全							
	……							
7	**L生产周期成本**	100	—	—	—	—	—	
7.1	寿命							
	……							
8	**S社会接受程度**	100	—	—	—	—	—	
8.1	社会认可度							
	……							

说明：本表评价要素、权重及重要等级的设计依据行业及产品的规则而变化。

第四步，竞争对手与消费者需求差距分析。企业为改进产品和超越竞争对手，应对竞争对手满足消费者需求的能力、现状水平给予评价。企业可以运用表 2.4 对竞争对手的产品进行同要素的评价。

为了更直观地检视竞争对手满足消费者需求的程度，可以分别将消费者需求、竞争对手 $ APPEALS 模型指标影响要素评价结果做成雷达图，如图 2.6 所示。

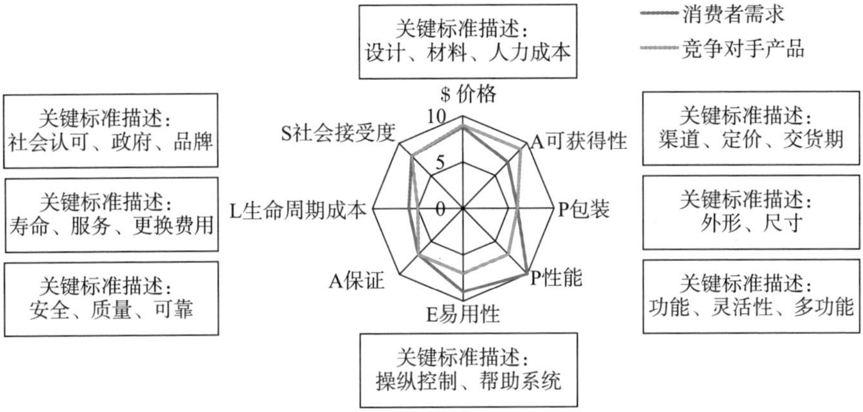

图 2.6　竞争对手满足消费者需求的差距分析雷达图

第五步，确定消费者需求优先次序。企业在满足消费者需求时应充分考虑需求层次、商业价值、研发投入、经济性等因素，做成"消费者需求优先次序认定表"，依此表安排相应的讨论、论证工作，完成消费者需求在产品概念形成前的研究工作。消费者需求优先次序认定表如表 2.5 所示。

表 2.5　消费者需求优先次序认定表

×××产品消费者需求优先次序认定表													
产品模块	子模块	特征	任务描述	需求类别	需求层次	重要性	紧急程度	持续时间	商业价值	商业优先级	商业价值描述	开发工作量	性价比

填表说明：

（1）产品模块：落实到产品的模块划分。

（2）子模块：落实到产品模块的展开，展开层级依产品复杂程度而定，构造比较简单的产品在此阶段展开至2~3级即可。

（3）特征：子模块应具备的功能、起到的作用。

（4）任务描述：能够解决消费者的什么需求、问题或痛点。

（5）需求类别：新增功能、功能改进、体验提升、内部需求等。

（6）需求层次：基础（基本需求）、扩展（期望需求）、增值（兴奋需求）。

（7）重要性：一般赋值1~5（分），辅助确定商业价值。

（8）紧急程度：一般赋值1~5（分），辅助确定商业价值。

（9）持续时间：一般赋值1~5（分），辅助确定商业价值。

（10）商业价值：为重要性、紧急程度、持续时间三项加权平均值。

（11）商业优先级：一般用高（>10/3=高）、中（10/3~15/3=中）、低（<5/3=低）度量。

（12）商业价值描述：表述市场拓展、前景等。

（13）开发工作量：需求的研发工作量，一般用高、中、低三级表示实现难度。

（14）性价比：是“商业价值”与“研发工作量”的商，用于决定先做哪个。

三、基于消费者需求的产品概念

（一）产品概念需要解决的两个问题

产品概念是始于企业消费者的一幅“产品速描绘画”，是企业为消费者创造价值的开始。产品概念必须以市场需求为导向、以解决消费者面临的实际问题为中心，并契合企业战略。所以，产品概念的形成实际上需要解决产品定位和产品如何创造价值两个问题。

产品定位需要回答以下问题，图2.7以洲际远程客机为例进行简介。

产品如何创造价值？在产品概念阶段，一般可以从以下两个层面进行思考。

一是成本取胜策略。即将成本降到竞品以下，如将产品一些可有可无

问题 1：解决了什么用户的什么需求？

→洲际超远程点对点不经停直线飞行。

↓

问题 2：产生需求的场合是什么？

→想要从北京更快速、更便捷地到达芝加哥。

↓

问题 3：产品的主要功能有哪些？

→直飞、低噪、舒适、经济。

↓

问题 4：技术的基础是什么？

→超远程、尺寸与材料、发动机、低噪低耗。

↓

问题 5：没有这个产品的时候，用户是怎么解决问题的？

→中途经停或换乘。

↓

问题 6：竞争对手是谁？

→能够设计、制造超远程大飞机的企业。

↓

问题 7：顺应了什么趋势？

→世界加速融合、经济不断发展，目标消费者要求更短的飞行时间和更便捷、舒适的飞行体验。

图 2.7 产品定位思考逻辑示例

或者不常用的功能减少到行业标准以下，同时考虑行业或固有观念认为必须具备但实际上可以删除的要素。

二是价值创新策略。即提高消费者的价值认可度并创造新的价值，如哪些要素是行业没有且可以创造加入的？哪些要素的含量或水准可以提升到行业标准以上？

（二）产品概念的输出

产品概念的形成是团队智慧，参与产品概念研究的不同职能人员以课题小组的形式共同拟定产品概念说明书，作为产品概念研究的输出，为产品设计开发提供依据。产品概念说明书一般包括但不限于如下信息：

（1）研发目的和依据。

（2）产品定位。

（3）产品线现状。

（4）与原有产品的区别及特点。

（5）产品说明。功能实现、性能、关键技术、设计约束、专利与保密、风险描述、法律法规、国际/国家/行业/地区标准及准则等。

（6）产品备选概念。备选概念评估、成本比较、备选概念的综合分析、选择原因说明。

（7）生产所需的技术及设备等。

第三节　全生产要素设计开发评估

产品设计开发首先应依据产品概念说明书定义产品，这包括但不限于品牌、系列、消费者、卖点、销售国家或地区、销售渠道、变动成本、质量水准或等级、适用的法律法规及标准、外观特征、尺寸、功能、性能、寿命、材料、工艺技术要求等信息，这意味着界定产品具体特性及指标的初始设计工作开始了。

全生产要素设计开发评估，旨在识别除市场营销活动以外的所有与产品相关的风险、可行性和经济性问题，评估能否及时、高质量地完成，将直接决定后期产品、过程设计开发工作目标的达成。因此，为减少设计开发和生产各阶段的更改、有效控制设计开发周期、提高设计开发一次成功率，在初始设计之后，必须进行全生产要素评估。

另外，从产品纠正成本角度看，当消费者使用产品后不满意时，企业需要支付数倍于设计开发的成本用于分析、寻找对策和解决问题，而且企业也只有在产品和过程设计开发阶段进行全面评估并有效预防，才能最大限度地控制产品缺陷的纠正成本，如图2.8所示。

对于设计开发而言，全生产要素评估包括以下四个维度的思考：

● 产品商业化流通的前提条件，即产品安全有保障且符合相应法律法规、标准的要求。

● 产品市场竞争的基础，即产品质量可以达到或超越预期的产品定位要求。

● 产品大批量生产的可能性，即供应商与本企业投入大批量生产的

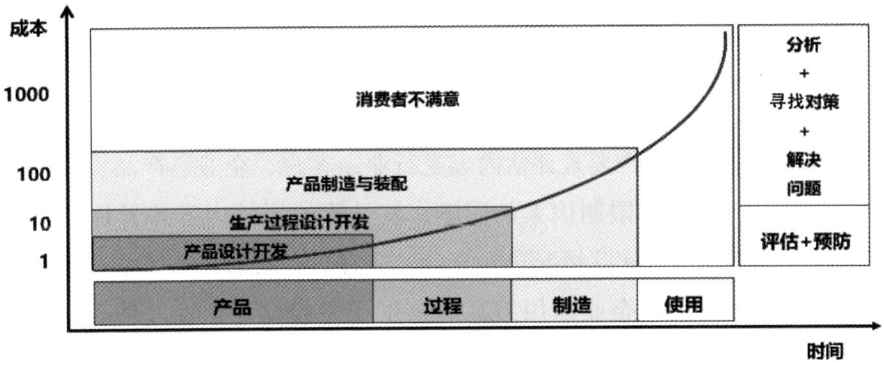

图 2.8　产品纠正成本与产品所处阶段的关系

“人、机、料、法、环”，不存在、不可克服的技术、管理和资源问题。

● 产品变动成本，即产品变动成本在设计阶段时就可以控制在最佳水准，并将经济生产批量控制在最低数量，如客户起订数量的最小化、人工最低化、材料最少化等。

所以，在产品和过程设计开发前，应参考图 2.9 的内容进行全生产要素评估。

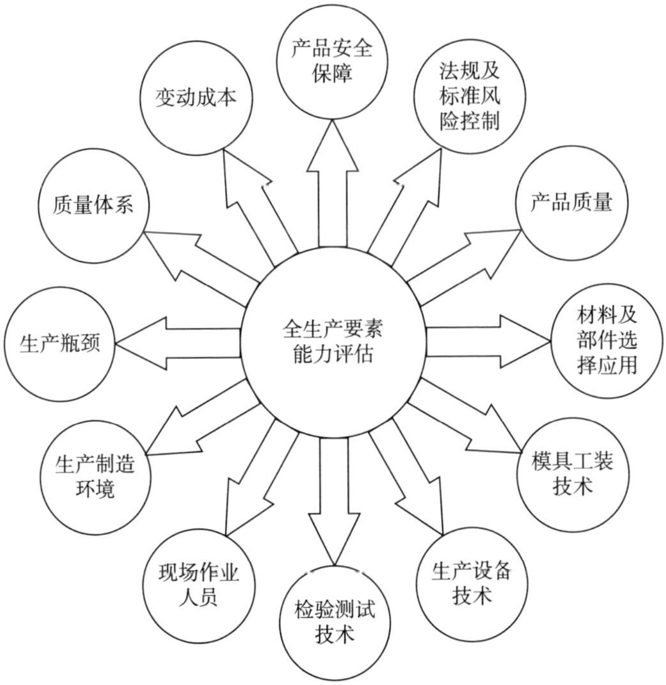

图 2.9　全生产要素设计开发评估的内容构成

一、全生产要素评估内容介绍

设计开发中全生产要素评估内容受行业、客户、企业、产品、研发项目定位及上市时间等限制因素的影响，其具体的评估内容差异往往非常大，即企业必须结合实际情况建立充分、适宜、有效的评估体系并予以动态维护。表 2.6 是某企业商用刀具的全生产要素设计开发评估表，仅供参考。

二、产品质量竞争力评估

产品于市场中的竞争首先是质量竞争的胜出，在设计开发全生产要素评估中，产品质量竞争力评估是设计开发一款“过硬”的产品的重要保障。此处仅就应用较为成熟和广泛的质量机能展开为代表，对产品质量竞争力评估进行说明。

质量机能展开又称“质量屋”，它包括设计质量机能展开、零组件质量机能展开、过程质量机能展开和生产质量机能展开四个层次。基于设计质量机能展开构成如图 2.10 所示。

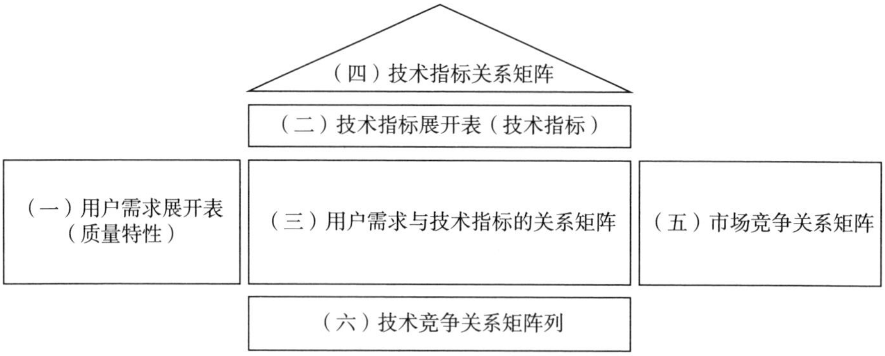

图 2.10　设计质量机能展开简图

为便于理解，表 2.7 以某企业商用刀具的设计质量机能展开为例说明其操作注意事项。

表 2.6　某商用刀具的全生产要素设计开发评估表

一级评估		二级评估	三级评估	要求企业具备的能力	企业现有能力盘点	企业解决问题的方案
一	产品安全保障能力	1. 使用安全	1.1 刀套：侧面孔位是否过大（拿取时手指容易落入孔内）	1.1.1 消费者使用习惯研究/获取能力	公司能力足够：已经建立并熟练运作消费者习惯研究体系	按公司现有×××体系要求执行
				1.1.2 消费者手指生物尺寸研究/获取能力	公司能力欠缺：暂时没有产品销往国家和地区的产品使用对象的手指生物尺寸研究能力	工程主导、市场等部协助，通过××方式、渠道获取消费者手指生物尺寸信息 完成时间：××××年×月×日
			1.2 ×××：……			
		2. 搬运安全	……			
		3. 贮放安全	……			
		……				
二	满足法律法规及标准的能力	1. 健康/卫生 （1）1935/2004/EC	1.1 刀片：是否可以通过“有机涂层之 EU10/2011 全面迁移”测试			
			1.2 ×××：……			
		2. 环保				
		3. 国家标准				
		……				
三	产品质量竞争能力	1. 质量水准	1.1 锋利度：初始锋利度、持久锋利度可达多少			

续表

一级评估		二级评估	三级评估	要求企业具备的能力	企业现有能力盘点	企业解决问题的方案
三	产品质量竞争能力		1.2 ×××：……			
		2. 特性技术能力				
		3. 特性变动成本				
		……				
四	材料及零部件选择应用能力	钢材	1.1 刀片：钢材型号、厂家			
			1.2 ×××：……			
		……				
五	模具工装技术能力	1. 注塑模具	1.1 流道：布局、形状、尺寸			
			1.2 ×××：……			
		……				
六	生产设备技术能力	1. 刀刃激光熔覆系统	1.1 激光发射机：能量输出大小、辐射防护、能耗成本	1.1.1 激光熔覆系统原理	公司能力欠缺：没有基础知识储备	工程主导，生产、品质协助，引进刀刃激光熔覆系统 完成时间：××××年×月×日
				1.1.2 激光熔覆系统操作、维护	公司能力欠缺：没有应用此类系统的经验	
			1.2 ×××：……			
		……				
七	检验测试技术能力	1. 危害物质含量检测	1.1 员工，需要达到几级作业技能才具备资格			

续表

一级评估		二级评估	三级评估	要求企业具备的能力	企业现有能力盘点	企业解决问题的方案
七	检验测试技术能力		1.2 ×××：……			
		2. 塑胶耐候性				
		……				
八	现场作业人员能力	1. 刀刃开/利口技能熟练度	1.1 ICP 发射光谱仪：是否有此系统、是否可以正确应用			
			1.2 ×××：……			
		2. 员工自检能力				
		3. SOP 掌握程度				
		……				
九	生产制造环境保障能力	1. 产品防霉	1.1 黄曲霉：车间是否存在黄曲霉菌孢子、能否灭绝			
			1.2 ×××：……			
		……				
十	生产瓶颈预知及解决能力	1. 工序平衡	1.1 平衡率：瓶颈在哪、是否可解决			
			1.2 ×××：……			
		……				

续表

一级评估		二级评估	三级评估	要求企业具备的能力	企业现有能力盘点	企业解决问题的方案
十一	产品成本与利润控制能力	1. 变动成本	1.1 材料：成本多少、如何控制			
			1.2 ×××：……			
		……				
十二	质量体系保障能力	1. 质量控制	1.1 控制计划：如何防止不良			
			1.2 ×××：……			
		……				

表 2.7　某商用刀具设计开发质量机能展开评估表

● 强相关
◎ 一般相关
○ 弱相关

用户需求展开表
技术指标展开表
用户与技术指标关系矩阵
技术指标关系矩阵
市场竞争关系矩阵
技术竞争关系矩阵

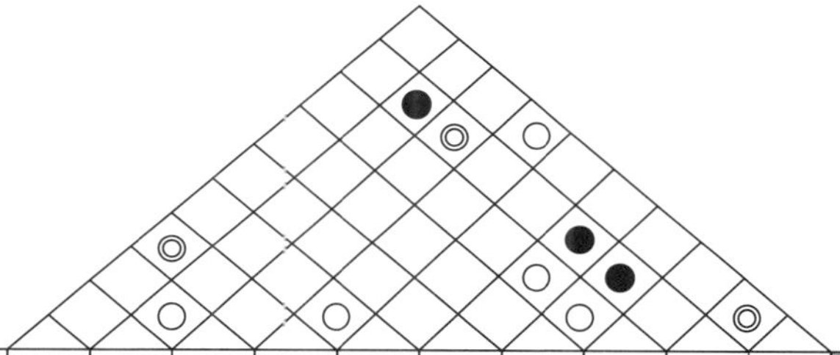

技术需求（最终产品特性）				零件对接厚度	钢材元素构成	热处理硬度	整刀弯由度	刀面粗糙度	刀具刃厚	开利口角度	刀口线距刃口尺寸	持久锋利度	刀口切割弧度	德国三叉	日本藤次郎	本企业现状值	本企业目标值	本企业改进率	特性重要度	绝对权重	相对权重	
用户需求展开表			Kano（1～5分）																			
第一层次	第二层次	第四层次																				
世界一流水准的中式切片刀	视觉感观	整刀直顺	5	6			5							5	5	3	5	1.67	1.00	8.33	0.60	市场竞争矩阵
		刀面光洁	3					6						4	4	4	4	1.00	0.80	2.40	0.17	
		刀口线匀称	3						3	5	8			5	5	3	5	1.67	1.00	5.00	0.36	
		无变形	2		4									4	5	3	5	1.67	1.00	3.33	0.24	
	使用体验	锋利	5		6	7			8	9		9		5	5	3	5	1.67	1.00	8.33	0.60	
		容易拉刀	5						7	7		9	9	4	5	3	5	1.67	1.00	8.33	0.60	
技术能力矩阵	设计开发技术重要度			30	38	35	25	18	84	95	24	90	45	0.91	0.97	0.63	0.97	用户满意度预估				
	德国三叉			4	4	4	5	4	4	4	4	5	5	0.86	技术竞争力预估							
	日本藤次郎			5	4	4	5	4	5	4	5	5	5	0.92								
	本企业现状			3	4	4	3	4	4	4	3	4	4	0.76								
	设计开发技术指标值			4	5	4	5	5	5	5	5	5	5	0.98								
	设计开发相对重要程度			0.05	0.06	0.06	0.04	0.03	0.14	0.16	0.04	0.15	0.08									

填表说明：

（1）用户需求展开表填写注意事项

依据前文所述之“消费者需求优先次序认定表”“产品概念认定报告”“初始设计”等信息整理归纳。

（2）质量特性（技术指标）展开表填写注意事项

将客户的需求转化成对应的技术指标，提炼技术指标时应注意以下几点：

- 创造性。从产品整体着眼，而不是从现有产品的零件及工艺的技术要求中总结，以免限制产品的设计方案，影响创造力的发挥。
- 针对性。质量特性是针对对应的质量需求而确定的。
- 独立性。同一级的质量特性应相互独立。
- 可测量性。应便于提出量化的指标，以便对该质量特性进行控制。
- 全局性。质量特性的组合应是全面而系统性的。

（3）用户与技术指标关系矩阵填写注意事项

对用户需求与技术指标的相互关系进行打分：弱相关为 1 ~3 分、一般相关为 4 ~6 分、强相关为 7 ~9 分。

（4）质量特性（技术指标）关系矩阵填写注意事项

将各技术指标进行相关性评估，弱相关用“○”表示、一般相关用“◎”表示、强相关用“●”表示。

（5）市场竞争关系矩阵填写注意事项

评价竞争对手相应质量特性水平、确认本企业现状并提出本企业相应质量特性目标值，通过对本企业改进率、特性重要度的计算，用绝对权重和相对权重调整用户需求特性在设计开发中的重要度。

- 竞争对手及本企业现状评分：

➢1 分：无竞争能力可言，产品积压、无销路。

➢2 分：竞争能力低下，市场占有份额递减。

➢3 分：可以进入市场，但并不具有明显的优势。

➢4 分：在国内市场竞争中具有优势。

➢5 分：在国内市场竞争中具有明显的优势，并具有一定的国际市场竞争能力。

● 本企业目标值，即设计开发计划质量，相对于本公司及竞争对手的市场竞争性分值填写相应新产品的目标分值。

● 本企业改进率 $=\frac{\text{本企业目标值}}{\text{本企业现状值}}$，或：本企业改进率 $=\frac{\text{新产品市场竞争力}}{\text{现有产品市场竞争力}}$。

● 特性重要度 $=\frac{\text{每项本企业目标值}}{\text{本企业目标值总和}}$。

● 绝对权重 = Kano 值 × 本企业改进率 × 特性重要度。

● 相对权重 $=\frac{\text{每项绝对权重}}{\text{绝对权重总和}}$。

（6）技术竞争关系矩阵填写注意事项

评价竞争对手的技术能力、确认本企业的技术现状，并提出本企业相应的技术目标值，通过计算设计开发技术重要度、设计开发相对重要度调整用户需求特性在设计开发中的侧重点。

● 竞争对手及本企业现状评分：

➢1 分：技术水平低下。

➢2 分：技术水平一般。

➢3 分：技术水平达到行业先进水平。

➢4 分：技术水平达到国内先进水平。

➢5 分：技术水平达到国际先进水平。

● 设计开发技术指标值设定：

➢如不存在成本、资源、进度等限制，可参照业界领先水平或世界领先水平确定质量设计目标值，研发世界领先和国内领先的产品。

➢对于重要度高或保持企业竞争优势作用大的质量特性取值标准要高，必要时对为此导致的成本和工作量的增加寻求管理层支持。

➢为彼此负相关或强负相关的质量特性确定技术指标时应进行权衡，因为它们对应的技术要求相互矛盾，不可能都按高标准取值。

➢如受到本企业技术条件限制，则质量特性的指标设定要实事求是，着眼于总体方案的优化。

➢对重要度不高的质量特性，应结合成本控制确定其取值。

- 设计开发重要度 = 每项 Kano 值 × 对应用户需求与技术指标关联度（值）之和。
- 设计开发相对重要度 $=\frac{\text{每项设计开发重要度}}{\text{设计开发重要度总和}}$。

产品设计开发质量机能展开评估是一项科学、综合的系统性工作，由企业组建相应的评估小组完成评估、填写工作。设计开发质量机能展开评估后，企业应及时完成产品零部件、过程和生产三个层次的质量机能展开，作为产品设计开发的输入。

第四节　运用内外技术资源，执行联合设计开发

当全生产要素设计开发评估确定企业有能力（含外部能力）实现初始设计和产品概念时，产品和过程的设计开发工作将正式启动。

一、什么是联合设计开发

由于当下任何一家企业、一个技术职能对产品和产品实现过程的关联技术认知均是有限的，为避免企业因技术不成熟、不完善而造成时间、资源和各项成本的巨大浪费，所以设计开发工作应联合企业内部各职能部门、外部供应商及专业机构等一起参与完成。这种将企业设计开发职能以外的力量在设计开发全过程中进行充分整合、高效应用，以突破技术障碍、解决技术隐患的设计开发模式就是联合设计开发。

催生联合设计开发的另一个原因是，在订单产品实现的过程中，计划、物控、采购、仓库、品管、生产、设备、财务等职能部门，以及外部供应商均需设计输出大量、精准的作业依据，具体可参考图 2. 11。

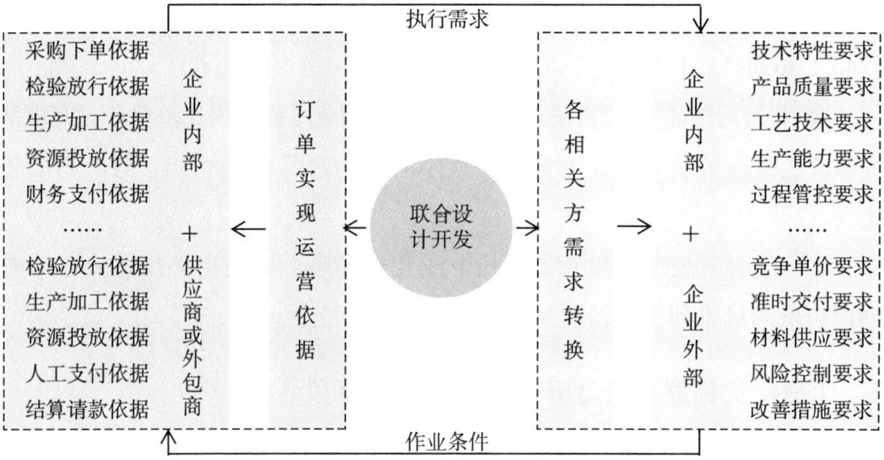

图 2.11　联合设计开发需求转换与依据输出

二、实施联合设计开发的前提条件

联合设计开发的作用是巨大的，但实施联合设计开发的企业必须创建或具备如下三个前提条件：

（一）联合设计开发应遵守的对象原则

面向全体消费者。使用者和终端付款决策者才是企业、产品真正的“主顾”，一切设计开发工作必须以切实满足或适度超越“主顾”的需求为终极目的。

面向全部制造过程。设计开发的主体对象除了传统的产品本体外，还包括构成产品一部分的材料、零部件和半成品，这需要企业对产品形态的不同阶段进行全面科学的设计论证和验证。

面向整个价值链。产品使用者和构成产品的原材料分别居于价值链的两端，其中间还有物流商、零售商、渠道运作商、制造商等利益直接相关者。面向整个价值链，就是要将由产品信息构成环节上的全部利益相关者纳入设计开发中进行思考与需求平衡。

（二）联合设计开发应遵守的行动准则

快。设计开发至少应按要求的项目时间准时完成，为此，设计开发实施过程中应积极落实3Q机制，即快速行动（Quick Action）、快速反馈（Quick Reply）、快速解答（Quick Answer）。

高：设计开发应把握性价比参数，用最低的成本创造出让消费者或客户最受感动的系统解决方案，这包括与竞争对手的产品价格相同，但产品质量更优。

稳。设计开发不是出几支、几个或几台样品，其输出必须保障订单能够以较低的成本和稳定的质量进行大批量生产交付。

（三）实施联合设计开发的必用技术手段

实施联合设计开发，至少应运用如下技术手段：

- 可制造性设计。
- 可装配性设计。
- 可采购性设计。
- 可测试性设计。
- 可环保性设计。
- 可服务性设计。
- 低成本性设计等。

联合设计开发应遵守的对象原则、行动准则与技术手段，是联合设计开发在一般制造型企业得以有效实现的前提条件，三者间的关系如图2.12所示。

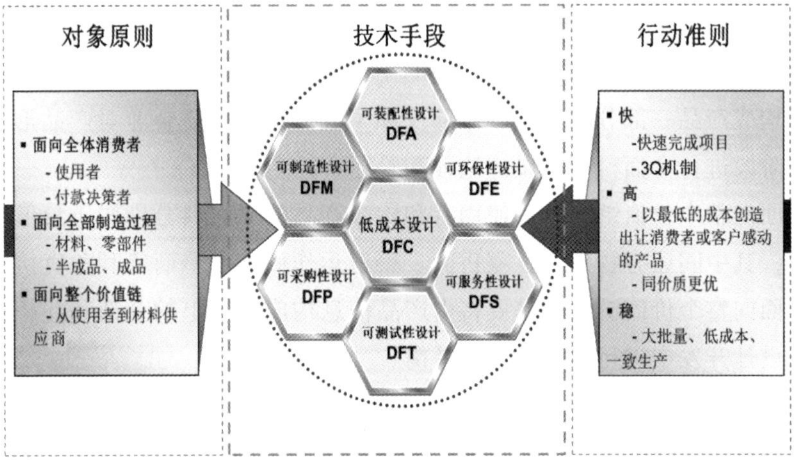

图2.12　支持联合设计开发三个前提条件的相互关系

三、联合设计开发嫁接设计开发流程的注意事项

（一）组织力量参与

项目总工程师应及时组织内外部力量参与产品、组件、零部件、材料及制造过程的联合设计开发。这些参与者应是相应领域的技术专家或管理代表，他们能够精准地识别问题、提出有效创意并调动资源解决问题，特别是项目总工程师应具备相当的综合业务素质水平和足够的决策权限。联合设计开发参与力量的匹配可参考表2.8。

表2.8　一般制造型企业实施联合设计开发的参与力量

联合设计开发参与力量		产品	组件		零部件		材料		制造过程
			内供	外供	内供	外供	内供	外供	
企业内部	营销	√							
	市场	√							
	概念设计	√							
	产品设计	√	√	√	√	√	√	√	
	工艺设计	√	√		√		√		√
	机器设备	√	√		√		√		
	模具工装	√	√		√		√		
	生产技术	√	√		√		√		
	质量技术	√	√	√	√	√	√	√	
	采购	√		√		√		√	
	外包	◎							◎
	产品成本	√	√	◎	√	◎	√	◎	◎
	技术顾问	√	√	◎	√	◎	√	◎	◎
企业外部	客户（客供品）			◎		◎		◎	◎
	供应商			√		√		√	
	外包商								◎
	专业技术机构	◎	◎	◎	◎	◎	◎	◎	◎

（二）联合设计开发首次会议

依据设计开发所处阶段的不同、设计开发所需技术信息的不同、对应参与的力量不同，联合设计开发首次会议可以集中召开，也可以分批次多轮针对性召开。但通过联合设计开发首次会议，应达成如下共识或完成如下工作：

（1）基于项目背景的商业前景展望。

（2）基于总工程师拟定的项目任务与目标（含产品上市时间表）。

（3）符合相应法律法规及标准。

（4）产品质量与检验测试要求。

（5）项目对产品、组件、零部件、材料及制造过程的要求。

（6）全生产要素评估结果（含问题解决措施）再确认。

（7）联合设计开发过程中需要进一步验证、确认的问题（含试验、试样）。

（8）小批量试产需求。

（9）联合设计开发过程中阶段性成果的输出内容及形式。

（10）联合设计开发项目组管理机制，如成员职责、任务、权限、激励措施等。

（11）联合设计开发过程中问题讨论、交流及报告途径。

（12）遵守产品上市时间的联合设计开发的工作计划安排。

（13）联合设计开发项目组全体成员的承诺。

（三）联合设计开发流程

联合设计开发是对企业现有技术能力的有益补充，其本质是企业内外部技术资源的整合与应用。因此，联合设计开发完全可以遵循各企业现有的设计开发流程。

（四）联合设计开发技术定型会议

在设计开发技术定型阶段，依据技术定型内容、技术决策及具体应用、对应参与的力量的不同，联合设计开发技术定型会议可以集中召开，也可以分批次多轮针对性地召开。但通过联合设计开发定型会议，应达成如下共识或完成如下工作：

（1）产品标准定型，包括但不限于成品、组件、半成品、零件及材料的 SIP、标准样、限度样等的确定。

（2）图纸定型，包括但不限于成品图、组件图、半成品图、零件图、装配图、模具工装图等的冻结。

（3）工艺定型，包括但不限于工艺流程、设备工装、制造参数和条件、作业效率、人工成本、不良率、控制计划、标准作业指导等的批准。

（4）内部制造安排定型，包括但不限于生产线规划布置设计图、生产线工序排位图、生产线平衡率、标准工时、标准产能等的发布。

（5）外部供应系统定型，包括但不限于合格供应商、供应能力、不良控制、交付周期、结算价格等的商定。

反复实践表明，联合设计开发可以有效集合企业内外部的技术资源、智慧与经验，显著缩短企业在技术层面的探索时间，大幅降低因设计开发不成熟或欠缺而产生的各项额外成本，提升企业的运营绩效，增强企业市场订单的竞争能力。

某企业与供应商之间的合作方式一直存在如下问题：

一是上游供应商、上游材料、上游零部件、上游表面处理在缺少深入技术研究和科学认知积累的情况下，直接给予对方技术指令要求。

二是上游供应商在没有细致了解项目背景、产品质量要求的情况下便草率承诺、盲目接单。

由于这些问题的存在，设计开发常常留下技术隐患，从而导致供货质量差、供应商生产效率低，并且经常延误交期。

该企业 1701 系列产品外发“镀钛 + 喷漆”按过往惯例外发给供应商 A，在 2018 年 1 月—3 月 1701 系列产品外发“镀钛 + 喷漆”回货良品率低导致无法正常回货，此问题给客户、某企业和供应商均造成困扰。为彻底改变窘境，某企业决定通过联合设计开发对 1701 系列产品进行重新开发。一个半月后，终于解决了外发“镀钛 + 喷漆”的工艺技术问题和质量控制问题，供应商 A 交货良品率也由联合设计开发前的 18.30% 提升到联合开发后的 98.76%，见图 2.13。

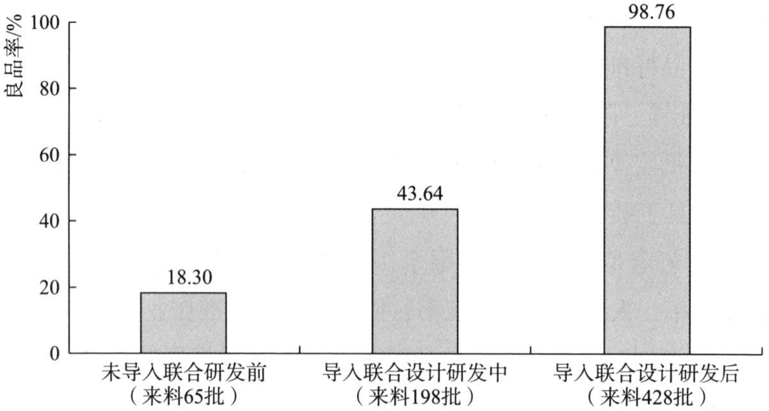

图 2.13　某产品导入联合设计开发前后良品率对比

由于某企业与供应商一起执行联合开发解决了 1701 系列产品的工艺技术问题，有效地控制了“镀钛 + 喷漆”质量，所以联合开发附带的“红利”——“镀钛 + 喷漆”产能、回货准时率、计划可控性均获得明显改进。一是较好地满足了客户产品及订单交付的要求；二是经过联合设计开发后的 1701 系列产品为某企业与供应商创造了不菲的利润。

最后，需要强调的是：联合设计开发并非局限于产品和过程的设计开发，而是适用于设计开发的所有阶段；联合设计开发并不是跨功能小组（CFT）的简单延伸，其本质是职能业务跨界，以及企业资源在生产前的有效整合与运用。

第五节　杜绝浪费的制造过程设计

在本节讨论前，有必要澄清如下几个概念：

何谓产品价值？从产品使用、购买角度讲，就是愿意付款的产品特性及其质量水平。

何谓增加价值？从制造过程角度讲，就是赋予产品能够让消费者愿意付款的产品特性及其质量水平。

何谓浪费？从精益的角度讲，就是超出增加产品价值所必需的绝对最少材料、设备、流程、人工、场地、时间、资金等各种资源的部分。其意思是：一是不增加产品价值的工作是浪费；二是尽管增加了产品价值，但耗用的资源超过了“绝对最少”值也是浪费。

当下，在大多数围绕订单实现的制造型企业，其经营活动仍广泛存在图 2. 14 所示的价值情况。

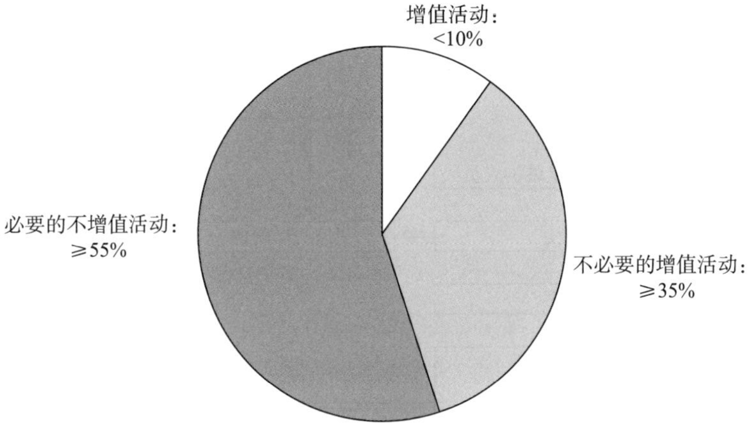

图 2. 14 一般制造型企业经营活动价值分布

对于制造型企业而言，制造过程直接调动并应用了企业大部分的人、财、物、信息和时间资源。然而，这些资源的投入直接由制造过程策划——过程设计开发所决定。那么，由于过程设计开发的原因会导致哪些浪费呢?

一、过程设计开发导致的浪费

（一）生产过剩

当前工序投入量超过后工序单位时间内的需求量时，生产过剩就会产生。生产过剩将导致图 2. 15 所示的严重危害。

过程设计可能引起生产过剩的原因有：工序间工时设计不平衡、生产方式选择错误、选用了大而快的机器设备、生产线布置不合理等。

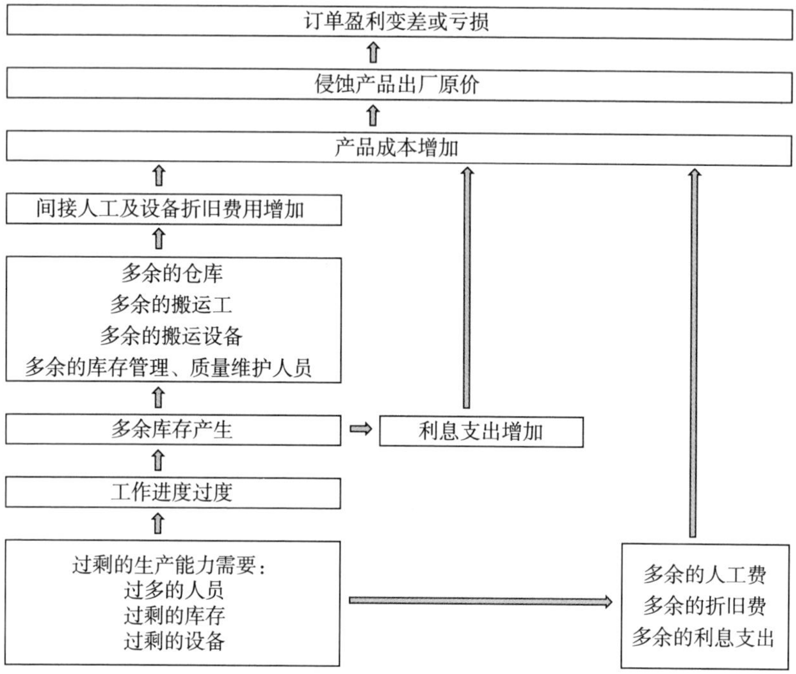

图 2.15　生产过剩的严重危害

（二）无效库存

当材料、零部件、组装品或成品等处于停滞状态——没有流通时，即为无效库存，如仓库中存放品、生产工序中的堆积品等。

过程设计可能引起无效库存的原因有：工序间工时设计不平衡、选用了大而快的机器设备、工艺技术落后（如组件需要储放晾干或挥发性化学物质）等。

（三）移动浪费

移动浪费是指流程中因两点间距离而造成的人员走动或设备工装、材料、半成品、成品搬运等而造成的浪费。过程设计可能引起移动浪费的原因有：工艺路线设计不合理、生产方式选择错误、产品盛器（如周转箱）选用不当、搬运工具选用不当等。

（四）不良浪费

不良浪费是指材料、零部件、半成品、成品未能达到质量标准而造成的浪费。

过程设计可能引起不良浪费的原因有：工艺流程设计不合理、设备工装选用不当、模具设计制作隐患、质量标准定义不当、作业标准缺失、质控点设置不当、检验与测试方法失效、过程参数错误等。

（五）过度加工浪费

过度加工浪费是指不必要的或过于精细的生产加工而造成的浪费。

过程设计可能引起过度加工浪费的原因有：作业标准不精准、品质标准定义过高、设备参数设置不规范、设备选用不合理等。

（六）等待浪费

等待浪费是指制造过程中人、设备工模没有稼动作业而造成的浪费。

过程设计可能引起等待浪费的原因有：工序间工时设计不平衡、设备或工装夹具选用不当、工艺流程设计不合理、欠缺高水平的快速切换作业技术规范等。

（七）动作浪费

动作浪费是指任何不会给产品增加价值的人或设备工装的动作而造成的浪费。

过程设计可能引起动作浪费的原因有：生产线规划及设计不合理，物（机器设备/工装夹具/检具/物料架）的设计、选用、安放或参数设置不合理，工艺次序设计不合理，岗位作业顺序及动作设计不合理等。

（八）管理浪费

管理浪费是指因订单实现的规划、组织、协调、控制等相关联的活动缺失而造成的浪费。

过程设计可能引起管理浪费的原因有：产前技术培训与教导不足、产品技术标准化程度不高、忽略了或未识别出产品对企业运营管理体制的要求等。

管理浪费是生产过剩、无效库存、移动、不良、过度加工、等待、动作浪费的源头，而产生管理浪费的根本原因就是当下大多数制造型企业重产品、轻过程、忽视系统的结果，其原因可参考图2.16。

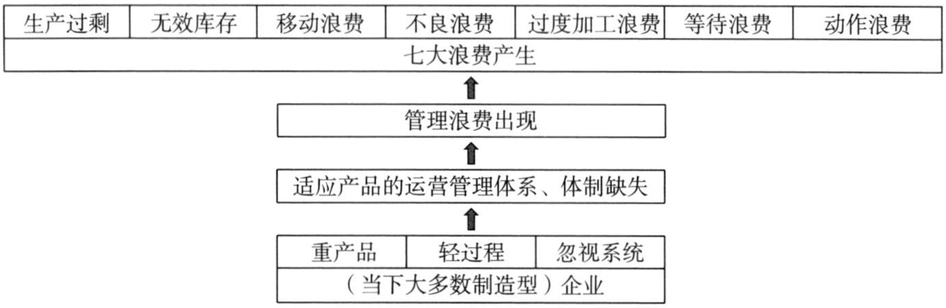

图2.16　当下一般制造型企业各种浪费产生的原因剖析

二、如何运用过程设计开发杜绝浪费

过程设计开发应保证产品预期成本得到控制，在不影响产品利润的前提下维持市场前期策划的产品原价。过程设计开发目标的设定逻辑可参考图2.17。

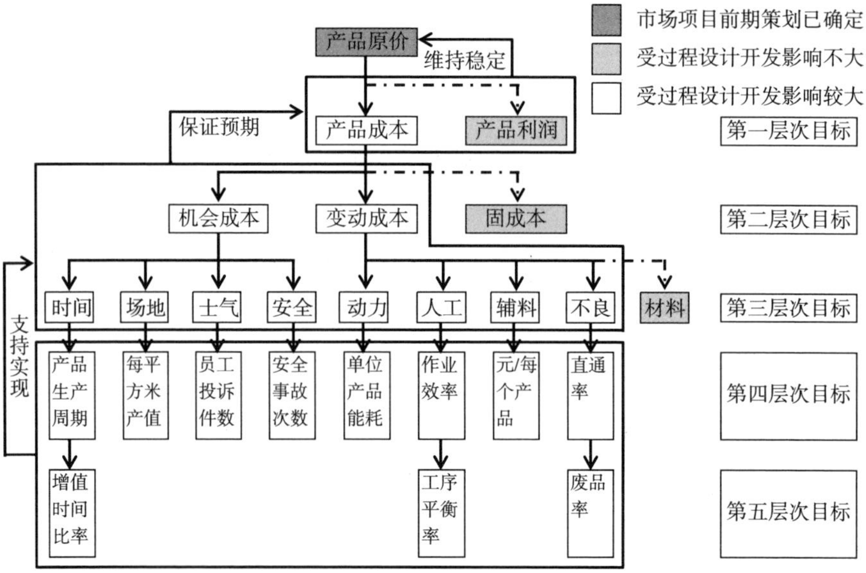

图2.17　过程设计开发目标的设定逻辑

过程设计开发杜绝浪费策略参考图 2.18。

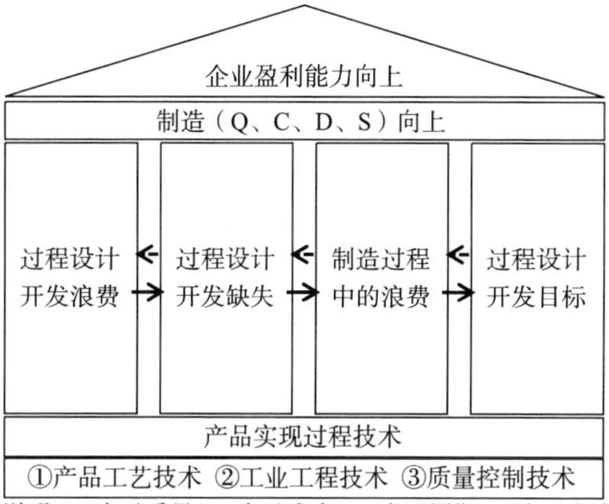

说明：Q表示质量、C表示成本、D表示周期、S表示安全。

图 2.18 过程设计开发杜绝浪费的策略逻辑

三、过程设计开发技术向上

过程设计开发技术向上，是过程设计开发杜绝浪费的基础。这些技术向上包括但不局限于下面的阐述及启发。

（一）过程技术参数

制造过程中的时间、速度、压力、电流、电压、温度、加工行程等技术变量对产品质量、生产节拍、生产周期、作业效率、制造成本和生产安全均有较大影响，因此在过程设计开发中需要考虑并有序验证这些技术变量的最佳组合，常用的技术手段有实验设计（DOE）、田口工程等。

（二）生产方式

不同地区、不同行业、不同产品、不同的市场需求、不同企业等均会导致具体的生产方式存在较大差异。但过程设计开发应在连续大批量生产、同工序集中生产、大批量流水生产、单件混流生产、单元生产等方式中深入思考，确定最适合现状的生产方式或生产方式的组合，从而达到整体资源利用率最大、生产效率最高、搬运最少、物流最快、库存最少、响应市场最迅速的目的。制造型企业常用的生产方式见表2.9。

表2.9 制造型企业常用的生产方式

代表行业	代表产品	连续大批量生产	同工序集中生产	大批量流水生产	单件混流生产	单元生产
钢铁	钢卷、钢锭	√	√	√		
纺织印染	布匹	√	√	√		
木制品	家具		√	√	√	√
汽车	小轿车		√		√	√
电器	空调		√	√	√	√
电子	PCB板	√	√	√	√	√
光电	灯具		√	√	√	√
五金	刀具		√	√	√	√
机械	注塑机		√		√	√

（三）生产线规划与布置

产品特点、生产工艺、生产方式、厂房及车间平面布局等直接影响生产线的规划与布置。但过程设计开发需要以减少人和物的移动、提高作业平衡率、减少工序作业中的等待、最大限度地控制中间库存量和提高单位时间产值为出发点，充分利用工业工程理论和工具进行论证、研究，确定最佳的生产线规划与布置方案。常用的生产线规划与布置形式有C形、D形、L形、O形、S形、T形、U形（参见图2.19）、工字形、一字直线形（参见图2.20）等，每种形式的生产规划与布局均应结合企业的实际情况确定，现实中并无100%完美、一劳永逸的生产线布置——因为企业在发展、产品在变化。

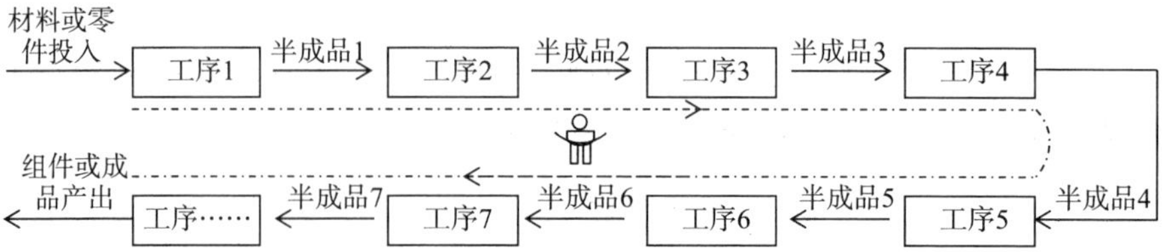

图2.19 U形生产线

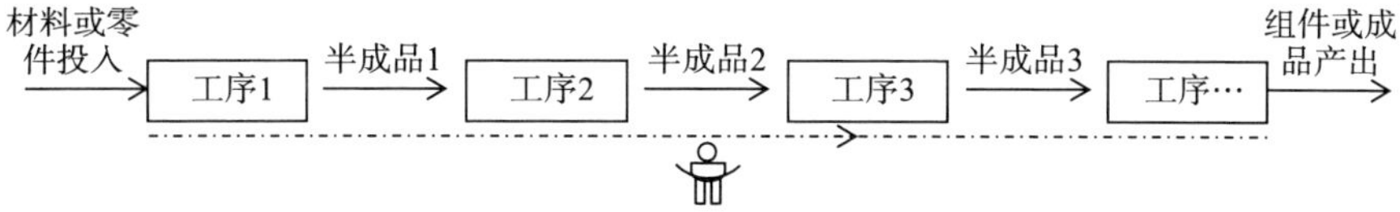

图 2.20　一字直线形生产线

无论选用哪种生产线，均应充分考虑并验证以下几点：

- 物流是否最快？
- 库存是否最低？
- 作业效率是否最高？
- 质量是否最稳定？
- 占地面积是否最少？
- 劳动强度是否最低？
- 生产柔性如何？
- 可大规模复制的经济性如何等？

为此，检视一条生产线的成败可以运用表 2.10 归纳的指标进行衡量。

表 2.10　生产线规划与布置衡量指标

指标名称	计算方式
直通率	（直通率）FPY = $p1 \times p2 \times p3$ …；$p1$，$p2$，$p3$ 为生产线上的每个检测站的一次合格率
单件产品生产周期	单件产品生产周期 = $d1 + d2 + d3$ …；$d1$，$d2$，$d3$ 为生产线上的每个工序的单件作业时间
小时在制安全库存量	在确保平衡率最优的情况下，生产线各工序的最低手持产品数量
人均小时产量	（人均小时产量）$UPPH$ = 日生产数量/（日工作小时 × 投入人工工时）
顺行率	顺行率 = （作业员顺行工序个数/工序总数）×100%
移动接近率	移动接近率 = （作业员 1 米内移动的次数/工序间作业员需移动的总次数）×100%
平衡率	（平衡率）L/B = ［各工序时间总和/（工序数 × 最大工序时间）］×100%
平衡损失率	平衡损失率 = 1 − （平衡率）L/B

续表

指标名称	计算方式
生产线综合效率	（生产线综合效率）*OEE* =（标准 CT 时间 × 良品数量）/（日历时间 - 计划外停产时间）×100%
切换时间	切换时间 = 生产线在不同产品转换之间所需要的时间
切换成本	切换成本 = 生产线切换所需的（人工费 + 材料费 + 辅料费 + 能耗成本 + 内部失败成本）
人均生产面积利用率	人均生产面积利用率 =（生产线用地面积/生产人数）×100%
每平方米产量	每平方米产量 = 生产线年产量/日历年工作天数/生产用地面积
面积损失率	面积损失率 =（在线呆滞品用地面积 + 在线库存品用地面积）/ 生产线用地面积 ×100%

（四）制造过程用器物的设计开发

制造过程用器物，是指用于生产加工及装配的机器设备、模具、夹具、检具、搬运工具、物料架及产品盛装容器的统称。

制造过程中使用的器物直接关乎质量、效率、成本和士气，往往被很多企业忽略并仍然坚定地认为这些工作比较简单，甚至是甩手给以后的生产环节去改造完善。但当下普遍存在的现象是：生产中由于缺少或使用低劣“器物”导致一线生产吞噬了 5% ~20% 的产品利润。

（1）机器设备选用或制作启发，过程设计开发的输出应选择图 2. 21 中的“方案二”

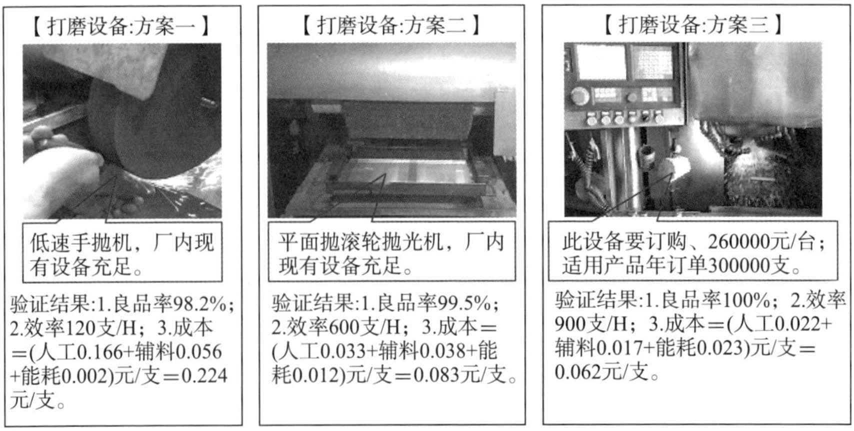

图 2. 21　某产品打磨设备选用

机器设备选用或制作应注意如下要点，并结合企业的实际情况予以平衡：

- 能否更好地保护人身安全、职业健康和环保（构造、防护、排放）？
- 能否更好地提升质量水平（性能、自働化与防呆）？
- 能否更快地提升作业效率（功能、性能、转速、自动化）？
- 能否更方便地移动（小型化、灵巧化）？
- 能否更省人工和降低工作强度（自働化、人性化）？
- 能否更省能耗（水、电、气）？
- 是否更容易保养和维护（易损件更换、便捷性、费用）？
- 是否能与企业现行工艺和设备很好地匹配？
- 是否有利于中间库存的降低（大批量生产、高额切换成本）？
- 是否会占用不合理的场地面积（小型化）？
- 是否具备较大的改造和升值潜力（通用性、再造性）？
- 是否具有较长的生命周期（寿命、可替代性）？
- 是否具备较好的经济性（资产回报）？
- 是否具备较好的流通性和保值能力（资产避险）？
- 是否属于政策支持对象（企业技术改造扶持政策）？

（2）模具设计制作启发，过程设计开发的输出应选择图 2.22 中的“方案二”

【手柄注塑模:方案一】

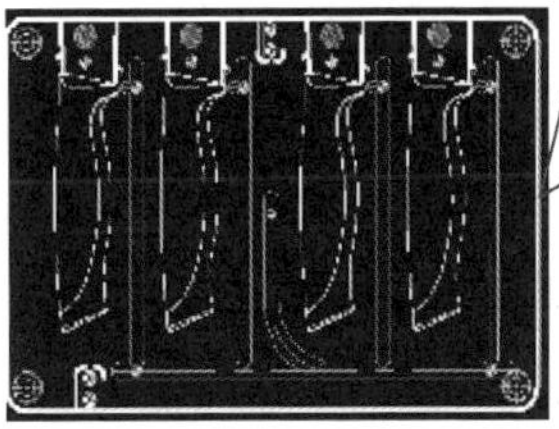

1.设计：
排位不对称；
进胶不平衡；
圆形进胶口；
模芯无定位；
模芯45#钢。
2.制作：
箱式炉淬火；
普通火花机。

验证结果:1.手柄合模线不良率100%且不可返修；2.水口料耗用6.8g/支；3.成型周期180秒/4支；4.需用进口松下320吨注塑机；5.模具维护周期1500模/次/21个工作小时。

【手柄注塑模：方案二】

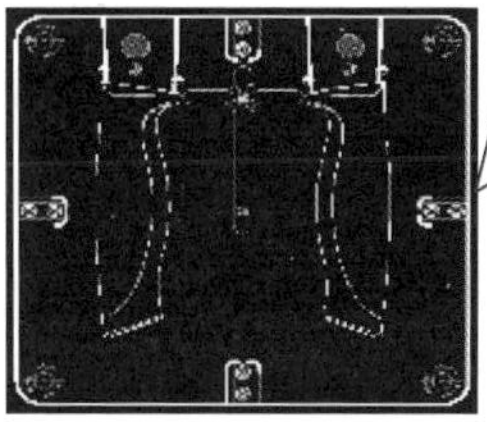

1.设计：
排位对称；
进胶平衡；
扇形进胶口；
“一字”定位；
进口S136钢。
2.制作：
真空炉淬火；
镜光火花机。

验证结果：1.手柄良品率100%；2.水口料耗用2.3g/支；3.成型周期105秒/2支；4.可以用普通180吨注塑机；5.模具维护周期10000模/次/2个工作小时。

图 2.22　某产品塑胶模具设计制作

模具设计制作应注意如下要点，并结合企业的实际情况予以平衡：

- 能否更好地提升质量水平（精度、稳定性）？
- 能否最大限度地挖掘设备潜力（匹配性）？
- 能否更快地提升产出效率（生产条件、参数、集成、配套装配）？
- 能否更快地换模（标准化、模块化、通用化、灵巧化）？
- 是否更有利于保养和维护（构造、拆卸、易损件）？
- 能否降低材料成本（废料、加工余量）？
- 能否延长模具的寿命（生产模次）？
- 能否降低模具的制作成本（构造、材料、工艺）？

（3）作业工装夹具设计制作启发，过程设计开发的输出应选择图2.23中的“方案二”

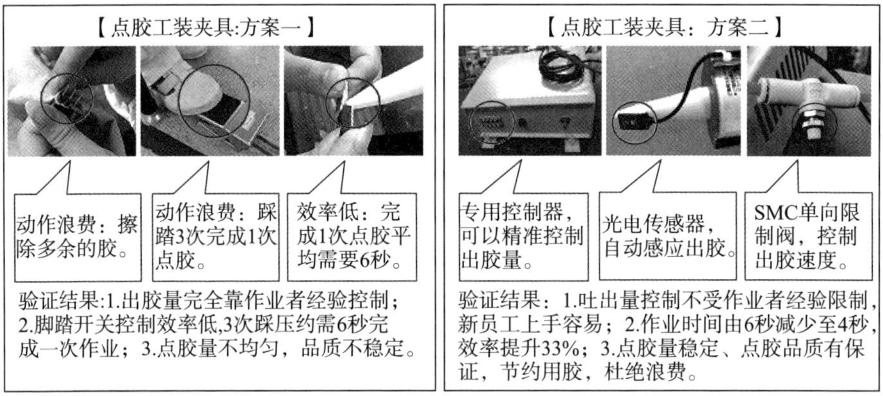

图2.23　某产品点胶作业工装夹具设计制作

工装夹具设计制作应注意如下要点，并结合企业的实际情况予以平衡：

- 能否更好地保护人身安全和职业健康（阻断、隔离）？
- 能否更好地提升质量水平（功能、精度、稳定性）？
- 能否更快地提升作业效率（简洁、快速、集成）？
- 能否更省人工和降低工作强度（自働化、人性化）？
- 能否最大限度地挖掘现有设备、模具或生产线潜力（匹配性）？
- 能否更有利于生产线或机器设备的快速切换（小型化、灵巧化、标准化、通用化）？
- 是否更方便地保养和维护（简单化）？
- 能否降低工装夹具的制作成本（构造、材料）？

（4）检具设计制作启发、过程设计开发的输出应选择图 2.24 中的“方案二”

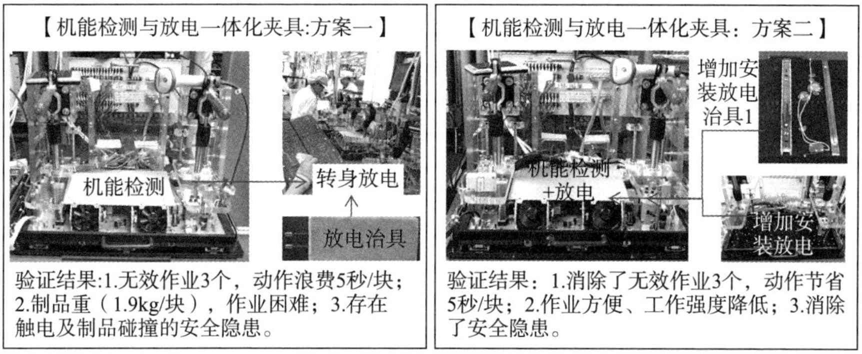

图 2.24　某产品检测与放电夹具设计制作

检测治具设计制作应注意如下要点，并结合企业的实际情况予以平衡：

- 能否更好地保护人身安全和职业健康（阻断、隔离、屏蔽）？
- 能否具备更好的不良检出能力（功能、精度、稳定性、可靠性、适用性）？
- 能否更快地提升检验作业效率（简洁、快速、集成）？
- 是否更省人工和降低工作强度（自働化、人性化）？
- 能否更有利于生产线或机器设备的快速切换（小型化、灵巧化、标准化、通用化）？
- 是否更方便地点检、保养和维护（简单化）？
- 能否降低检测治具的制作成本（构造、材料）？

（5）搬运工具及盛器设计制作启发，过程设计开发的输出就选择图 2.25 中的“方案二”

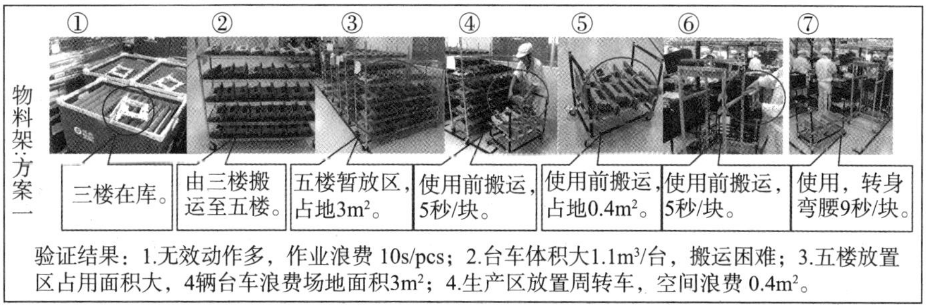

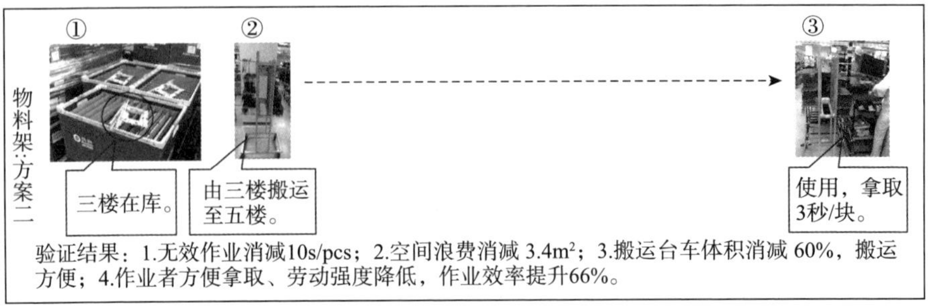

图2.25　某产品点搬运工具及盛器设计制作

搬运工具及盛器设计制作应注意如下要点，并结合企业的实际情况予以平衡：

- 能否更好地保护人身安全（稳固、产品跌落）？
- 能否更好地防护产品（碰撞、堆压）？
- 能否最大限度地减少搬运和移动（无价值动作）？
- 是否更省人省力（小型化、灵巧化、人性化、集成）？
- 能否更省占地面积？
- 是否有利于中间库存的降低（易周转、小型化、灵巧化）？
- 是否有利于看板作业的实施（信息传递、易周转、小型化、灵巧化）？
- 能否降低搬运工具及盛器的制作成本（构造、材料）？

（五）快速切换

首先必须明确的有关切换概念如下：

- 总切换时间，是指从完成上一个型号最后一件合格产品到生产出下一个型号第一件合格品所花费的时间。
- 内部切换，是指只有在停机、停线时才能进行的作业。
- 外部切换，是指可以在开机、生产线正常运转时进行的作业，按时间前后又可分为前外切换和后外切换。

对于一般生产线或设备工装等的切换，其核心是减少切换时间。其路径有两条：一是将外部切换在不停产的状态下进行（如图2.26所示）；二是尽可能地缩短内切换作业时间。

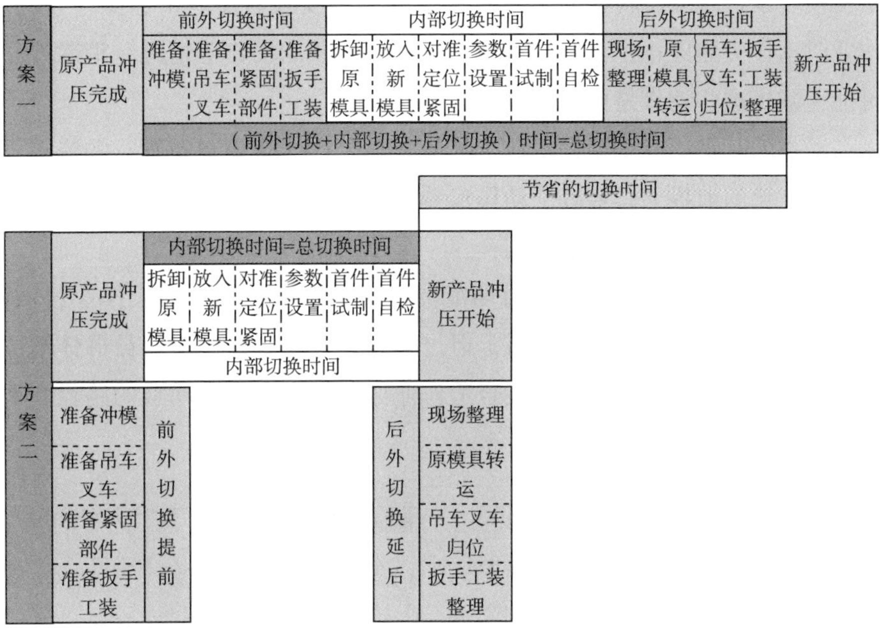

图 2.26　切换于过程设计开发中的思考逻辑

缩短内切换作业时间的注意要点如下：

- 由一人单独作业改为小组协同作业。
- 规划切换路线、动作要领，减少切换动作或移动浪费。
- 使用多功能或专用工装夹具，提升作业效率。
- 杜绝或尽可能减少螺丝，如改为镶嵌或卡扣的方式紧固。
- 紧固槽位和孔位等标准化、通用化。
- 模座尽可能标准化、通用化。
- 设计并制作切换作业专用工具车等。

（六）标准化作业

标准化作业直接影响质量的一致性、稳定性，与作业效率、老员工的依赖度等直接相关，并目标准化作业将直接促成员工缩短完成周期，也是企业快速复制生产一线多技能人才的坚实基础。

（1）作业动作研究与确定

动作浪费的表现有两手空闲、单手空闲、作业时动作突然停止、左右手互换、步行过多、转身的角度过大、移动中变换状态、不懂操作技巧、作业时动作突然停止、直背、弯腰、重复不必要的动作等情况，消除或尽可能地减少这些动作是标准化作业的首要工作。

动作的基本构成是动素，在工艺流程、生产线规划与布置、物流等不可再做优化的前提下，要减少动作浪费必须回归到动素的研究与优化。动素的研究与优化应遵循如下原则：

• 最合适作业区域：依据活动范围，每个作业员均有最大作业区域、正常作业区域和最合适作业区域，但过程设计开发应考虑作业员群体情况再界定各工序、各作业动作的最合适作业区域并定义每个动素的路径和次序，如图 2. 27 所示。

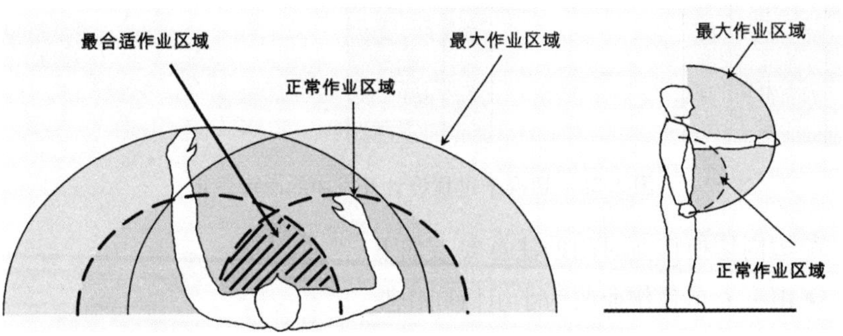

图 2. 27　作业动作活动三区域

• 身体部位移动的优先次序：手指→手腕→肩→躯干→腿。

• 动素精简化：运用动素分解、时间测定等方法识别作业中不增值的动素，以动素的消除、合并、重组、优化为指引，通过工序内的物品器具陈列、工具与料架改进、双手并用等为手段实现动素的精简化。

（2）作业过程输入、输出确定

作业过程是一项增值活动，即将作业员、机器设备、模具工装、仪器检具、材料零部件、生产加工参数、作业环境、作业方法作为输入，通过具体作业输出半成品或成品的一个过程。

过程设计开发于具体工序中需要全面思考如下输入、输出需求，回答企业在制造成本控制和生产经济性层面的诉求：

• 人员：需要几名作业员？他们应该具备什么样的资质或技能？劳动

强度需求如何？

• 机器：需要什么样的机器、数量多少、状态或精度如何？

• 材料：需要哪些材料、半成品，数量多少、质量要求如何？

• 方法：生产加工参数和条件有哪些？最合理的设置范围是什么？如何监控？

➢作业次序是什么？

➢标准动作及标准作业时间如何？

➢工序平衡率如何？

➢设备如何操作、工装夹具如何应用？

➢设备综合效率如何？

➢质控点如何设置、关键质量因子如何控制？

➢工位安全库存如何设置？

➢半成品或成品如何防护、盛放及流通？

➢作业安全、职业健康如何保障？

➢发生异常如何处理？

➢如何防止交叉污染？

➢如何进行产品质量追溯？

➢工序的岗位职责、目标、激励措施是什么？

• 环境：工作现场的温度、湿度、空气中颗粒物含量、防静电防辐射防霉措施及5S要求如何？

• 半成品或成品：单品合格与不合格的判断标准是什么？批量性检验与放行的依据是什么？

（3）标准作业票制定

标准作业票（Standard Operating Procedure，简称SOP）。原则上，作业标准的制定需要全面考虑具体工序的输入、输出需求，但在过程设计开发中，企业有必要视产品特点和作业难易程度、产品质量水准、员工的知识能力经验和意识等，对作业风险的高低进行评估，并有针对性地制定适合自身现状及特点的作业标准书（含详略程度）。

这些作业标准书可以是针对机器设备操作的SOP，也可以是针对产品检验与测试的SOP，还可以是员工手工作业的SOP，或者是过程参数与条件监测的SOP及快速切换的SOP等，以此规范工序内生产加工或与生产加工相关的作业活动。

无论何种形式及具体内容的SOP，都应注意以下必备要素：

- 工序作业内容。
- 动作路径、次序。
- 标准作业工时、效率。
- 作业所需的材料、零部件。
- 作业所需的器物（设备、工装、夹具、工具等）。
- 保证产品质量的措施或要求事项。
- 保证人身安全的措施或要求事项。
- 异常处理的方法或要求。

第六节　基于同步工程的设计

同步工程可以减少设计开发中50%的更改、减少50%的设计开发周期、减少50%的制造成本，这样的辉煌成绩在诸如丰田、波音、华为等世界优秀企业中早已得到验证。

一、同步工程

同步工程，是指从消费者需求研究至批量生产的整个过程中，设计开发所涉及全部环节的集成和系统化工作模式。

对传统的设计开发而言，运用同步工程进行设计开发具有不可替代的优势，最直观的体现是：可以大幅缩短整个项目的设计开发周期，促成产品快速上市。同步工程与传统工程的项目运行区别，可参见图2.28。

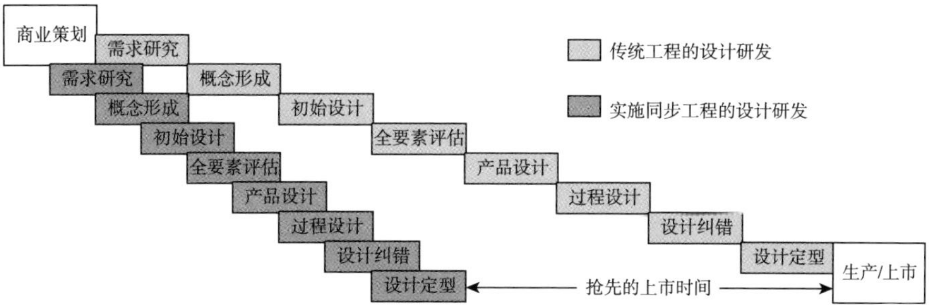

图 2.28　同步工程与传统设计开发项目时间对比

另外，由于在商业策划时就已经及时将后续工作连续性导入，可以促成项目更好地系统思考和验证，从而提升设计开发的有效性——“第一次就做正确”、大幅减少设计开发投入成本（含后期的设计变更关联成本损失）。同步工程与传统设计开发各阶段的任务是不同的，清晰认识这些不同之处是设计开发项目资源需求评估、计划安排、进度管理的重要基础。表 2.11 至表 2.18 是有关同步工程与传统设计开发项目各阶段任务的对比，仅供参考。

（1）设计开发需求研究阶段的任务差异

表 2.11　需求研究阶段任务分配对比

传统设计研发模式	实施同步工程的设计研究模式
回答： →谁？ →什么时候？ →在哪里？ →遇到了什么问题？ →需要什么样的产品？ →需要多少这样的产品？ →竞争对手如何？ →质量如何？ →产品售价多少？ →如何提供产品？ →利润多少？	回答： →谁？ →什么时候？ →在哪里？ →遇到了什么问题？ →需要什么样的产品？ →需要多少这样的产品？ →竞争对手如何？ →质量如何？ →产品售价多少？ →如何提供产品？ →利润多少？ 同步研究： →产品整体概念研究 →核心产品的基本效用研究 →有形产品的包装/质量/款式/特色研究

续表

传统设计研发模式	实施同步工程的设计研究模式
	→附加产品的安装/指导/保证/维修研究 →心理产品的品牌/形象研究 ……

(2) 设计开发概念形成阶段的任务差异

表 2.12　概念形成阶段任务分配对比

传统设计研发模式	实施同步工程的设计研究模式
回答: →产品整体概念是什么? →核心产品的基本效用是什么? →有形产品的包装/质量/款式/特色是什么? →附加产品的安装/指导/保证/维修如何? →心理产品的品牌/形象如何?	回答: →产品整体概念是什么? →核心产品的基本效用是什么? →有形产品的包装/质量/款式/特色是什么? →附加产品的安装/指导/保证/维修如何? →心理产品的品牌/形象如何? 同步研究: →产品构型 →产品特性 →产品技术指标 →产品关键技术指标 →适用的法律法规、标准等 ……

(3) 设计开发初始设计阶段的任务差异

表 2.13　初始设计阶段任务分配对比

传统设计研发模式	实施同步工程的设计研究模式
回答: →产品构型如何? →产品构成有哪些? →产品特性有哪些? →产品技术指标有哪些、是什么? →需求什么样的材料、零件及组件?	回答: →产品构型如何? →产品构成有哪些? →产品特性有哪些? →产品技术指标有哪些、是什么? →需求什么样的材料、零件及组件? 同步研究: →适用的法律法规、产品标准是什么? →适用的质量标准是什么? →如何区分一般、重要及关键特性? →如何区分一般、重要及关键技术指标? →对这些材料、零件及组件的要求是什么? ……

（4）设计开发全生产要素评估阶段的任务差异

表 2.14　全生产要素评估阶段任务分配对比

传统设计研发模式	实施同步工程的设计研究模式
回答： →组织具备满足产品安全要求的能力？ →组织具备满足产品质量竞争的保障或整合能力？ →组织具备材料设计、制造或资源整合能力？ →组织具备模具工装设计、制造或资源整合能力？ →组织具备机器设备设计、制造或资源整合能力？ →组织具备检验测试设计、制造或资源整合能力？ →组织具备相应的作业人力资源？ →组织具备相应的制造环境保障或资源整合能力？ →组织具备相应的生产瓶颈的解决能力？ →组织具备相应的成本与利润控制能力？ →组织具备相应的体系建设、管理能力？	同步回答、验证或拟订解决方案： →组织具备满足产品安全要求的能力？ →组织具备满足产品质量竞争的能力？ →组织具备材料选择、制造或获取能力？ →组织具备模具工装设计、制造或获取能力？ →组织具备机器设备设计、制造或获取能力？ →组织具备检验测试设计、制造或获取能力？ →组织具备相应的作业人力资源保障能力？ →组织具备的相应制造环境能力？ →组织具备相应的生产瓶颈的解决能力？ →组织具备相应的成本与利润控制能力？ →组织具备相应的管理体系建设、运作能力？

（5）设计开发产品设计阶段的任务差异

表 2.15　产品设计阶段任务分配对比

传统设计研发模式	实施同步工程的设计研究模式
回答： →从材料到成品的产品 SIP 具体要求是什么？ →产品的变动成本构成及目标是什么？ →构成产品的物料或组件清单如何？ →成品图的具体要求？ →组装图的具体要求？ →零件图的具体要求？ →加工图的具体要求？ →材料图的具体要求？ →产品包装图的具体要求？ →产品使用图的具体要求？	回答： →从材料到成品的产品 SIP 具体要求是什么？ →产品的变动成本构成及目标是什么？ →构成产品的物料或组件清单如何？ →成品图的具体要求？ →组装图的具体要求？ →零件图的具体要求？ →加工图的具体要求？ →材料图的具体要求？ →产品包装图的具体要求？ →产品使用图的具体要求？ 同步研究： →工艺流程 →制造装配作业技术要求 →制造过程质量与控制要求 →制造过程产品特性 →制造过程技术指标 →制造过程业绩指标和目标 ……

（6）设计开发过程设计阶段的任务差异

表2.16　过程设计阶段任务分配对比

传统设计研发模式	实施同步工程的设计研究模式
回答： →工艺流程如何安排？ →在哪里生产？ →使用什么机器设备？ →使用什么模具、夹具、检具？ →过程质量控制节点和项目是什么？ →过程质量控制方案是什么？ →工序作业效率是多少？	回答： →工艺流程如何安排？ →在哪里生产？ →使用什么机器设备？ →使用什么模具、夹具、检具？ →过程质量控制节点和项目是什么？ →过程质量控制方案是什么？ →工序作业效率是多少？ 同步研究： →过程质量产品SIP是什么？ →过程质量控制措施及具体可行的方法是什么？ →人工、设备、仪器、夹具及检具作业SOP要求？ →制造本产品过程中的风险到底有哪些？ →风险产生的原因及相互关联性是什么？ →风险的本绝或防止措施是什么？ →制造本产品的浪费到底有哪些？ →浪费产生的原因及相互关联性是什么？ →浪费的削减或防止措施是什么？ ……

（7）设计开发设计纠错阶段的任务差异

表2.17　设计纠错阶段任务分配对比

传统设计研发模式	实施同步工程的设计研究模式
回答： →可否按图纸设计顺利打样、试制？ →可否按工艺流程设计顺利打样、试制？ →可否按工序SOP顺利打样、试制？ →打样、试制品是否符合SIP要求？ →打样、试制过程中到底有哪些问题？ →打样、试制中发现的众多问题该如何解决？ →（冗长而烦琐的）设计更改计划是什么？	回答： →可否按图纸设计顺利打样、试制？ →可否按工艺流程设计顺利打样、试制？ →可否按工序SOP顺利打样、试制？ →打样、试制品是否符合SIP要求？ →过程风险源识别清单是什么？ →过程风险评价等级与优先次序是什么？ →过程风险杜绝或防止措施是什么？ →制造本产品的浪费源识别清单是什么？ →浪费产生的原因及相互关联性如何确定？ →浪费削减或防止措施是什么？

续表

传统设计研发模式	实施同步工程的设计研究模式
	→过程质量控制措施及具体可行的方法是什么？ →基于风险和浪费控制的产品设计更改计划是什么？ →基于风险和浪费控制的过程设计更改计划是什么？ 同步研究： →客户确认可能需要的应对措施？ →试产准备与检查内容？ →试产如何组织安排？ ……

（8）设计开发设计定型阶段的任务差异

表 2.18　设计定型阶段任务分配对比

传统设计研发模式	实施同步工程的设计研究模式
回答： →可否按图纸设计顺利试产？ →可否按工艺流程设计顺利试产？ →可否按工序 SOP 顺利试产？ →试产品是否符合 SIP 要求？ →试产中到底有哪些问题？ →试产中发现的众多问题该如何解决？ →（冗长而烦琐的）设计更改计划是什么？	回答： →工序一次良品率确定？ →工序损耗确定？ →标准工时确定？ →工序平衡率确定？ →工序生产周期与库存确定？ →工序效率确定？ →人工成本确定？ →产品各图纸微调及定型？ →产品工艺流程微调定型？ →产品各 SIP 微调及定型？ →人工/设备/模具/夹具/检具 SOP 微调及定型？ →生产线规划及布置确定？ →产品设计失败风险管理模式定型？ →过程设计失败风险管理模式定型？ →测量系统定型？ →统计过程管理模式定型？ →质量控制计划定型？ 同步安排： →生产计划 →生产前的准备、组织与安排 →准确的首批下线与上市时间 ……

二、设计开发项目管理

设计开发项目管理始于项目计划，企业应基于同步工程编制从需求研究到设计定型阶段所有设计开发作业活动的次序、时程安排，并筹备内外部资源展开技术攻关，以高质量、高效率、低风险、低成本、短周期地完成设计开发工作。

（一）设计开发项目计划

基于同步工程的设计开发项目计划表，是确保设计开发项目有序、高效推进的重要控制手段，可参考表2.19。

表2.19 设计开发项目计划表

设计研发阶段及工作任务		输出	责任人	时间点1	时间点2	时间点3	……	时间点n
（一）需求研究阶段	大项1	×××1	A					
	细项1.1	×××2	B					
	细项1.2	×××3	C					
	大项2	×××4	D					
（二）概念形成阶段	大项1	×××5	E					
	细项1.1	×××6	F					
	细项1.2	×××7	G					
	大项2	×××8	H					
……								
（七）设计定型阶段	大项1	×××10	J					
	大项2	×××11	K					
	大项3	×××12	L					
说明：“→”，箭头表示结束时间，箭尾表示开始时间。								

（二）设计开发项目计划编制的三个条件

如下三个条件是项目计划编制的基础，也是项目计划理论成立的前提条件。

条件1：企业确定能够解决设计开发所需的资源（人力、技术、设备、时间及资金等）。

条件2：由总工程师或同等资历的权威代表主导设计开发的技术规划、

工作分解和共识。

条件3：运用CPM或PERT技术确定项目关键路径及应对措施。

（三）设计开发项目计划实施中的三个要点

如下三个要点是项目计划得以有效实施、如期完成的保障，但往往容易被一些企业所忽视。

要点1：项目总工程师或同等资历的权威代表必须指导并参与各阶段的技术研究、技术评审、技术验证、技术确认工作。

要点2：项目总工程师或同等资历的权威代表必须全面掌握设计开发进度（对于大型、复杂的项目可以设立项目计划人员给予协助），及时协调、组织或提供资源，确保项目如期完成。

要点3：项目总工程师或同等资历的权威代表必须确保项目各阶段均应充分利用企业内外部技术力量和资源进行联合设计开发。

（四）设计开发项目业绩评定指标

设计开发工作一般会持续较长时间、投入较多资源，所以企业需要检视设计开发的有效业绩，以利于设计开发工作的持续改进。对设计开发项目业绩的衡量，可通过质量、效率、成本及收益四大类指标给予评价。

质量类指标，比如直接评价产品的指标合格率、直通率、返工率、废品率、客户或消费者投诉等；评价设计开发项目的指标打样试制一次成功率、试产一次成功率等。

效率类指标，比如直接评价产品制造的指标单位时间和资源的产出、增值作业时间占比等；评价设计开发项目的指标项目准时率、项目周期、产品上市时间等。

成本类指标，比如直接评价产品的指标产品的标准成本、实际成本、人工成本、材料成本、质量成本等；评价设计开发项目的指标设计开发费用等。

收益类指标，比如直接评价产品的指标产品的标准利润、实际利润、营业额贡献度等；评价设计开发项目的指标设计开发投资回报率等。

第七节　不可忽视的设计开发平台

基于企业五年发展规划蓝图、消费者需求和设计开发战略等驱动要素，由技术、产品和设计开发管理所构筑的设计开发平台体系，是设计开发工作质量和效率的强有力的保障，也是产品成本控制、产品利润提升的管理源头。

很多企业由于研发平台的导入及应用已取得相当可观的成效，众所周知的案例是：大众汽车集团于 20 世纪 80 年代末实施共享平台策略，将底盘数从 16 种减少到 4 种、使零部件共享率达到 60%、每年降低费用约 15 亿欧元，新车型开发也从 4 ~ 5 年缩短到现在的 9 ~ 15 个月。

尽管设计开发平台具有如此显著的经济作用，但国内大部分制造型企业还未建立起适用于本企业的设计开发平台。这不仅导致国内制造型企业的设计开发效率低、周期长、成本高，更导致企业的技术难以沉淀和传承。在迈向“制造 2025”的征程中，企业的经营决策者们应抓紧时间优先完成本企业的设计开发平台建设，从而为企业的技术创新和升级打下扎实的根基。一般而言，企业的设计开发平台包括技术平台、产品平台和研发管理平台三个部分，现简要分述如下。

一、技术平台

在缺少适用的 IT 系统时，技术平台在一般制造型企业里往往以设计开发技术手册的形式存在，这当然不是我们讨论的重点，但要强调的是：因产品设计开发需求而存在的技术平台，是企业现有的技术机理、技术手段、技术用途的集合、整理和归类。它表述了企业不同技术的应用领域、对象产品、适用条件，也体现了相应技术的重要程度和受保护等级。

在技术平台中，通常分为核心技术、关键技术和通用技术三种：

核心技术，是指企业独有的或领先于行业水平的技术，往往直接影响着产品的迭代或决定着产品的先进程度，它是企业核心竞争力的重要组成

（如可口可乐配方）部分，在技术平台中只对企业核心人员（如经营决策者、设计开发总工程师）开放。

关键技术，是产品预期用途或性能指标实现的重要技术（如 LED 变色灯具的 IC 方案），一般会对项目经理及与本职责模块有关的工程师开放。

通用技术，是可以广泛应用于企业不同产品的共用性技术（如汽车塑胶零部件的注塑模具流道设计技术），一般会对项目关联工程师开放。

二、产品平台

基于产品需求和技术平台的支持，对整个系列产品共同要素的有效集合构成产品平台。产品平台包括产品的系统构造、共用系统结构、子系统、模块或组件、关键零件等信息。无论什么样的企业，经营决策者们对客户、产品和资金的关注度一般都比较高，但持续将产品做得好、做得精、做得巧的一般制造型企业并不多，这里固然有技术平台的重要影响及其他原因，但不可忽略的一个共性特征是：这些企业一般都没有建立起适用的、完善的产品平台。

一个高效、低成本的产品平台是以零部件、组件模块及系统的系列化、标准化、通用化、精简化为追求，也必将产生良好的经济收益，如 IBM 公司通过产品平台建设，1996—1998 年将供应商由 5000 家削减至 1200 家、材料及组件减少 30%、共享设计开发费用提高了 900%。由于市场需求变化不断加快、产品生命周期持续缩短，企业对设计开发周期和成本变得越来越敏感，经营决策者们已经开始重视产品平台的建设，尽管这需要莫大的勇气去克服“产品是客户指定的、是客人定制的、是不可逆改的”陈旧观念。

无论是技术平台、产品平台的建设，还是其应用，均必须回归到客户需求，对于技术平台和产品平台而言就是产品线的需求、产品的需求。图 2.29 是技术平台、产品平台建设与应用时同产品及产品线的关系逻辑。

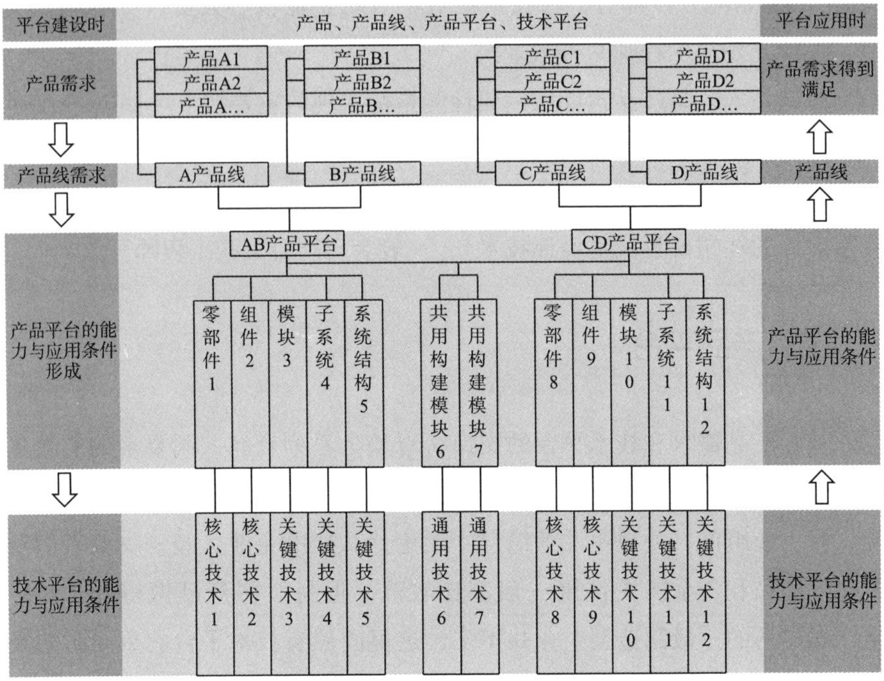

图2.29 产品平台、技术平台同产品线及产品的关系

三、研发管理平台

离开管理的技术平台、产品平台，其建设、应用、优化和发展注定是散乱、低效的，既难以持续满足客户需求的同时，也难以支撑企业设计开发战略的实现。经营决策者们在进行技术平台、产品平台建设的同时，需要同步进行研发管理平台的建设，这包括但不局限于以下几点：

- 设计开发战略、目标体系。
- 设计开发职能、职责体系。
- 设计开发行政管理体系，如行为守则、薪酬、激励管理等。
- 设计开发内外部资源体系，如可参与设计开发的内部技术的人员及其能力管理等。
- 设计开发流程体系，如设计开发总流程、各子流程及其相应窗口的建立等。

- 设计开发制度体系，如需求管理、风险评估管理、试制管理等。
- 设计开发适用的技术工具体系，如 CAD 软件、质量屋分析、技术评审或作业用表格等。
- 设计开发团队能力建设体系，如工程师的培训、学习。
- 技术平台、产品平台的维护及更新管理体系。
- 项目管理体系，如同步工程导入、项目计划、项目进度管理等。
- 产品优化改善体系，如某个具体产品的技改或变更管理等。
- 过程优化改善体系，如某个具体产品的过程实现技改或变更管理等。
- 产品生命周期管理体系等，如产品的导入、成长、衰退及退市管理等。
- 设计开发业绩管理体系，如设计开发成本、周期、投资回报率的分析和改进管理等。

对于技术平台和产品平台而言，研发管理平台的建立与不断完善是为了更好地发挥它的价值；对于研发管理平台而言，技术平台、产品平台的建立与不断完善是为了弥补管理缺陷可能导致的各种风险。技术平台、产品平台和研发管理平台，三者之间相互促进、相辅相成，它们构成了一个完整的设计开发平台体系，对设计开发良好的业绩表现有着不可替代的作用，具体参见表 2.20。

表 2.20　研发管理平台与技术平台、产品平台对设计开发业绩的一般贡献

平台建设阶段	贡献度		
	研发管理平台贡献度/%	技术平台、产品平台贡献度/%	设计开发业绩贡献度/%
没有建立技术平台、产品平台时	100	0	100
建立了适用的技术平台、产品平台时	70 ~ 80	10 ~ 20	100
技术平台、产品平台成熟时	50 ~ 60	40 ~ 50	100

第三关

质量管理，管了就会优

现实中，很多经营决策者经常遇到如下问题：

- 承诺给客人的货期，因质量问题迟迟不能交付。
- 接单前预计的利润，因质量问题最终无法达成，甚至亏损。
- 供应商来料质量差，延误生产，甚至导致生产中断。
- 制造装配过程中，存在不良率高、报废多、大量维修和返工的现象，导致生产中断、管理紊乱。
- 不知何时会出现质量问题，质量问题难以有效控制。
- 质量问题不断、客户大量投诉、同样的问题反复出现，导致员工士气低落、管理人员抱怨、客户没有信心。

这究竟是什么原因，是否可以更有效地解决？从精益生产的角度而言，质量就是第一次就做好。它包括三层意思：第一次就做正确的事情、第一次就用正确的方法、第一次就将正确的事情做正确。

质量管理应发挥如图 3.1 归纳的六大作用。

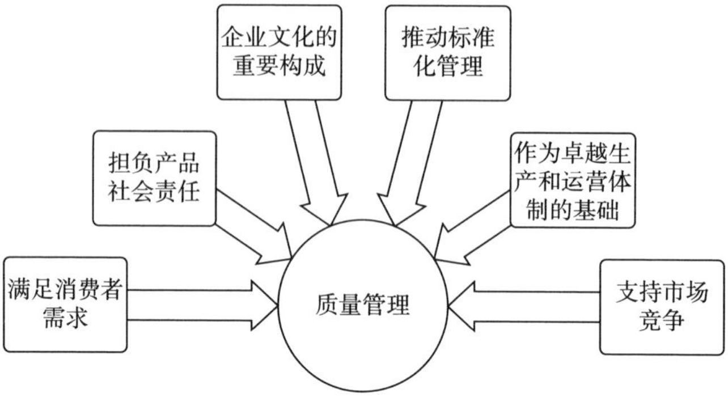

图3.1　质量管理的作用

第一节　质量管理体系为什么失效

很多制造型企业的质量管理体系是没有发挥作用的，如质量管理体系与企业的经营管理关联度不高、质量管理体系的策划结果（质量程序文件要求）与日常业务运作两张皮、质量管理体系对企业经营目标实现的促进作用小。

质量管理体系为什么会在大多数企业里失效呢？

一、没有明确的质量策略

在策略制定和项目研究时，企业一般会考虑进入哪些市场、做什么产品、服务哪些消费者、定什么价格，质量策略和产品质量水准往往在此过程中就派生出了。然而，普遍现状是，企业虽然不断重复或强调产品的重要性和质量要求，却极少同步阐述质量策略，或将质量策略讲清楚。

企业在进行质量管理体系的建设与完善时，只是考虑认证、审核及工序产品质量控制，鲜少将质量管理体系纳入质量策略中同步思考和审视。由于没有明确的质量策略，企业很难从经营角度全面、系统、科学地思考：经营决策和运营管理活动对质量管理体系的影响，以及质量管理体系对经营决策、运营管理活动的反作用。

所以，往往是“将事情做正确了，但做了不正确的事情”。例如：

取得了ISO认证证书，但实际运作中产品质量事故频出、客户投诉不断。

产品质量合格率很高，但质量成本居高不下，消费者的满意度或忠诚度并没有增强。

质量目标在不断地实现，但并未支持到企业管理、经营成果，也未支持到企业战略的达成等。

二、经营决策者不重视

经营决策者代表着资本的价值取向和企业的经营管理意志。经营决策者在质量领域的能力、态度和决心缺位，将直接影响质量管理体系里如下重要工作的成效：

- 质量方针、目标能够在多大程度上支持企业的使命、愿景、战略及经营目标的实现？
- 能否参与质量管理体系的建立过程，确保质量管理体系的适宜性、充分性？
- 是否将消费者需求转化为产品要求、服务要求、过程要求及质量管理体系要求，并持续增强消费者的忠诚度？
- 对质量的期望和质量问题的容忍程度是否影响到质量管理、质量改进、质量评价所需资源的提供？
- 能否促成全员积极、高效地参与质量工作，并为质量管理体系的有效性做出贡献？
- 能否将质量管理体系融入企业的日常经营和管理活动中？

三、没有负责质量管理体系筹建和维护的专业组织

相当多的企业缺少或没有高水准的质量管理体系人员，质量管理体系的筹建和维护基本上都是由主管产品质量的职能部门负责或兼任（这原本不是问题），导致主管产品质量的职能部门往往轻体系、重产品质量控制

工作（这种现象极其普遍），看似合情合理，实则隐患及危害巨大。这种现象的源头就是企业对质量管理体系问题、产品质量问题认知不彻底，以及主管产品质量的职能部门有意或无意识地回避问题造成的。质量管理体系问题、产品质量问题的特征区别请参见表3.1。

表3.1　质量管理体系与产品质量问题特征区别

剖析维度	质量管理体系问题	产品质量问题
探测难度	隐避，需较高业务水平的作业员长时间才能判别	容易发现，作业员于现场可及时发现
探测频度	低，审核、内审、管理评审频次有限	非常高，自检、专检、互检常设于工序中
发现问题的频次	受探测难度、频度影响，发现问题频次较低	受探测难度、频度影响，发现问题频次很高
处理问题的紧迫性	整改时间一般较长	需立即处理，否则就要停产或面临客户投诉
波及范围	通常出现的是管理类问题，波及范围较大	一般是各种相对独立的技术问题
分析解决问题的难度	往往需从企业战略、经营、管理等层面入手	一般通过人、机、料、法、环要素即可解决
问题责任区分	往往容易出现系统性问题，责任千丝万缕	责任通常比较明确，容易区分
对成本的影响	会大幅增加沉没成本、机会成本	直接影响变动成本，甚至促成固定成本上升
对企业的影响	对企业短期内的日常运营没有太大的影响	直接影响订单支付、商业信誉及当期利润
对客户的影响	影响客户的安全感、忠诚度	影响客人应用体验、情绪、满意度

四、对质量管理体系认知不全面

谈起质量管理体系，很容易想到ISO 9001、IATF 16949、TL 9000、HACCP等，甚至绝大多数企业误将这些系统与质量管理体系直接画等号，或者将与质量有关的理念、工具和方法盲目地往这些系统里添加，这些做法都是造成质量管理体系失效的重大错误。

要发挥质量管理体系对企业经营管理活动的有力支持作用，更好地保障产品质量，满足各相关方的需求，那么质量管理体系应该包括质量管理、质量改进和质量评价。

其中，质量管理以通用性结构框架 ISO 9001 为代表、质量改进以六西格玛为代表、质量评价以卓越绩效模式为代表，这三个体系相互作用、相互依存才能激发质量管理体系的最大作用。ISO 9001、六西格玛、卓越绩效模式之间的侧重与相互关系如图 3. 2 所示。

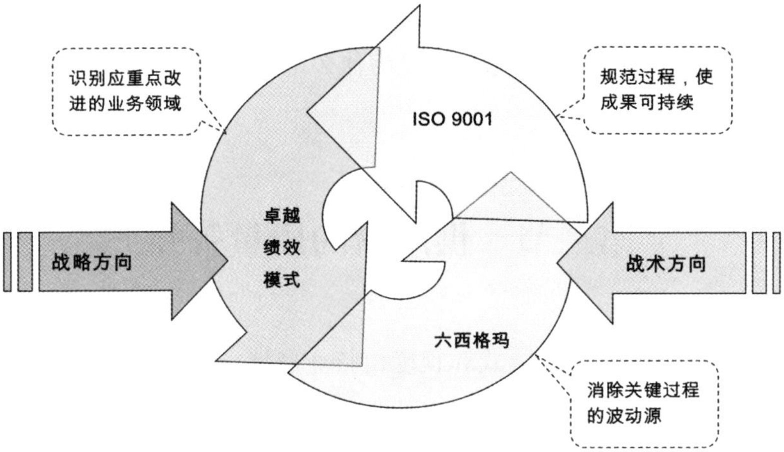

图 3. 2　质量管理、质量改进与质量评价体系关系及侧重点

五、质量文化与氛围缺失

近十年，可以看到很多企业已经开始重视企业文化的塑造与沉淀，但对质量文化的建设（除了海尔、华为等少数优秀的大型企业）基本上还处于空白状态。尽管很多企业制定了先进的质量方针，甚至将质量定义为企业的生命、人品而大幅宣传，但在企业的实际运营管理和生产活动中往往多次发生制造不良、接受不良、放行不良而没有及时阻止和反省的事情。这就很难说企业将质量视为生命、将质量用于衡量人品，更不用谈质量文化。

不少企业还将质量文化与质量氛围混为一谈，即便如此，实际操作也是误解颇多。例如写个有关产品质量奖惩的文件便当作质量文化建设，搞个车间产品质量评比与表彰的活动便当作质量氛围营造等。

由于缺少或没有质量文化与氛围，无论企业当初建立的质量管理体系多么完整，终将因持续改进力度不足而无法适应企业内外部环境的变化需求，从而产生各种质量问题，问题的长期累计与放大终将导致质量管理体系失效。

当下围绕ISO 9001质量管理体系失效的研究和有效性举措很多，也相对成熟，这些研究所指出的质量管理体系失效的诸多症状，以及管理上的影响因素也都有一定的借鉴价值。尽管如此，依然存在太多的制造型企业质量管理体系失效的现象，这究竟是为什么？真的值得企业经营决策者们好好思考并付诸实践！

第二节　供应商的质量管控

对供应商质量管理的方式和程度由行业属性、产品特点、质量要求、供应商的质量水平、企业对供应商的影响力和企业自身实力等因素决定，但企业必须通过对供应商的质量管理过程将企业的质量方针、质量目标、质量文化与供应商达成共识，并取得供应商的认同和支持。

因此，为提升外部供应质量，企业至少应做好外部供应的质量准入、质量培育和质量激励机制的建设及维护管理，如图3.3所示。

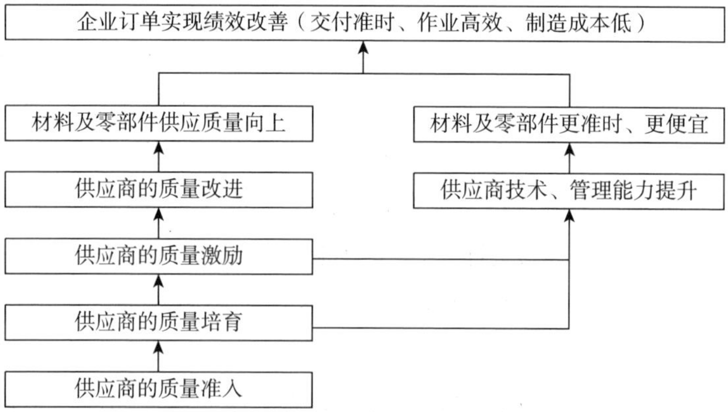

图3.3　供应商质量水平向上的逻辑

一、供应商的质量准入机制

供应商的质量准入机制，其本质是为企业寻找合作伙伴。一个优秀的合作伙伴是企业持续成功的坚实基础，因此经营决策者必须确保对供应商的质量准入进行管理。

（一）质量准入审核

1. 审核前的准备

与供应商合作前，由企业选定内（外）部质量专家并编制适用于被审核供应商的质量审核检查标准和质量审核计划。审核检查标准的编写作业（可参考 ISO 9011 质量和环境管理体系审核指南进行）应充分考虑如下要求和信息：

Ⅰ本企业的质量策略、质量方针、目标、质量管理体系要求。

Ⅱ本企业准备向被审核方采购的材料或零部件要求（含适用的法律法规、标准和技术条件等）。

Ⅲ本企业与质量有关的采购方案或计划（含价格、数量、交期及运送方式等）。

Ⅳ被审核供应商的基础信息（含行业属性、规模、技术特点、生产方式、质量组织等）。

Ⅴ审核检查标准内容的完整性（含产品审核、过程审核、体系审核）。

Ⅵ审核检查标准的判定基准高低与详略程度受上述“Ⅰ、Ⅱ、Ⅲ、Ⅳ”影响。

用于编写供应商质量管理体系审核的检查表请参考表 3. 2。

2. 审核

由企业选定的质量专家，依据已确认的审核计划、审核检查表主导完成被审核供应商的质量审核工作（审核作业的相关要求可参考 ISO 9011 质量和环境管理体系审核指南进行）。

供应商质量管理体系审核报告书的编制可参考表 3. 3。

表3.2 供应商质量管理体系审核表

评价点	判断基准
2点	好，已建立
1点	虽有建立，但还有缺陷
0点	未建立

客户方代表	客户/审核员	供应商代表

审核中项			审核细项		供应商填写			企业填写	
NO.	与基准书的对应			审核内容	评分	依据详细内容		评分	评语

表 3.3　供应商质量管理体系审核报告书

客户方代表	客户/审核员	供应商代表

审核实施日期：　　年　月　日　　　　报告作成日期：　　年　月　日

供应商	公司名称		客户	公司名称	
	公司编号			本次审核主导部门	
	制造工厂名称			审核的作用	
	参与审核的人员 【◎责任人】	◎		审核人员姓名 【◎责任人】	◎

审核结论

审核项目		评价对象项目数	最高评价得点	供应商评价点	%换算评价点	客户修正后	%换算评价点
1	组织和运营						
2	标准文件的管理						
3	变更管理						
4	制造工程管理						
5	品质异常的处理						
6	检查管理						
7	设备/测量仪器/模具的管理						
8	信赖性的管理						
9	初品的管理						
10	包装/批次/运输的管理						
11	资材 / 二次外发商的管理						
12	品质信息的管理						
13	教育/训练						
14	品质自主监察						
15	重要品质特性/重要特性的管理						
供应商质量体系的审核结果（综合）							
上次（XXXX年XX月）审核结果							
再上次（XXXX年XX月）审核结果							

得点与评级

100~91点，A级
90~71点，B级
70~41点，C级
40~0点，D级

供应商自我审核体系等级

供应商质量管理体系等级

供应商质量管理体系审核项目评分图

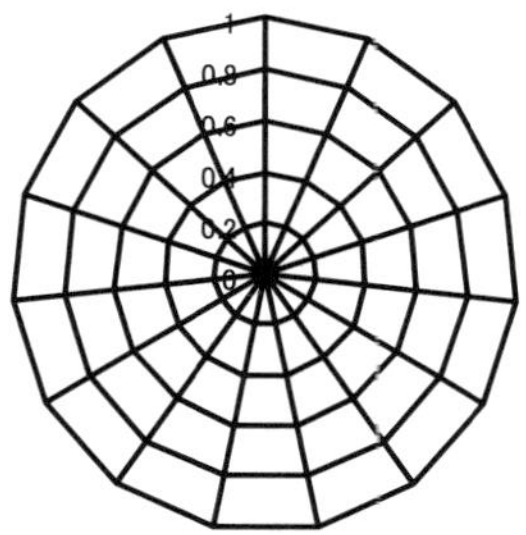

备注及说明：

现实中，影响供应商准入的因素有供应商的经营理念、合作态度、价格、质量、技术、交期、产能、距离和服务，甚至供应商会与企业存在利益关系（如企业投资的公司等），但企业经营决策者应以质量为先——否决质量审核结论不符合要求的供应商进入合格供应商资料库或目录之中。

（二）质量准入批准

质量准入批准是指企业对供应商的材料（零部件）进行可生产性的批准，其操作要求简述如下：

- 认可申请。由供应商提交材料（零部件）样件认可申请书和一定数量的样件，供应商认可申请书的提交等级、内容及样件的提交数量由企业技术管理部门决定（这个决定受企业所在行业、产品属性、技术特点等因素影响）。
- 样件检验与测试。由质量管理部门对供应商提交的样件进行检验与测试。
- 样件验证与确认。当样件检验与测试通过时，由技术管理部门主导样件的验证与确认工作，这包括但不限于对样件进行技术指标符合性审查、试制试装、小批量试产和试用等作业。
- 样件批准。通过样件检验与测试、验证与确认后，由技术管理部门批准供应商提交的材料（零部件）认可申请书——供应商接到企业的采购订单后依此投产。

（三）质量准入放行

任何不符合进料检验与测试要求的材料（零部件），其放行必须是以材料（零部件）的评审、验证或确认通过为前提。

二、供应商的质量培育机制

质量培育的范围、内容、方式及介入深度等应与双方的质量需求及合作关系相适应，但企业至少应确保向供应商输出：采购订单生产前的质量预防辅导、生产时的过程质量控制监督及交付后的质量改进管理。

（一）生产前的质量预防辅导

为了质量预防，当企业与供应商达成采购合同后，无论供应商的强大程度、能力水平如何，企业均应向供应商输出，但不限于如下内容：

• 企业产品的应用场景、构成企业产品一部分的材料（零部件）的重要作用。

• 材料（零部件）认可书、标准样件的回顾与规范强调。

• 基于采购合同的包装与交付要求。

• 材料（零部件）必须符合法律法规的要求。

• 材料（零部件）进料检验与测试要求。

• 材料（零部件）出厂前的检验与测试、放行批准要求。

• 材料（零部件）质量记录、证明要求。

• 材料（零部件）质量可溯性要求等。

（二）生产时的过程质量控制监督

深度介入供应商过程质量控制对企业自身要求一般较高，这也是大多数企业对供应商进行质量管理的死角。尽管挑战客观存在，但经营决策者应安排资源确保供应商的生产过程质量控制在如下方面得到企业的监督：

• 供应商是否已经将本企业的采购订单要求转化成内部的生产加工及运作控制要求（这包括但不局限于适用的法律法规、作业指导书、控制计划、检验与测试标准等）？

• 供应商内部的生产加工及运作控制要求是否充分、适宜？

• 供应商的现场管理及作业员是否理解了这些要求？

• 供应商的现场管理及作业员是否遵守这些要求？

• 供应商生产加工的质量表现如何？

• 供应商是如何对待并管理不良品的？

• 供应商是如何进行过程质量改善的（含为改进质量而做出的过程变更及过程变更管理）？

• 供应商进行过程质量改善的进度、效果如何等？

（三）交付后的质量改进管理

企业质量管理部门应通过进料检验与测试、材料（零部件）在本企业中的实际生产装配、客户投诉、质量异常分析等渠道收集供应商材料（零部件）的质量不良，并要求供应商改进。企业至少可以通过如下方面的介入管理促进供应商改进材料（零部件）供应质量：

- 确定并由供应商向企业提交材料（零部件）不良改进目标。
- 确定并由供应商向企业提交材料（零部件）不良改进思路、构想。
- 确定并由供应商向企业提交材料（零部件）不良改进项目实施计划。
- 供应商按不良改进项目实施计划的进展情况汇报。
- 企业质量管理部门对供应不良改进项目实施计划的进展情况确认。
- 企业质量管理部门对供应不良改进结果的验证、评价。
- 供应商对材料（零部件）不良改进成果的固化、应用等。

三、供应商的质量激励机制

供应商的质量激励其本质是向供应商传递企业的价值观与期望。及时、有效的激励可以促进供应商的质量改进活动展开与质量水平的提升。供应商的质量激励机制包括质量表现统计分析、质量表现评价、质量激励等行动，分别简要阐述如下：

（一）质量表现统计分析

企业质量管理部门应及时统计分析供应商的材料（零部件）质量信息，这些信息包括以下几点：

- 在进料检验与测试时发现的来料批次合格率、来料合格率、来料批次不合格率、来料不合格率、让步放行批次率、退货批次率。
- 在生产装配过程中发现的不合格数、不合格率。
- 在质量异常分析时发现的材料（零部件）不良次数。
- 在质量成本分析时发现的由材料（零部件）不良而导致的失败

成本。

- 在材料（零部件）质量改进中发现的供应商解决问题的效率和有效性等。

上述信息由企业质量管理部门每天收集整理，并依据质量工作的实际需要，按周、月、季度、半年度、年度时段进行统计分析。

（二）质量表现评价

企业应制定供应商的质量表现评价标准，并依据标准对供应商的质量表现给予及时评价。供应商质量评价标准的制定应注意以下两点：

一是评价标准的制定应充分考虑材料（零部件）在企业各阶段、各环节中的质量表现，包括进料检验与测试、生产过程中的制造与装配、客户投诉、材料（零部件）质量改进与质量成本分析等模块的信息。

二是评价指标的选定与评价目标的设定应与企业的质量策略、方针、目标和年度质量经营计划保持一致，在遵循目标设定原则的同时，真正为提升供应商和企业的质量水平工作服务。

供应商质量表现评价标准可参考表3.4。

供应商质量表现评价作业包括以下两个部分：

一是由质量管理部门按企业确定的频率、周期和评价标准给予每家供应商及时、正式的质量表现评价。

二是由采购管理部门协同向供应商经营决策者传达评价结果，并获得其质量改进意愿的书面承诺。

（三）质量激励

企业应对供应商的质量表现给予及时、必要的正负激励，调动供应商维护、改进质量的热情和积极性。运用什么手段和方式、在什么时候、给予供应商什么样的激励，企业应视自身需求和实际情况灵活调整。一般制造型企业如何激励供应商？请参考表3.5。

表 3.4　供应商质量表现评价标准

文件编号：	供应商质量表现评价标准	批准人：　　年　月　日
有效版本：		审核人：　　年　月　日
生效日期：		制定人：　　年　月　日

评价维度	维度权重/%	维度赋分	评价指标	目标值	目标达成率（计算）	目标权重/%	单项指标得分	总得分	月度、季度评价	年度评价
进料检验与测试质量	30	30	平均来料批次合格率	……	[（来料合格批次总数÷来料总批次数）÷目标值]×100%	30	评价指标得分＝维度赋分×目标达成率×权重	（一）总得分＝各评价指标得分之和 （二）总得分扣减、直至扣完为止：每发生一次一般市场投诉扣除30%，发生一次违反法律法规扣除50%，发生一次人身安全的质量事故扣除50%	（一）月度、季度按如下标准评价供应商的质量表现： ①100分＝总体得分≥95分时，优秀； ②95分＞总体得分≥90分时，良好； ③90分＞总体得分≥80分时，一般； ④80分＞总体得分≥60分时，差； ⑤60分＞总体得分时，非常差 （二）评价结果"优秀、良好、一般、差、非常差"以按月度、季度予以区分，如月度质量优秀的供应商、季度质量优秀的供应商	年度按如下标准评价供应商的质量表现： ①100分＝总体得分≥95分时，一级供应商； ②95分＞总体得分≥90分时，二级质量供应商； ③90分＞总体得分≥80分时，三级质量供应商； ④80分＞总体得分≥60分时，四级质量供应商； ⑤60分＞总体得分时，五级质量供应商
			平均来料合格品率	……	[（来料合格总数÷来料总数）÷目标值]×100%	20				
			平均让步放行批次率	……	[（让步放行批次总数÷来料总批次数）÷目标值]×100%	20				
			平均退货批次率	……	[（退货批次总数÷供应商来料总批次数）÷目标值]×100%	30				
生产过程质量	30	30	不合格品数	……	生产过程中发现的材料或零部件不合格品数之和	40				
			平均不合格品率	……	[（生产过程中发现的不合格品总数÷生产加工投入总数）÷目标值]×100%	60				

续表

评价维度	维度权重/%	维度赋分	评价指标	目标值	目标达成率（计算）	目标权重/%	单项指标得分	总得分	月度、季度评价	年度评价
材料异常改进	20	20	异常回复及时率	……	[（异常逾时回复的次数÷需回复异常的总次数）÷目标值]×100%	40				
			异常改进有效性	……	[（供应商对策有效改善个数÷供应商对策改善个数）÷目标值]×100%	60				
质量成本	20	20	供应商引起的失败成本	……	由供应商材料原因导致的失败成本之和	100				

表3.5　供应商质量激励标准

文件编号：	供应商质量激励标准	批准人：　　年　月　日
有效版本：		审核人：　　年　月　日
生效日期：		制定人：　　年　月　日

评价时机	评价结果									
	质量表现优秀	质量表现良好	质量表现一般	质量表现差	质量表现非常差	一级质量供应商	二级质量供应商	三级质量供应商	四级质量供应商	五级质量供应商
月度评价	如何激励：发送《月度质量表现评价表》，肯定质量表现	如何激励：发送《月度质量表现评价表》，鼓励有计划地改进质量问题	如何激励：发送《月度质量表现评价表》，提醒注意改进质量水平	如何激励：发送《月度质量表现评价表》，要求针对性地改进问题	如何激励：发送《月度质量表现评价表》，要求限期改进存在的问题					
季度评价	如何激励：发送《季度质量表现评价表》，质量管理部门长签发季度质量嘉奖通知，优先采购、免检	如何激励：发送《季度质量表现评价表》，优先采购、执行减量检验	如何激励：发送《季度质量表现评价表》，维持现有采购订单，并给予质量改进建议，提供质量改进辅导培训和学习机会	如何激励：发送《季度质量表现评价表》，签发质量限期整改通知书、采购订单计划性削减、要求质量赔偿	如何激励：发送《季度质量表现评价表》，采购订单量削减，签发质量整改停单通知					

续表

评价时机	评价结果									
	质量表现优秀	质量表现良好	质量表现一般	质量表现差	质量表现非常差	一级质量供应商	二级质量供应商	三级质量供应商	四级质量供应商	五级质量供应商
年度评价	如何激励：发送《年度质量表现评价表》，供应商年度质量大会表彰、总经理签发荣誉奖证书、付款周期缩短、免检、优先采购及参加项目开发，前三名进入战略合作采购、接受合理的溢价	如何激励：发送《年度质量表现评价表》，采购订单机会倾斜、前三名进行供应商年度质量大会表彰、质量部门长签发荣誉奖证书、现金奖励、列入企业供应商优先培育计划	如何激励：发送《年度质量表现评价表》，维持现有采购订单并给予质量改进建议，前三名享有企业提供的质量改进辅导培训和学习机会	如何激励：发送《年度质量表现评价表》，计划从合格供应商目录中移除、限期转移订单	如何激励：发送《年度质量表现评价表》，从合格供应商目录中移除，三年内不得再进入合格供应商名单					

第三节　生产过程质量管理

如下三个质量数据均直接反映了企业质量管理好坏程度：

（1）终检合格率＝（终检投入数÷终检产出数）×100%，反映不良品防止流出的能力。

（2）成品率＝（终检产出数÷投入数）×100%，反映产出合格品的能力。

（3）直通率＝各工序合格率的乘积，反映工序品质保证的能力。

依据上述三个算式，过程质量控制的重要性表述如图3.4。

内容	炼胶	硫化	FQC终检
投入数	10	10	9
不良数	1（可返修）	1（报废）	0
产出数	9	9	9
合格率	90%	90%	100%

⇩

终检合格率＝9/9×100%=100%
成品率＝9/10×100%=90%
直通率＝90%×90%×100%=81%

⇨ 过程(各工序)质量改进空间=100%-81%=19%，过程质量管理很重要！

图3.4　过程质量管理重要性数理论证图

另外，就质量而言，生产活动是将5M1E（作业员、设备、材料、方法、检测、环境）等要素转化为合格产品输出的一个增值过程，即过程质量是由所输入的生产要素决定的。为减少生产过程质量的波动，实现稳定、一致合格产品的持续产出，企业就必须在生产前、生产中、生产后对影响过程质量的各生产输入要素进行管理。图3.5说明对这些影响因素控制的必要性。

由此，企业需要思考：如何围绕5M1E进行过程质量管理，预防、控制不良品的产生和流出？要解答这个问题，企业首先需要正确思考的问题是：

- 客户要求的产品质量是什么？
- 满足客户产品质量的过程质量标准如何？如满足客户产品质量的制品尺寸 $\phi 6.5\pm 0.01$mm。

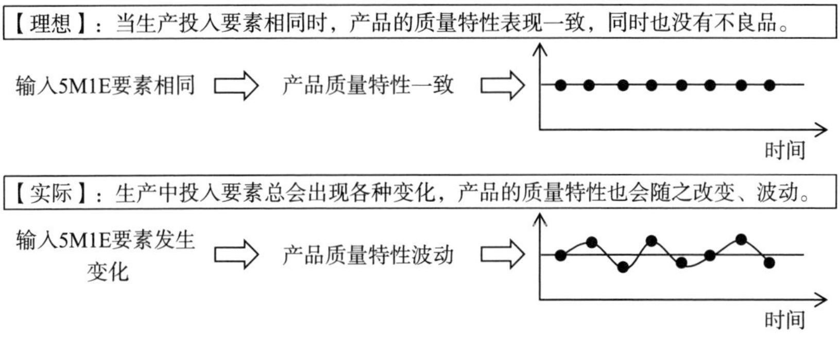

图 3.5　过程质量管理重要性数理论证图

• 5M1E 是如何影响制品符合过程质量标准的？如外圆磨床的进给精度影响制品尺寸 $\phi 6.5 \pm 0.01$mm 的符合性，当外圆磨床的进给精度 ≥ 0.001 而 < 0.01 时，制品 $\phi 6.5 \pm 0.01$mm 尺寸分布范围为 $\phi 6.49 \sim 6.51$mm（外圆磨床的进给精度为生产过程投入的质量要因、制品 $\phi 6.49 \sim 6.51$mm 尺寸为产出的质量结果）。

• 如何管理生产过程投入的质量要因？如外圆磨床的进给精度管理。

• 如何管理已生产出的制品质量？如制品 $\phi 6.5 \pm 0.01$mm 尺寸实际加工后的数值。

• 如何管理生产过程，确保制品质量的稳定、一致？如大批量生产时制品 $\phi 6.5 \pm 0.01$mm 尺寸实际加工后的数值均在受控范围内。

经过上述思考，建议一般制造型企业参考图 3.6 所示逻辑建立过程质量管理体制。

至此，并未完结的是，企业应进一步思考图 3.6 所规划的过程质量管理体制的实施逻辑：

• 如何进行重点管理，通过问题的早期发现和检出防患于未然？

• 如何进行变化点管理，通过与问题相关的事前发现并改善防患于未然？

经过上述思考，建议一般制造型企业参考图 3.7 所示逻辑展开“重点管理、变化点管理”的策划（Plan）、执行（Do）、确认（Check）和改进（Action）工作。

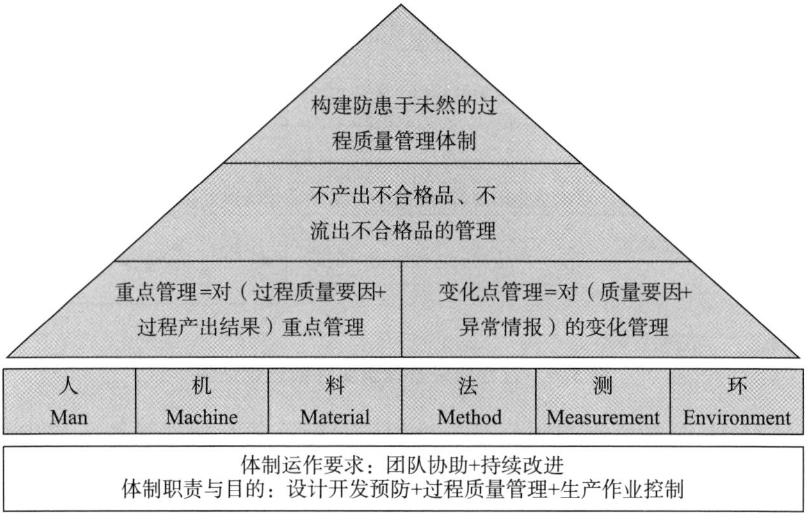

图 3.6　过程质量管理体制建立逻辑图

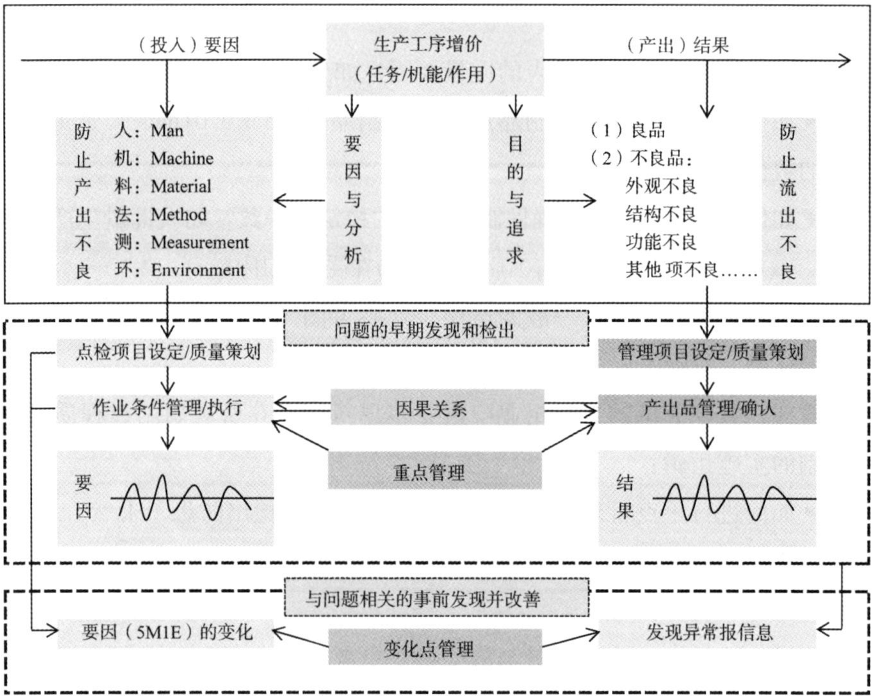

图 3.7　重点管理和变化点管理实施思考逻辑图

有了上面的认知和思路，我们在进行过程质量管理各项工作时必会豁然开朗，也能更好地把握过程质量工具和方法的实操应用。下面将从过程质量预防和控制的角度简要介绍一些工具和方法，这些非常具体的工具和方法尽管在此不会一一细致展开，但其根本操作原理和核心作用与前面阐述保持一致。

一、过程不良预防措施

产品质量是设计出来的，即产品和过程的设计开发决定了过程质量，因此过程质量应该以预防为主。在设计开发过程中进行过程质量策划时，通常会制作 PFMEA、管理工程图、SIP、防呆法等手段防止不良品的产出和流出。

（一）PFMEA

过程潜在失效模式及后果分析（Process Failure Mode and Effects Analysis，简称 PFMEA），这是一套成熟的“事前”质量管理工具，旨在减少或消除因生产过程中的修改而造成的时间和金钱的损失，是一套非常有用的“重点管理”识别与管理方案拟定工具。PFMEA 的应用要点及注意事项简要介绍如下：

（1）编制时机。PFMEA 的应用非常广泛，一般制造型企业遇到如下三种情况时可应用：

- 在新过程出现时进行。
- 对过程修改时进行。
- 现有的过程用于新的环境、场所时进行。

（2）团队协助。PFMEA 是促进各相关部门交流的催化剂，可以提升团队跨部门的合作精神，PFMEA 应以团队作战的方式展开：

- PFMEA 由多方论证小组开发和维护，该小组一般由责任工程师领导。
- 小组负责人在 PFMEA 的开发初期从有关部门挑选成员，包括但不限于设计、生产、质量、采购、供应商等。

（3）信息输入。PFMEA需要输入的信息有如下八类：

- 过程流程图。
- DFMEA。
- 图纸和设计记录。
- 过程清单。
- 特性矩阵图。
- 内部和外部发生的不合格。
- 质量和可靠性历史。
- 其他类似产品信息，如FTT（First Time Through）、PPM、Cpk等。

（4）失效模式分级表编制。PFMEA失效模式分级表包括严重度、发生频度及可探测度分级评价表，一般制造型企业可参考以下表格编制（如汽车及特定行业应遵守相应特定要求）。

严重度分级评定表参考示例如表3.6所示。

表3.6　严重度分级评定表

评定等级	失效的影响或后果	影响过程或产品的严重度评定准则
10	不能符合安全、法规要求	可能没有警告的危害操作者（机械及装配人员），或没有警告的影响产品安全、涉及违反法律法规
9	不能符合安全、法规要求	可能带有警告的危害操作者（机械及装配人员），或带有警告的影响产品安全、涉及违反法律法规
8	严重干扰生产过程，或产品主要功能丧失	100%产品可能报废、停线或停止付运，或主要功能降级（产品不能正常应用，但不影响产品安全）
7	显著干扰生产过程，或产品主要功能降级	部分产品可能报废、主要过程降低生产效率或增加人力，或主要功能降级（产品能应用，但表现水平下降）
6	中度干扰生产过程，或次级功能丧失	100%产品可能要离线返工和接收，或次级功能降级（产品能应用，但舒适、方便性的功能丧失）
5	中度干扰生产过程，或次级功能降级	部分产品可能要离线返工和接收，或次级功能降级（产品能应用，但舒适、方便性的功能水平下降）

续表

评定等级	失效的影响或后果	影响过程或产品的严重度评定准则
4	中度干扰生产过程，或对产品表现感到烦恼	100%产品可能在处理前要在工位内返工，或产品能应用，但大于75%的客户能觉察到外观、感观异常
3	中度干扰生产过程，或对产品表现感到烦恼	部分产品可能在处理前要在工位内返工，或产品能应用，但50%的客户能觉察到外观、感观异常
2	轻微干扰生产过程，或对产品表现感到烦恼	给作业员、操作工造成轻微不便，或产品能应用，但小于25%的客户能觉察到外观、感观异常
1	没有影响	没有可识别的影响

发生频度分级评定表参考示例如表3.7所示。

表3.7 发生频度分级评定表

评定等级	失效的影响或后果	发生频度评定准则
10	十分高	≥100件/1000件，1∶10
9	高	50件/1000件，1∶20
8	高	20件/1000件，1∶50
7	高	10件/1000件，1∶100
6	中等	2件/1000件，1∶500
5	中等	0.5件/1000件，1∶2000
4	中等	0.1件/1000件，1∶10000
3	低	0.01件/1000件，1∶100000
2	低	0.001件/1000件，1∶1000000
1	十分低	失效可做预防措施消除

可探测度分级评定表参考示例如表3.8所示。

表3.8 可探测度分级评定表

评定等级	失效的影响或后果	可探测度评定准则
10	几乎不可能	没有现行过程控制、无法探测或没有分析
9	很微小	失效模式或错误（原因）不容易探测，如随机审核

续表

评定等级	失效的影响或后果	可探测度评定准则
8	微小	在过程后探测到，如操作员目视/触觉/听声方法
7	很小	在现场可探测，如操作员目视/触觉/听声方法；或在过程后可探测，如用计数型量（数显卡尺）等
6	小	在现场可探测，如用计数型量（数显卡尺）等，或在过程后可探测，如操作员用计量值量具
5	中等	在现场可探测，如操作员用计量值量具，或错误（原因）自动控制探测缺陷零件并通知操作员，如蜂鸣器等
4	中上	在过程后可探测，自动控制探测缺陷零件和自动扣留零件，防止进入下工序
3	高	在现场可探测，自动控制探测缺陷零件和自动扣留零件，防止进入下工序
2	很高	在现场可探测（原因），自动控制探测错误和防止产生缺陷零件
1	几乎很高	防止错误（原因），夹具、机器或零件设计过程/产品设计了防错法，不会产生缺陷零件

（5）确定优先控制项。PFMEA 优先控制项选取如表 3.9 所示。

表 3.9 PFMEA 优先控制项目选取原则

严重度（S）	发生频度（O）	可探测度（D）	S×O	过程风险系数（RPN）	S－D	S－O－D	优先控制次序
6	6	3	36	108	63	663	1
6	3	6	18	108	66	636	2
3	6	6	18	108	36	366	3
过程风险优先控制项目选取原则： 第一原则，按照严重度（S）、发生频度（O）、可探测度（D）的优先顺序去降低风险值； 第二原则，当严重度（S）等于 9 或 10 时，必须确保风险已通过现有的设计控制或建议措施得到处理； 第三原则，对过程风险系数（RPN）最高的前三个项目采取纠正措施，RPN＝S×O×D							

（6）作业步骤。PFMEA 可以细分为如下作业步骤完成：

- 对于每个流程输入，决定所有输入可能发生失效的模式。
- 评价每个失效模式对产品质量和顾客（含内部顾客）的潜在影响。

● 找出每个失效模式发生的原因。

● 列出每个失效模式的现行控制措施。

● 建立严重度、发生频度和可探测度的评分等级标准。

● 将每个失效原因按严重度、发生频度和可探测度进行评分。

● 计算每个失效原因的 RPN 值、SO 值、SOD 值、SD 值。

● 制定每个失效原因的改善措施。

● 决定优先改善项目。

● 执行优先改善行动。

● 跟踪改善实施情况并重新计算每个失效原因的 RPN 值、SO 值、SOD 值、SD 值。PFMEA 的应用表单参见表 3.10。

● 将制造或装配过程的结果编制成文件，形成标准化，这包括但不限于 QC 工程图、作业指导书、检验标准书的编制等工作。

（二）管理工程图

管理工程图是产品质量先期策划的输出，是过程控制的纲领性文件，也是管理生产过程的蓝图。其旨在通过具体控制方法的实施对过程进行监视和控制，最大限度地减少过程和产品变差，确保生产出符合顾客要求的产品。

管理工程图以戴明循环（PDCA）为指导思想，以生产投入要素（5M1E）为研究核心，以 5W1H 方法界定过程生产作业和质量管理活动，从而实现从原材料到成品交付全过程中的管理和作业活动均能促进实现“不产出不合格品、不流出不合格品”的质量管理目的。

管理工程图是一款极为严谨、系统、全面的“重点管理”定义与管理对策拟定工具，是过程质量管理的纲领和指导。为确保管理工程图的有效性、发挥管理工程图应有的重要作用，其编制务必注意如下八个重点，否则将直接导致管理工程的效用降低，甚至是崩溃。

● 定义对象单位工序，是指作业制品（半成品），为了附加必要的机能、性能的最小作业单位，如制品（半成品）的检验、装配、组立、加工等。

表3.10　过程潜在失效模式后果分析

__________产品模块　　　　过程潜在失效模式后果分析　　　　PFMEA 编号__________

__________子系统　　　　(PFMEA)　　　　页　　次__________

__________零部件__________　　　　设计责任__________　　　　编 制 人__________

产品名称/型号规格__________　　　　关键日期__________　　　　PFMEA 日期__________修订

小组及成员__________

功能	项目															
	潜在失效模式	潜在失效后果	严重度(S)	潜在失效起因	频度(O)	现行控制		探测度(D)	RPN	建议措施	责任/具体/完成日期	采取的措施	S	O	D	RPN
						预防	探测									

• 研究工序的机能，就是要回答“这个工序为什么要存在”，如 PCB 板固定螺丝工序，其存在的价值就是将 PCB 板稳固地保持在产品主体结构里。

• 提取管理项目（结果系），依据工序机能设定管理项目，如“机能正常工作时，产出结果如何”，且需换算成物理量，明确目标和范围。

• 决定管理项目（结果系）的重点管理点，如致命缺陷、严重缺陷、一般缺陷等。

• 提取点检项目（要因系），即选取影响管理项目（结果系）的要因是什么。

• 决定点检项目（要因系）的重点管理点，如压力、温度、时间等。

• 将编制过程中的问题反馈至产品设计开发职能部门并获得相应支持，包括要因与结果关系的明确、重点管理点的检验与管理措施困难、重点管理点再定义等。

• 确定有效的管理方法和措施，包括点检项目、管理项目的管理（检查）频率、检验与测试、检查与处理、异常措施、作业及放行依据等。

管理工程图是上承设计开发、下启生产过程的桥梁，应在 PFMEA 完成之后、作业指导书与检验及测试标准编制完成之前，由质量部门主导、各相应职能部门充分参与的团队小组共同编制完成。由于 QC 工程图在过程质量管理中的超然地位和积极作用，所以管理工程图的编制应充分论证、验证并不断完善，以确保其充分性、适宜性和有效性（管理工程图的应用表格参见表 3. 11）。

（三）过程检验与测试标准

过程检验与测试标准（Standard Inspection Process），是生产过程产品质量的判定依据、放行依据和改进依据。因此，企业必须依据设计开发的输出（含管理工程图）制定科学、严谨、合理的过程检验与测试标准，这些标准包括但不限于标准样板、限度样板、外观检验判定标准、技术指标检验判定标准、技术指标测试判定标准、产品取样标准等。

（四）防呆法

防呆法（Fool Proof），是指在生产作业中采用一系列工具或方法，以

表 3.11　管理工程图

品名		过程		管理工程图	文件编号		做成日期		批准	确认	做成
品类		类别			文件版本		生效日期				
规格		特记			小组/成员						

生产过程/工序						检查		过程管理点						管理（检查）方法									作业/放行	
生产厂别/部门/车间	投入的材料或零部件	流程图符号及次序			工序名称/编号	检查项目	判定基准	点检项目（原因）			管理项目（结果）			频率（开班/切换/结单/其他）	检验与测试			检验与处理			异常措施		作业指导书	检验与测试标准
		原材料工序	准备工序	本工序				要因名称(5M1E)	确认项目	制造参数或条件	控制项目	检出过程/工序	判定基准		抽检方法	检验与测试方法	质检作业记录	经理	主管	组长	措施/对策	依据程序文件		

追求“第一次就做正确”为目标，或通过控制生产过程中的失误以达到不生产，或及时发现和制止不合格品产出的方法。有效的防呆措施可以控制过程中如下常见失误而导致的质量问题：

- 作业步骤遗漏。
- 作业失误。
- 工作设置错误。
- 少装零部件。
- 用错零部件或材料。
- 生产或加工错误。
- 误操作。
- 调整失误。
- 设备参数设置不当。
- 工具准备不当或用错等。

图 3.8 是生产过程中某产品固定螺丝作业运用防呆法的实例。

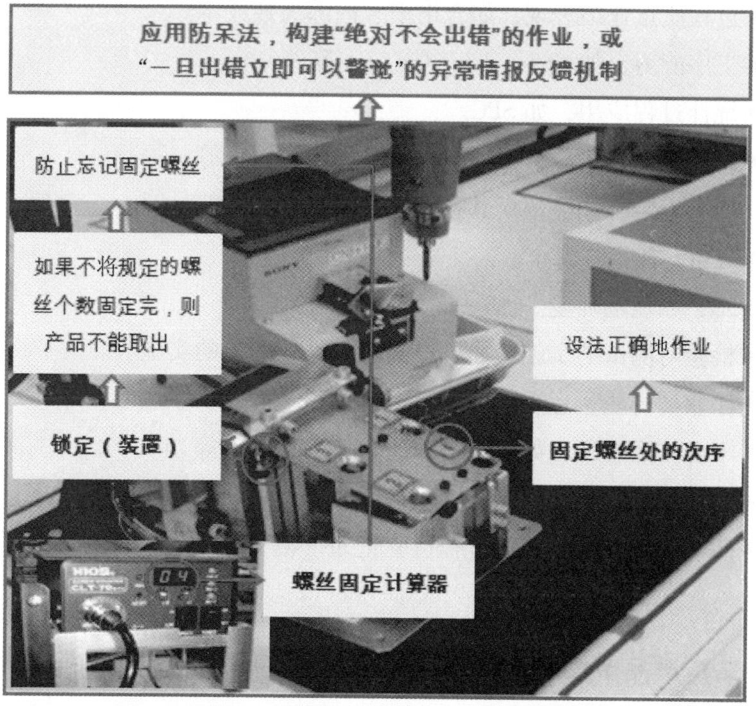

图 3.8　防呆法在固定螺丝作业中的应用

二、过程质量控制

在过程不良预防的基础上，积极进行过程质量控制是过程质量管理的重要环节。在一般制造型企业里，常用且行之有效的过程质量控制八大措施简述如下。

（一）过程审核

过程审核可参考如下内容编制检查评分表，作为审核、判定和评价过程质量管理的依据：

- 过程质量风险识别，如PFMEA。
- 过程质量策划，如管理工程图。
- 作业依据，如SOP。
- 检验与测试标准，如SIP。
- 过程质量业绩表现，如合格率、内部失败成本。
- 工序能力，如Cpk、Ppk、Ca、Cp等。
- 统计过程应用，如SPC。
- 设备参数和条件，如注塑时间、温度、压力等。
- 模具工装，如注塑模具管理。
- TPM，如自主保全。
- 5S，如现场环境。
- 检验与测试的实施，如质控站、首件、巡检的实施等。
- 作业员的质量意识、能力、资格等。
- 不合格品管理，如标识、隔离、评审、返工等。
- 过程质量改进，如不合格项目的改善计划及实施情况。
- 质量证明与追溯，如过程检验记录、测试报告、产品标识、检验台账等。

（二）产品审核

产品审核是由企业授权内部资质人员或委托外部机构，就生产过程中产品满足质量要求的程度给予定期、不定期的正式审核活动，其目的在于确认生产过程中产品的质量水平并寻找改进机会。产品审核判定产品符合性的依据是客户验收标准、适用的法律法规、国际国家产品标准，以及经客户批准或国家认可的企业产品检验标准等。

（三）自働化

像人一样能够自主识别不合格品或生产投入要素异常的自动启停设备就是自働化设备。应用自働化的一个重要目的是通过设备识别问题、暴露问题并及时停止生产，从而强制要求现场及时处理质量问题，防止不合格品的继续产出和流向下一工序，如注塑机接收到 QA 机的缺料不良信息后立即停止注塑并报警。

（四）变化点的可视化管理

根据确认 5M1E 的变化和意识到已变化的内容来确实执行过程质量维持的管理机制，即为变化点的可视化管理。此机制的推行应注意如下四个问题：

问题 1：变化点发生的原因是什么？请参考图 3.9。

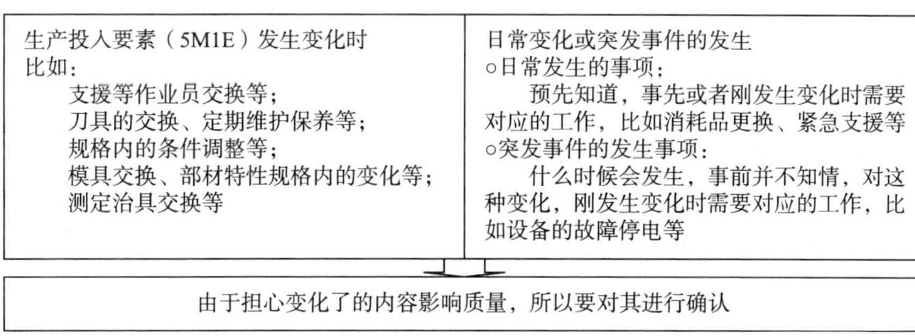

图 3.9　变化点发生的原因

问题 2：为什么要进行变化点的可视化管理？请参考图 3.10。

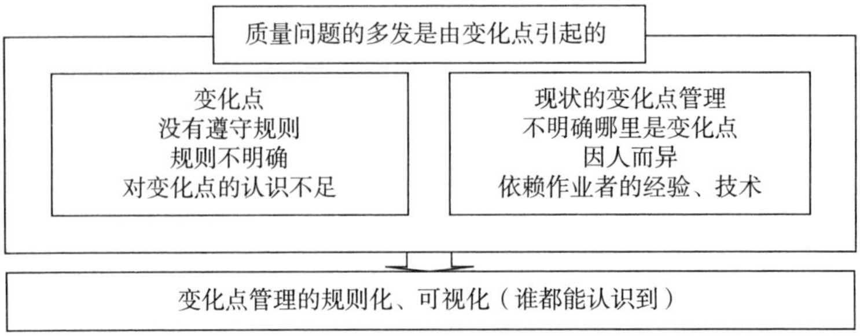

图 3.10　进行变化点可视化管理的原因

问题3：变化点管理推行中各职能如何分工？请参考图3.11。

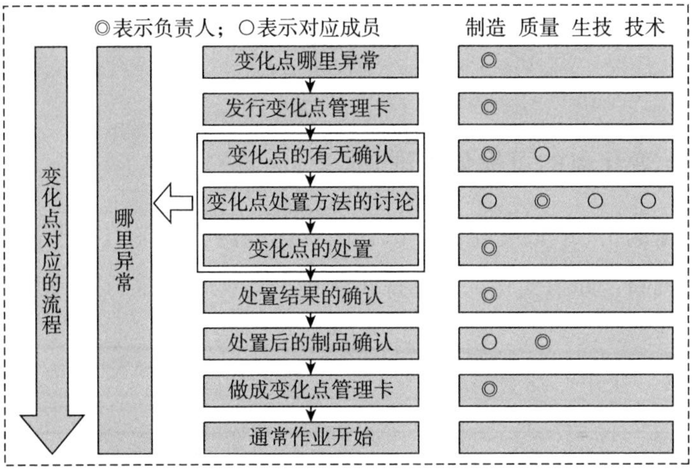

图 3.11　变化点管理各职能分工

问题4：如何推行变化点可视化管理？请参考图3.12。

STEP1:变化点项目的明确化

→把5M的变化及每天意识到的内容中发生的变化明确下来，不管是谁，对这些变化点都能进行同样的对应

STEP2:变化点发生时的对应规则的完善

→明确对各个变化点的对应程序，可以没有漏洞，确实能够做到对变化点进行确认

STEP3:变化点管理实施及变化点管理的可视化

→通过实施变化点管理、变化点可视化，谋求对情报共享的同时，提高对变化感知的灵敏度

图 3.12　变化点可视化管理的推行流程

（五）检验与测试

过程中的检验与测试依据管理工程图的策划（临时追加的特殊情况除外）设置。企业应确保如下措施能够得以实施：

- 标准，如遵守检验与测试的 SOP、SIP 作业。
- 自检，如作业员检查自己生产的制品并对其质量负责。
- 互检，如作业员确认上一工序制品（含材料）的质量。
- 全检，如钢板生产线利用 QA 机进行 100% 测试。
- 首检，如 IPQC 对开班、切换、变更后的首件产品执行检验。
- 巡检，如 IPQC 对正常生产过程的制品进行检验。
- 终检，如对车间制品取得能够放行许可的抽样检验。
- 停产，当制品出现致命缺陷、严重缺陷时应立即停产，当不能在本工序立即纠正不合格品时应立即停产，当不合格数（率）达到或超越公司限值时应立即停产。

当不合格品出现时，很多企业并没有彻底“停产”，原因有很多，但这些企业有一个共同的特征——不够优秀！一个勇于克服困难进行持续改进的企业，是不会容忍不合格品不断产出的，这类企业往往更容易成功。

（六）工序能力管理

工序能力是生产过程稳定、一致产出合格品的保障，其衡量指标通常为过程能力指数，即 Cpk（Capability of process）。

过程能力指数受过程准确度——Ca（Capability of accuracy）和精密度——cp（Capability of precision）两个因素的影响。例如甲、乙、丙、丁四人进行射击比赛，其成绩分别如图 3.13 所示，我们很容易判定的是：甲的成绩最好，因为其弹孔比较均匀地分布于靶标中心区域，即甲的射击准确度、精密度更高。

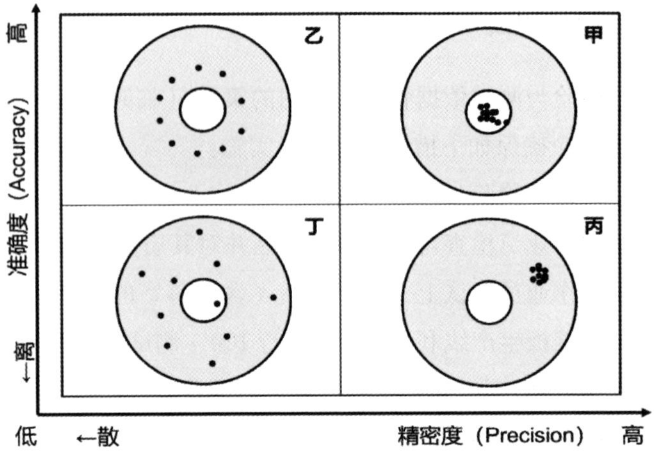

图3.13　射击准确度与精密度图解

工序能力管理，就是通过分析制品的准确度、精密度进行过程管理的一种科学方法。下面分别对Ca、Cp以及Cpk进行简要介绍。

（1）关于过程准确度Ca

Ca值的计算公式：Ca =（制品实测数据的平均值 - 规格中心值）÷规格范围的一半（因单边规格无公规格中心值，故Ca只适用双边规格的计算；σ是指制品实测数值的标准差）。

Ca值的意义，确认过程偏移情况如下：

①当Ca>0时，制品实测平均值>规格中心，即当下过程产出制品在规格中心以上。

②当Ca<0时，制品实测平均值<规格中心，即当下过程产出制品在规格中心以下。

③当Ca=0时，制品实测平均值=规格中心，即当下过程产出制品与规格中心重合，此时过程精密度（Cp）=过程能力指数（Cpk）。

Ca值的解读，归纳如表3.12所示。

表3.12　过程准确度解读

过程等级	过程准确度（Ca）	对应行动措施
A	0≤｜Ca｜≤0.625	保持现状
B	0.625<｜Ca｜≤0.125	改进A级水平

续表

过程等级	过程准确度（Ca）	对应行动措施
C	$0.125<\lvert Ca\rvert\leqslant 0.25$	立即入手改进
D	$0.25<\lvert Ca\rvert\leqslant 0.50$	必要时停止生产
E	$0.5<\lvert Ca\rvert$	停止生产

例：某钢板带宽标准 1500 ± 15mm，实测范围 1505 ± 5mm（6σ），求 Ca 值并判断过程准确度。

解：$Ca=\frac{(1505-1500)}{(30\div 2)}=0.3333$

过程准确度评价：钢板实际产出带宽分布集中度不足，偏移规格中心较大（C 级水平），需要立即着手改进过程质量。

（2）关于过程精密度 Cp

Cp 值的计算公式 1：双边规格 $Cp=\frac{(\text{规格上限}-\text{规格下限})}{6\sigma}$（只有在过程达到统计控制状态时 Cp 值才有意义）

Cp 值的计算公式 2：上限规格 $Cp=\frac{(\text{规格上限}-\text{制品实测平均值})}{3\sigma}$

Cp 值的计算公式 3：下限规格 $Cp=\frac{(\text{制品实测平均值}-\text{规格下限})}{3\sigma}$

Cp 值的意义，确认过程偏移情况如下：

①规格界限和制品实际标准差之比。

②Cp 值越大，表示制品实际标准差越小，则过程变异小、精密度高。

③Cp 值越小，表示制品实际标准差越大，则过程变异大、精密度低。

Cp 值的解读如表 3.13 所示。

表 3.13 过程精密度解读

过程等级	过程精密度（Cp）	对应行动措施
A	$Cp\leqslant 1.67$	保持现状
B	$1.33\leqslant Cp<1.67$	改进 A 级水平
C	$1\leqslant Cp<1.33$	立即入手改进
D	$0.67\leqslant Cp<1$	必要时停止生产
E	$0\leqslant Cp<0.67$	停止生产

例：某钢板带宽标准 1500 ± 15mm，实测范围 1505 ± 5mm（6σ），求Cp 值并判断制程准确度。

解：$Cp = \frac{(1515 - 1485)}{5} = 6$

过程精密度评价：钢板实际产出带宽均分布离散小、稳定性高，精密度超越 A 级，可考虑缩小规格范围或适当缩减控制资源以更经济的手段满足客户要求。

（3）关于过程能力指数 Cpk

Cpk 值的计算公式 1：双边规格 Cpk = （1 － ｜ Ca ｜） × Cp。

Cpk 值的计算公式 2：上限或下限规格 $Cpk = \frac{|\text{规格上限} - \text{制品实测平均}|}{3\sigma}$，或$\frac{|\text{制品实测平均} - \text{规格下限}|}{3\sigma}$

Cpk 值的意义：将 Ca（准确度）与 Cp（精密度）结合起来，规避了准确度或精密度的单一评价，最大限度地避免过程虚发、漏发信号的可能性。

Cpk 值的解读如表 3.14 所示。

表 3.14　过程能力指数解读

过程等级	过程能力指数（Cpk）	对应行动措施
A	Cpk≤1.67	保持现状
B	1.33≤Cpk＜1.67	改进 A 级水平
C	1≤Cpk＜1.33	立即入手改进
D	0.67≤Cpk＜1	必要时停止生产
E	0≤Cpk＜0.67	停止生产

例：某钢板带宽标准 1500 ± 15mm，实测范围 1505 ± 5mm（6σ），求Cpk 值并判断制程能力。

解：Cpk = （1 － ｜ 0.3333 ｜） ×6≈4

过程能力评价：钢板实际产出带宽均分布虽然集中度不足，但离散度控制较好，过程表现出了稳定一致实现规格范围的能力，但应通过提升过程的准确度并缩小技术规格范围，或对过程的控制资源适当缩减，以更经济的手段满足技术规格要求。

Ca、Cp、Cpk 的应用要求过程必须达到统计控制状态且平均衡量的是短期过程能力，如果无法在稳定状态下取得制品实测数据且要衡量过程的长期能力时应选用 Pp、Ppk，其计算公式与 Cp、Cpk 相同，但所用标准差的计算方式不同，此处不再赘述。

（七）统计过程控制

统计过程控制（Statistics Process Control，简称 SPC）实施的依据是 20 世纪 20 年代美国 W. A. 休哈特（W. A. Shewhart）博士创立的控制图理论。

导致过程波动的人、机、料、法、测、环等原因分为普通（随机）原因及特殊（非随机）原因两种。

正常波动，是由普通（随机）原因引起的产品质量的偶然性波动。普通原因在生产过程中大量存在，但造成质量特性值的波动往往比较小，如原材料成分上的微小差异、机器设备的轻微振动，消除这些随机因素，技术上很难达到，并且经济上代价也太大。一般情况下，正常波动在生产过程中是允许存在的。只有正常波动的过程称为过程处于统计控制状态，简称受控状态或稳定状态。如果仅存在普通原因引起的波动，随着时间的推移，过程的输出形成一个稳定的分布并可预测，参考图 3. 14。

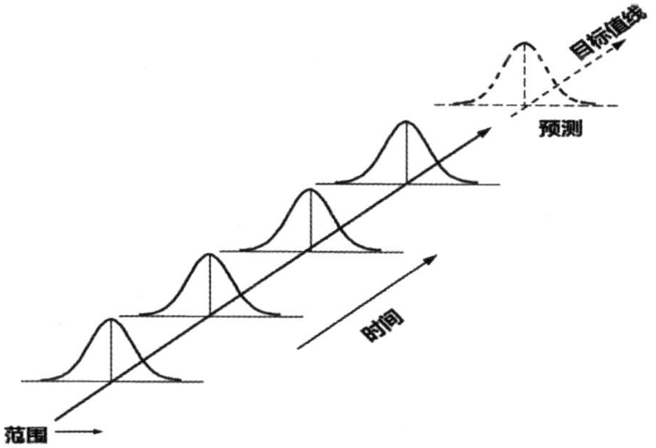

图 3. 14 产品质量的正常波动

异常波动，是由特殊（非随机）原因引起的产品质量波动。特殊原因在生产过程中不会大量存在，但对产品质量的影响比较显著，如车刀磨损、设备参数设置错误等。一般情况下，异常波动在生产过程中是不允许存在的。有异常波动的生产过程称为过程处于非统计控制状态，简称失控状态或非稳定状态。如果存在特殊原因引起的波动，随着时间的推移，过程的输出不稳定，参考图3.15。

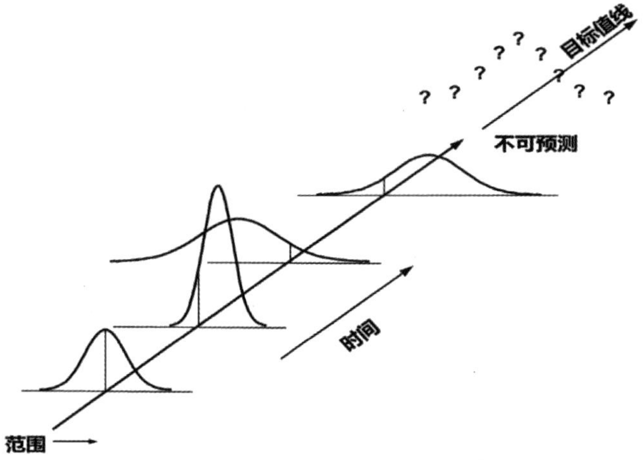

图3.15　产品质量的异常波动

休哈特控制图理论认为，过程质量的异常波动在控制图上有信号，可以用来对过程进行控制。因此，统计过程控制是以控制图为手段，旨在提前发现问题、解决问题，促进过程按质量特性规格要求进行精准、稳定地生产，以保证产品质量的管理方法，如图3.16所示。

控制图可以对生产条件或过程因素进行事前控制，主要指生产产品的先期策划、生产技术、工艺准备，包括产品设计、工艺规范、工装设备的到位、物资和原材料的准备、员工培训、岗位技能、能源条件、计量仪器仪表的准备等。

生产现场的适时控制，对关键、重要工序过程中的重要质量特性值或目标值加以重点控制，对特殊工序（不易测量或不能经济地测量特性值或操作需特殊技能的工序）过程有效控制，对生产条件变化情况的及时控制。

过程结果的反馈控制，本工序过程的信息反馈、上下工序过程的信息反馈、用户产品的信息反馈、不合格品的处理。

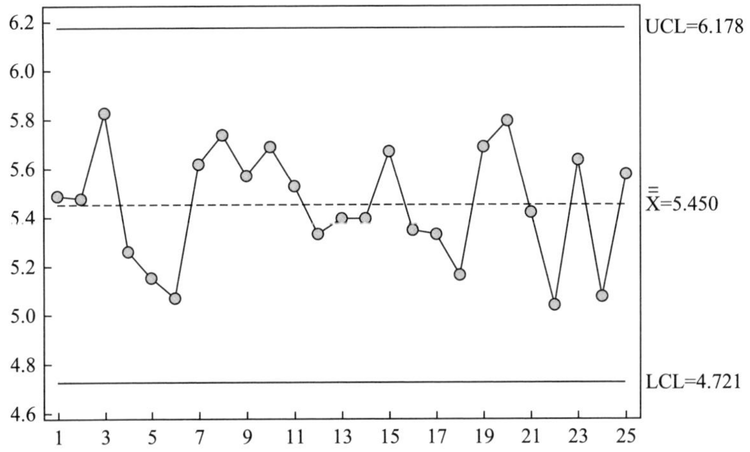

图 3.16　休哈特控制图

（1）控制图的类型

按控制特性区分，控制图包括计数型和计量型两种，其典型代表分别为不合格率控制图和均值——极差控制图。对计数型特性与计量型特性的定义可参考图 3.17。

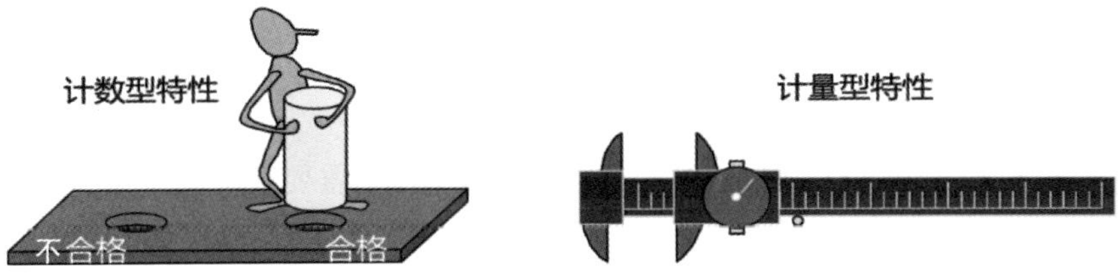

图 3.17　图解计数型特性与计量型特性

到底选用什么类型的控制图、具体采取哪种控制方式请参考图 3.18 的流程操作。

（2）控制图的判异准则

- 有 1 点超出管制上限或下限。
- 连续 9 点落在中心绕同一侧。
- 连续 6 点上升或下降。
- 连续 14 点相邻点上下交替。
- 连续 3 点中 2 点落在中心线同一侧 2σ 区间以外。
- 连续 5 点中 4 点落在中心线同一侧 1σ 区间以外。

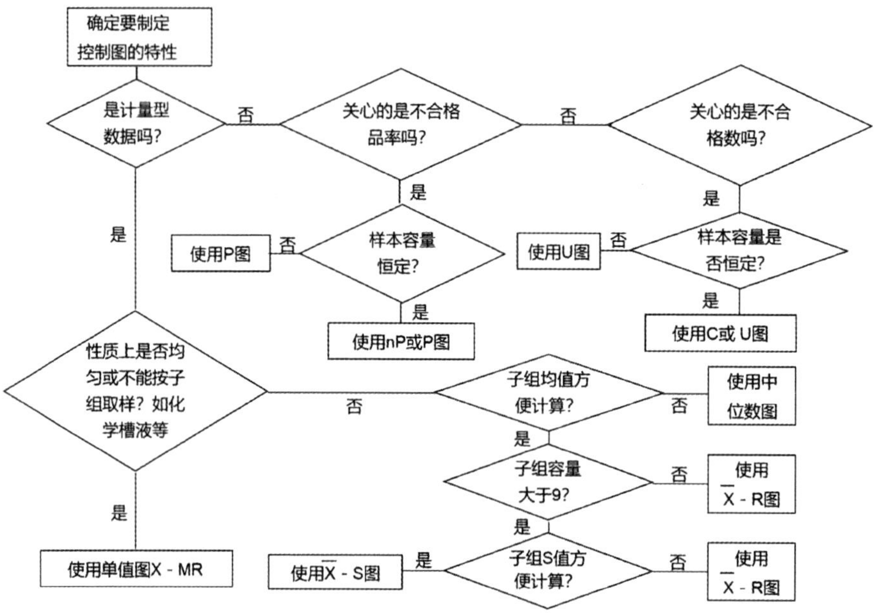

图 3.18　控制图选用流程

- 连续 15 点集中在中心线 ±1σ 区间。
- 连续 8 点在中心线两侧，但无一点在 ±1σ 区间。

（3）统计过程控制实施的步骤及注意事项

- 定义过程，对制品质量有重要影响的工序需要优先进行统计过程控制。
- 选定控制特性，对制品质量有重要影响的生产加工参数或关键、重要质量特性指标需要优先进行统计过程控制。
- 过程作业标准化，在进行统计过程控制前应先对相应过程进行标准化，如制定工艺流程、工艺规范、作业指导书等。
- 决定测量质量特性之能力，如对构成测量系统的检验仪器设备、检测试法、检测人员、检测环境等进行分析，这包括测量系统的精确度、稳定性、线性、重复性和再现性。
- 试作控制图，包括选取控制图、收集处理数据、计算控制图所需的控制界限值、描图、连点、判读、异常点的处置与对策等。
- 过程能力分析，如运用 Cpk、Ppk 及直方图验证控制图。

● 过程问题解决，如问题的分析、对策、验证效果及改善后的标准化等。

● 过程管制，延长中心线与控制界限作为特性、对象或统计量的日常控制边界，据此控制过程。

（八）现场作业员的培育与资格管理

作业员是材料、设备、方法、检测与环境五大投入要素的应用者与主导者，作业员的学历、知识、经验和能力直接影响生产过程的质量表现，对作业员的培训与资格管理是过程质量管理的重要工作。企业应建立作业员培训与资格管理体系。

作业员培训，分为入职培训、岗前培训、在岗培训和转岗培训。对于过程质量而言，一般更加注重员工的岗前培训和在岗培训。培训的内容应包括但不限于如下事项：

● 岗位工作职责，如不生产不合格品、不放行不合格品的职责。

● 岗位工作目标，如良品率目标、材料损耗额度。

● 产品知识与作业要求，如产品特性、技术指标、加工方法、辅料及工装夹具应用、5S。

● 设备知识与操作要求，如设备性能、安全注意事项、操作步骤、自主保全要求。

● 检验与测试设备要求，如 QA 机、卡尺、塞规、高压测试机的操作与点检。

● 工序质量标准，如标准样板、限度样板、合格品与不合格品的判定标准。

● 产品管理要求，如合格品、不合格品的管理处置方式，产品防护、盛放及转运要求。

● 安全环保健康要求。

作业员资格，是指作业员上岗作业需要具备的资格条件。作业员资格管理包括资格考试、资格评定、资格管理。如表 3. 15 所示。

表 3.15 作业员资格管理看板

序号	作业员	相片	白班（8：00—17：30）	晚班（17：30—次日1：30）	工序1	工序2	工序3	工序4	工序5	工序6	工序7
1	张三		●		●	●	●	●	●	●	●
2	李四			●	●	●	●	●	●	●	●
3	周五			●	●	●			●	●	●
4	郑王		●				●	●	●	●	●
5	赵六		●					●	●	●	●
6	燕七			●					●	●	●

- 资格考试。对于涉及关键过程、关键设备、特殊特性，以及对产品质量有重要影响的作业员，在接受岗前培训后均应通过资格考试才能上岗。资格考试应以理论考试为辅、实操考试为主，理论考试可以灵活采用电脑答题、书面答题或口头问答的形式，实操考试则以作业员现场试做的形式。
- 资格评定。企业应制定作业员资格评定标准，对通过资格考试的作业员给予资格等级评定，包括资格等级、技能、可从事的工种/岗位/工序、资格审核需求等。
- 资格管理。企业通过资格考试、工作业绩表现（如效率、合格率等）、资格审核结果，应及时给予作业员激励，包括资格晋升、资格降级、资格撤销、再培训或劝退。

第四节 如何解决产品质量问题

所谓产品质量问题，就是产品质量现状与产品质量目标之间的差距，如尺寸超越图纸设计规格、质量特性波动大、过程能力指数低等，如图3.19所示。

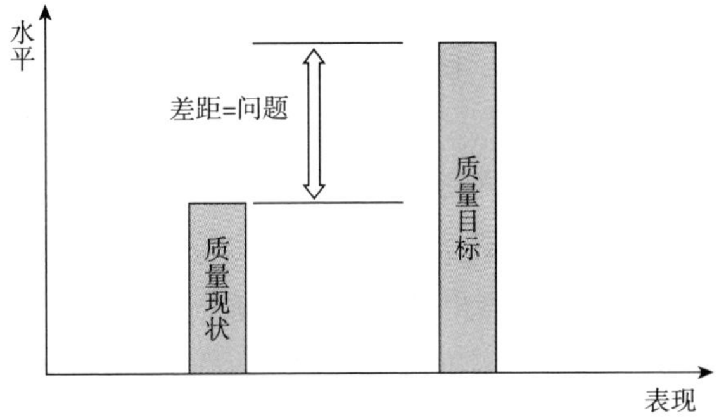

图 3.19　质量问题注解图

解决产品质量问题的目的是消除产品质量现状与产品质量目标的差距，或将差距控制在最优经济水平。

为提升解决产品质量问题的效率，有必要了解产品质量问题的三个类型，如图 3.20 所示。

- 追究原因型，又称“Why 型”质量问题。其特点是产品质量标准和相应要求已经十分明确，但不良产生的科学机理和（或）根本原因不清楚，如某微型电机输出功率低于标准值。
- 课题达成型。为突破某一生产过程质量、在某些产品系列中所存在的某一类别不良或某一款产品的质量而成立改善课题，此类质量问题目标指向明确，重在如何实施，故又称“How 型”质量问题，如 SMT 不良率为 15PPM、远远高出 2PPM 的过程控制目标。
- 客户重视型。基于产品质量或产品的某一质量特性水平的提升能够让客户感到惊喜的改善是客户所重视的，又称“What + How 型”质量问题。

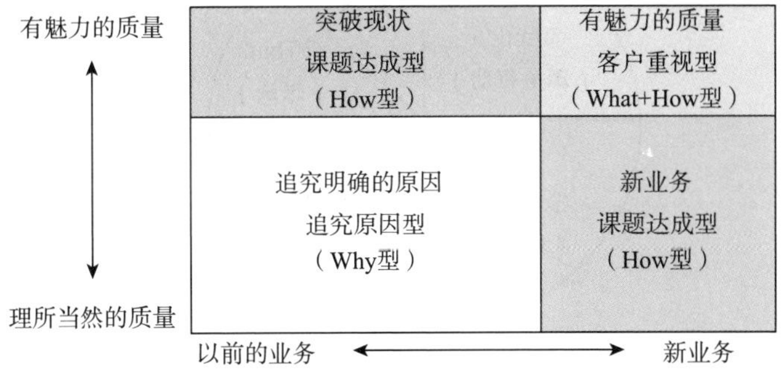

图 3.20　质量问题类型

一、以“三现主义”的姿态面对所有产品质量问题

发现产品质量问题时，负责解决问题的人员不能只听取部属或同事的报告，正确的行动姿态应该是奔赴问题发生的场所或工序现场，确认不合格品和发生不良时的状况，做出最恰当的判断，这就是“三现主义”（现场、现物、现实）。

运用“三现主义”解决产品质量问题时，需要从某款产品的某项具体不良以“倒叙”的方式分析，如此就能快速找出问题原因之所在。如应用“三现主义”找到某轮胎剐伤不良的原因，具体参见图3.21。

图3.21　某轮胎剐伤不良的“三现主义”解析

二、五原则

应用五原则的基础理论支持是PDCA，通常在“Why型”质量问题的解决中应用较多。五原则的填写步骤及要点如图3.22所示。

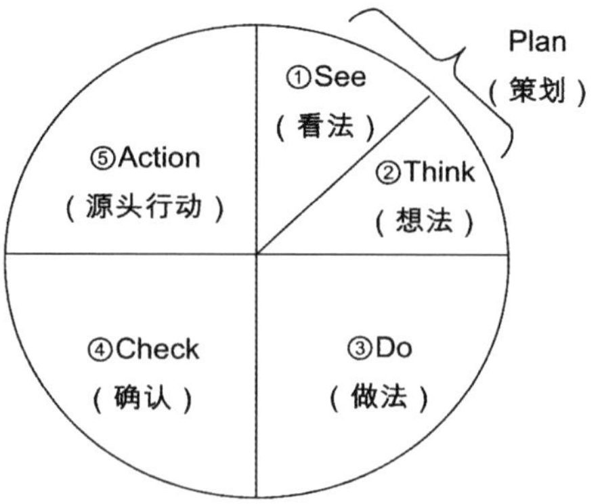

图3.22　五原则法实施步骤

第一步，See 原则：把握产品质量问题的事实。

其要点在于通过“三现主义”把握非主观推断的客观事实，其作业包括如下内容或要求：

● 不良发生的状况：

➢发生的年、月、日。

➢发生场所。

➢发生不良现象。

➢对象机种/型号规格。

➢（本工序）纳入数/发生数/发生率。

➢应急处置内容（如何将本工序、下一工序或客户的影响降到最低）。

➢处置对象批次号、数量。

➢处置方法。

➢批数召回、全数选别等。

● 不良产品的确认结果，过程中正在生产的产品状况怎么样？（只写事实，不写推测）

➢作用或特性确认结果，如电子完检是否可以检出？

➢外观确认结果，如有无外来的创伤、异物等？

➢分解确认结果，如特定不合格处与良品做比较。

● 不良现象的要因调查，什么时候在哪个工序发生了什么？（把对象工程和对象批号集中起来）

➢结合工艺流程图，确定问题工序。

➢以“三现主义”调查问题工序的5M1E，并记录观察结果，判断其与不良项目的关联性。

➢工序调查（经常出错的地方还有问题吗？同以前相比有所改善吗）的结果（向作业员听取工程履历数据、作业记录的结果）。

第二步，Think 原则：追究产品质量问题的明确原因。其要点在于通过“问题再现”验证推断的产出和流出起因，确定正确的产出和流出起因，应同步运用如下两种方法进行。

追究原因1：追究机械构造。

● 明确产品机械构造的时间序列。

- 对产品机械构造发生机构、流出机构进行记录。
- 产品机械构造重现试验的实施。（无法重现的问题还会再次发生）。

追究原因2：追究本质原因。明确发生、流出双方的根本原因。所谓根本原因就是组织的体制和工作的架构，如图3.23所示。

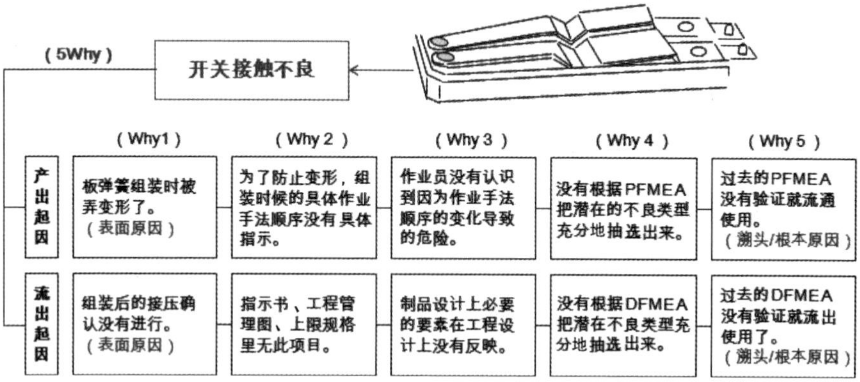

图3.23　根本原因追查5Why法应用示例

第三步，Do原则：拟定合适的对策。其要点在“是人就会犯错误的前提下进行对策”，因此防呆法是同步考虑设备和治具方面的对策，而最佳管理项目只是最后的手段。

- 发生对策和流出对策。
- 暂定对策和永久对策。
- 各自的日程。
- 对策及改定标准书。

第四步，Check原则：确认对策效果。其要点在“不能用数值确认的对策不能称为彻底对策”。

- 对策前后的状态在可能的条件下用数值确认。
- 确认生产现场或流水线上流动制品的情况。
- 比较偏差值和工程能力指数。
- 不能直接数值化的东西用可以代用的特性来说明。
- 水平展开的结果和其效果的明确化（一个问题点的结束，不等于结束水平展开的内容，根据“源头行动”资料来明确水平展开的计划，如类似机种或工作方法等）。

第五步，Action 原则：源头行动。其要点在于反省，没有反省就没有改善，就没有进步。

- 明确问题结束之后的水平展开范围（制品、工序等）。
- 明确什么样的对象要追溯回去进行改善，如产品制造的标准（指导书、管理工程图、制造规格、制造样本、设计基准）、工作的框架（新制品开发和教育训练的框架等）。

五原则问题解决表参考表 3.16。

表 3.16　五原则问题解决表

对策编号	
客户名称	
品质规格	
产品编码	
报告阶段	
报告日期	

×××公司

五原则问题解决表

对策计划认同			第1 阶段完成:有效的对策措施		第2 阶段完成:标准化与拓展	
准备	检查	批准	核实	批准	核实	批准
年 月 日	年 月 日	年 月 日	年 月 日	年 月 日	年 月 日	年 月 日

步骤1:实际情况(实物确认、追踪、分析)

背景(实际情况,不良内容)
- 发现日期(年/月/日)：
- 发现地点：
- 不具合现象：
- 对客户的影响：
- 客户品番/Lot No.：
- 纳入数 N =
- 采样数 n =
- 发生数 r =
- 发生率 p =
- 急救处理方法
  - Lot no:
  - 数量:
  - 处理方法:

实物确认
- 作用或特性确认
- 外观确认
- 分解确认

现场与现实
- 工艺流程
- 要因分析

要因	调查结果(现场/现物/现实)	问题点	关联性
人			
机			
料			
法			
测			
环			

步骤2:根本起因
- 产出起因
- 流出起因

步骤3:对策与执行
- 产出起因
- 流出起因

部门	担当	纳期

起因	Why1	Why2	Why3	Why4	Why5
产出					
流出					

步骤4:确认对策效果

步骤5:标准化与拓展（水平展开）

三、八步法

应用八步法的基础理论支持仍然是 PDCA，但一般会应用更多的质量技术工具，如新旧 QC 七大手法、箱图、过程能力指数、质量机能展开、失效模式与影响分析、实验设计等，其解决的也是相对复杂的“How 型”“What + How 型”质量问题。现介绍八步法的实施步骤及要点如下：

第一步，选定专案课题，具体作业可参考图 3.24。

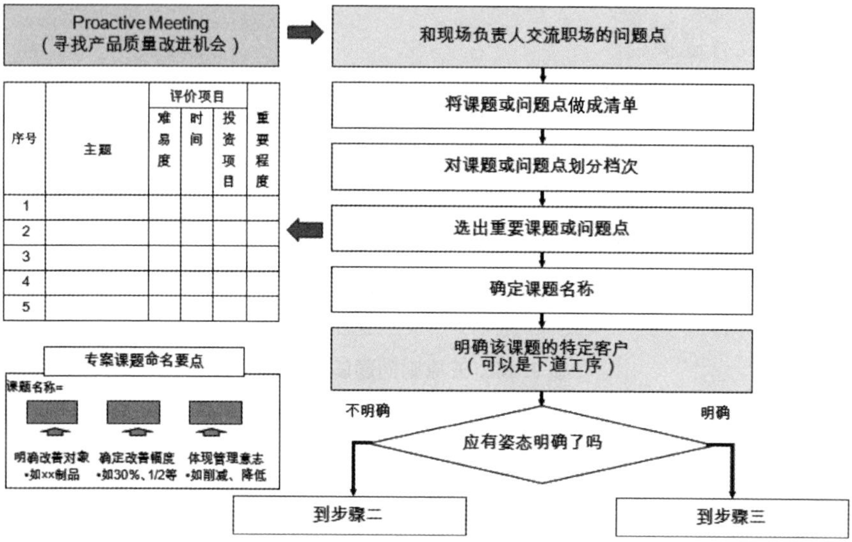

图 3.24　选定专案课题作业示意图

第二步，把握专案课题应有的姿态，具体作业可参考图 3.25。

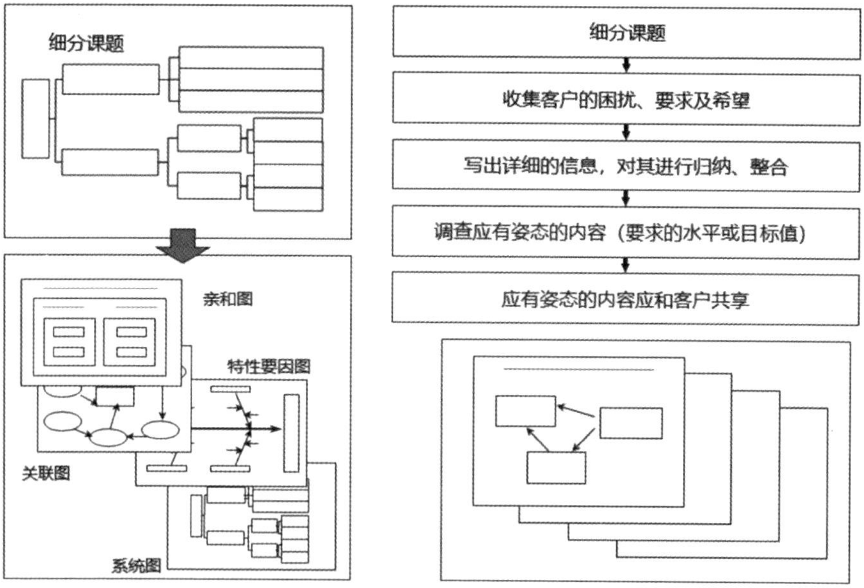

图 3.25　把握专案课题姿态作业示意图

第三步，把握现状，具体作业可参考图 3. 26。

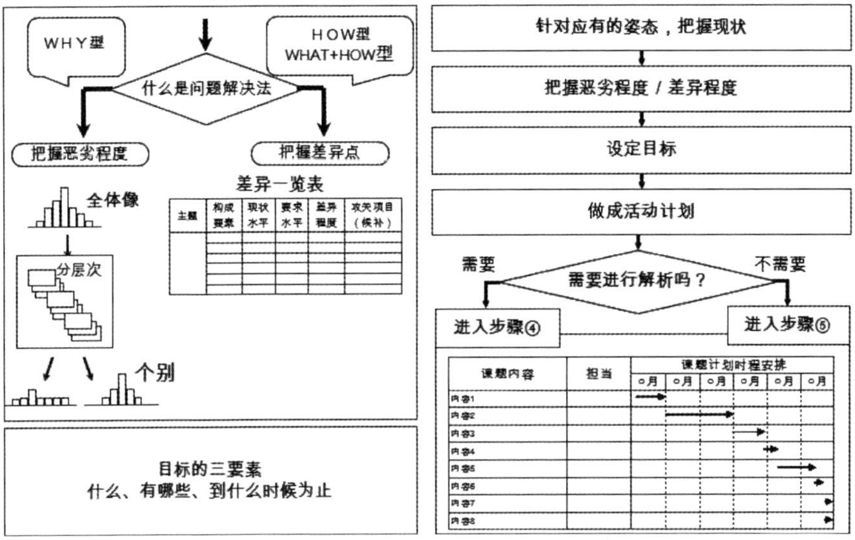

图 3. 26　把握现状作业示意图

第四步，解析问题，具体作业可参考图 3. 27。

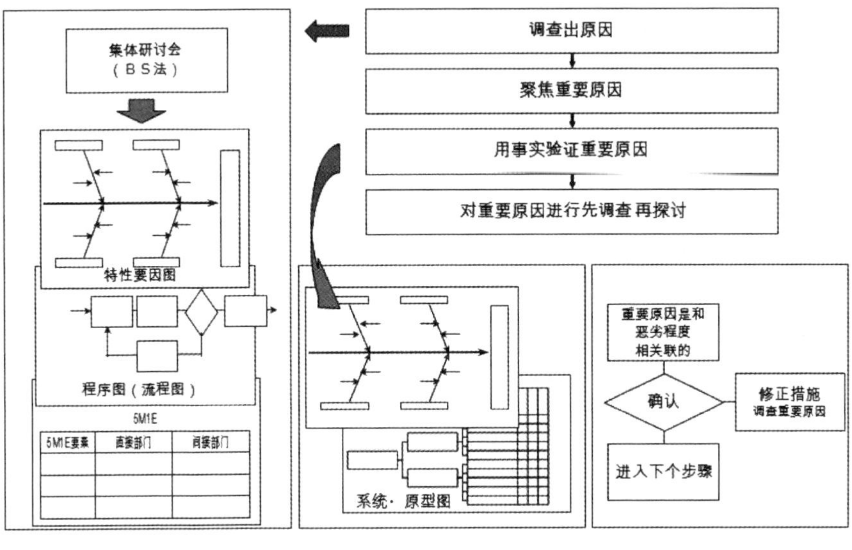

图 3. 27　问题解析作业示意图

第五步，解析问题的原因，具体作业可参考图 3. 28。

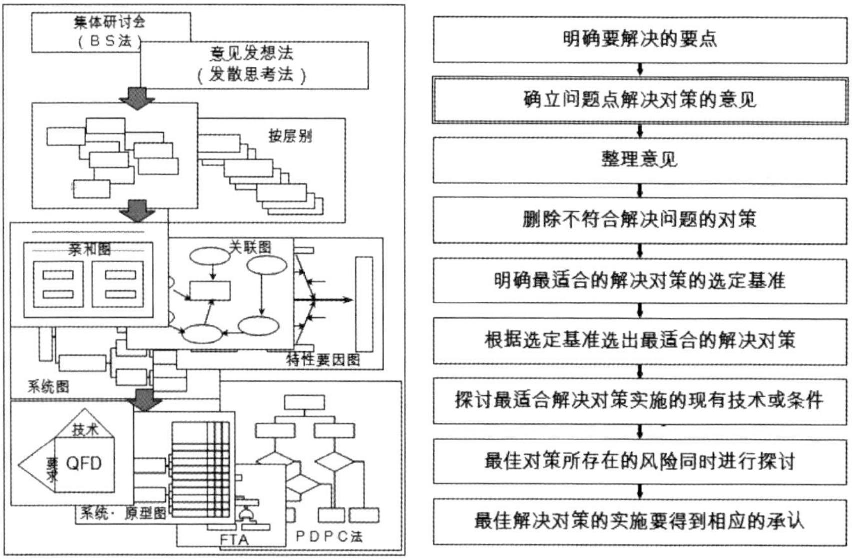

图3.28　解析问题的原因作业示意图

第六步，把握改善效果，具体作业应注意如下事项：

- 明确各对策措施的制约条件。
- 制订实施计划（如运用5W2H法）。
- 试行解决对策并修正对策。
- 决定效果评价尺度。
- 探讨意外事故（计划外）的对应方法。
- 按照计划实行。
- 学习新的、必要的固有技术。
- 收集能够把握效果的数据。
- 应有姿态、目标和效果的比较。
- 有形效果、无形效果确定。
- 未能达成专案课题，请重返阶段第三步。

第七步，标准化，具体作业应注意如下事项：

- 将有效的解决措施标准化。
- 对标准的实施方法进行教育和训练。
- 实施标准。

● 效果的持续追踪跟进。

第八步，反省，具体作业应注意如下事项：

● 对活动的结果和流程进行反省。

● 确立今后的计划。

● 确认活动的满意程度。

五原则、八步法的理论基础均为 PDCA，所以五原则、八步法不仅是很好的产品质量问题解决工具，在掌握其严密的思维逻辑后，可以于日常经营管理活动中广泛灵活应用。

四、客户质量投诉处理要点

当客户投诉产品质量时，企业应该及时、认真、严肃对待，任何拖延、草率、敷衍的作风都可能给企业带来重大经济及名誉损失。因此，解决客户的质量投诉必须把握如下几点：

● 第一时间回答客户投诉或前往客户现场对应，最大程度地减少客户的疑虑和不安。

● 第一时间向企业经营决策者汇报，经营决策者应全程关注并指导问题的解决。

● 第一时间调查客户投诉产品的生产履历和波及范围。

● 第一时间判断对客户的影响并如实报告。

● 第一时间向客户正式传达企业对质量问题的担当态度。

● 第一时间提供并落实应急安抚对策，最大程度地减少对客户造成的不便或损失。

● 快速解决产品质量问题。

● 及时向客户报告问题解决过程、进度及下一步行动（必要时，邀请客户来现场确认、指导）。

● 问题解决后，请客户协助跟进改善后的产品质量表现，并充分聆听客户的反馈和意见，在企业内部进行更加全面和深刻的产品、技术和管理改善。

解决产品质量问题，经营决策者应注意如下三点：

一是秉持“三现主义”，如果能够找出影响产品质量要因——人、机、料、法、测、环最底层的变异和波动，那么就解决了一半的问题。

二是结合企业资源、能力和条件，回归到设计开发、基础技术和管理机制上杜绝过程质量波动的普遍原因，是不产出、不流出不合格品的根本之道。

三是解决产品质量问题，技术、工具、体制都只是一种手段，其本质在于企业及相应人员需要具有正确的价值观和工作姿态，否则问题难以高效、彻底地解决。

第五节　被轻视的质量成本

质量成本并未在广大制造型企业里得到重视和较好地应用：有的企业质量成本观念淡薄，根本没有进行质量成本管理；有的企业虽然导入了质量成本，但质量成本不能为质量改进、成本控制提供有效的输入，质量成本对企业质量水平的提升和经营管理的推动作用并没有真正发挥出来。

一、什么是质量成本

所谓质量成本，是指将产品质量保持在一定水准而支出的费用与产品质量未能达到要求的经济损失之和。质量成本按发生目的或用途可分为鉴定成本、预防成本、失败成本三部分，具体如图 3. 29 所示：

图 3. 29　质量成本的 PAF 模型

（1）鉴定成本

鉴定成本，是指为评定产品质量满足要求的程度而进行检验、测试、试验所发生的费用，如原材料的进料检验、在制品 PCB 板的浪涌测试、刀具刃口的破坏性砍切、外部机构的证明性检测等所发生的一切费用。

（2）预防成本

预防成本，是指为预防不良品的产出和提升产品质量所发生的费用，如对生产员工进行产品质量标准的培训、为防止 LED 屏闪而采取对策的一切费用。

（3）失败成本

失败成本，是指产品因未能满足要求而发生的内外部损失，如维修、返工、重新生产、报废、客户退货或扣款等。

二、质量成本特征与危害

质量成本作为质量经营结果最直接的体现，它对企业经营绩效的影响是巨大的，这主要是由质量成本的特征和破坏力决定的。

从传统统计核算角度看，质量成本具有显性、隐性两大特征，具体参见图 3. 30。

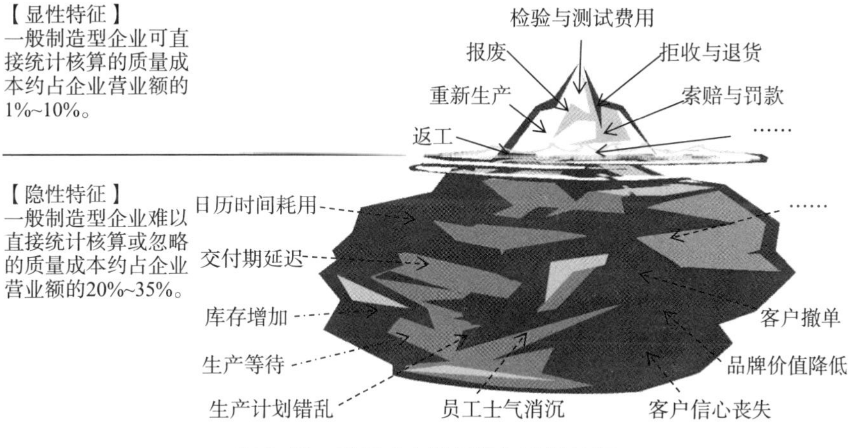

图 3. 30　质量成本的显性与隐性特征

从质量经济学角度看，质量成本对企业的盈利能力、竞争力和成长机会具有强大的破坏力。现实中更严峻的是，质量成本的这种巨大破坏作用一般不易及时探测，待企业有所察觉时，往往已经产生了非常严重的后果，如市场份额损失、品牌价值降低、组织士气消沉、经营体制恶化等。

“质量成本 3^3 理论”告诫经营决策者质量成本必须重视的理由如下：

- 1 元人民币的质量成本上升，将导致 3 元人民币的制造成本增加。
- 1 元人民币的制造成本增加，将导致企业 3 元人民币的利润损失。
- 1 元人民币的经营利润损失，将导致 27 元人民币的企业竞争力丧失。

三、质量成本导入实施步骤

第一步，建立质量成本管理组织。

建立以企业经营决策者为领导的多功能管理小组：

- 企业经营决策者为质量成本组织的最高负责人，负责资源提供及管理决策。
- 财务部门为质量成本的总控及会计核算单位。
- 质量部门为质量成本的推动主导及统计核算单位。
- 设计开发、工程技术、生产、质量、采购等职能部门为质量成本主力改善单位。

第二步，制定质量成本管理制度。

如质量成本的导入、运行要求及激励措施等。

第三步，识别质量成本发生源。

全面、正确地识别质量成本的发生源，是质量成本科目建立和质量成本控制的坚实基础。

- 从质量策划的角度看，“管理工程图”中为防止不良品产出、流出的所有管理活动及相应资源投入是一般制造型企业预防成本、鉴定成本的构成主体。
- 从客户需求及标准化角度看，任何依据“SIP”评定的不良品及相应的纠正和处置是一般制造型企业失败成本的构成主体。
- 其他各职能、过程、活动中涉及的鉴定成本、预防成本和失败成本一般只是质量成本的较小构成部分，企业依前面所述定义识别各成本的发生源。

第四步，建立质量成本管理科目。

企业实施质量成本的前提作业是在遵守会计准则的基础上建立科学、

全面的质量成本科目，这是收集、统计、分析质量成本的基础，也直接关系质量成本的精准性和改进策略。

依据质量成本发生源的识别结果，将质量成本从传统会计科目中分离（从会计科目中分离，不是也不能取消会计科目既定的设置），并建立质量成本的二级、三级科目（质量成本为默认一级科目），其重点在于建立质量成本科目与会计科目分离数据对应表，具体参见表 3. 17。

表 3. 17　质量成本科目与会计科目分离数据对应表

二级科目	三级科目	明细归集内容	费用开发范围	责任部门	对应会计科目
预防成本	质量培训费用	为达到质量要求或改进产品质量的目的，提高职工的质量意识和质量管理的业务水平进行培训所支付的费用（包括上岗培训、专业技术培训、委外培训等）	内培：书籍、资料、文具费、授课补助费； 外培：差旅费、培训费	人力资源部	
	质量管理活动费	为推行质量管理所支付的费用	质量管理咨询费、交流活动费、质量情报信息费、差旅费、资料印刷费	质量部	损益·管理费用
		为制定质量政策、计划、目标、编制质量手册及有关文件等一系列活动所支付的费用			
	质量改进措施费用	为控制、保证或改进产品质量所支付的费用	新产品试制、技术研发、检测手段及生产技术改进等过程所发生的费用	工程技术部	
			建立质量体系所需的费用		
	质量评审费	对本企业质量审核（过程、产品、体系）的费用	资料费、差旅费及其他可能产生的费用	质量部	成本·制造费用
		对原材料供应厂家进行质量评审的费用	差旅费		

续表

二级科目	三级科目	明细归集内容	费用开发范围	责任部门	对应会计科目
预防成本	质量评审费	新产品投产前进行质量评审所支付的费用	新品评审鉴定费	工程技术部	损益·管理费用
	工资及福利基金	质量管理人员工资总额及提取的职工福利基金	工资及提取的职工福利基金	人力资源部	
鉴定成本	试验检验费	对外购原材料、外协件及生产过程中的半成品、成品按质量要求进行试验、检验所支付的费用	进料检验、产品检验与测试过程所产生的费用、耗用材料费	质量部	成本·制造费用
			委托外部检验和鉴定支付的费用、送检人员差旅费		
	检测设备折旧费	检测设备的维护、校准、修理和折旧费	折旧费、维护、校准及修理费	财务部	
	工资及福利基金	从事质量试验、检验工作人员的工资总额及提取的职工福利基金	工资及提取的职工福利	人力资源部	
内部失败成本	报废损失费	因产成品、半成品达不到质量要求且无法修复造成报废的损失。原材料、外协件在采购、运输、仓储、筛选等过程中因质量问题所造成的损失费用	废品损失费	生产部	成本·生产成本
			原材料损失费	PMC 部	
			外协件损失费		
			人工费、装卸费等		成本·制造费用
	返工费	为修复不合格品并使之达到质量要求所支付的费用	人工费、补领材料费	生产部	成本·生产成本
	停工损失费	因发生质量问题造成停工的损失	停工期间损失的净产价值		
	降级损失费	因产品质量达不到规定的质量等级而降级所损失的费用	合格品价格与降级品价格之间的差额损失费	财务部	损益·销售折让与折扣
	产品质量事故处理费	因处理内部产品质量事故所支付的费用	重复检验费用、重新筛选费用	生产部	成本·制造费用

续表

二级科目	三级科目	明细归集内容	费用开发范围	责任部门	对应会计科目
外部失败成本	索赔金	因产品质量未达到标准，对顾客提出的申诉进行赔偿、处理所支付的费用	因产品责任所支付顾客的赔偿金、索赔处理费、差旅费		
	退换货费用	因产品责任所支付顾客的赔偿金、索赔处理费、差旅费	运输费、退回产品净损失费	市场部	
			包装损失、复检费		
	折价损失费	因产品质量未达到标准，折价销售所损失的费用	销售价格与折价后的差价损失费		损益·销售折让与折扣
	售后服务费用	因产品在厂外出现质量问题，为用户提供服务所支付的费用	差旅费、运输费		损益·销售费用

第五步，确定质量成本控制目标。

在世界一流的企业里，失败成本是可以追求“零”目标的（尽管当下还没有企业能够100%做到），但鉴定成本与预防成本之和应当保持在与企业整体能力相适应的水平。质量成本控制目标的确定不应遗漏如下作业：

- 回顾企业的质量策略、方针、目标。
- 评价客户的满意度、忠诚度现状。
- 评价供应商、企业内部质量能力和水平现状。
- 确定企业当下质量成本水平现状。
- 设定质量成本目标（分阶段）。

第六步，质量成本统计。

- 建立质量成本原始凭证，如废品单和废品损失核算单、返修返工单及其经济损失核算单、差旅费、产品维修理赔及鉴定等费用凭证。
- 执行两级核算，即会计、统计相结合，平行结算转账。
- 质量成本 = 鉴定成本 + 预防成本 + 失败成本（内、外）。
- 质量成本率 = $\frac{\text{质量成本}}{\text{营业额}} \times 100\%$。
- 鉴定成本率 = $\frac{\text{鉴定成本}}{\text{质量成本}} \times 100\%$。

- 预防成本率 $=\dfrac{\text{预防成本}}{\text{质量成本}}\times 100\%$。
- 失败成本率 $=\dfrac{\text{（内、外）失败成本}}{\text{质量成本}}\times 100\%$。
- 质量成本一般可按月度、年度统计，并分别形成质量成本月度统计表（见表3.18）、年度统计表（见表3.19）。

表3.18　质量成本月度统计表

质量成本科目		部门1	部门2	部门3	……	部门N	部门合计	占质量成本比
预防成本	1. 质量培训费							
	2. 质量管理活动费							
	3. 质量改进措施费							
	4. 质量评审费							
	5. 工资及福利							
	合计							
鉴定成本	1. 试验检验费							
	2. 质检部门办公费							
	3. 质检设备维修折旧费							
	4. 工资及福利							
	合计							
内部失败成本	1. 报废损失费							
	2. 返修损失费							
	3. 降级损失费							
	4. 停工损失费							
	5. 质量事故处理费							
	合计							
外部失败成本	1. 索赔损失费							
	2. 退货损失费							
	3. 折价损失费							
	合计							
总计								
质量成本关联指标实绩		1月份	2月份	3月份	……	12月份	年度趋势	
1. 质量成本								

续表

质量成本关联指标实绩	1 月份	2 月份	3 月份	……	12 月份	年度趋势	
2. 销售额							
3. 质量成本率							
4. 鉴定成本率							
5. 预防成本率							
6. 外部损失成本率							
7. 内部损失成本率							
8. 质量成本结构比率							

表 3.19　质量成本年度统计表

质量成本科目		1 月份	2 月份	……	12 月份	平均值	全年合计	占质量成本比
预防成本	1. 质量培训费							
	2. 质量管理活动费							
	3. 质量改进措施费							
	4. 质量评审费							
	5. 工资及福利							
	合计							
鉴定成本	1. 试验检验费							
	2. 质检部门办公费							
	3. 质检设备维修折旧费							
	4. 工资及福利							
	合计							
内部失败成本	1. 报废损失费							
	2. 返修损失费							
	3. 降级损失费							
	4. 停工损失费							
	5. 质量事故处理费							
	合计							
外部失败成本	1. 索赔损失费							
	2. 退货损失费							
	3. 折价损失费							
	合计							

续表

质量成本关联指标实绩	1月份	2月份	……	12月份	平均值	全年合计	
总计							
1. 质量成本							
2. 销售额							
3. 质量成本率							
4. 鉴定成本率							
5. 预防成本率							
6. 外部损失成本率							
7. 内部损失成本率							
8. 质量成本结构比率							

第七步，质量成本实绩解读及报告。

- 质量成本的各项指标是否达成目标？
- 质量成本各科目费用占比如何？如占销售额、质量成本、制造成本的比率等。
- 质量成本各项指标的趋势如何？
- 质量成本反映的质量管理能力与水平如何？
- 质量成本的结构如何？

➢一般的合理结构：预防成本率（10%）+鉴定成本率（40%）=失败成本率（50%）。

➢当失败成本率>50%、预防成本率<10%时，应通过追加适当的预防成本、鉴定成本改进质量成本的表现。

➢当失败成本率<40%、鉴定成本=50%时，一般认为质量成本结构较为理想。

- 失败成本的展开分析。
- 失败成本的典型事件分析。
- 失败成本与过程能力水平的分析。
- 上期质量成本改善对策的执行情况，如进度、效果等。
- 后续质量成本改善的建议、计划安排。

第八步，改善质量成本。

质量成本是将质量活动及质量经营结果以货币形式进行计算的一种质量管理手段，其要点在于通过质量改进持续降低失败成本以提升企业质量管理水平、经营能力。

● 确定质量成本改善策略，如质量成本结构合理化、质量成本目标调整等。

● 确定优先改善项目（针对一般制造型企业而言，失败成本往往是质量成本的最大改善空间，也是企业持续提高质量的着力点），如客户投诉的不良项目、占内部失败成本前 3～5 名的不良项目等，如图 3.31 所示。

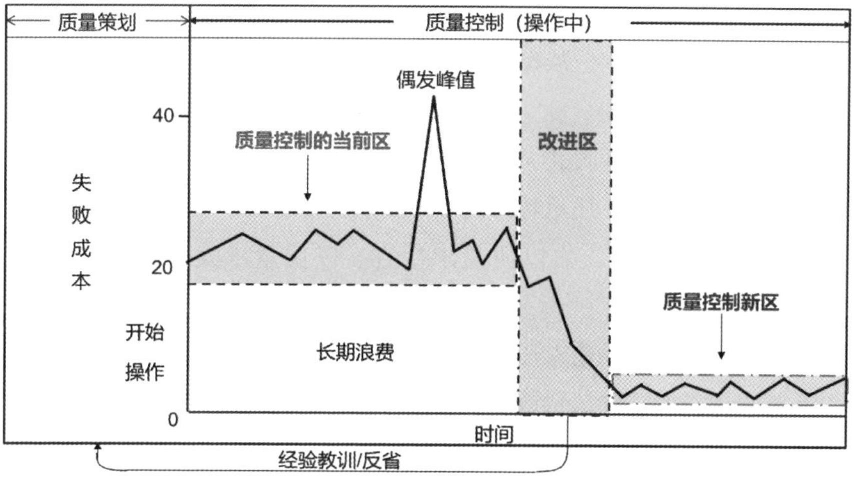

图 3.31　失败成本改进逻辑

● 运用“三现主义”、五原则、八步法等工具进行质量成本改善。

第九步，质量成本管理的优化与再标准化。

结合最新取得的成果，不断反省并持续精进，并及时做到如下几点：

● 质量成本管理制度的优化与再标准化。

● 过程质量管理的优化与再标准化。

● 质量成本涉及的相关职能、流程、作业的优化与再标准化。

第六节　企业质量文化建设要点

质量文化，不是某个部门的文化，也不仅仅是内部的组织文化。企业质量文化是以提升企业产品质量为中心的文化，是企业质量意识和质量行为密切相关活动的总和。因此，质量文化可以理解为包括消费者在内的各产品相关方的诉求在企业内的解读与表达，它是质量管理及经营的本源，也是企业文化的核心构成部分。离开质量文化，质量策划、质量控制、质量保证、质量改进等质量工作缺少内驱力，产品质量也是无源之水，难以持续应对市场竞争。

质量文化所具备的导向功能、激励功能、凝聚功能、约束功能和辐射功能可以很好地促进企业增强凝聚力、竞争力和活力，从而不断提升企业的创造力和价值。质量文化的形成与发展，是质量意识、质量能力、质量水平的建设与成长历程，从经营决策开始，事事讲质量、人人抓质量是企业质量文化的践行准则。

企业质量文化的建设由质量文化手册统领，包括但不限于质量精神、质量制度、质量行业、质量物质的如下要求：

- 质量指导思想，如以质量求生存、以质量求发展、以质量保成功等。
- 质量价值观，如信奉质量是生命、责任、素质等。
- 质量道德观，如认错改错、依法守法、追究问题真相等。
- 质量格言，如“第一次就做对”等。
- 质量方针，如消费者至上、全员参与、持续改进等。
- 质量行为准则，如一次就做对、作业守标准、检验对标准等。
- 质量辞典，如质量术语及注解、统一质量语言等。
- 质量行为规范，如质量方面的法律法规、制度、标准、规范和体系文件等。
- 质量活动，如质量月、质量竞赛、质量表彰等。
- 质量手段，如实施精益生产、质量归零、六西格玛管理等。
- 质量资源，如设备、技术、人才等。

企业质量文化的四个层次，包括质量精神，质量制度、质量行为、质量物质，如图3.32所示。

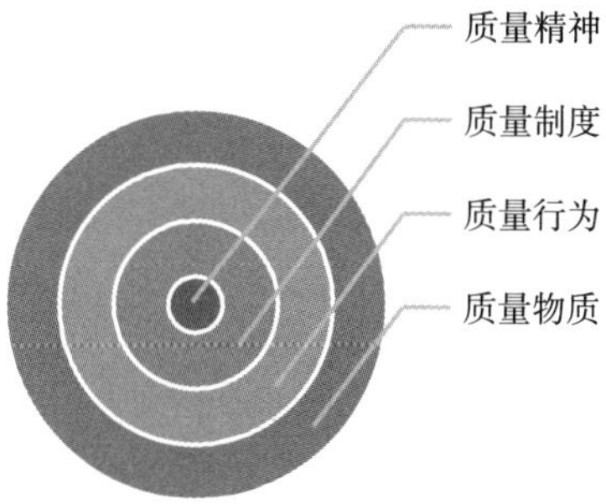

图 3.32　企业质量文化的四个层次

企业先进质量文化的建设与形成是一个耗时、耗力的过程，企业在质量文化建设的征程中应特别注意如下要点：

①质量意识塑造。企业质量文化的底层是质量意识，是资本的质量意识，是经营决策者的质量意识，更是各级管理者和基层员工的质量意识，没有正确、强烈的质量意识就没有企业的质量文化。企业质量意识构成如图 3.33 所示。

• 质量价值意识，是指在企业范围里，对与质量相关的一切事物、人、工作、产品的“主重轻次、是非、对错、好坏”的评判标准。每个企业或企业不同发展阶段的质量价值意识都不尽相同，但必须与企业的愿景、理念、战略相适应。质量价值意识引领质量危机意识和质量责任意识的形成。

• 质量危机意识，作为质量价值意识转化的基础，没有危机意识，就缺少行动力。对企业而言，质量危机意识是订单、是利润、是发展；对企业的每个成员而言，质量危机意识是劳动合同、是薪酬、是成长。

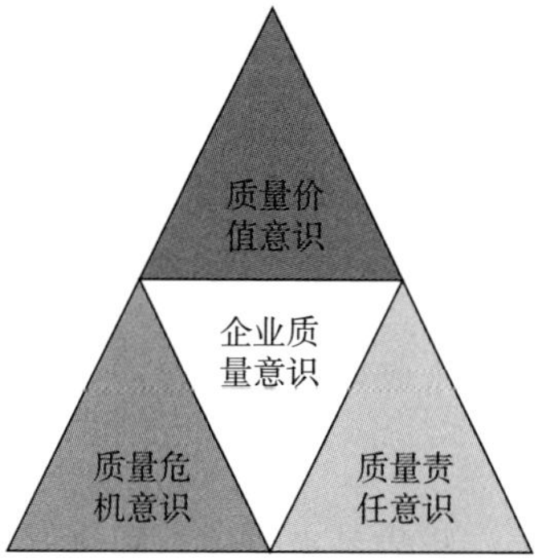

图 3.33　企业质量意识构成图

• 质量责任意识，作为质量价值意识转化的基础，企业每个成员都应明白并践行："我"是质量的根源，质量从"我"开始、由"我"终结。

②领导作用。企业经营决策者在质量文化建设中具有不可替代的重要作用，这主要表现在以下几方面：

• 经营决策者对企业质量文化的重视，表达的是企业的经营决心和管理意志，是企业质量文化构建的基础和前提条件。

• 经营决策者对企业质量定位、发展方向等的识别与判断，是企业质量文化构建的重要输入。

• 经营决策者是企业质量文化建设环境的创造者和资源保障者。

③全员参与。资本与经营决策者带领企业发展，是建立在每一名企业成员的智慧和力量的基础之上的，缺少各级管理者、基层员工的充分参与，企业不会获得成功，更难持续成功。企业最大的资本不是资本本身，也不是技术、品牌等——企业全体成员的智慧和力量无可取代。另外，只有每一名企业成员的参与，才能带动与产品质量相关的全部过程、全部职能的良性运营，企业质量文化的构建与形成才能不留死角，才更具实质效益。

④质量氛围。浓厚、积极的质量氛围，是质量文化的沃土。一般制造型企业可参考如下要点塑造本企业的质量氛围：

• 学，是指学习与企业产品质量相关的知识和技能，正确理解消费者的质量需求，不断提升为适应质量需求所应具备的工作能力。

• 用，应用所学（知识和技能），反复实践、验证。

• 比，定期比应用、比结果（如个人质量业绩、班组质量业绩等）。

• 激，在"比质量知识、比质量技能、比质量应用、比质量结果"的基础上，及时给予正、负激励（如表彰、奖惩等）。

• 省，对有关质量的学习、应用和成果进行定期反省，总结经验、完善方法再出发。

• 赶，质量表现落后的个人或集体，追赶质量表现突出的先进个人或集体。

• 超，超越质量目标、超越竞争对手、超越行业标杆。

• 传，传授质量知识和技能。

- 帮，“先进”帮“落后”，“能者”帮“弱者”。
- 带，老员工带新员工、上司带下属。
- 宣，对上述各项进行及时、大力的宣传。

⑤求真。应有的质量姿态是一个求真的过程，这包括探寻消费者的真实需求、追究问题的真实原因、剖析事件背后的真实动机等质量活动，无真而难以有效、长效。

⑥立法守法。通过标准化活动建立企业的质量程序、规范和标准，以严格的质量管理法典将问题关进制度的笼子，是企业质量文化建设与形成的法律保障。

⑦保持进步。市场和企业等质量环境是不断变化的。质量，没有永远的“先进”，也没有永远的“成功”，企业和企业内部的每个成员永远都在满足质量需求的路上。

第四关

现场制造，价值的源泉

现实中，很多经营决策者经常遇到以下问题：

- 中间库存多，到处堆积着材料、半成品、成品。
- 制造周期长，经常不能满足订单的要求。
- 生产现场非常忙，加班是常态，但效率不高。
- 异常多、不合格品多，制造无序、混乱。
- 员工职业化程度低、士气不高。
- 制造成本过高，仅有的微薄利润被制造过程吞噬……

这究竟是什么原因？是否可以得到更有效地解决？

从客户角度而言，合同意向的达成往往取决于客户深入企业制造现场的所见、所感。一个整洁、有序、严谨、高效的制造现场是让客户放心的最好的证明。

从管理会计角度而言，现场制造应用了诸如企业的厂房、设备、材料、人力、资金等绝大部分资源，这些资源的应用效率和回报效益在很大程度上受现场制造管理方法和水平的影响，即通过科学管理，必须发挥现场制造的六大作用，如图 4.1 所示。

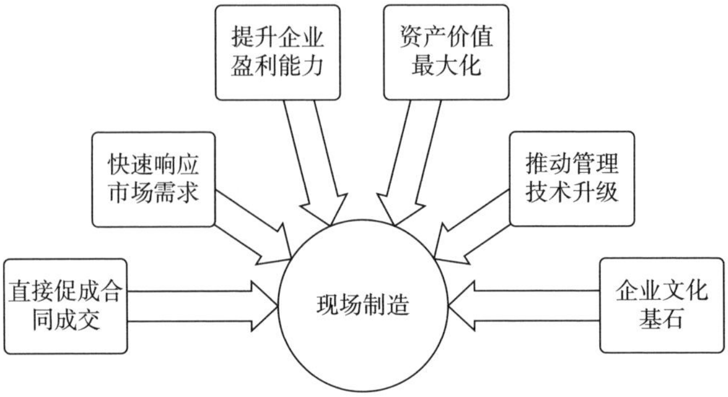

图4.1　现场制造的作用

第一节　卓越现场制造的基础

一、卓越现场的特征

尽管存在地域、文化、行业、产品及企业自身等不同因素的影响，但放眼世界一流的老牌企业，仍然可以梳理出卓越现场的一些共同特征，具体可参考图4.2。

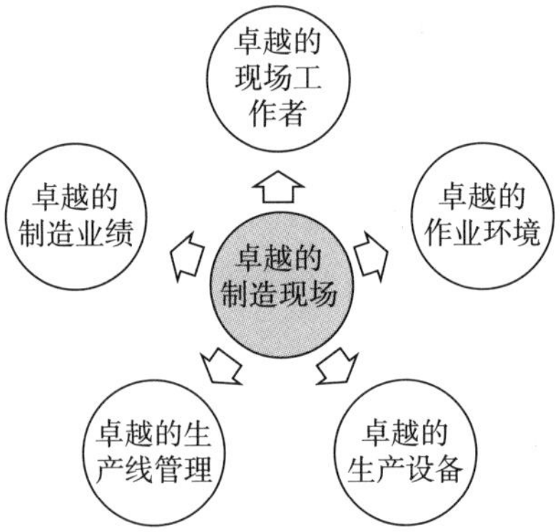

图4.2　卓越现场的共性构成要素

（一）卓越的现场工作者

作业员、检验员、物料员、生产班组长，以及围绕一线生产作业的IE、PE、ME、QE等都是本书界定的现场工作者。现场工作者是现场制造的主宰，现场工作者的水准直接反映了现场制造的水准。因此，卓越的现场工作者必须具备如下基本特征：

- 知道企业的使命、愿景。
- 认同企业的价值观。
- 遵守企业的行为准则、程序和规章制度。
- 理解企业的方针、政策（如质量、环保、健康安全体系的方针、政策等）。
- 明白本部门的职能和目标。
- 牢记自己的工作目标、岗位职责。
- 懂得如何为公司、部门的发展主动、积极地做出贡献。
- 注重礼仪（如正确应用拜托了、欢迎指导、早上好、谢谢、失礼啦、对不起、好的等）。
- 主动帮助同事发现问题、解决问题并及时制止同事的不良言行（如违规作业等）。
- 主动、积极学习（与岗位需求及公司确定的职业生涯发展规划相吻合），不断提高自身的业务能力和水平。
- 一专多能，能够随时胜任两个以上的不同岗位（符合对应岗位的任职资格条件）。
- 热情、乐观，保持活力并充满干劲。
- 针对上司的询问、指令等，能够快速回答（Quick Answer）、快速行动（Quick Action）、快速回报（Quick Reply）。
- 积极提出合理化建议并参与改善。
- 对待问题必须保持现场、现物、现实的工作姿态，解决问题必须遵守原则（如5Why、5W2H），探寻问题产生背后的原理。

从上述15点的归纳中可以看出，一名卓越的现场工作者一定是一名具备良好素养的职业化工作者。图4.3所示的场景，在一定程度上体现了现场工作者的职业化程度。

图4.3　某电器企业生产线班前会场景

从图4.3的场景中可以看出，现场工作者整洁的着装、干练的风姿和饱满的工作状态，这些训练有素的现场职业化工作者更像是一个战斗于生产一线的“精英军团”，这样的“精英军团”在世界一流的老牌企业里很常见。

在一些注重现场工作者培养的企业里，生产一线的班组长、多能工和技术员等往往还担当着接待外宾客户的重要工作。在面对经验、技术和学识都远比自己丰富的客人时，企业一般只是提供翻译服务，而这些训练有素的现场工作者往往可以精准、从容地面对客人有关自身工作范围内任何询问的讲解和应答。

（二）卓越的作业环境

环境之于现场远不只是关乎安全、效率、质量及成本等的管理，“人造环境、环境育人”对于现场同样适用，因此卓越的作业环境应具有如下的基本特征：

- 现场的设计和资源配置合理、适宜、充分，体现了对所有工作者的尊重和关爱。
- 整洁、干净、明亮，温湿度适宜，无异味、无粉尘等。
- 大小区域及其功能明确、走道通畅等。
- 物（设备、工装夹具、作业台、物料、产品、搬动工具等）的定置、定物、定量及先进先出管理（FIFO）。

- 现场工作者专注、忙碌，但有条不紊。

图4.4　某家具企业木制零部件打磨作业环境

（三）卓越的生产设备

机器、工装夹具、流水线等是现场制造作业不可或缺的生产设备。卓越的生产设备当然包括其先进程度，但这不是这里讨论的重点，因为现场制造所需设备的先进程度与每个企业的发展阶段和投资能力等诸多因素有着密切关系。所谓卓越的生产设备，是指企业现有设备的状态，那种历久弥新、仍然具备极高出厂性能和应用价值的设备状态。因此，卓越的生产设备应具有如下基本特征：

- 一尘不染、锃亮如新，无滴、跑、冒、漏等异常。
- 设备功能完好、状态正常，无部件或机构残缺、损坏、老化等问题。
- 无设备因素导致的不良品产出。
- 新设备的性能开动率不低于95%，老旧设备的性能开动率不低于80%。
- 设备平均故障间隔时间长。
- 时间开动率不低于95%（无生产任务安排除外）。
- 安全、简便，易操作、易维护保养、易切换。
- 通用化程度高。

- 能耗低、污染小。

（四）卓越的生产线管理

“事事有管理，人人都管事”可以视为卓越现场管理的总括特征，但需正确理解如下几点：

- 哪些是现场工作者要管理的“事”？
- 什么样的“事”、在什么时候、由谁管？
- 衡量这些“事”的好坏、对错的标准及依据是什么？
- 管这些“事”的途径、方法及措施是什么？
- 和生产线状态是否可视化？（一目了然的生产线）

卓越企业与一般制造型企业的重要区别之一就是回答上述问题的能力，这种能力体现在将企业的价值判断和价值实现诉求高度精准地分解于现场制造的日常管理中，如图4.5所示。

图4.5　某企业汽车电源生产线管理

（五）卓越的制造业绩

没有卓越的制造业绩，一定不是卓越的制造现场；没有卓越的制造现场，卓越的现场制造业绩也一定难以为继。因此，现场制造业绩卓越与否可以通过如下标准的达成度予以衡量：

- 工伤事故的发生是否为零起？
- 职业病的发生是否为零？
- 生产任务是否 100% 准时完成？
- 各工序的产出品是否 100% 合格？
- 工序库存是否为零？
- 材料损耗是否为零？
- 设备综合效率是否达到 100%？
- 现场工作者的人为失误是否为零？
- 单位时间内的人均产出是否达到或领先行业水平？
- 现场工作者一专多能的培养周期是否达到或领先行业水平？
- 现场工作者对自己岗位工作的满意度、自豪感是否达成或领先行业水平？

前面通过现场工作者、生产设备、作业环境、生产线管理、制造业绩五个方面为一般制造型企业描绘了一套对卓越企业、卓越现场制造的标准，经营决策者们可以依此进行本企业制造现场的不断升级、改造，最终形成本企业独具竞争力的现场制造。

话虽如此，但面对当下浩瀚的管理理念与工具，企业决策者们该如何切入呢？依据世界各卓越企业的成功经验：通过 5S、设备自主保全的有序、扎实推进，企业在卓越现场的建设上一定能够取得丰硕的成果。

二、5S

国内诸多企业已经开始重视 5S 了，这较十余年前已是了不起的进步。尽管一些企业非常努力地将各场所打造得赏心悦目、员工的精气神似乎也不错，但这仅仅是 5S 的初中阶水平而已。实际上，真正领悟 5S 要义并予以成功实践的国内企业并不多。**如果要塑造卓越的管理现场，进而推动企业走向卓越，那么经营决策者们必须在现有的基础上重新认知 5S。**

（一）整理

通常错误地理解为剥离各作业现场的“不要物”，但其真实目的是通

过“不要物”的剥离以消除现场存在的“不合理”现象，并借此创立一个没有浪费的现场，任何与之目的相悖的认知与行动均非5S整理之本意。

所谓“物”，是指构成现场制造作业的任何要素或制造现场中存在的任何东西，它可以是现场工作者，也可以是电子信息、通知指令、标准、表格，还可以是过剩采购的材料、过量生产的产品、废弃设备、损坏的基础设施，还可以是灰尘、有害物及污染源等。

“不要物”的判定准则有两个：一是“物”的使用时间和频率；二是这些“物”是无助于现场质量、成本、交期、安全、士气、效率等管理目标的达成。

运用这样的判定准则，常常遇到的问题是“不要物”可能会有一定的经济价值。尽管如此，这样的“物”依然必须剥离出作业现场，所以作业现场留下的只是最低数量的“必要物”，并且企业必须同步确立防止“不要物”再次出现的有效对策，否则企业不能声称已经执行了“整理”工作。正确实施整理的步骤及对策要点如图4.6所示。

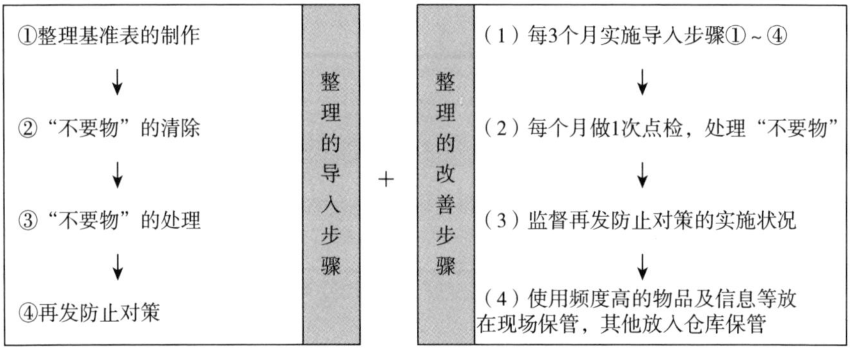

图4.6　整理实施概要图

（二）整顿

整顿，是以“定位”为手段，对“必要物”的放置场所、放置方法、管理方法可视化和不断优化的改善活动。在多品种、小批量生产的大趋势下，为响应快速切换的需要，必须就“必要物”建立一个快捷、防呆、一目了然的现场制造。正确实施整顿的步骤及注意要点如下：

第一步，规定以什么为整顿对象，然后将整顿对象集中起来。

第二步，按物品的使用频度有效地设定放置场所。

第三步，设定易拿取、易放回的放置方法。

第四步，从物品、场所两方面来思考任何人、任何时间都一目了然的管理表示方法。

第五步，整顿方法标准化。

第六步，5S 管理处准备并提供整顿工具，这些常用的工具有但不局限于地面区域分线、架子图示、布局、管理看板、标签标记、颜色管理等。

第七步，规定整顿进度日程及责任人，实施全员参加。

（三）清扫

通过清扫使现场光洁，建立一个没有污染及问题的现场并杜绝其根源，这才是清扫的真正目的。例如，清扫灰尘 = 排除影响产品质量的根源。正确实施清扫的步骤及注意要点如下：

第一步，制定清扫规则及清扫责任点检表。

第二步，为全员准备必要的清扫工具，做好全员参加的准备。

第三步，全员参加实施规定的清扫，如每天用 5 ~ 10 分钟对工作场所清扫，每周用 15 ~ 20 分钟对机台周围、作业场所内的全体对象清扫，每月用 20 ~ 30 分钟对墙壁、天花板、门窗、文件柜清扫等。

第四步，查明污物的发生源，进行污染再发防止对策。

第五步，进行杜绝污染和问题的改善活动。

通过正确有序的持续清扫活动，可以取得如下效果：

- 通过外界清扫，可以使身心得到洁净。
- 由于长期的忍耐及努力，可以使自身更加顽强。
- 由于清扫不是真正的工作，可以调节一下工作状态，使身心得到缓解。
- 每天、每周、每月的持续清扫，可以使人考虑污染及问题的根本原因。
- 把握污染及问题的要因，对杜绝污染及问题的根源制定对策，保证现场干净。

（四）清洁

其要点是建立清扫机制并在机制的驱动和保障下，将整理、整顿、清扫工作进行常态化管理。

（五）素养

其要点是通过整理、整顿、清扫及清洁的闭环实施，塑造更优秀的现场职业化工作者团队。

正确实施清洁、素养的步骤及要点如图4.7所示。

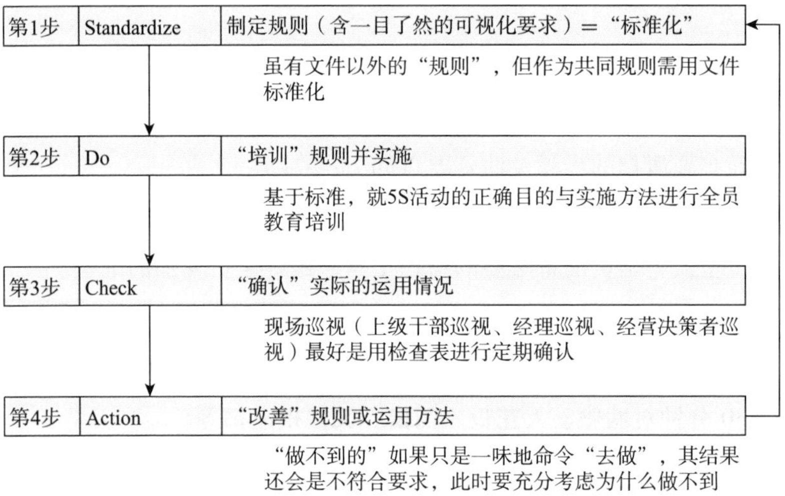

图4.7　清洁、素养实施的SDCA法框架图

简而言之，企业通过5S的持续实施是为了达到如下目的，以打造卓越的现场制造：

- 拉动现场制造对设备、材料、方法、环境进行精细化管理。
- 快速识别现场制造中存在的“不均衡、不合理、不增值”异常。
- 促成现场制造在质量、成本、交期等方面取得更好的业绩。
- 改造现场工作者的精神面貌，提升其业务能力，塑造更高职业水准的现场工作者。
- 为其他管理工具、体系的导入夯实基础，支持企业追求可持续的、更高水平的经营管理绩效。

● 提升企业形象，打造可营销型工厂，其逻辑思考如图 4. 8 所示。

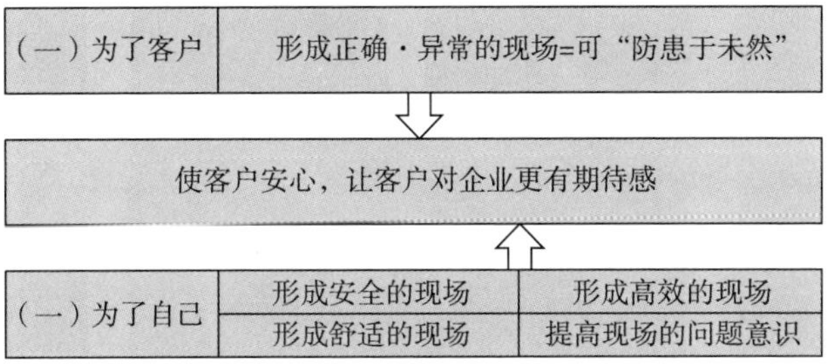

图 4. 8　5S 打造可营销工厂逻辑图

三、设备自主保全

卓越的现场制造，离不开生产设备的良好运转，生产设备在一般制造型企业里往往有“印钞机”之美誉。设备自主保全，就是现场制造维护，保障“印钞机”能够安全、准时、高效开动的科学管理方法。

（一）一般制造型企业设备运行现状

经营决策者对生产设备的重视往往比 5S 高得多，这主要是因为生产设备是企业用真金白银买回来的，并且有时生产设备也直接关乎订单的承接、生产和交付。

但现实中，生产设备并未得到企业的有效维护和管理，特别是在中小制造型企业里，其设备普遍存在较多缺陷，以至于设备“带伤上阵”、故障频发、事故不断的异常现象屡见不鲜。图 4. 9 所示缺陷，来自一个行外工作者（笔者）10 分钟时间内指出的某酸洗设备 63 个缺陷中的部分问题，这些问题直接说明了企业疏于设备自主保全的事实。

图 4. 9 所展示的设备缺陷只是一般制造型企业生产设备的现状缩影，奇怪的是：为什么经营决策者明明意识到生产设备是一种资产（具有极强的投资性），也关系到订单的承接与交付，但企业里的生产设备仍然存在诸多缺陷？

缺陷1#：酸洗槽玻璃盖板碎；

缺陷2#：设备电源箱损坏；

缺陷3#：法兰破损、漏酸液；

缺陷4#：进水电机锈蚀；

缺陷5#：净化器腐蚀、渗漏；

缺陷6#：给酸液电机破损、严重腐蚀；

缺陷7#：管件损坏、残缺；

缺陷8#：导轮卡死、脏污；

缺陷9#：启层控制按钮破损；

缺陷10#：酸洗槽漏液；

缺陷11#：收板机齿轮卡，发出尖锐的异音；

缺陷12#：电源散热风扇不工作。

图4.9　某PCB企业酸洗设备缺陷摘示

一是企业的经营决策者和现场工作者没有从系统角度认知生产设备可靠性失效造成的危害，造成企业没有将已有的意识转化为设备维护、管理的实际行动。

例如：假设图4.9所示的PCB板酸洗设备至少由500个零部件（N）组成，每个零部件的可靠度（r）高达99.9%，那么该酸洗设备可靠度（R）$=N^r=500^{99.9\%}=60.6\%$，即此设备发生故障的概率为39.4%。那么，39.4%的故障发生率往往意味着：

- 生产作业中断次数增加39.4%。
- 切换或设备停止次数增加39.4%。

- 不良品的发生机会增加39.4%。
- 生产计划被扰乱次数增加39.4%。
- 工时成本虚高机会率增加39.4%。
- 39.4%的订单会增加库存。
- 39.4%的订单会延长生产周期。
- 39.4%的订单可能会延期交货。
- 39.4%的订单会增加制造成本……

二是海恩法则告诉我们的真理是：1起设备故障=29起设备轻微缺陷=300起设备微小缺陷=1000起设备潜在缺陷。然而，企业的经营决策者和现场工作者没有认识到海恩法则对生产设备故障形成的重要影响，导致现场工作者对引起设备故障的各种缺陷疏于管理。

三是现场工作者没有发现生产设备的潜在缺陷，如设备故障发生后不分析、不追究故障背后的原因，由于技能不足和设备本身所存在的脏污导致现场工作者无法发现设备缺陷等。

四是现场工作者不正确的设备态度，有以下几点：

- 坏了再修，没坏不必管它。
- 保养的效果不大，浪费时间。
- 慢慢修理，不必着急。
- 操作者只管“产”，维修员只需“修”。
- 好用就用，不好用就换。
- 故障是难免的，设备迟早是要淘换的。
- 设备全部定期大修、定时更换零件就好。
- 切换、停机是无法杜绝的正常需要……

正是上述四大类原因导致一般制造型企业的生产设备存在诸多缺陷，这需要经营决策者及现场工作者警醒并严肃对待。

（二）设备自主保全

由于设备运动、负荷、时间等因素引发的设备性能与寿命下降称为自然劣化。由于环境清洁、润滑、振动等基本条件不佳，或违背设备操作、运转及负荷等使用条件而引发的设备性能下降和寿命缩短称为强制劣化。

生产设备在整个生命周期中，必然会伴随时间的推移发生自然劣化和强制劣化。设备缺陷、设备劣化、设备故障，是设备故障发生的三部曲。所以，防止设备故障，就是要消除设备的各种缺陷、防止设备自然劣化和强制劣化。

自然劣化约占设备劣化的30%，大部分的自然劣化通过定期、定量交换零部件是可以避免的。

强制劣化约占设备劣化的70%，一般让使用者学会设备操作、参与设备管理中诸如拧紧、加油、清扫之类的简易工作就可以避免强制劣化。

图4.9所示的各种潜在缺陷、微小缺陷、轻微缺陷等正是造成设备劣化的构成因素，而设备自主保全以“零故障、零不良、零灾害、零污染”为追求目标，就是以消除设备的各种缺陷、防止设备劣化为目的的科学方法。一般制造型企业可以参考表4.1引进、实施设备自主保全。

表4.1　设备自主保全实施指南

设备自主保全实施阶段			目的	实施要点
（一）学习并熟悉自主保全	第1阶段	设备的初期保养	小部品减少； 改善作业环境	在现场整理、整顿的基础上，通过清扫来发掘生产设备的各种缺陷，改善或复原设备； 具备设备的基本条件（润滑、加油、紧固、整洁状态等）
	第2阶段	发生源困难概述的对策	控制设备污染； D/T减少； pit不良减少	清扫困难因素及改善不合理的根源； 控制污染发生源
	第3阶段	制作清扫/给油的基准书	用量/能源减少； 安全事故减少； 外租制造费用减少	制定设备的清扫、加油基准； 加油管理困难因素的改善； 培养正确的加油技能
	第4阶段	设备总点检	油种单纯化； oil使用量减少； 废弃物减少	设备点检point及点检技能的学习； 清扫/给油/点检基准统计及点检困难

续表

设备自主保全实施阶段			目的	实施要点
（二）创造价值的自主保全	第 5 阶段	自主保全	减少小部品的更换次数； 设备平均故障间隔时间（MTBF）的向上； 设备故障次数急剧减少	4 阶段的 block 全概及标准化； 完全采取设备因素点检技能； 既是设备品质的影响，也是要发掘及恢复
	第 6 阶段	品质保全	设备出现问题时实施紧急措施； 设备平均修理时间（MTTR）的缩短； 设备的信赖性向上	制定不发生故障和不良的基准； 品质保全基准的标准化、系统化； 操作准备自动控制化（日常点检及维修）
	第 7 阶段	自主管理	突发故障维持在“0”； 突发不良维持在“0”； 维持高品质工程、高生产性设备的良好状态	现有工程/维持设备状态； 维持基准的改善及标准化

最后，经营决策者需要强化的三个认知：

一是“卓越现场的基础是 5S 和设备自主保全”，这种说法或认知显然是不对的。无论 5S，还是设备自主保全都只是一种手段，一种 30 年前已被世界 500 强老牌企业实践并证明行之有效的卓越现场打造工具。然而，国内很多制造型企业的 5S、设备自主保全水平还不高，其关键原因就在于经营决策者的认知（决定了其行动）。

二是对 5S 和设备自主保全的正确认知应该是：通过 5S 和设备自主保全的持续、正确应用，不断优化现场的管理对象和管理项目，让现场制造能更好地聚焦过程价值、驱动职能价值、增加企业价值；有卓越现场的“貌”而无卓越现场的“神”，这是国内很多优秀制造型企业的通病，所以卓越现场的打造并非“一日之功”，因为在不断优化现场管理对象和管理项目的过程中，其本质就是一条造物育人的征途之路。

三是经营决策者在追求现场制造“物”的完善、“人”的进步时，更应注重现场制造的精神状态和职场氛围，只有真正形成追求卓越、不断反省、持续超越的现场制造文化时，“卓越现场”才算成形。因此，卓越现场制造的基础可以理解为：“物”与“人”的持续精进（而非某一种具体的工具或手段）。

第二节　重要并需重视的产前准备

一、产前准备缺失的影响

“胜兵先胜而后求战，败兵先战而后求胜。”这句话，我们可以简单地理解为：取得胜利往往都是战前准备充分，认为自己能胜的情况下才去作战；而失败往往是由于战前准备不足或没有准备，战争已经开始了才谋划如何取胜。如果将生产比作是行军打仗，那么产前工作就如同“军队开拔”前的战备一样重要。

“合同就是老大，订单就是命令。”这是国内一代企业家精神的共同写照，这种以客为尊、积极作为的理念造就了一批批企业的成功，但也因过于激烈的市场拼抢和盲目的交付承诺给很多企业带来极大的困扰，如设计开发还未完成就必须投产等。

在制造现场，我们常常可以看到如下异常现象：

- 生产作业已经开始了，但还在到处找工装夹具、技术资料、检验标准。
- 现场一片狼藉，脏、乱、差。
- 现场管理人员不知如何组织、安排生产新产品。
- 员工不清楚具体的工作任务。
- 员工不知道作业要点、作业方法，不了解质量要求。
- 材料供应不及时，作业中时常待料。
- 不良品频繁出现，直通率低。
- 使用时发现设备、工装夹具问题。
- 不知道任务的具体完成时间及要求。
- 不知道下一个生产任务、指令是什么。
- 生产切换时间长，或不能及时、快速切换。
- 工序平衡率低，窝工现象严重。

- 工序间手持量多，产品流动慢。
- 作业不熟练的员工，也没人给予指导、监管。
- 能源、动力经常发生故障……

上述异常现象，又往往导致如下问题的产生：

- 制造周期拉长。
- 中间库存量增加。
- 生产计划无法达成。
- 扰乱现场制造秩序。
- 内部失败成本过高。
- 埋藏产品质量隐患。
- 现场制造效率低下。
- 制造成本上升。
- 现场制造气氛压抑、员工士气低迷……

在一般制造型企业里（特别是中小制造型企业）出现上述情况的频率非常高，究其原因有如下几种：

- 企业各职能的能力无法匹配市场需求，迫于客户压力，急于投产、交付。
- 企业经营管理、技术水平低下，“万能制造、制造万能”氛围浓郁（有问题找制造）。
- 经营决策者对过程管理淡漠或重视度不够。
- 没有科学、严谨的产前风险评估和应对措施。

产前筹备的作用对订单生产、交付而言就是“先胜而后求战”。

二、基于现场制造的产前准备

企业应该以产前准备为契机去发现问题、解决问题。

（一）现场制造的管理内容和逻辑

企业应该如何进行产前准备呢？这得从现场制造的管理内容和逻辑说起。

首先，现场制造是将输入转化为产出的一个增值过程，输入决定产出。所以，生产作业活动开始前，现场制造应筹备人员、设备、材料、方法、环境及考虑到人员的情感等要素，并对这些输入要素的“质量”（充分性、适宜性）依据工程技术的策划结果（如QC工程图等）进行确认。

其次，现场制造的所有产出是支持客户及企业需求实现的、是有目标的，因此产出（期望）决定了输入。所以，在生产作业过程中及生产作业完成后，现场制造应对体现产出（期望）的质量、成本、交期、效率、安全及士气作业结果进行评价分析，验证生产作业输入要素的“质量”（充分性、适宜性），为持续改进寻找机会。

由此，现场制造真正的作业活动次序是：①输入要素筹备（Plan）→②输入要素确认（Check）→③作业执行（Do）→④分析改进（Action），而非我们传统认知的PDCA循环，如图4.10所示。

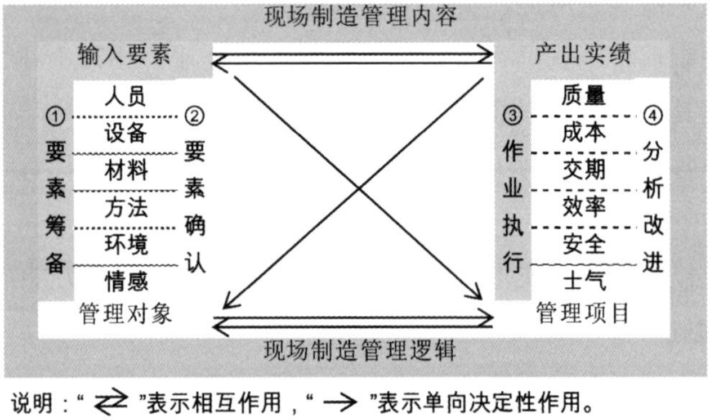

图4.10　现场制造管理内容及逻辑

综上所述，产前准备是指企业在订单生产前进行“输入要素筹备、输入要素确认”的作业活动。当企业接受客户订单后，无论新老产品，各职能均应以现场制造为服务中心，以全力协同的姿态在全职能、全流程中落实好产前准备工作。

（二）订单产前准备131模型

产前准备是企业满足订单需求不可或缺的必要条件，是一项正式、严肃和时限紧迫性非常强的工作，应得到经营决策者的高度重视，并在“企业法律”层面上给予充分明确。产前准备131模型是由一个“产前准备开始点”、三个“产前准备阶段”和一个“产前准备完成点”所构成的产前准备管理体系，是一般制造型企业产前准备工作的思考逻辑与行动指导框架。产前准备，可参考131模型执行，具体请参考图4.11。

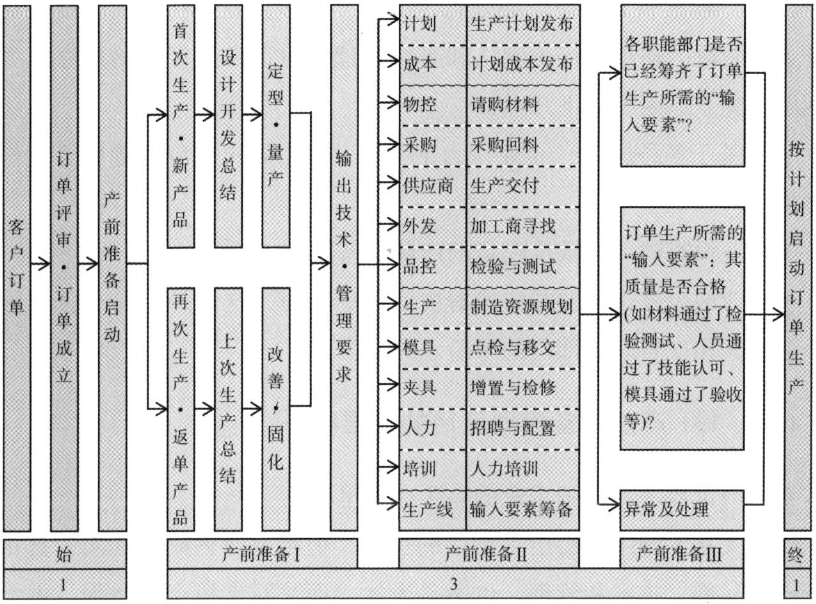

图4.11　订单产前准备131模型运作流程图

1. 一个开始点

在企业日常运营中，不会再有比做好现有订单更重要的事情了。因此，在订单评审通过后，企业各职能应在第一时间同步启动产前准备工作。

2. 三个产前准备阶段

产前准备Ⅰ、产前准备Ⅱ、产前准备Ⅲ是产前准备131模型的核心工作，各阶段的准备工作范围、流程及内容参见图4.11，但企业经营决策者及各职能部门的最高负责人均应认知到产前准备的如下本质，以利于企业技术、管理的持续改进。

（1）产前准备Ⅰ阶段。对于首次生产的产品而言，往往是在考验企业的设计开发体系及其能力；而对于再次生产的产品来说，一般是在考验企业的改善文化及改善能力。基于设计开发和改善输出的技术/管理要求，对整个产前准备工作的效率和质量有着重要影响。

（2）产前准备Ⅱ阶段。它是产前准备Ⅰ阶段成果的广泛应用，基本涉及工厂的各职能部门、各流程协同作业，本阶段集中考验企业的运营水平、组织和管理能力。

（3）产前准备Ⅲ阶段。必须肯定的是，很多企业均在不同程度上对产前准备Ⅱ阶段的输出进行了确认和异常处理，但正常生产中仍然存在大量的问题，究其原因有如下几点：

- （基于各种原因）企业认为于生产过程中解决相应问题所需支付的成本更低。
- 企业没有建立或缺少完备的产前准备体制。
- 企业缺少发现问题并快速解决问题的能力，这也是产前准备Ⅲ阶段对企业及其相应各职能部门的考验。

（三）131产前准备模型应用的底层展开

我们与世界一流老牌企业的差距在哪里？

很多人从不同维度给出了精辟的见解，但都有所偏颇。其实，真正的差距不是品牌、技术和管理，也不是人才，而是对支持企业做强、做大底层的缺失。这些缺失的底层才是企业创造价值而又被企业忽视或短时间内无力弥补的关键，他们在企业的各个领域担负着价值创造“最后一公里”的重任，他们可能是一张表格、一个执行计划、一张图纸、一份作业指导书或一副工装夹具等。131产前准备模型的践行、开花和结果，离不开企业对各职能部门底层建设的探索、完善和管理，表4.2、表4.3是生产线就产前准备“最后一公里”的实践示例，仅供启发参考。

表4.2　生产要素筹备计划

前产·A1线生产要素筹备计划						
计划/指令编号：			生产名称/型号规格：			
预计生产日期：			预计生产数量：			
筹备次序	**筹备内容/事项**	**需求数量**	**提供部门**	**提供人**	**筹备人**	**完成时间**
M1. 方法	生产图纸（材料/零件/加工图纸等）	1套	技术部门	工程助理	A1线班长	

续表

筹备次序	筹备内容/事项	需求数量	提供部门	提供人	筹备人	完成时间
M1. 方法	生产工艺流程	1 份	技术部门	工程助理	A1 线班长	
	QC 工程图	1 份	技术部门	工程助理	A1 线班长	
	SOP（作业顺序、要点、标准节拍）	1 套	××车间	生产助理	A1 线班长	
	检验标准（材料/半成品/成品 SIP 等）	1 套	品管部门	品管助理	A1 线班长	
	……					
M2. 设备	×××设备	_ 台	设备部门	设备助理	A1 线班长	
	×××模具	_ 副	模具部门	模具助理	A1 线班长	
	……					
M3. 人员	××1 工序作业员	_ 人	××车间	生产助理	A1 线班长	
	……					
M4. 材料	××1 材料	_ 套	××车间	生产助理	A1 线班长	
	……					
M5. 环境	车间温湿度控制	—	××车间	生产助理	A1 线班长	
	……	—	××车间	生产助理	A1 线班长	

表 4.3　生产要素投入确认表

前产・A1 线生产要素投入确认表				
计划/指令编号：		生产名称/型号规格：		
预计生产日期：		预计生产数量：		
筹备次序	筹备内容/事项	确认内容	确认结果	处理
M1. 方法	生产图纸（材料/零件/加工图纸等）	是否齐套？是否有发行章？是否有疑惑	欠装配图	立即追补
	生产工艺流程	是否有发行章？是否有疑惑	OK	
	QC 工程图	是否有发行章？是否有疑惑	Y 处不明确	立即确认
	SOP（作业手顺、要点、标准节拍）	是否齐套？是否有发行章？是否有疑惑	OK	
	检验标准（材料/半成品/成品 SIP 等）	是否齐套？是否有发行章？是否有疑惑	OK	
	……			

续表

筹备次序	筹备内容/事项	确认内容	确认结果	处理
M2. 设备	×××设备	是否到位？状态如何？是否可用	OK	
	×××模具	是否到位？状态如何？是否可用	无合格证	退模具确认
	……			
M3. 人员	××1 工序作业员	是否缺勤？是否有技能认可？是不是新人	1 位新人	作业中辅导
	……			
M4. 材料	××1 材料	是否齐套、足量？是否合格	欠数 100 支	立即追补
	……			
M5. 环境	车间温度控制	是否符合要求	OK	
	……			
M6. 情感	员工状态及精神面貌	是否异常	1 人高烧	批假，补人

第三节　现场制造效率

一、追求正确的效率

如果能够取得更高的资本回报率和利润，任何一个企业都不会拒绝向市场提供更多数量的产品，并为此持续提升现场制造的产出能力。

现实中，尽管绝大多数经营决策者热衷于规模扩张和产能提升，但往往难以取得预期的收益，甚至随着扩张和增产制造策略的推进反而出现亏损。这种怪象，往往影响了企业做大，限制了企业发展。原因有如下几点：

一是企业抓效率、轻效益的态度。

二是企业认为效率高了，效益自然就会好。

三是企业对效率的提升缺乏条件约束，导致很多时候通过牺牲效益来提升效率。

当下仍有相当一部分企业片面地追求“单位时间内完成的产品数量”，即$\text{效率}=\dfrac{\text{完成的产品数量}}{\text{单位时间}}$，这样通过“速度”提升效率的误区往往给企业带来如下危害：

危害一，引导现场制造投入更多的资源（人力、设备、模具、厂房等），容易造成制造成本和费用上升。

危害二，引导现场制造紧盯产出数量，容易忽视产品质量产生不合格品。

危害三，引导现场制造大批量生产，容易造成库存增多且排斥多品种、小批量的订单。

危害四，引导企业过量接单，在客户时间单位内需求的合格品数量 > 企业利润率最大化产量的情况下，企业的利润率不会因为订单的增加而增加（参见图 4. 12），并且容易导致运营管理失控、订单交付延期等问题。

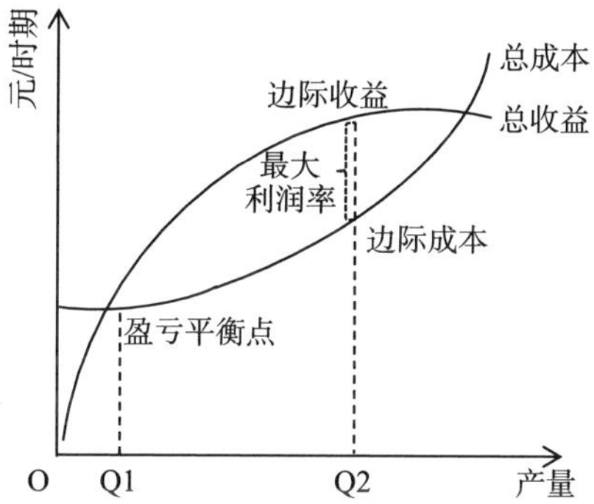

说明：Q1是损益平衡产量，当产量低于Q1时，最终导致亏损；
Q2为利润率最大化产量，当产量超过Q2时，边际收益会下降、边际成本会上升，随着产量的不断加大，最终也可能会不赚钱甚至出现亏损；
企业应确保现场制造的产量为：Q1＜订单量=Q2（当企业确定，某个时间单位内的生产规模快速扩张比当下取得高收益率更重要、更急迫时，可以不受此限）。

图 4. 12　利润最大化的边际收益等于边际成本原则

所以，正确的效率追求应该是以服务于企业获利能力向上、驱动企业技术和管理水平提升为目的，真正效率提升的财务核算结果应该是单位产品的生产成本最低化，即

$$\text{元成本/单位产品}=\frac{\text{期间发生的变动成本}+\text{期间应承担的固定成本}}{\text{单位时间内按生产计划完成的合格品数量}}\times 100\%$$

，假设材料成本恒定。

为取得“真效率”，现场制造应遵守的原则是：效率应服务于效益，而效益应指导效率提升。如实际生产中，可解读为局部效率的提升不能以整体效益的牺牲为代价，这包括如下内容：

- 安全、健康、环保、质量等基本要求应得到保障。
- 只在需要时制造客户需求数量的产品。
- 遵守生产节拍（$\text{生产节拍}=\frac{\text{客户需求的产品数量}}{\text{可用制造周期}}$）。
- 减少资源的耗用（如厂房、设备、模具工装、材料、人力、工作时间等）。

二、如何正确提升现场制造效率

现场制造是设计开发输出的第一执行者、第一问题发现者，因此，在设计开发输出的基础上，“提高资源利用率、控制不必要资源的投入”是现场制造效率提升的正确姿态和行动策略。

（一）现场制造效率提升的切入点

现场制造效率的提升往往伴随安全、健康、环保、质量、成本和制造周期等关联问题，虽然看似复杂，实则有章可循。从过程管理的角度看，一般制造型企业里影响现场制造效率提升的思考分解可参考图4.13。

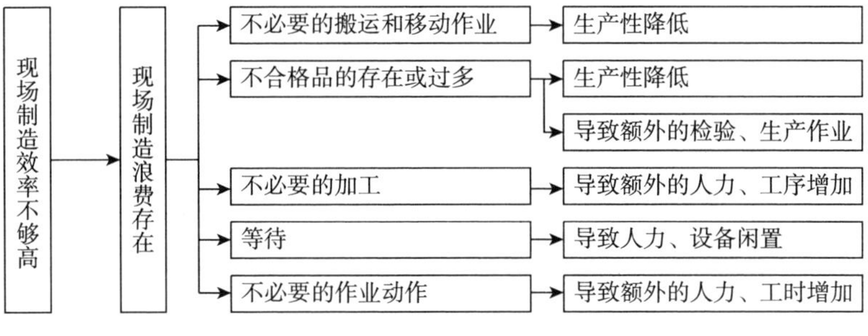

图4.13　现场制造效率向上过程影响要素树状分析图

由图4.13可以看出，从“现场制造浪费”角度出发，以常见的“不必要的搬运和移动作业、不合格品的存在或过多、不必要的加工、等待及不必要的作业动作”为切入点，比较容易找出影响现场制造效率的共性因素：生产性降低和不增值的人力、设备及工时存在。尽管道理并不复杂，但真正进入现场效率的提升阶段时，将会面临很多具体的技巧、细节工作。

（二）现场制造效率提升的管理技术工具

促进现场制造效率提升的管理技术工具有很多，其具体用途、用法不尽相同，但企业可以视自身实际情况决定工具的应用次序和应用组合，以尽快达成效率向上的目的。这里无意进行这些工具的教导（有关这些工具的了解与学习并不复杂），但企业应掌握表 4.4 的工具以持续提升现场制造效率。

表 4.4　30 种提升现场效率的工具

P－Q 分析	P－MH 分析	PAC 分析	PPM 分析	移动分析	MTBF 分析
OEE 分析	UPH 分析	UPPH 分析	Line Balance	程序分析	动作分析
搬运分析	动作经济原理	作业测定	MOD 分析法	双手法	layout
Cell Line	一个流	混流生产	流程法	防呆法	5S
TPM	SMED	标准化	5Why	5W2H	PDCA

（三）基于指标拉动的现场制造效率改善

从业绩管理角度来看，现场制造效率的提升是由效率指标的表现驱动的，其中代表性的指标有单位人时产能、设备综合效率两种，二者区别如表 4.5 所示。

表 4.5　UPPH 与 OEE 的区别

指标名称	常用单位	计算方式	指标评价对象	适用范围
单位人时平均产能（UPPH）	件/小时	良品产出数量÷（投入作业时间×作业投入人力数量）	现场作业者的高效比，衡量的是每个投入工时的平均良品产出数量	劳动力密集或以手工作业为主的生产线、工序
设备综合效率（OEE）	%	（标准 CT 时间×良品数量）÷（日历时间－计划停产时间）×100%	现场生产设备的高效化，衡量的是单位经过时间的良品产量	设备密集或以设备为主的生产线、工序

如何以效率指标的表现驱动现场制造效率提升？下面仅以设备综合效率指标的管理为例进行简要介绍。

管理设备综合效率就是管理设备的实际生产作业中的时间损耗，这是设备综合效率提升的原理，具体如图4.14所示。

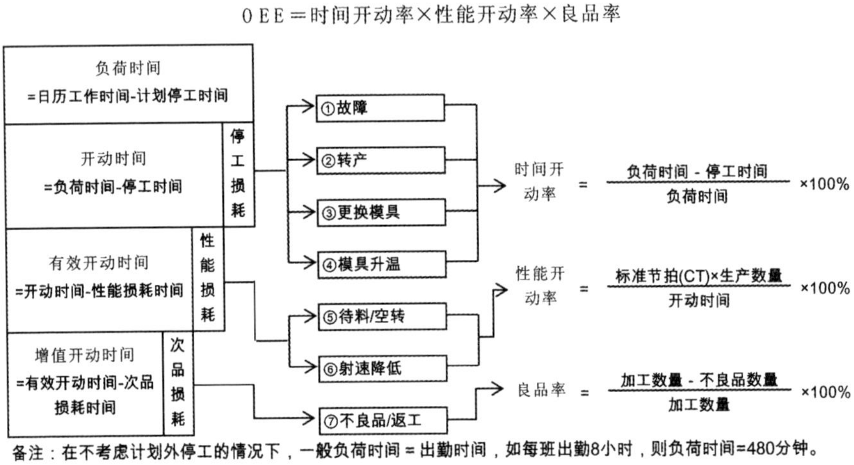

图4.14　传统OEE核算架构

同上述原理，设备综合效率更直接的核算方式为：$OEE = \dfrac{\text{标准节拍（}CT\text{）}\times\text{良品数量}}{\text{负荷时间 a}}\times 100\%$，所以企业常常遵从此式并按下述步骤进行OEE的情报收集和统计分析。

第一步，建立设备生产异常时间代码，便于后续情报资料的收集、统计，如表4.6所示。

表4.6　设备生产异常时间代码表

异常类别	代码		异常时间定义	
管理损耗时间	M	M1	节假日	正常假日、未排班次
		M2	无单时间	订单任务不足或没有订单生产
		M3	定期专业保养	包括月度检修、年度检修等
		M4	会议	公司大会、部门集中会议
		M5	交接班	包括班前会、早晚会、6S时间、工作交接
		M6	消防演习	工作时间内的消防演习

续表

异常类别	代码		异常时间定义	
管理损耗时间	M	M7	就餐时间	工作时间内，需停机就餐的时间
运营损耗时间	O	O1	等待计划排产	部门内排产等待时间
		O2	停工待料	原材料没有采购回来
		O3	人员短缺停机	
		O4	突然停水、电、气	
停机损耗时间	S	S1	设备故障、主动维护	
		S2	模具修理	设备本身模具的修理
		S3	换模、调试	
		S4	产前准备	生产前准备原材料、模具、机台
		S5	工装/模具不良	产品加工用工装、模具、网板、手板等损坏
		S6	原材料不良	
		S7	检查待判定	
		S8	不良再加工/批量返工	
		S9	工序分配不合理停机	由于本工序工作安排、分配不合理导致的停机
		S10	作业异常	操作不当导致设备停机
		S11	升温、预热、升速	
		S12	点检、清扫、坚固	包括日常点检和临时点检引起的停机

第二步，建立设备生产异常时间记录表，每天及时记录、每月汇总，如表4.7所示。

表4.7　设备生产异常时间记录表

2013年2#连铸机生产异常时间记录表							
生产日期	班次	设备运行异常明细				记录人	备注
		停机开始至恢复开机	时间/分钟	原因分类	详细原因描述		
12月1日	丙	0：00—15：27	447	M3	检修	张××	
12月2日	甲/丙	2：06—11：33	567	O1	等待计划排产	赵××	甲班停，丙班开
12月2日	丁	18：55—次日6：19	684	M2	无生产计划	杨××	
12月3日	丙	20：28—21：28	60	S4	备机	张×	

续表

生产日期	班次	设备运行异常明细				记录人	备注
		停机开始至恢复开机	时间/分钟	原因分类	详细原因描述		
12月4日	乙	8：33—13：13	270	M2	无生产计划	贾××	
12月5日	乙	16：00—17：45	105	S4	备机	邢××	
12月6日	丙	6：48—8：00	72	M2	无生产计划	李××	
12月6日	甲	8：00—16：00	480	M2	无生产计划	张×	
12月6日	乙	16：00—00：00	480	M2	无生产计划	邢××	
12月7日	丙	0：00—8：00	480	M2	无生产计划	李××	
12月7日	丁	8：00—10：30	150	M2	无生产计划	杨××	
说明：停机时间大于1分钟的必须记录。							

第三步，建立设备价值时间记录表，每天及时记录设备的价值产出时间，如表4.8所示。

第四步，建立设备月度综合效率统计表（见表4.9），每天及时将表4.7、表4.8中信息登录在此表。

第五步，制作OEE趋势图、读图。

第六步，结合价值时间、投资损耗时间、管理损耗时间、停机损耗时间、故障损耗时间、故障次数、TEEP、MBTF及MTTR分析OEE绩效表现。

第七步，利用层别图对投资损耗时间、管理损耗时间、停机损耗时间、故障损耗时间、故障次数进行深入分析，并确定优先改善项目。

第八步，借鉴解决质量问题的“八步法”，并正确运用现场制造效率提升的管理技术工具，改进OEE的现状表现。

第九步，将OEE保持在一定经济水平并设定管理目标。

第十步，OEE管理于制造现场常态化运作。

通过UPPH和OEE，我们可以了解到：提高资源利用率、控制不必要资源的投入，对于一般现场制造而言就是要狠抓时间管理——对不产生价值的时间进行预防管理与持续改进，由此带来的效率提升，终将拉动企业技术和管理水平向上、促成盈亏平衡点产量和边际成本降低，达成边际收益增加的目的。

表 4.8　设备价值时间记录表

2013 年 2#连铸机价值时间记录表												
生产日期			12 月 1 日	12 月 2 日	12 月 3 日	12 月 4 日	12 月 5 日	12 月 6 日	12 月 7 日	12 月 8 日	…	12 月 31 日
价值时间合计/分钟			486.667	627.611	1103.42	703.489	401.111	436.944	345.722	498.333		
钢种/规格	标准拉速/(米/分钟)	拉速因子	良品钢/米	良品钢/米	良品钢/米	良品钢/米	良品钢/米	良品钢/米	良品钢/米	良品钢/米	良品钢/米	良品钢/米
SPHC1	1.8	0.56	32	227.5		980				195		
SPHC2	1.8	0.56	844	482						333		
SPHC3	1.8	0.56		420.1						369		
SPHC4	1.8	0.56			156							
SS4001	1.8	0.56			1574.16							
SS4002	1.8	0.56			256							
SPHE－T1	1.8	0.56				256.61						
SPHE－T2	1.8	0.56				29.67						
SPHC5	1.8	0.56					722	786.5				
420L1	1.8	0.56							343.8			
420L2	1.8	0.56							278.5			

说明：

1. 标准拉速，即为 2#连铸机的标准生产节拍 *CT*；
2. 价值时间合计 =（SPHEC1 钢的良品产出米数 ÷ SPHEC1 钢的标准拉速 + … + 420L2 钢的良品产出米数 ÷ 420L2 钢的标准拉速）。

表 4.9　设备月度综合效率统计表

2013 年 2#连铸机月度综合效率统计表　　时间：分钟

异常时间	日期										合计
	12 月 1 日	12 月 2 日	12 月 3 日	12 月 4 日	12 月 5 日	12 月 6 日	12 月 7 日	12 月 8 日	12 月 9 日	……	12 月 31 日	
M1	0	684	0	270	0	1032	630	324	300	……	0	3240
M2	447	0	0	0	0	0	0	0	0	……	0	447
M3	0	0	0	0	0	0	0	0	0	……	0	0
M4	0	0	0	0	0	0	0	0	0	……	0	0
M5	0	0	0	0	0	0	0	0	0	……	0	0
M6	0	567	0	0	0	0	218	364	0	……	0	1149
M7	0	0	0	0	0	0	0	0	0	……	0	0
O1	0	0	0	0	0	0	0	0	0	……	0	0
O2	0	0	0	0	0	0	0	0	0	……	0	0
O3	0	0	0	0	0	0	0	0	0	……	0	0
O4	0	0	0	0	0	0	0	0	0	……	0	0
S1	0	0	0	0	0	0	0	0	0	……	0	0
S2	0	0	0	0	0	0	0	0	0	……	0	0
S3	0	0	60	0	105	0	184	330	90	……	0	769
S4	0	0	0	0	0	0	0	0	0	……	0	0
S5	0	0	0	0	0	0	0	0	0	……	0	0
S6	0	0	0	0	0	0	0	0	0	……	0	0

续表

异常时间	日期										合计
	12 月 1 日	12 月 2 日	12 月 3 日	12 月 4 日	12 月 5 日	12 月 6 日	12 月 7 日	12 月 8 日	12 月 9 日	……	12 月 31 日	
S7	0	0	0	0	0	0	0	0	0	……	0	0
S8	0	0	0	0	0	0	0	0	0	……	0	0
S9	0	0	0	0	0	0	0	0	0	……	0	0
S10	0	0	0	0	0	0	0	0	0	……	0	0
S11	0	0	0	0	0	0	0	0	0	……	0	0
S12	0	0	0	0	0	0	0	0	0	……	0	0
管理损耗时间	447	684	0	270	0	1032	630	324	300	……	0	3687
运营损耗时间	0	567	0	0	0	0	218	364	0	……	0	1149
停机损耗时间	0	0	60	0	105	0	184	330	90	……	0	769
故障损耗时间	0	0	0	0	0	0	0	0	0	……	0	0
故障次数										……	0	0
价值时间	486. 667	627. 611	1103. 42	703. 489	401. 111	436. 944	345. 722	498. 333	0	……	0	4603. 3
OEE/%	49	332	77	60	28	107	58	66	0	……	0	12
TEEP/%	34	44	77	49	28	30	24	35	0	……	0	10
MTBF/（时/次）	0	0	0	0	0	0	0	0	0	……	0	0
MTTR/（分/次）	0	0	0	0	0	0	0	0	0	……	0	0

续表

说明：
1. 异常时间单位：分钟；
2. 管理损耗时间 = M1 + M2 + … + AM7；
3. 运营损耗时间 = O1 + … + O4；
4. 停机损耗时间 = S1 + S2 + … + S12；
5. 故障损耗时间 = S1 + S2；
6. 各异常时间代码释意，参见“表4.7：设备生产异常时间记录表”；
7. 价值时间来源于“表4.8：设备价值时间记录表”；
8. OEE（%） = 价值时间 ÷（24小时/天 × 60分钟/小时 − 投资损耗时间 − 管理损耗时间）× 100%；
9. TEEP（%） = 价值时间 ÷（24小时/天 × 60分钟/小时）× 100%；
10. MTBF（时/次） =（24小时/天 × 60分钟/小时 − 投资损耗时间 − 管理损耗时间）÷ 故障次数 ÷ 60分钟；
11. MTTR（分/次） = 故障时间 ÷ 故障次数。

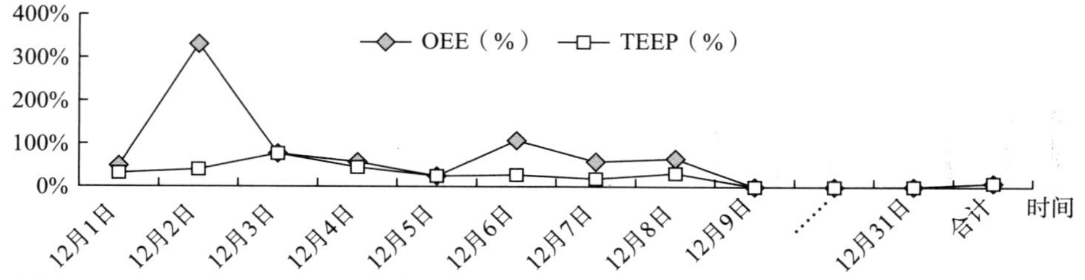

第四节　生产方式与中间库存削减

一、中间库存是如何形成的

在国内一般制造型企业里，经营决策者和各层管理者往往不怕订单多，只怕生产任务不足。一个原因是订单少了会影响企业和个人的收益，所以才会产生紧张感；另一个原因是订单少了，每天所发现并需要应对的质量、成本、效率、交期等问题反而更多了，这种情况让经营决策者与各层管理者们非常容易产生情感落差：为什么“闲”比“忙”累？这种异常现象称为管理中的“一俊遮百丑”，只是“俊”（订单多、生产任务足）的表现形式——“堆货生产、囤货生产”，以大量的中间库存掩盖了企业必须立即改善的管理问题、经营问题。

然而，世界一流老牌企业只需极少的中间库存就可以保持整个生产系统的高水平运作。作为企业库存的重要组成部分，中间库存的存量直接反映了现场制造的系统能力和水平，是衡量制造系统能力水平的重要指标，如图 4. 15 所示。

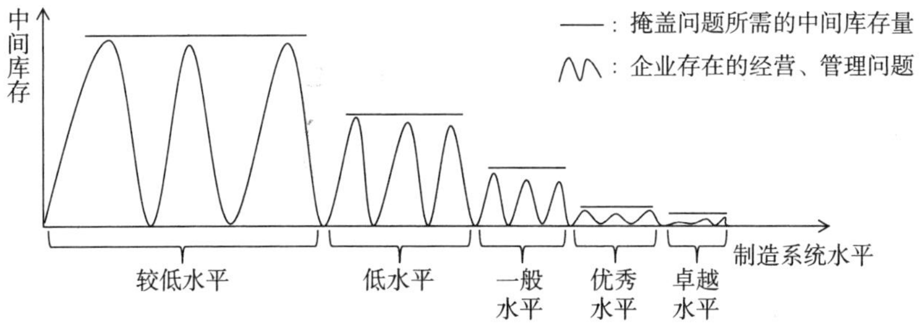

图 4. 15　中间库存与制造系统水平

（一）看图说明中间库存产生的机理

“库存是万恶之源”的观点已被越来越多的经营决策者认可，持续削减中间库存以塑造高水平的制造系统，是国内一般制造型企业升级征程中必须面对的课题。要削减中间库存，就必须了解其形成的机理，那么中间库存到底是如何产生的呢？请参考图4.16至图4.18。

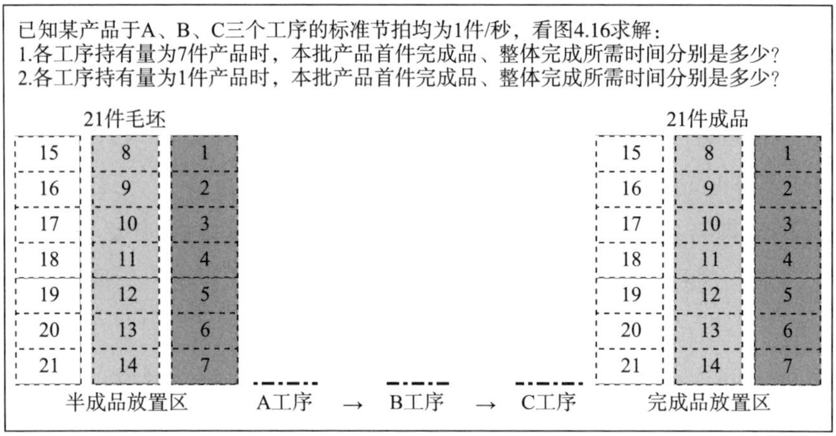

图4.16　中间库存与流动问题示例

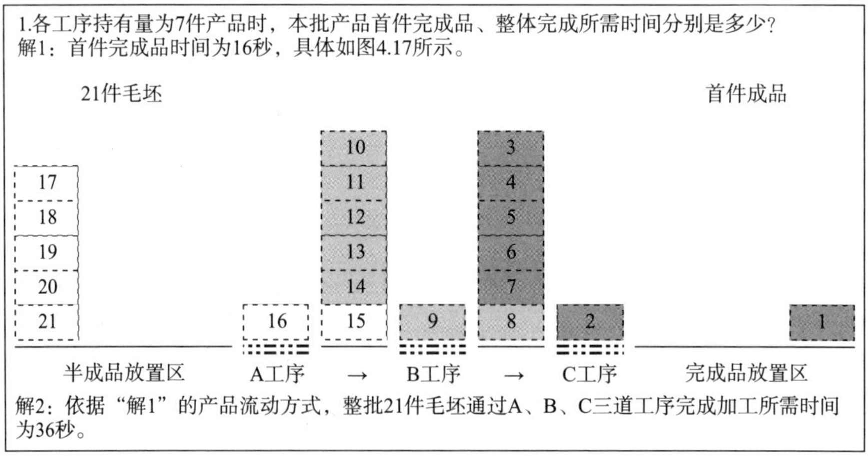

图4.17　传统堆货生产方式

各工序持有量为1件产品时，本批产品首件完成品、整体完成所需时间分别是多少？
解1：首件完成品所需时间为4秒，具体如图4.18所示。

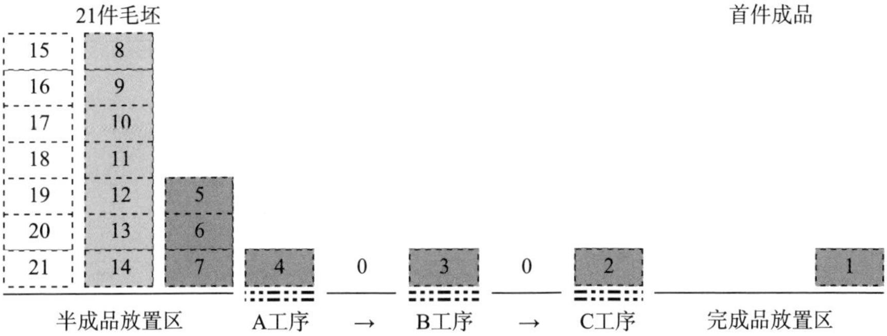

解2：依据“解1”的产品流动方式，整批21件毛坯通过A、B、C三道工序完成加工所需时间为24秒。

图 4.18　单件流生产方式

传统堆货生产与单件流生产实绩对比如表 4. 10 所示。

表 4. 10　传统堆货生产与单件流生产实绩对比表

项目	首件产品周期/秒	整批完成品周期/秒	工序产品持有量/件	中间库存/件
传统堆货生产	16	36	15	12
单件流生产	4	24	3	0

图 4. 16 至图 4. 18 告诉经营决策者，在企业技术能力和管理水平一定时，中间库存有如下特点：

- 当按标准节拍投入和流动时，中间库存的多少与生产任务量没有关系。
- 当生产周期大于各工序标准节拍之和时，生产周期越长，中间库存越多，反之中间库存越少。
- 生产方式直接决定了中间库存数量和生产周期的长短。

（二）中间库存成因的概要归纳

现实中，一般制造型企业产生大量中间库存的原因远比上述因素复杂，其变量也更多，更不易被厘清和发现。

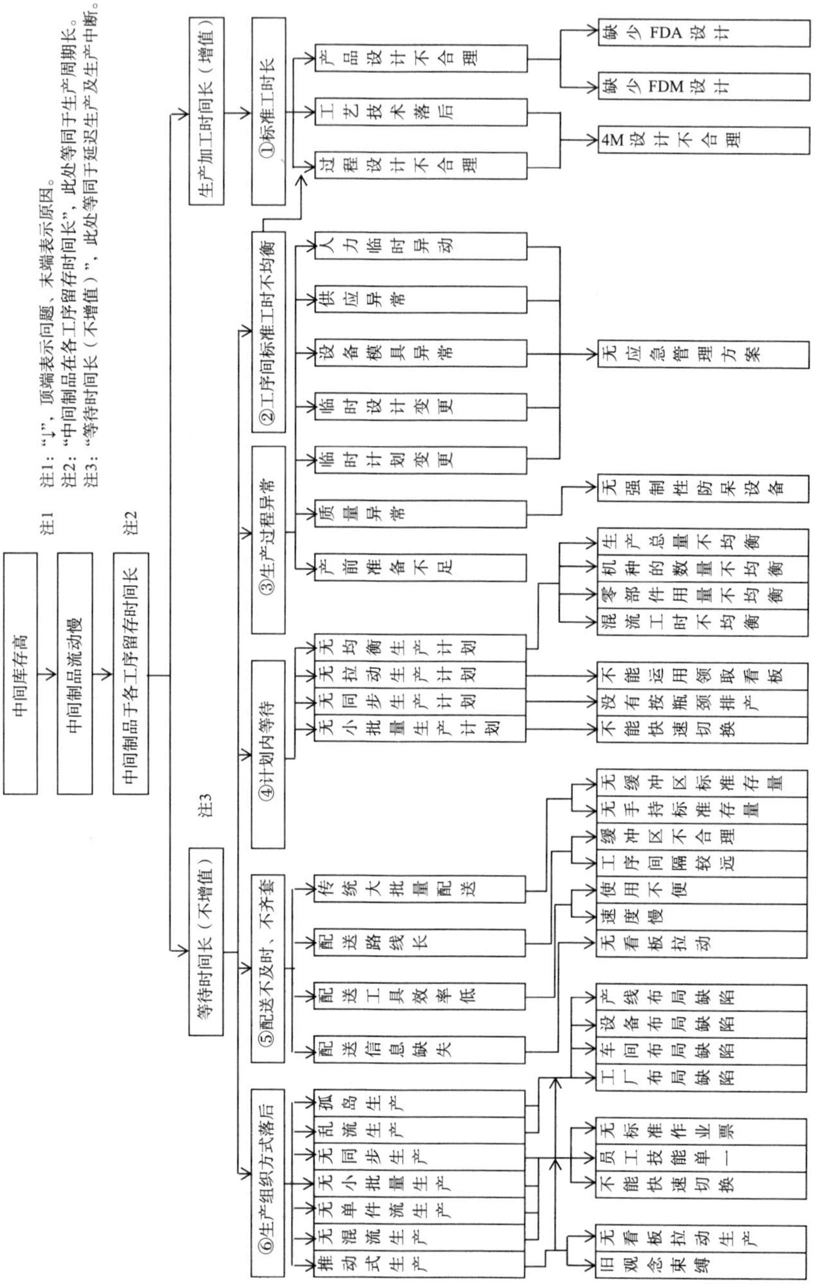

图 4.19　一般制造型企业中间库存的成因分解

图 4. 19 及各企业的实况告诉经营决策者如下内容：

①中间制品于各工序留存时间 = 生产加工时间（增值） + 等待时间（不增价）。

②影响制品等待时间的五个因素分别为工序间标准工时不均衡、生产过程异常、计划内等待、配送不及时不齐套、生产组织方式落后。影响加工时间长的因素是标准工时不合理，而决定标准工时的是企业现有的技术能力，这包括产品的设计开发能力和过程的设计开发能力；工序间标准工时不均衡，表明工序或生产线平衡率低，它往往由过程设计开发能力决定。

③生产过程异常，往往涉及面比较广，也常常超越现场制造职能本身，企业中任何一个职能部门都有可能导致生产过程异常的发生。正因为如此，生产过程异常通常反映企业的运营水平，也体现经营决策者对企业的治理能力。

④计划内等待，是企业现有的计划模式问题。没有在计划编制中消除生产瓶颈、控制生产负荷波动，将直接导致现场制造对生产资源的需求是瞬息万变且难以应对的。事实上，这样的情况在一般制造型企业里都是难以解决的——成本太高。

⑤配送，似乎只是现场制造的一个搬运工作，如果这样理解，那么出现大量的中间库存也就很正常了。配送的要旨在于及时、齐套、由供给点到需求点的精准喂送，如图 4. 19 所示，实现这样的要旨可能需要经营决策者以“三现主义”姿态好好地研究本企业的实际情况。

⑥生产组织方式是很多企业看重却缺少实践的一个重大影响（中间库存量）因素，因为它受制于企业的现行条件比较多且一般不容易厘清，所以一般制造型企业的生产组织方式往往都乏善可陈。

另外，从图 4. 19 中还可以解读到的信息是，影响中间制品在各工序留存时间长的六个因素存在于图 4. 20 所归纳的相互关系里，厘清这些逻辑对于现场制造削减中间库存是非常必要的。

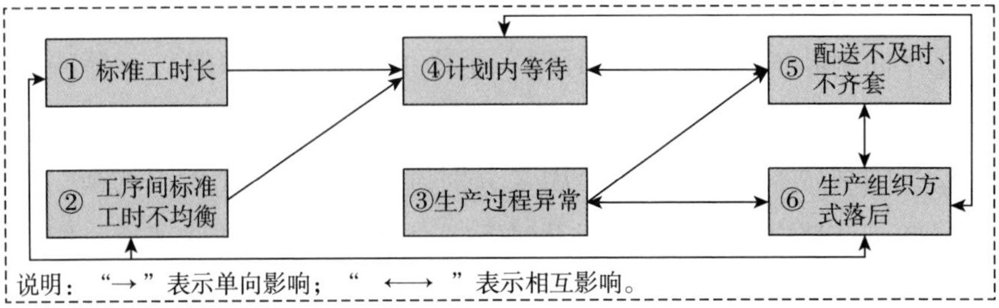

图 4.20　中间制品在各工序留存时间长的主要影响因素关联图

二、削减中间库存的生产方式

通过生产方式变革，在直接降低中间库存的同时，推动另外五个影响因素的改进，持续追求更低的中间库存，是现场制造削减中间库存的优选改善路径。

（一）同步生产方式

由于工序之间存在瓶颈、组件与主体产品不能同步完成、套装各规格产品不能同步完成而导致中间制品等待（库存）的情况，此时现场制造一般会通过同步生产方式的引进与持续完善解决这些问题。在现实中，同步生产可以理解为表 4.11 至表 4.14 所示的四种类型。

Ⅰ型同步生产：各工序节拍差异小、无明显作业瓶颈，生产线平衡率高，前后工序之间不用等待，如表 4.11 所示。

表 4.11　Ⅰ型同步生产特点示例

产品	生产线 1								
产品 1	工艺流程	工序 1	工序 2	工序 3	工序 4	工序 5	工序 6	组装	包装
	标准节拍	13.00″	13.00″	13.00″	13.00″	13.00″	13.00″	13.00″	13.00″
	标配资源	1 人/机	1 人/机	1 人/机	1 人/机	1 人/机	1 人/机	1 人/机	1 人/机
	产线平衡率	L/B = 104 秒/104 秒 = 100.00%							

Ⅱ型同步生产：各工序生产任务由产能瓶颈工序决定并保持一致，前

后工序之间不用等待，如表 4.12 所示。

表 4.12　Ⅱ型同步生产特点示例

产品	生产线 2								
产品 2	工艺流程	工序 1	工序 2	工序 3	工序 4	工序 5	工序 6	组装	包装
	标准节拍	13.00″	13.00″	13.00″	13.00″	13.00″	13.00″	13.00″	13.00″
	标配资源	1 人/机	1 人/机	1 人/机	1 人/机	1 人/机	1 人/机	1 人/机	1 人/机
	标准产能	1200 支/h	1200 支/h	1200 支/h	1200 支/h	1200 支/h	1200 支/h	1200 支/h	1200 支/h
	可动用资源	2 人/2 机	2 人/2 机	1 人/1 机	2 人/2 机	2 人/2 机	3 人/机	2 人/2 机	2 人/2 机
	实际产能	2400 支/h	2400 支/h	1200 支/h	2400 支/h	2400 支/h	3600 支/h	2400 支/h	2400 支/h
	任务安排	1200 支/h	1200 支/h	1200 支/h	1200 支/h	1200 支/h	1200 支/h	1200 支/h	1200 支/h
	产能瓶颈	无							

Ⅲ型同步生产：构成产品一部分的部件，能够于主体产品生产加工或组装需要时完成生产并供给，主体产品不用等待零部件，如表 4.13 所示。

表 4.13　Ⅲ型同步生产特点示例

产品	生产线 3							
产品 3	部件 1			部件 3				
	主体产品生产加工	组装 1	……	组装 2	……	……	组装 3	包装
	部件 2							

Ⅳ型同步生产：套装各规格产品，能够在包装需要时完成生产并供给，各产品之间不用等待，如表 4.14 所示。

表 4.14　Ⅳ型同步生产特点示例

订单号码	产品系列	产品	生产加工线	包装线
PY201503A1	WMF14013 件套装刀具	产品 3	投料　L1 线　完工	配套包装
		产品 4	投料　L2　完工	
		产品 5	投料　L3　完工	

（二）流程生产方式

由于孤岛和乱流的存在，导致很多生产流程都是没有价值的，并且造成物料、信息、资金也跟随中间制品到处乱窜，所以中间制品堆积、出货时间延误等问题时有发生。为解决这些问题，现场制造需引进与持续完善整流生产。

①基于生产加工类别集中化设置生产车间而形成的孤岛和乱流：产品与车间、产品与工序间无对应生产关系，产品在不同车间折返、在不同工序间折返，如图4.21所示。

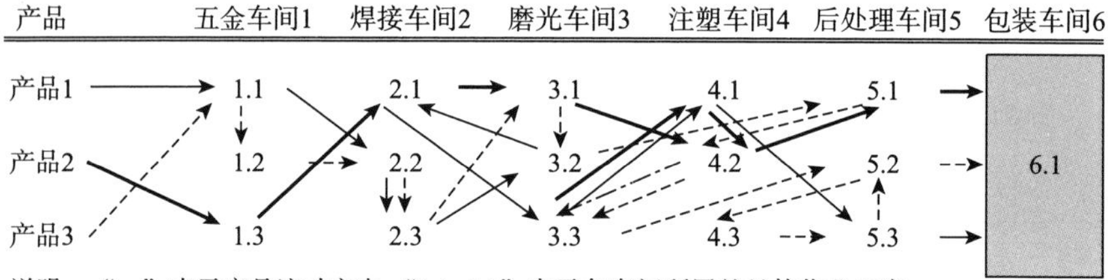

说明：“→”表示产品流动方向,“1.1~6.1”表示各车间所属的具体作业工序。

图4.21　孤岛乱流生产特点示例－1

②基于设备类别或工序集中化设置生产车间而形成的孤岛和乱流：产品与车间、产品与工序间无对应生产关系，产品在不同车间折返、在不同工序间折返，如图4.22所示。

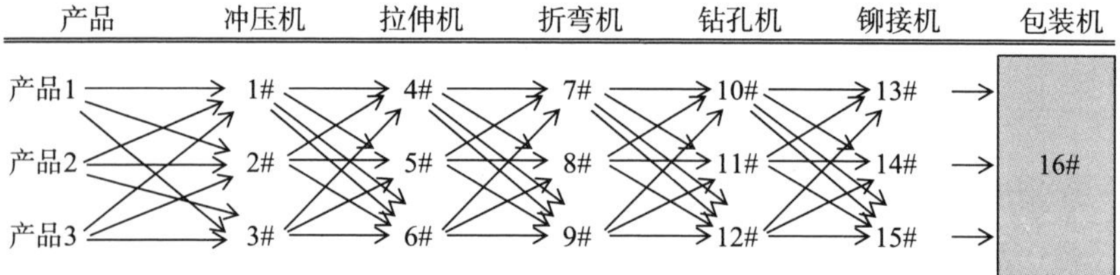

说明：“→”表示产品流动方向;“1#~16#”表示各车间所属的生产设备。

图4.22　孤岛乱流生产特点示例－2

流程生产：按产品工艺流程设置工序、设备，产品、工序与设备一一对应以组成虚拟流水或连续流水生产，产品按标准数量或节拍有序流经各工序、设备，中间制品库存大大减少，如图4.23所示

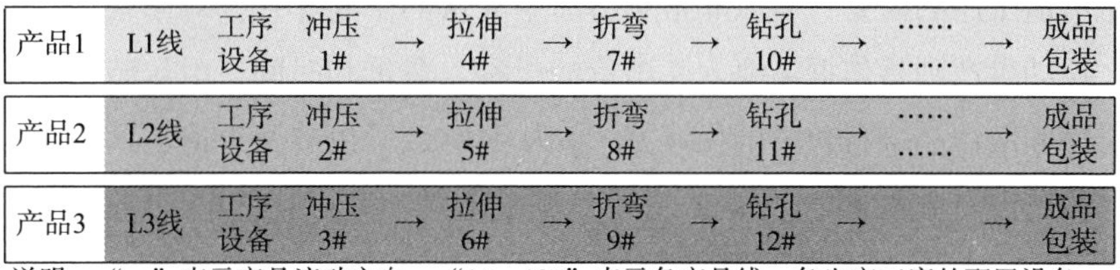

说明：“→”表示产品流动方向；“1#～12#”表示各产品线、各生产工序的配置设备。

图 4.23　流程生产特点示例

（三）单件流生产方式

产品在各工序以 1 件为单位按节拍流动是单件流生产（见图 4.18：单件流生产方式）的显著特征。丰田汽车早已向世界证明，在市场变化日益加剧、成本不断上涨的环境中，基于同步化生产线上的单件流生产方式是响应市场速度最快、纠错成本最低、中间库存最少、浪费最小、暴露问题最彻底、推动企业改善力度最大的卓越生产方式。

（四）混流生产方式

按照订单要求的机种和交货时间，将工序相同、作业差异不大的产品在同一条生产线上同时生产是混流生产方式的特征。混流生产在最大限度地满足客户要求的同时，又充分发挥了生产线的能力。即使机种需求数量发生较大变化，也不会使生产线停产。如果多条生产线都实行混流生产，也不会出现有的加班、有的停工的现象，如图 4.24 所示。

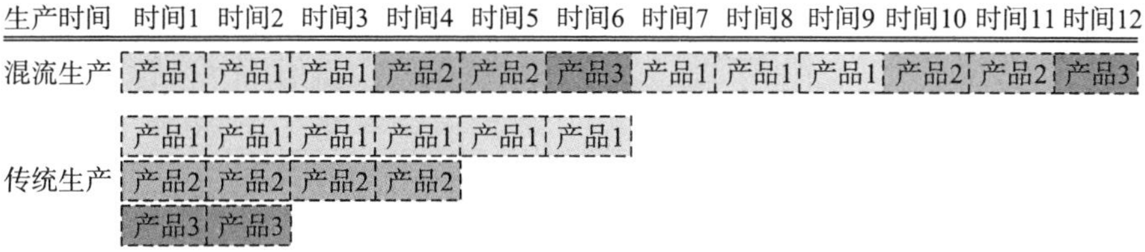

图 4.24　混流生产与传统生产产品投放示例

（五）拉动生产方式

由于传统的推动式生产只是依据生产计划力求尽快完成生产任务而不会

考虑下道工序的需要，所以非常容易产生大量的中间库存。对于现场制造而言，拉动生产则是依据需要入库出货的机种、数量和时间，由包装工序向上道工序领取产品进行包装的作业方式，从而避免了包装及上道工序产生大量库存的可能。图4.25、图4.26是常见的推动式、拉动生产方式，仅供参考。

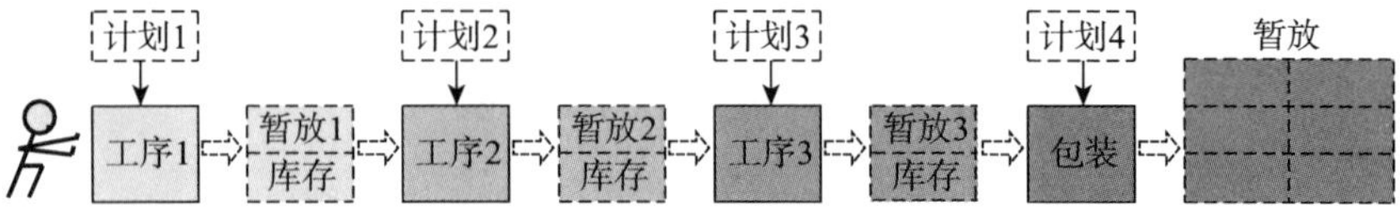

图4.25　传统的推动式生产

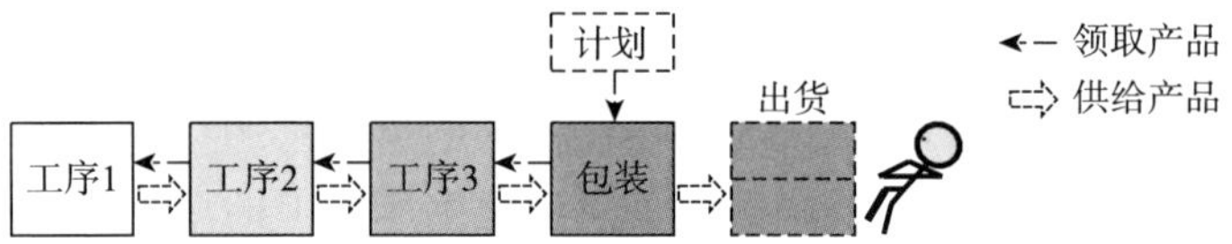

图4.26　拉动生产

上述任何一种生产方式的引进与持续改进，都将起到削减中间库存的作用。但经营决策者应充分掌握企业的实际情况，认清企业当下的技术能力和管理水平，分阶段引进适用的生产方式，并在持续改进中有计划地挑战难度更高、削减中间库存更彻底的生产方式。依据这五种生产方式对企业的要求不同，建议一般制造型企业按图4.27的路线有序实施。

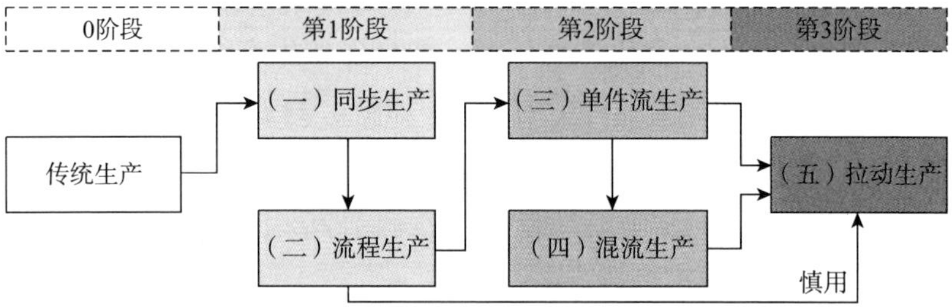

图4.27　一般制造型企业生产方式引进路线

尽管已经叙述了中间库存的成因，也明确了现场制造削减库存的几种生产方式，但经营决策者在引进某种生产方式并持续改进中仍然需要谨记如下事项：

- 真正影响生产方式成立的条件是企业当下的技术能力和管理水平，而最终左右企业选用何种生产方式的是由经营决策者的意志决定的。

● 某种生产方式是否适用本企业，与企业产品没有关系，请不要以此为借口而回避需要解决的问题。

● 如果没有正确引进并彻底实施某种生产方式，就不能以相应的生产方式在世界一流的老牌企业已达成的结果来衡量它在本企业的适用性，更不应因本企业技术和管理的不足而草率放弃对某种生产方式的追求。

最后需要提醒经营决策者的是：虽然“零库存”在一般制造型企业里难以实现，不过企业可以将之视为持续改善的追求，驱动现场制造及企业的现有技术能力、经营管理水平提升。

第五节 走制造自働化之路的一些建议

一、制造自働化导入策略

当下企业经营决策者们都在积极把握“中国制造 2025”的政策机遇，但在智能制造的具体推进过程中遇到了很多疑惑和困难。对技术、管理及资源并不是特别雄厚的一般制造型企业而言，往往会遇到如下问题：

● 没有清晰、可行的智能制造解决方案。

● 盲目对标智能制造优秀企业，“劳民伤财”且无成效。

● 不知如何选用、设计开发适用的设备，“试错”成本高昂。

● （好不容易配置的）高大上设备，并不能带来预期的效益，甚至起负作用。

● 认为智能制造只是少数精英企业才能做的“游戏”……

很显然，上述通病都是经营决策者存在认知层面的缺失而形成的。在当下经济环境及趋势下，我们毫不怀疑企业对“制造 2025”的向往和拥抱“制造 2025”的决心。那么经营决策者该如何认知本企业的智能制造，提升现场制造能力，促进企业升级呢？

结合一般制造型企业的实际情况，归纳智能制造实施的通用策略如图 4. 28 所示。

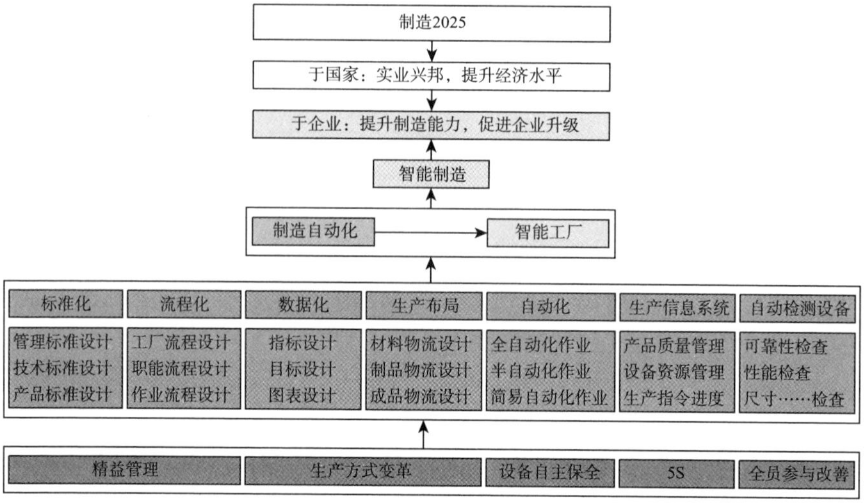

图 4.28　一般制造型企业智能制造实施策略

现场制造自働化是一般制造型企业迈向智能制造征程中的里程碑。现场制造自働化最显著、最核心的特征是：设备具备人的智慧，即设备可以自主识别不合格品，并在第一件不良品产出时自主停止生产。这种设备可以是生产加工作业与产品的 QA 检验集成于一体的，也可以是相互分开的。

在纽扣电池生产线上，电池封盖与导通测试是在一台设备上完成的。当导通测试失败时，传感器会同步通知上道工序各设备停止生产作业，直至问题解决，并在授权人员的启働下，纽扣电池生产线才恢复生产（重新启働封盖/导通测试设备——问题发出设备后，前工序各设备均会自働恢复生产），当然这已是 30 年前的纽扣电池自働化生产技术了。

由此，我们应该明白：无论是智能工厂还是智能制造，都不是“运行中没有问题”，而是构成智能工厂、智能制造的系统设备能够及时自主地发现问题、同步报告问题，并通过类似“保险丝熔断”的强制措施促成问题的及时解决，这才是实现智能工厂、智能制造的关键。

因此，在谈智能工厂、智能制造时，理性的思考决策应该是首先要实现制造自働化，图 4.28 实际上也是一般制造型企业实施制造自働化的策略路线表述。

制造自働化的底层支持是“标准化、流程化、数据化、生产布局、自働化、生产信息系统及人工智能检测设备”，而其基础则是“精益管理、生产方式变革、设备自主保全、5S 和全员参与改善”，离开这些支柱和基础去讨论制造自働化，甚至是智能工厂和智能制造是不合适的。

对于当下绝大多数的一般制造型企业，特别是中小企业而言，经营决策者应以实现制造自働化为努力目标，有序提升企业的技术能力和管理水平后，再向智能工厂、智能制造进军。如同华为、海尔、美的这样优秀的企业，其自働化水平是一般制造型企业学习的标杆。

二、制造自働化导入要点

一般制造型企业导入自働化时，经营决策者把握的第一个要点是：建立自働化导入的正确认知，如图 4. 29 所示。

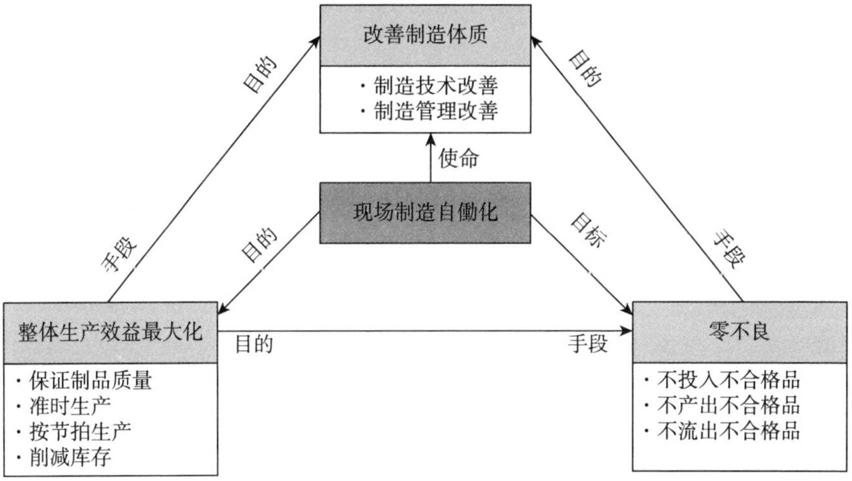

图 4. 29　现场制造自働化导入逻辑认知

①以零不良为追求目标。尽管零不良是难以实现的，但对于现场制造而言，通过自働化防止不合格品的投入、产出和流出无疑是当下最好的手段。

②以实现整体生产效益最大化为目的。导入自働化的目的是追求整体生产效益的最大化，任何局部（如某工序）效率的提升都不是其出发点，

所以经营决策者应考虑自働化的导入是否有利于各工序保障制品的质量，从而促进各工序实现准时生产、按节拍生产和削减库存。

③以拉働制造体质改善为使命。自働化的导入与运行，无疑会对现场制造提出更高的要求，现场制造应以此为契机提升技术能力和现场管理水平，进而强化制造体质，“反哺”自働化导入。

④围绕自働化，认清目的和手段，提高现场自働化导入的行政效率。现场制造自働化使命、目的的实现，是建立在自働化保障质量（零不良）的基础上的。改善制造体质是目的，整体生产效益最大化、零不良是实现手段。

尽管一次性全生产流程、全物流领域导入自働化可以快速、显著地改善制造业绩，但其前提条件是建立在图4.28的基础上，然而国内绝大多数的一般制造型企业显然不具备这样的条件。务实的方案如下：

首先，先进行生产方式变革，至少实现流程生产（含虚拟流水生产）。

其次，以具体工序或少数工序组合为单元有序导入，积累经验并同步强化制造体质。

对于现场制造而言，导入什么样的自働化设备与导入自働化这一决定同样重要。因此，经营决策者应把握的第三个要点是：不受自働化设备来源渠道（如外购或企业筹备资源开发制作）的影响，建立自働化设备的选用原则。这包括如下原则：

- 小型原则。尽量避免昂贵、笨重、占地面积大、速度过快的大型设备。
- 灵巧原则。尽量选用易切换、易移働的设备。
- 适用原则。选用能够满足产品工艺生产加工要求的设备，如设备精度、功能、性能等。
- 通用原则。尽量避免功能单一，难以改装升级的设备。
- 稳定原则。选用系统可靠度较高且能够保障工序能力（如 $Ppk \geq 1.33$）的设备。
- 经济原则。选用价格合理、生命周期较长、使用及维护成本低、投资回报率较高的设备。
- 健康原则。尽量选用操作简便、劳働强度低、不易导致职业病的设备。

● 环保原则。尽量选用污染少或没有污染的设备。

● 安全原则。摒弃可能造成作业伤害的设备。

● 质量保证原则。选用能自主识别不合格品，并自主停止运行和报警的设备。

最后，经营决策者需要注意如下两点：

一是智能工厂、智能制造一定离不开自働化的实现，但并不是说所有工序都必须实现自働化才能进行智能工厂、智能制造的建设。

二是在一般制造型企业里，采用“自动化＋自働化”的设备混搭模式也是通往智能工厂、智能制造的理性抉择。

第六节　生产班组系统建设

一、卓越生产班组的基本特征

在现场制造中，班组是最小的行政管理组织，是完成生产指令的最小作战单元，它对具体任务的效率、质量、成本、交期等负责，所以班组绩效决定了现场制造绩效。一个强大的现场制造与其班组建设息息相关，一般制造型企业所追求的卓越班组应具备如下基本特征：

①绩效优。班组的效率、质量、成本、交期、安全等管理项目应达到较高水平，如直通率 99.999%、生产计划达成率 99.9%、零安全事故。

②团队强。班组管理及成员技能过关，多能工占比高、解决问题能力强、协同度高、干劲足。

③管理细。一个高水准的职业化班组，才有可能创造和维持一个管理精细、有序、一目了然的工作职场，如物的三定三要素管理、加工过程控制标准化、4M 变化点管理、生产状态及业绩的可视化均达到了较高水平——即便是职场外的同事，也能很快掌握班组全况。这样

的职场，生产过程安定化运行，职场内的班组成员也拥有更多的学习和创造机会。

④改善多。在管理精细的基础上，班组全员每天都会注重4M1E的效率、质量、成本、交期、安全和士气的改善，一月、一年累计，就能完成大量的改善。

⑤浪费少。由于职场处于不断快速改善中，职场的管理水平、团队能力也会快速进步，而职场的规范化、标准化程度也会越来越高，如此班组内的七大浪费将会最小化（参见图4.30），班组也将取得卓越的工作绩效。

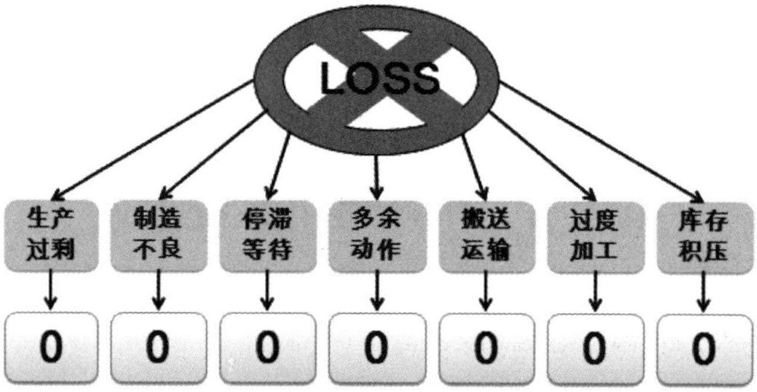

图4.30　精益生产中的七种零浪费

然而，国内一般制造型企业的生产班组，绩效往往比较低、管理比较粗放、浪费比较多，团队职业化程度也有待提高。我们与世界500强老牌企业对标，会谈到“底层”差距问题、“最后一公里”差距问题，而现场生产班组的体制差距却很少被提及，实际上正是由于生产班组体制上的差距造成了我们与世界500强老牌企业的“底层差距”。

二、卓越生产班组系统构建

进行卓越生产班组系统建设时，各企业面临的实际情况可能不尽相同，但存在图4.31的共性机制构建框架。

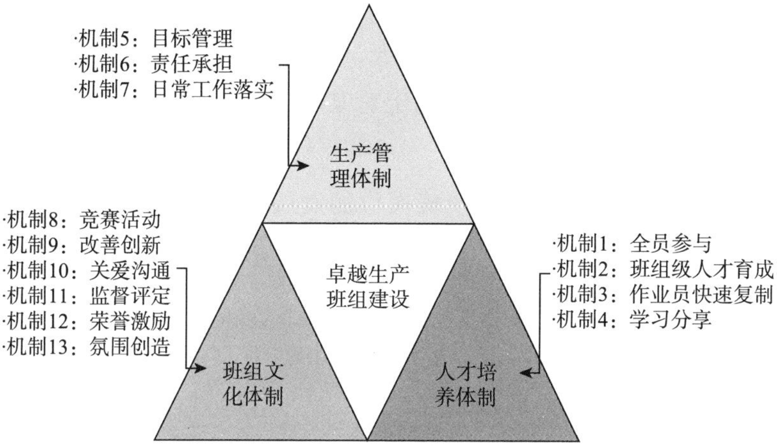

图4.31　一般制造型企业卓越生产班组系统建设架构

如图4.31所示，一般制造型企业卓越生产班组系统建设包括三大体制、十三大机制的打造。

（一）机制1：全员参与

全员参与不仅是为了发挥班组全体成员的智慧与力量，也是为了持续培养班组成员的职业工作能力和服务意识。班组成员只有参与了具体的任务、活动，才能不断纠偏并优化自身对具体事物、工作的看法、想法和行动方法，才能快速成长。全员参与机制的构建措施有但不限于如下事项：

- 正式组建班组团队，包括团队名称、Logo、口号、人员在册备案、团队行政管理规则制定。
- 团队起航，包括起航仪式、人员任命、团队授旗、团队承诺等。
- 班组活动展开，包括5S、自主设备保全、班组专案课题启动与推进等。
- 班组轮值，包括公共区域的5S维护、检查，还可以涵盖班组生产过程的巡查确认等。

（二）机制2：班组级人才育成

班组级人才育成是班组其他机制得以有效建立与运行的必要条件，它包括班组长、班组的内部讲师和班组骨干的培养。班组级人才育成机制的构建措施有但不限于如下事项：

- 制定并发布车间班组组织架构表，明确组织关系与接口。
- 车间班组岗位管理制度，确定对某个具体岗位的行政管理要求及守则。
- 车间班组岗位说明书，明确岗位的发展通道、目标、责任、权利、义务和任职资格等。
- 车间班组岗位竞聘、述职。
- 制定生产班组的内部讲师培养管理制度。
- 选定生产班组的内部讲师。
- 生产班组课程设置及培训计划制订。
- 编制生产班组的培训教材。
- 生产班组培训活动实施。
- 生产班组讲师管理，如评定、晋升等。
- 生产班组培训报告等。

（三）机制3：作业员快速复制

作业员的快速复制，不仅关系到用人成本，还能在短期内提升企业响应市场需求的能力。作业员快速复制机制的构建措施有但不限于如下事项：

- 作业员快速复制管理制度确立。
- 组建作业员训练道场。
- 作业动作分解与标准化。
- 选定教练、师傅。
- 制定作业训练大纲。
- 制订训练计划。
- 展开作业训练。
- 进行作业训练评估、考核。
- 进行作业资格评定。
- 发放上岗资格证等。

（四）机制4：学习分享

分享的目的有两个：一是固巩、提升自我；二是帮助班组内其他成员同步提升。为达成这样的目的，学习分享机制需要保证以下工作能够高质量地开展：

- 制订学习分享计划。
- 制作学习分享报告，必须结合职场中的工作事例。
- 召开学习分享会，如事例是怎样成功或失败的、事例中存在哪些不足、后续如何改善等。

（五）机制5：目标管理

生产班组卓越与否的首要衡量标准就是其所取得的工作绩效与目标之间的差距。从目标管理的角度而言，如果一个生产班组没有目标，可以认为这个班组是没有问题的。班组生产管理目标的设计与管理可参考第一关计划经营中有关年度目标所述，这里不再赘述。但在设计生产班组目标时，请结合实际情况，参考选用表4.15归纳所示的班组管理指标。

表4.15　班组常用生产管理指标

类别	期间			
	年度观察指标	月度观察指标	周观察指标	日观察指标
效率（Productiveness）	产值	设备综合效率	标准工时达成率	产线平衡率
	人均产值	单位时间人均效率	异常工时率	工时损失率
		价值工时比率		
质量（Quality）	客户（上下序）投诉件数	（上工序）退货批次	漏检批次	良品率
	失败成本	批量质量事故件数	返工批次	废品率
		直通率	4M变更管理缺失件数	工艺纪律违反件数
成本（Cost）	单位产值的制造成本	变动成木率	材料损耗金额	材料损耗率
	预算准确率		人工成本	闲置人工工时

续表

类别	期间			
	年度观察指标	月度观察指标	周观察指标	日观察指标
交期（Delivery）	延迟交付批次金额	延迟交付批次	延迟交付数量	生产计划达成率
	平均延迟交付时间	平均延迟交付时间	库存	
	平均制造周期	平均制造周期		
安全（Safety）	工伤事故件数	工伤事故件数	安全隐患件数	安全隐患件数

（六）机制6：责任承担

责任源于职责，始于承诺。基于表4.15确立的日、周、月度、年度班组管理目标，是生产班组全体成员工作意志统一的表现，每一位班组成员以目标为导向、全力以赴的职业化行为首先表现在承诺：达成管理目标、学习成长、持续改善。承诺是一种工作姿态、是一份责任担当、是一张协同契约，离开承诺，生产任务的完成、管理目标的实现就缺少了主动意愿保障。一个有效的承诺建议包括如下要素：

- 做什么？如具体的指标（见表4.15）、生产指令等。
- 目的是什么？如明白为什么而做？其价值和意义何在？
- 目标是什么？如人均产值100000元/月、良品率99.99%等。
- 责任人是谁？如班组长、作业员负责什么等。
- 何时完成？
- 奖惩如何？如任务奖金、符合劳动法律法规的过失性赔偿、表扬或致歉等。
- 谁来监督？
- 承诺人（承诺人即责任人）签认。
- 承诺可视化，如承诺看板。

责任承担的另一种表现形式是报告与反省。目标达成情况报告与反省、班组月度报告与反省、生产异常汇报与反省等。

（七）机制7：日常工作落实

所谓班组日常工作，是指为维持生产班组正常运作、取得基本工作绩效的事务。这些工作往往事关生产班组存在的价值和意义，是生产班组的基本职责和义务，也是按标准作业的一个过程。再有价值的工作，如果不能得到落实也是没有意义的，为此，生产班组日常工作落实机制的构建措施有但不限于如下事项：

- 现场生产纪律的维持管理。
- 现场基础5S问题点自查自善。
- 生产计划的进度安排、确认。
- 生产前设备、工艺点检。
- 生产原料领退。
- 不良品的处理及返工。
- 生产损耗记录确认。
- 当班生产异常确认。
- 当班生产完成统计确认。
- 班组4M（变动点）管理。
- 危险源、环境因素识别。
- 事故易发点的控制方式讨论或制定。
- 事故易发点的控制方式实施。
- 安全生产过程控制标准化。
- 安全生产检查机制运用。
- 安全生产管理评价等。

（八）机制8：竞赛活动

竞赛的本质是正面竞争，通过竞赛塑造不断向上的进取价值观，并激励班组成员不断挑战自我、实现自我。班组竞赛一般包括技能竞赛、业绩竞赛、创意改善竞赛和学习竞赛等。竞赛活动机制的构建措施有但不限于如下事项：

- 竞赛管理制度确立。
- 竞赛活动的流程和方法。
- 制订竞赛活动计划。
- 组织竞赛活动。
- 竞赛优胜评比。
- 竞赛结果展示等。

（九）机制9：改善创新

一般而言，班组工作分为日常工作（维持现有价值）和改善创新工作（提升现有价值）两种，二者是相对而言的关系。当班组的日常工作得到落实时，更重要的是进行改善创新类工作，改善创新机制的构建措施有但不限于如下事项：

- 清扫及操作工具开发管理制度确立。
- 清扫及操作工具开发。
- 清扫及操作工具开发手册整理。
- 优秀清扫及操作工具发表会。
- OPL（One Point Learn）管理制度。
- 个人OPL制作。
- OPL手册整理。
- 优秀OPL发表会。
- 改善提案制度。
- 改善提案目标设定。
- 改善提案收集管理。
- 改善提案案例集。
- 优秀改善提案展示发表会。
- 专案课题制度。
- 车间班组级课题。
- 课题小组成立及活动开展。
- 优秀课题发表会。
- 精益TPM活动制度。

- 自主保全小组成立及活动开展。
- 自主保全小组活动成果验收及授牌。
- 自主保全小组活动成果报告会等。

（十）机制 10：关爱沟通

人是班组最重要的资产，也是波动最大、最脆弱的生产要素，人对情感的需要远远超过对金钱的依赖。因此，对班组内成员的关爱与正向沟通，实际上就是维护资产、保障生产力。关爱沟通机制的构建措施有但不限于如下事项：

- 员工工作档案管理的建立。
- 讨论员工激励的方式。
- 正向员工工作关系的建立。
- 开展一人一本书的读书节活动。
- 员工感情关爱沟通（恳谈）会。
- 员工生日祝福会。
- 特殊节日关爱活动。
- 家属慰问、参观日活动。
- 郊游、聚会活动（公益、趣味活动）等。

（十一）机制 11：监督评定

人有理性、务实的一面，同样也有回避、懒惰的一面，在生产班组中往往出现的一种现象是：“（人）不会做你（上司或公司）期望的事情，只会做你检查或评价的工作。”监督评定机制的构建措施有但不限于如下事项：

- 工作监督评定制度确立。
- 案例分享评定。
- 月度之星评定。
- 心灵感悟评定等。

（十二）机制12：荣誉激励

荣誉是每一名工作者体现价值、实现自我的追求，企业应视员工的表现及时给予员工足够的荣誉奖赏。通过树典范、造明星等手段激励班组成员做好日常工作（维持现有价值）和改善创新工作（提升现有价值）。荣誉激励机制的构建措施有但不限于如下事项：

- 优秀个人评价奖励制度确立。
- 每月优秀个人评价活动开展。
- 优秀个人评价奖励活动开展。
- 给予真诚的赞誉（活用方法）。
- 星级员工奖章授予。
- 明星墙运用。
- 给星级员工的一封信。
- 星级班组评价制度确立。
- 每月星级班组评价活动开展。
- 星级班组评价奖励活动开展。
- 星级班组的奖牌授予。
- 给星级班组的一封信等。

（十三）机制13：氛围创造

氛围关乎班组的价值观、心态和士气，良好的氛围是班组生产管理、改善创新、学习成长必不可少的基础条件。氛围创造机制的构建措施有但不限于如下事项：

- 车间生产绩效看板运用，如安全、环保、品质、效率、成本、交期。
- 现场班组生产进度看板运用。
- 班组文化建设看板运用。
- 安全生产教育看板运用。
- 自主保全问题点曝光栏运用。
- 自主保全改善活动看板运用。
- 改善成果发表会开展。

- 改善之旅活动开展。
- 年度表彰激励大会开展。

建议经营决策者谨记：企业之强，在于现场制造；现场制造之强，在于生产班组；生产班组之强，在于班组的生产管理——造物，而其根基在于班组的人才培养和改善文化塑造——育人。

第五关

工厂运营，产销要均衡

现实中，很多经营决策者经常会遇到如下问题：

- 计划总是不能准确地回答客户交期，交期一变再变。
- 计划适应不了变化、生产计划与实际生产两张皮、说一套做一套。
- 每天都忙于紧急出货，需要出货的没入库、入库的很多都不出货。
- 生产过程中频繁“刹车、停车、让车”，企业运营紊乱。
- 面对客户采办人员不断的催货电话，销售人员感到无助、计划人员感到无奈、生产人员感到无辜。
- 由于订单交付期问题，客户扣款、撤单。
- 公司是否盈利与计划无关……

这究竟是什么原因，是否可以得到更有效地解决？

生产计划应发挥图 5.1 所示的六大作用。

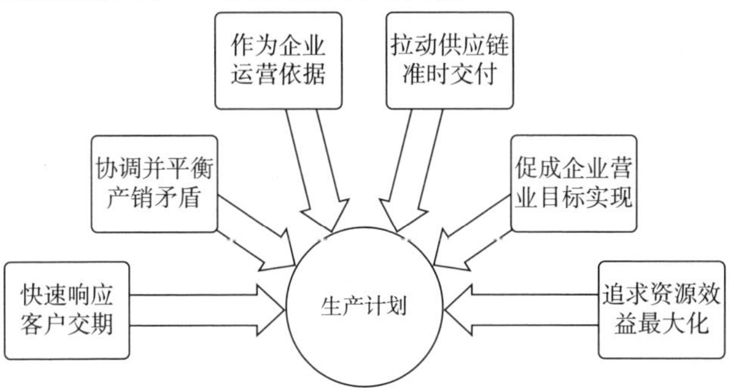

图 5.1　生产计划的作用

第一节　基于产销平衡的工厂运营

经营决策者的核心职责在于满足客户需求的同时，让企业获取更多的利润。在运营层面，经营决策者们践行职责的策略有三种：一是以销定产；二是以产定销；三是执行“以销定产+以产定销”的产销混合策略。这三种策略各有优劣，并受企业产品、所处发展阶段和内外部环境的影响而变化。无论哪种策略，都必须解决产销平衡问题。那么，工厂运营如何才能保持产销平衡呢?

一、销售需求的确立

首先，从供应角度讲，销售需求的本质是单位时间内交付产品的数量，即销售需求阐述的是什么时间、要什么产品、数量多少。回答这些问题，要求销售职能部门进行较高精度的销售预测，这是一项专业性很强的技术性工作，一般采用定量预测和定性预测相结合的混合预测方法，如图5.2所示。

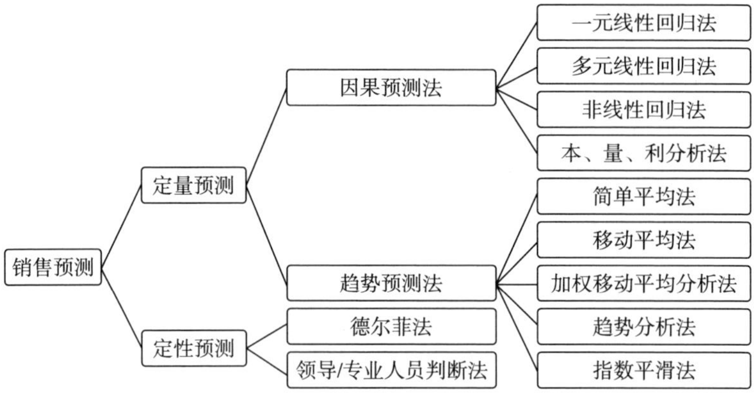

图5.2　销售预测一般常用的技术分析工具

其次，由销售职能部门依据销售预测结果制订并发布年度销售计划、季度销售计划，作为工厂备货或生产筹备的依据。

最后，当销售的产品、时间、数量可以确定时，销售职能部门应及时发出内部订单或提货通知等。至此，销售需求正式精准确立。

二、生产资源负荷核算

当生产计划部门收到销售订单或提货通知时，应及时进行生产资源与能力的确认，评估工厂满足销售需求的程度，并为相应的决策和行动措施提供指导依据，而其关键就在于生产资源的负荷计算，具体操作步骤如图 5.3 所示。

第一步　明确产品信息

· 产品类型
· 相关的生产工厂/车间/工段/工序/生产线
· 适用的工艺流程
· 适用的产能目标等

第二步　设定生产方式

· 设备/线体布局
· 管理模式
· 物料供应模式
· 过程产品的质检模式等

第三步　定义生产投入要素

· 生产班次
· 出勤时间
· 企业可应用的资源（内外部设备及人力）
· 标准作业时间
· 切换频次、时间
· 人/机/线能力损失（因管理/运营/故障/不良等造成的各种生产时间损耗）

第四步　设计计算方式

· 计算公式
· 差异修正（品种、规格、设备）
· 合格率影响等

第五步　输出计算结果

· 电子表格或IT设置
· 可变动变理（影响因子、修正系数）
· 规划求解等

图 5.3　生产资源负荷计划流程及作业要点

有关生产资源负荷的具体计算，参考如下示例：

WF 是一家集刀座产品设计开发、生产和销售于一体的刀具产业配套公司，公司的产品有A1、A2、A3、A4四大系列刀座。

①2016年10月，公司在制订2017年的经营计划过程中，业务提交的2017年销售预测信息如表5.1所示。

②工段式局、虚拟流水生产模式，简要工艺流程为备料→机加工→喷漆→组装，专人配送，随生产线巡检、全检。

③工厂实行22天/月、8小时/天、2班/天的工作制，另外每年视订单和生产任务的实际情况一般会预计13天的集体培训、出游时间。

④WF公司2017年销售预测产品的工艺及标准作业时间如表5.2所示。

⑤依据WF公司于2015年10月—2016年9月最小订单量（MOQ）、生产计划安排及切换能力评估，完成2017年销售预测需要的生产作业切换评估如表5.3所示。

⑥WF公司现有资源统计如表5.4所示。

⑦人/机/线的生产能力损失率约为15%，包括不良品、管理许可（如班前会和就餐等）、设备故障、设备性能降低等影响生产的时间损失。

求：WF公司基于现状条件的生产资源负荷率、各期间各工序的生产资源缺口如何?

解：依据上述已知条件和2017年日历，WF公司基于现状条件的生产资源负荷率、各期间各工序的生产资源需求如下：

①WF公司2017年生产资源负荷及需求，见表5.5的计算过程及计算结果。（表5.5是以人/机/线——“物”的稀缺性为观察对象计算的；而对于更注重“时间”的企业，完全可以依据表5.5的设计原理在人/机/线——“物”一定时企业所欠缺的生产时间，具体不再赘述）

②WF公司2017年各季度生产资源负荷及缺口，其计算方法同表5.5，计算结果汇总见表5.6。

③WF公司2017年各月生产资源负荷及缺口，其计算方法同表5.5，计算结果汇总见表5.7。

表 5.1　WF 公司 2017 年销售预测表

销售月份	1 月	2 月	3 月	4 月	5 月	6 月	7 月	8 月	9 月	10 月	11 月	12 月	小计
A1 刀座/个	10000	2500	5000	5000	6500	7000	3500	5000	3500	10000	12000	15000	85000
A2 刀座/个	8500	5000	3000	3000	3000	3000	20000	25000	30000	35000	20000	15000	170500
A3 刀座/个	18000	6300	20000	30000	31500	36000	36000	40000	45000	45000	35000	23000	365800
A4 刀座/个	20000	20000	20000	5000	5000	5000	15000	15000	20000	25000	25000	25000	200000
小计	56500	33800	48000	43000	46000	51000	74500	85000	98500	115000	92000	78000	821300

表 5.2　WF 公司 2017 年销售预测产品的工艺及标准作业时间表

工序名称	断料	剖料	平刨	压胶线 1	精切	开槽	打磨	压胶线 2	砂光	中检	浸油/抛光	拉补修槽	喷油/抛光	组装	抹/吹灰	全检/包装
A1 刀座/（分钟/个）	0.60	0.97	1.13	2.62	0.62	1.10	2.98	1.62	0.00	1.02	0.68	2.50	2.05	1.50	0.33	2.85
A2 刀座/（分钟/个）	0.20	0.32	0.37	0.87	0.20	0.36	1.49	0.54	0.00	0.51	0.34	1.25	0.68	1.65	0.33	3.00
A3 刀座/（分钟/个）	0.40	0.64	0.74	1.73	0.41	0.73	1.96	1.50	0.00	1.02	0.68	1.65	2.05	1.50	0.33	2.85
A4 刀座/（分钟/个）	0.40	0.64	0.68	1.05	0.41	0.73	2.96	1.35	0.46	1.32	0.68	1.85	2.05	1.47	0.30	2.85

表 5.3　WF 公司 2017 年销售预测产品的切换评估表

工序名称	断料	剖料	平刨	压胶线 1	精切	开槽	打磨	压胶线 2	砂光	中检	浸油/抛光	拉补修槽	喷油/抛光	组装	抹/吹灰	全检/包装
切换次数/（次/每天）	4	2	1	4	1	2	2	0	1	2	0	0	1	0	1	1
切换时间/（分钟/次）	15	30	10	15	10	30	10	0	25	8	0	0	20	0	30	30

表 5.4　WF 公司现有资源统计表

工序名称	断料	剖料	平刨	压胶线 1	精切	开槽	打磨	压胶线 2	砂光	中检	浸油/抛光	拉补修槽	喷油/抛光	组装	抹/吹灰	全检/包装
应用设备	断料圆锯	剖料圆锯	平刨机	M 压胶机	精切圆锯	开槽机	打磨机	Y 压胶机	砂光机	QA 中检机	抛光机	电动手锯	喷油槽	组装线	抹灰机	组装线
现有人/机/线/（台/套）	2	3	3	6	2	3	8	6	2	5	3	6	8	5	2	10

表 5.5　WF 公司 2017 年生产资源负荷及需求

车间/工序	备料车间				加工车间						油漆车间			包装车间			备注
工序及应用设备	断料圆锯	剖料圆锯	平刨机	压胶线 1	精切圆锯	开槽机	打磨线	压胶线 2	砂光机	中检站	浸油/抛光线	拉补修槽	喷油/抛光	组装	抹/吹灰	全检/包装	
①现有人/机/线（配套数量）	2	3	3	6	2	3	8	6	2	5	3	6	8	5	2	10	（1）人/机/线最大负荷率设定为 90%，保留 10%余力应对突发性工作等；（2）人/机/线：负值，表示资源过剩数量；正值，表示需求增加数量
可开动人机/线数量	2	3	3	6	2	3	8	6	2	5	3	6	8	5	2	10	
②全年可开动天数/天	253	253	253	253	253	253	253	253	253	253	253	253	253	253	253	253	
出勤班次/（班/天）	2	2	2	2	2	2	2	2	2	2	2	2	2	2	2	2	
③出勤时间/（分钟/班）	480	480	480	480	480	480	480	480	480	480	480	480	480	480	480	480	
④可开动时间/（分钟/天）	960	960	960	960	960	960	960	960	960	960	960	960	960	960	960	960	
切换次数/（次/天）	4	2	1	4	1	2	2	0	1	2	0	0	1	0	1	1	
单次切换用时/（分钟/次）	15	30	10	15	10	30	10	0	25	8	0	0	20	0	30	30	
⑤切换损耗时间/（分钟/天）	60	60	10	60	10	60	20	0	25	16	0	0	20	0	30	30	
人/机/线产能损失率/%	15.0	15.0	15.0	15.0	15.0	15.0	15.0	15.0	15.0	15.0	15.0	15.0	15.0	15.0	15.0	15.0	
⑥人/机/线可动工时/分钟	397716	604164	616814	1223508	410366	604164	1646524	1238688	406571	1028192	619344	1238688	1646524	1032240	435306	2056890	
⑦人/机/线负荷工时/分钟	311420	498839	578110	1349586	318495	567914	1616596	1078187	0	750488	500797	1359195	1450080	1257525	271881	2366280	
⑧人/机/线负荷率/%	78.3	82.6	93.7	110.3	77.6	94.0	98.2	87.0	0.0	73.0	80.9	109.7	88.1	121.8	57.1	115.0	
人/机/线允许最大负荷率/%	90.0	90.0	90.0	90.0	90.0	90.0	90.0	90.0	90.0	90.0	90.0	90.0	90.0	90.0	90.0	90.0	
⑨人/机/线缺口数量	−0.23	−0.22	0.11	1.22	−0.25	0.12	0.65	−0.18	−1.80	−0.85	−0.27	1.18	−0.15	1.59	−0.46	2.50	
产品/型号	加工数量/件	设定工艺、工步及工时/（分钟/个）															总工时/分钟

续表

车间/工序		备料车间				加工车间						油漆车间			包装车间			备注
工序及应用设备		断料圆锯	剖料圆锯	平刨机	压胶线 1	精切圆锯	开槽机	打磨线	压胶线 2	砂光机	中检站	浸油/抛光线	拉补修槽	喷油/抛光	组装	抹/吹灰	全检/包装	
A1 刀座	85000	①→ 0.60	②→ 0.97	③→ 1.13	④→ 2.62	⑤→ 0.62	⑥→ 1.10	⑦→ 2.98	⑧→ 1.62	⑨→ 0.00	⑩→ 1.02	⑪→ 0.68	⑫→ 2.50	⑬→ 2.05	⑭→ 1.50	⑮→ 0.33	⑯→ 2.85	1918167
A2 刀座	85000	①→ 0.20	②→ 0.32	③→ 0.37	④→ 0.87	⑤→ 0.20	⑥→ 0.36	⑦→ 1.49	⑧→ 0.54	⑨→ 0.00	⑩→ 0.51	⑪→ 0.34	⑫→ 1.25	⑬→ 0.68	⑭→ 1.65	⑮→ 0.33	⑯→ 3.00	2065323
A3 刀座	365800	①→ 0.40	②→ 0.64	③→ 0.74	④→ 1.73	⑤→ 0.41	⑥→ 0.73	⑦→ 1.96	⑧→ 1.50	⑨→ 0.00	⑩→ 1.02	⑪→ 0.68	⑫→ 1.65	⑬→ 2.05	⑭→ 1.50	⑮→ 0.33	⑯→ 2.85	6653902
A4 刀座	200000	①→ 0.40	②→ 0.64	③→ 0.74	④→ 1.73	⑤→ 0.41	⑥→ 0.73	⑦→ 1.96	⑧→ 1.50	⑨→ 0.00	⑩→ 1.02	⑪→ 0.68	⑫→ 1.65	⑬→ 2.05	⑭→ 1.50	⑮→ 0.33	⑯→ 2.85	3638000

备注①：需求工时（分钟）=设定工艺、工步及工时（分钟/个）之和与加工数量（件）的积；
备注②：全年可开动天数（天）=（12 个月/年）×22 天/月－11 天法定节假日，关于全年预计之 13 天出游等休闲时间，此时建议用于组织生产；
备注③：出勤时间（分钟/班）=出勤班次（2 班/天）×8 小时/班；
备注④：可开动时间（分钟/天）=出勤时间（分钟/班）×8 小时/班×60 分钟/小时/班；
备注⑤：切换损耗时间（分钟/天）=切换次数（次/天）×单次切换用时（分钟/次）；
备注⑥：人/机/线可动用工时=［全年可开动天数（天）×可开动时间（分钟/天）－切换损耗时间（分钟/天）］×［1－人/机/线产能损失率（%）］；
备注⑦：人/机/线负荷工时=设定工艺、工步及工时（分钟/个）与加工数量（件）的积；
备注⑧：人/机/线负荷率（%）=（人/机/线可动用工时）/（人/机/线负荷工时）×100%；
备注⑨：人/机/线缺口数量=［人/机线负荷率（%）－最大人/机/线负荷率（%）］×可开动人/机/线数量。

表 5.6　WF 公司 2017 年各季度生产资源负荷及缺口

工序名称		断料	剖料	平刨	压胶线 1	精切	开槽	打磨	压胶线 2	砂光	中检	浸油/抛光	拉补修槽	喷油/抛光	组装	抹/吹灰	全检/包装
应用设备		断料圆锯	剖料圆锯	平刨机	M 压胶机	精切圆锯	开槽机	打磨机	Y 压胶机	砂光机	QA 中检机	抛光机	电动手锯	喷油槽	组装线	抹灰机	组装线
现有人/机/线		2	3	3	6	2	3	8	6	2	5	3	6	8	5	2	10
人/机/线负荷率/%	一季	66.64	70.28	79.81	93.87	66.14	80.06	81.53	74.63	0.00	61.56	68.21	91.13	75.64	97.08	53.89	92.05
	二季	55.81	58.86	66.84	78.60	55.42	67.07	67.31	62.98	0.00	51.50	57.07	75.24	63.95	78.49	43.78	74.61
	三季	87.32	92.03	104.34	122.97	86.42	104.71	112.38	97.92	0.00	83.84	92.83	125.61	99.21	147.89	80.80	139.13
	四季	103.52	109.19	124.02	145.89	102.56	124.26	131.21	112.84	0.00	95.02	105.30	146.59	113.69	162.66	89.29	153.33
安全运营线/%		90.00	90.00	90.00	90.00	90.00	90.00	90.00	90.00	90.00	90.00	90.00	90.00	90.00	90.00	90.00	90.00
欠缺人/机/线	一季				0.23								0.07		0.35		0.20
	二季																
	三季		0.06	0.43	1.98		0.44	1.79	0.47			0.08	2.14		2.89		4.91
	四季	0.27	0.58	1.02	3.35	0.25	1.03	3.30	1.37		0.25	0.46	3.40	1.90	3.63		6.33

备注：某工序缺人/机/线（R）=［该工负荷率（Q）-90%］×该工序现有人/机/线数量，其中 $Q-90\%>0$。

表 5.7　WF 公司 2017 年各月生产资源负荷及缺口

工序名称		断料	剖料	平刨	压胶线 1	精切	开槽	打磨	压胶线 2	砂光	中检	浸油/抛光	拉补修槽	喷油/抛光	组装	抹/吹灰	全检/包装
应用设备		断料圆锯	剖料圆锯	平刨机	M 压胶机	精切圆锯	开槽机	打磨机	Y 压胶机	砂光机	QA 中检机	抛光机	电动手锯	喷油槽	组装线	抹灰机	组装线
现有人/机/线		2	3	3	6	2	3	8	6	2	5	3	6	8	5	2	10
人/机/线负荷率/%	1 月	66.22	69.87	79.42	93.34	65.71	79.56	81.70	72.19	0.00	59.57	66.03	91.29	72.76	95.84	53.08	90.74
	2 月	37.65	39.68	45.02	53.00	37.34	45.21	46.42	42.88	0.00	35.70	39.54	51.89	43.61	57.32	31.72	54.28
	3 月	56.67	59.76	67.82	79.79	56.28	68.11	68.30	64.71	0.00	53.03	58.74	76.36	65.86	80.72	45.02	76.74
	4 月	50.89	53.66	60.92	71.66	50.54	61.16	61.45	57.75	0.00	47.33	52.43	68.70	58.70	72.36	40.34	68.77
	5 月	55.23	58.25	66.16	77.79	54.85	66.38	66.63	62.09	0.00	50.74	56.23	74.48	62.99	77.37	43.16	73.55
	6 月	61.30	64.65	73.43	86.34	60.89	73.68	73.83	69.11	0.00	56.45	62.54	82.53	70.15	85.73	47.85	81.52
	7 月	76.63	80.75	91.56	107.89	75.86	91.90	97.92	86.30	0.00	73.57	81.46	109.46	87.53	127.84	69.98	120.39
	8 月	86.75	91.43	103.69	122.17	85.85	104.02	111.73	96.63	0.00	82.69	91.57	124.87	97.78	146.22	79.87	137.54
	9 月	98.60	103.90	117.77	138.83	97.55	118.20	127.49	110.81	0.00	95.25	105.45	142.51	112.33	169.62	92.55	159.47
	10 月	118.55	124.99	141.85	167.04	117.33	142.19	153.09	130.04	0.00	111.19	123.17	171.06	131.17	198.03	108.10	186.18
	11 月	101.78	107.35	121.93	143.43	100.89	122.20	127.95	111.59	0.00	93.50	103.61	142.97	112.59	157.09	86.44	148.27
	12 月	90.22	95.21	108.27	127.21	89.48	108.38	112.57	96.88	0.00	80.37	89.11	125.75	97.33	132.85	73.32	125.55
安全运营线		90.00	90.00	90.00	90.00	90.00	90.00	90.00	90.00	90.00	90.00	90.00	90.00	90.00	90.00	90.00	
欠缺人/机/线/%	1 月				0.2								0.077		0.292		9.074
	7 月			0.047	1.074		0.057	0.634					1.168		1.892		12.04
	8 月		0.043	0.411	1.93		0.421	1.738	0.398			0.047	2.092	0.623	2.811		13.75
	9 月	0.172	0.417	0.833	2.93	0.151	0.846	3.00	1.249		0.2623	0.464	3.151	1.786	3.981	0.051	15.95
	10 月	0.571	1.05	1.556	4.622	0.547	1.566	5.047	2.402		1.0597	0.995	4.863	3.293	5.401	0.362	18.62

续表

工序名称		断料	剖料	平刨	压胶线 1	精切	开槽	打磨	压胶线 2	砂光	中检	浸油/抛光	拉补修槽	喷油/抛光	组装	抹/吹灰	全检/包装
应用设备		断料圆锯	剖料圆锯	平刨机	M 压胶机	精切圆锯	开槽机	打磨机	Y 压胶机	砂光机	QA 中检机	抛光机	电动手锯	喷油槽	组装线	抹灰机	组装线
现有人/机/线		2	3	3	6	2	3	8	6	2	5	3	6	8	5	2	10
欠缺人/机/线	11 月	0.571	1.05	1.556	4.622	0.547	1.566	5.047	2.402		1.0597	0.995	4.863	3.293	5.401	0.362	18.62
	12 月	0.004	0.156	0.548	2.233		0.551	1.806	0.413				2.145	0.586	2.143		12.55

备注：某工序欠缺人/机/线（R）=［该工负荷率（Q）-90%］×该工序现有人/机/线数量，其中 $Q-90\%>0$。

三、产销失衡时的工厂运营策略

在实际运营中，由于受前期产能规划不合理、市场波动、内部管理变化，以及各工序标准工时不一致等因素的影响，导致企业产销不平衡是大概率事件。关于产销平衡，一般的应对策略有如下三种：

销量 > 产能时，减量销售、提高产能等。

销量 < 产能时，增加销售、缩减产能等。

销量 = 产能时，保持产销平衡运营。

（一）销量 > 产能时，减量销售的操作要点

此种情况下，减量销售策略在工厂运营中的实施要点参考图 5.4。

当销量>产能时,减量销售执行要点

减量销售的具体对象		未签合同的减量销售	已签合同的减量销售
已知或可能存在违规、侵权的产品	→	不接受订单	不接受订单
增加内外部资源的支出成本>公司预期收益时	→	不接受订单	协商撤单或减量
增加内外部资源创造的收益<公司最低收益许可值时	→	不接受订单	协商撤单或减量
内外部资源已饱和，且客户不同意延期出货或不能备货生产时	→	不接受订单	协商撤单或减量
亏损且客户不接受涨价、短期又难以改善的产品	→	不接受订单	协商撤单或减量
产品利润低于公司最低利润许可值且客户不接受涨价、短期又难以改善的产品	→	不接受订单	协商撤单或减量
回款困难或回款周期较长的客户所下订单产品	→	不接受订单	协商撤单或减量
商誉不佳或已知存在交易风险的客户所下订单产品	→	不接受订单	协商撤单或减量

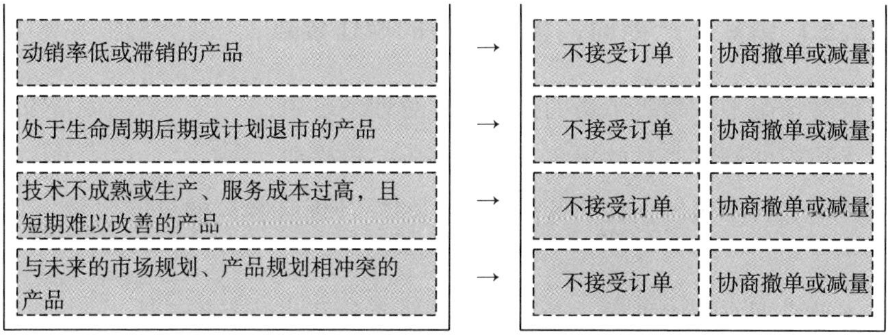

图 5.4　当销量 > 产能时的减量销售操作要点

（二）销量 > 产能时，提高产能的操作要点

此种情况下，提高产能策略在工厂运营中的实施要点参考图 5.5。

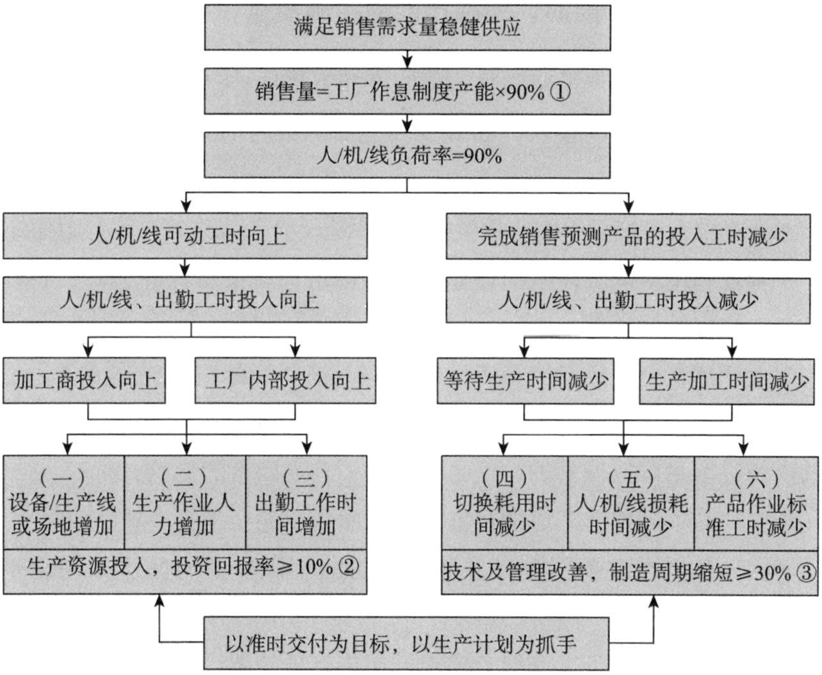

备注①：一般情况下，建议预留工厂作息制度产能×（5%~10%）作为运营余量；

备注②：如果资本的投资回报率＜10%，一般不具备产能扩张价值，但服从于企业战略的决策行为除外；

备注③：大多数情况下，通过技术和管理的改善，一般制造型企业的效率提升30%、制造周期缩短30%是完全可以实现的。

图 5.5　当销量 > 产能时的提高产能操作要点

（三）销量<产能时，增量销售的操作要点

此种情况下，增售策略的执行请注意如下事项：

- 检视并调整产品的出售价格，但不打价格战。
- 通过订单预测，提前开拓市场，如提升现有客户的订购数量、开发新客户。
- 整合现有技术平台、产品平台，快速开发并上市新产品。
- 通过质量提升、技术改造、产品线规划和服务改善（如交付周期缩短）等途径，增强客户对企业的黏性和依赖度。
- 同客户协商适量的备货生产（以客户下单为前提）。
- 促销等。

（四）销量<产能时，缩减产能的实施要点

此种情况下，减产策略的执行请注意如下事项：

- 减少生产要素的投入，如减少外发加工和内部人/机/线、出勤时间的投入。
- 严禁没有客户订单的备货生产，但服从于企业战略的决策行为除外。
- 合理利用空闲工作时间，如组织安排培训、设备保养、5S、管理制度及工作修订等活动等。

综上所述，企业经营决策者已经了解产销平衡的一般操作要领了，这对工厂的运营管理决策至关重要，但经营决策者还必须理性地认识到，绝对的产销平衡是难以做到的，这主要受如下客观因素的制约：

- 同产品不同作业工序的标准作业时间难以完全平衡一致。
- 同一条生产线不同员工、不同设备的实际作业时间难以完全平衡一致。
- 不同外部环境下，消费者需求、销售订单的波动客观存在。
- 企业在单位时间里可掌控的生产资源（含外发加工资源）是有限的等。

因此，企业决策者在确定产销平衡策略或目标值时，必须充分考虑到销售需求与产能的波动边界问题。一般制造型企业应该坚持如下基本准则：

准则1：在无法快速降低成本的情况下，经营决策者必须确保销售订单量不低于盈亏平衡产能。

准则2：经营决策者应控制销售订单量在企业正常作息产能的±10%，非特殊情况经营决策者不应长期、持续驱动企业在极限产能线上运作。

准则3：经营决策者应建设可应对市场变化的、可被企业掌控的柔性产能边界，对于当下国内一般制造型企业而言，建议经营决策者将企业可掌控的产能稳定地控制在销售订单需求的±30%左右，并作为第一阶段的经营管理指标之一（当然，不同企业实际水准相差较大，±30%并非是绝对的固定值）。

第二节　被忽视的订单评审

一、订单在供应链中的积极作用

在一般制造型企业里，很多时候，订单评审都没有获得足够的重视，导致订单没有评审、评审效果有限及评审后企业的应对措施乏力的情况比比皆是，从而给企业后续的运营及生产作业带来极大的困扰，甚至威胁到企业经营的案例也时有发生。

从供应链角度讲，一般制造型企业有两种订单：一是销售订单；二是购买订单。订单在供应链中的一般运作可参考图5.6。

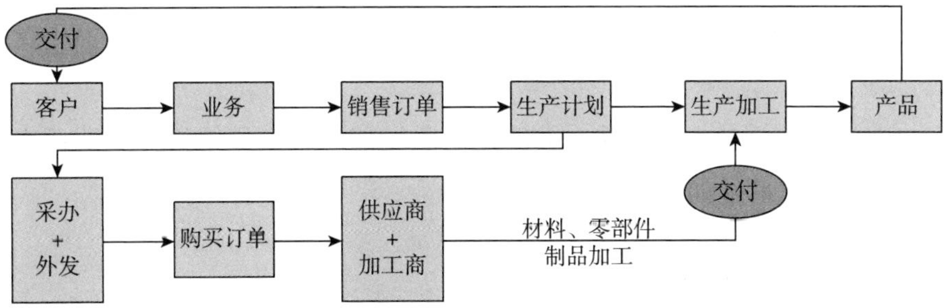

图5.6　销售订单、购买订单运作通用模型

从订单到交付，其基石是供需双方的信用度，而促成彼此信任的基本驱动因素是能力与需求匹配、责任与权力区分、合作与共赢承诺。因此，在契约经济中，供方所表现出的能力（如产能、技术水平、准时交付）、可以担当的责任（如违约赔偿、质量保证、产品召回）和已经做出的承诺是需方下达订单的前提条件；而需方的现有能力（如订单量、付款方式、品牌价值）、愿意担当的责任（如撤单赔偿、资源支持、培训辅导）和可以做出的承诺是供方承接订单的基础。订单在交易过程中的积极作用如图5.7所示。

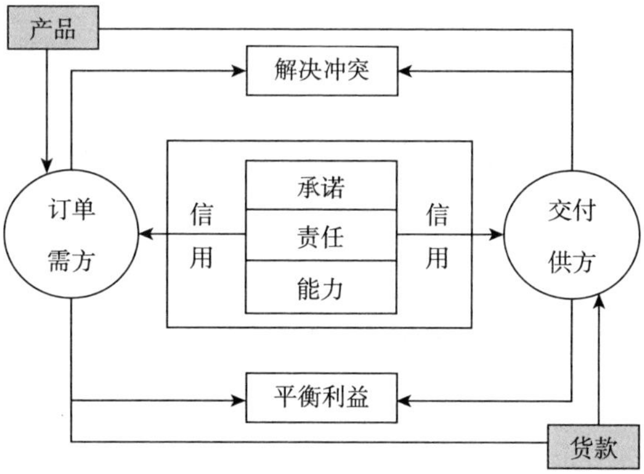

图5.7 订单在供应链中的积极作用

至此，企业必须深刻认识到订单的严肃性，并建立长效机制对销售订单的承接与购买订单的下达进行充分、有效地评审，确保企业或供方能够满足订单的需求，并为企业的高效运营和安全经营创立条件。

二、销售订单评审要点

在销售订单正式签订前，工厂计划职能部门应主导销售订单的评审，具体评审要点简述如下：

（一）客户信誉评审

新客户或客户发生重大组织、财务、市场等变动时，企业应于销售订单签订前对客户的信誉度进行评审，评审用表请参见表5.8，但评审应注意如下要点：

- 客户的营业执照与经营范围。
- 客户的行业地位及影响力。
- 客户的组织股权及治理结构。
- 客户的经营决策者的价值观、经营策略、能力和背景。
- 客户的主要市场及业绩。
- 与订单相关项目的发展前景或趋势。
- 客户的银行信用度。
- 客户的财务支付能力。
- 企业的应对措施是什么？

（二）法律法规评审

- 产品销售地适用的法律法规。
- 产品制造地适用的法律法规。
- 国际适用的法律法规。
- 客户要求满足的法律法规。
- 是否有与既定要求描述不一致的地方？
- 企业是否可以满足订单的法律法规要求？
- 企业的应对措施是什么？

（三）技术评审

- 产品是否已经获得了客户的正式批准？
- 产品设计开发工作是否已经完成，如产品图纸、加工图纸、组装图纸等是否已经完成？
- 过程设计开发工作是否已经完成，如工艺流程、控制计划、SOP、SIP、模具等是否已经完成？
- 客户对产品的历史反馈如何？
- 订单是否有与既定要求（如客户签发的产品认可书）描述不一致的地方？

表 5.8　客户信誉度评估表

×××集团·客户信誉度评估表					
一、客户基本信息（业务经理填写）					
客户名称			法人代表		
所属区域			执行总裁		
具体地址			联络人		
行业产品			联络方式		
年营业额					
二、信誉评估记录（业务经理填写）					
评估项目		评估内容	标准分	实际得分	备注
财务资产①	土地	□自有：面积________平方米，□无抵押□已抵押；	××		
		□租赁：面积________平方米；	××		
	厂房	□自有：面积________平方米，□无抵押□已抵押；	××		
		□租赁：面积________平方米；	××		
	设备	□自有　□租凭　□其他	××		
	贷款	□无贷款□有贷款：________万元；	××		
（权重：20%）		小计	100		
财务付款②	是否现金付款	□是　□部分现金付款　□非现金付款	××分		
	支票付款	□是　□部分现金付款　□非现金付款	××		
	付款周期	□30 天　□60 天　□90 天　□120 天　□120 天以上	××		
	付款准时率	□很好　□好　□一般　□差　□较差	××		

续表

财务付款②	财务纠纷	□无	××		
		□有纠纷：□经常　□偶尔　□较少　□特殊个案；	××		
	累计欠款	□有：平均每月待付尾款为______万元　□无；	××		
		□有：目前待付尾款为______万元　□无；	××		
（权重：70%）		小计	100分		
合同守信③	订单更改	□经常　□偶尔　□较少　□特殊个案	××分		
	紧急插单	□经常　□偶尔　□较少　□特殊个案	××		
	价格调整	□经常　□偶尔　□较少　□特殊个案	××		
	收退商品	□经常　□偶尔　□较少　□特殊个案	××		
	补赠要求	□经常　□偶尔　□较少　□特殊个案	××		
（权重：10%）		小计	100		
三、×××集团______子公司的意见					
□不建议交易　□继续观察，但先不交易　□可交易				业务经理/日期：	
□不建议交易　□继续观察，但先不交易　□可交易				财务经理/日期：	
□不建议交易　□继续观察，但先不交易　□可交易				总经理/日期：	
四、×××总部备案建议					
关于营销风险的建议：				营销总监/日期：	
关于财务风险的建议：				财务总监/日期：	
□可交易，授信额为__________万元内；□不可交易。				总经理/日期：	

- 企业是否可以满足订单的技术要求？
- 企业的应对措施是什么？

（四）质量要求评审

- 客户对产品的外观、尺寸、功能、性能、寿命、安全及环保等要求。
- 客户对产品的检验与测试条件要求。
- 客户对产品的验货安排要求。
- 客户对产品的检验方案要求。
- 客户对产品的历史反馈如何？
- 订单是否有与既定要求（如客户签发的产品检验标准）描述不一致的地方？
- 企业是否可以满足订单的质量要求？
- 企业的应对措施是什么？

（五）交期评审

- 是否符合约定的交付周期？
- 需要投入多少生产资源（未来的产能目标）？
- 有多少生产资源可以投入（当下工厂可掌控的实际产能）？
- 需要增减多少生产资源（未来工厂产能需要提升多少）？
- 物料及组件的供应情况？
- 按订单交期，最经济的预排产方案是什么？
- 按订单产品、数量，企业产销平衡最大化及投入成本最低化的交付时间是什么？
- 企业的应对措施是什么？

（六）供需权责评审

- 客户界定的供需权责是否合理？
- 客户界定的供需权责，企业能否接受？
- 企业的应对措施是什么？

（七）付款条件评审

- 付款方式。
- 付款周期。
- 结算条件。
- 支付币种。
- 支付方式。
- 企业的应对措施是什么？

（八）价格评审

- 是否符合约定价格（如供需双方签认的报价单）？
- 订单对于法律法规、产品技术（含包装）、质量要求、交期、供需权责及付款条件的要求是否会增加既定成本？
- 企业的应对措施是什么？

（九）订单的有效性评审

- 供需双方的名称、落款是否有效？
- 订单产品的名称、规格、型号是否错误？
- 表达是否有歧义？
- 是否有未经确认的修订？
- 企业的应对措施是什么？

三、购买订单评审要点

在购买订单正式下达前，企业应对其进行评审，使购买风险得到识别、应对和管控。

（一）供应商信誉评审

对于新供应商或供应商发生重大组织、财务等变动时，企业应于购买订单下达前对供应商的信誉进行评审。评审应注意如下要点：

- 供应商的营业执照与经营范围。
- 供应商的组织股权及治理结构。
- 供应商的经营决策者的价值观、经营策略、能力和背景。
- 供应商的主要客户、供应商。
- 供应商的银行信用度。
- 供应商的财务状况。
- 企业的应对措施是什么?

（二）供应商完成订单的能力评审

- 是否为本企业的合格供应商?
- 供应商提交的样件是否通过了本企业的批准?
- 供应商是否经过了小批量试产，其产品是否通过了本企业的检验与测试?
- 供应商提交的质量控制计划、检验与测试标准是否获得了本企业的认可?
- 供应商的技术能力与水平如何?
- 供应商的历史交付质量表现。
- 供应商的历史交付货期表现。
- 供应商的审核结果（企业对供应商进行的正式外部审核，如供应商质量管理体系审核等)。
- 供应商的生产资源负荷现状或最新有效产能。
- 购买订单将占用供应商的生产资源数量或产能。
- 供应商有关本购买订单的生产计划或交期保障承诺。
- 供应商保障质量、交期及服务水平的价格。
- 企业的应对措施是什么?

订单评审后，由计划职能部门将评审结果做成“销售订单评审结果表”（请参考表5.9）并呈报批准后发布，指导各职能部门后续工作的展开。

表 5.9　销售订单评审结果表

<table>
<tr><td colspan="7">×××系列产品销售订单评审结果表　　序号：</td></tr>
<tr><td colspan="7">客户名称：　　订单号码：　　交付日期：　　评审时间：</td></tr>
<tr><td colspan="2">销售订单评审项目</td><td colspan="5">评审结果</td></tr>
<tr><td rowspan="12">客户信息</td><td rowspan="3">（1）客户背景及信誉</td><td colspan="5">□品牌商　□生产商　□代理商　□促销商</td></tr>
<tr><td colspan="5">□信誉优良　□信誉良好　□信誉一般　□信誉不好　□信誉差</td></tr>
<tr><td colspan="5">□一级市场　□二级市场　□三级市场　□其他市场　□主要市场______</td></tr>
<tr><td rowspan="2">（2）返单能力</td><td colspan="5">□同类产品营销能力：￥______万元/年、______支&套/年</td></tr>
<tr><td colspan="5">□前期分配于我司的订购金额：￥______万元/年、______支&套/年，占营销能力：______%</td></tr>
<tr><td rowspan="3">（3）质量要求</td><td colspan="5">□一级水准　□二级水准　□三级水准　□其他：____________</td></tr>
<tr><td colspan="5">适用的法律法规□世界　□国家　□地区　□行业：____________</td></tr>
<tr><td colspan="5">□关注焦点：</td></tr>
<tr><td>（4）交货周期</td><td colspan="5">□首单（新品）：___天　□返单（包装更改）：___天　□返单（包装更改）：___天</td></tr>
<tr><td rowspan="2">（5）合作要求</td><td colspan="5">□船头板：______支/套，在______阶段提供</td></tr>
<tr><td colspan="5">□验货：生产完成______%、抽样方案</td></tr>
<tr><td colspan="6">业务主管：　　市场总监：</td></tr>
<tr><td rowspan="4">产品转化</td><td>（6）产品名称</td><td>（7）工艺流程及作业要点摘录</td><td>（8）BOM</td><td>（9）图纸</td><td>（10）模具</td><td>（11）工装</td></tr>
<tr><td></td><td></td><td></td><td></td><td></td><td></td></tr>
<tr><td></td><td></td><td></td><td></td><td></td><td></td></tr>
<tr><td colspan="6">工程经理：</td></tr>
</table>

续表

销售订单评审项目		评审结果								
质量控制	（12）控制计划	新增：□不需要 □需要；更新：□不需要 □需要；预计完成时间： 年 月 日 时								
	（13）检验标准	新增：□不需要 □需要；更新：□不需要 □需要；预计完成时间： 年 月 日 时								
	（14）检验设备	新增：□不需要 □需要；更新：□不需要 □需要；预计完成时间： 年 月 日 时								
	（15）质量人力	新增：□不需要 □需要；更新：□不需要 □需要；预计完成时间： 年 月 日 时								
	品管经理：									
批量生产	（16）作业指导书	新增：□不需要 □需要；更新：□不需要 □需要；预计完成时间： 年 月 日 时								
	（17）模具/工装	新增：□不需要 □需要；更新：□不需要 □需要；预计完成时间： 年 月 日 时								
	（18）设备/产线	新增：□不需要 □需要；更新：□不需要 □需要；预计完成时间： 年 月 日 时								
	（19）作业人力	新增：□不需要 □需要；更新：□不需要 □需要；预计完成时间： 年 月 日 时								
	生产经理：									
供应	（20）所需主材	铸件	钢材	钉米	手柄	塑料	油漆	包装物	刀座	
	（21）回货时间									
	采购经理：									
计划	（22）订单节点	投料开始			外发回货			抹刀完成	包装完成	客户验货
	（23）节点时间									
	计划经理：									
批准	（24）指示 □承接此销售订单； □不承接此销售订单，请：__________。董事总经理：									

从企业管理角度而言，销售订单评审、购买订单评审的直接指向是：企业接单和下达订单给供应商的“依据”问题，不仅涉及企业的风险管控，还涉及企业价值的源头管理，需严肃对待。

第三节　生产物料的筹备与配送

当销售订单评审完成后，经营决策者确定承接某个销售订单时，工厂各职能部门围绕客户订单实现的运营就会按相应程序制度自主启动。事实上，在一般制造型企业，特别是在相当一部分的中小制造型企业里，常常遇到生产物料迟滞的情况，给工厂及生产的正常运营带来极大的困扰，生产计划的成立和达成也就成了一个“玩笑”。

因此，在展开生产计划的讨论之前，非常有必要谈谈生产物料的筹备问题。中小制造型企业遇到生产物料迟滞的“顽疾”，主要表现在如下几个方面：

- 生产计划安排的投产时间到了，但物料迟迟未来。
- 订单已经按生产计划准时投产，但物料时常短缺。
- 上线的物料是错的，生产被迫等待更换。
- 上线的物料不良率高，生产难以应用。
- 现场物料过多，造成管理困扰。
- 仓库物料积压、变质……

这些物料供应异常往往给企业的效率、成本、交期及士气带来极大的负面影响，归结起来有企业的内部管理因素，也有供应商甚至客户等外部因素，但终究是企业自身的管理因素。当企业承接客户订单后，应当如何筹备生产物料才能支持生产计划的成立和达成呢？

对于一般制造型企业而言，筹备生产物料通常是由物控主导、各职能部门分工合作完成的，是一项精准、缜密、有序的运营管理工作，具体参见图 5.8。

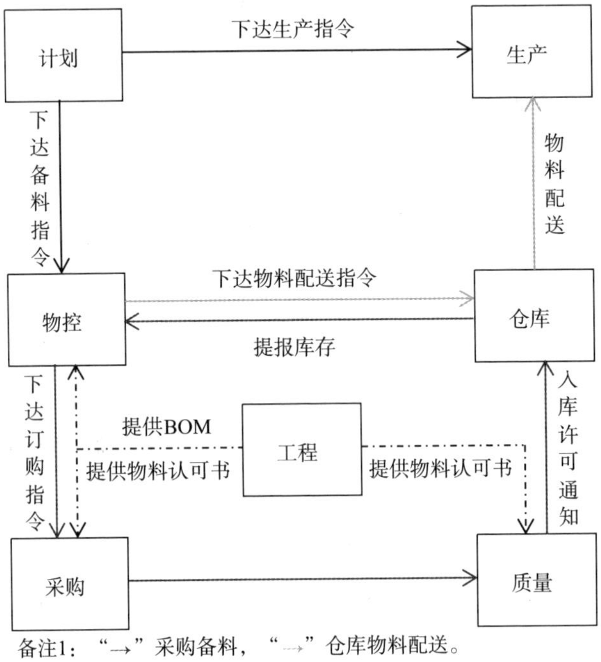

图5.8　各职能部门在备料中的作用及工作任务

一、采购备料

当设计开发定型工作完成、工厂承接销售订单后，此时计划职能部门一般会将销售订单纳入预排生产计划，采购备料工作就应该启动了。在一般制造型企业里，预排生产计划通常是指次月的生产计划，当然也可以是季度或周预排，不同企业需视具体情况而定。

采购备料应遵循如下几个常用原则：

原则一，不多订、少订、错订物料。

原则二，不迟订物料。

原则三，不订低于质量标准要求或明显优于质量标准的物料。

原则四，不订运输距离过于遥远的物料。

原则五，不订交付时间无法保证的物料。

原则六，不订价格过低或订单利润难以承受的物料。

原则七，不过早地回料、收料。

关于产前筹备物料的具体操作步骤及要点如下：

第一步，确定或检视更新物料等级。

战略物料，如短期内难以替代、价格昂贵、获取渠道有限、交付周期长的物料，这种物料在企业通常呈现的特征是用量不多，但耗用的采购资金非常多。

重要物料，是构成产品不可或缺的重要材料、零部件等，这些物料的临时变更一般会对产品质量产生一定的冲击，但用量一般较大、耗用的采购资金却比较少。

一般物料，虽然参与产品的构成，但对产品预期功能、性能的实现没有太大的影响，这些物料用量通常非常大、耗用的采购资金却最少。

战略物料、重要物料和一般物料在一般制造型企业里所呈现的特征可参见图 5.9。

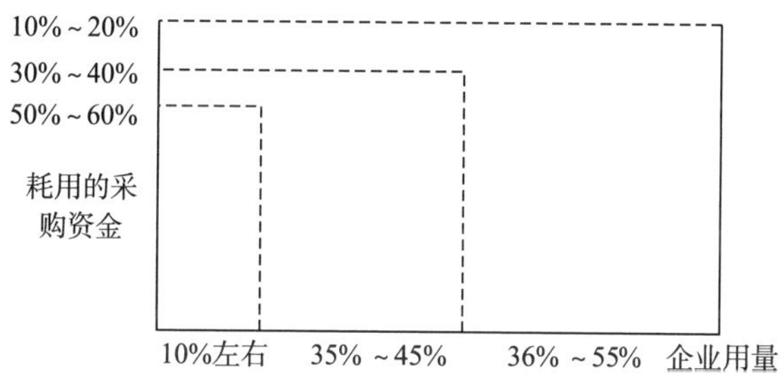

图 5.9　战略物料、重要物料及一般物料的特征

第二步，制定或检视更新各类物料的供应周期标准。具体请参见表 5.10。

第三步，依据销售订单预测、物料供应周期标准，制定战略物料所必需的安全库存、最高库存及请购点，但需要注意的是重要物料、一般物料通常不备库存。

第四步，依据预排生产计划、BOM（参见表 5.11）核算生产计划物料需求量。

第五步，查询并扣减库存可用物料（物料已知是合格的，或经过较为经济的处理后可达到预期的应用效果）。

表5.10　物料采购周期标准

等级	类别/品名/规格/要求		国家/厂商/代码	起订量/(Pcs/kg)	正常周期/天	紧急周期/天	最小送货批/(Pcs/kg)	送货频率/(次/天)
战略物料	进口钢材	DIN　1.4116	德国	60000	180	120	60000	自提
		420J2	日本	20000	120	90	20000	自提
		大大马士革	日本	10000	120	90	10000	自提
重要物料	铸件	常规	×××、××	可配合	15	11	可配合	可配合
		促销	××、××	可配合	11	11	可配合	可配合
	国内钢材	3Cr13（不改扎）	××、××	可配合	5	3	可配合	可配合
		5Cr15MoV（改扎）	××、××	可配合	10	7	可配合	可配合
	木柄	彩木柄	××	可配合	20	16	可配合	可配合
		G10柄	××	可配合	20	16	可配合	可配合
		原木柄	××、××	5000	18	13	5000	1
	塑料	常规：PP－Z30S/ABS－757/ABS－709	××、××	可配合	3	2	可配合	可配合
		橡塑：TPE20560/TPE－20560－2/vcn－ta60s	××、××	500	7	5	500	1
		加纤：GRABS－130/4520＋30%玻纤	××、××	200	7	5	200	1
一般物料	钉米	常规	××、××	可配合	7	5	可配合	可配合
		需车或太阳面	××、××	可配合	12	10	可配合	可配合
	锌合金	锌合压铸件	××	可配合	15	10	可配合	可配合

表 5.11 一般制造型企业常用 BOM

产品型号：LJ－×××× 应用阶段：D－BOM														
部件	层级	部番（SFX）						部品编号（PN）	台当用量	部品名称（英语）	新规共通	图纸有/无	业种	试作要/否
主体	1	APV010012						APV010012	1	MAIN FRAME SECTION				
主体	2		APV011001					APV011001	1	MAIN FRAME SECTION：ASS'Y				
主体	3			APV011001				APV011101	1	MAIN FRAME SECTION：SUB-ASS'Y				
主体	4				APV011081			APV011081	1	SIND PLATE：MACHINE OR COPIER：LEFT	新规	有	PR	要
主体	4				APV011051			APV011051	1	SIND PLATE：MACHINE OR COPIER：RIGHT	新规	有	PR	要
主体	4				APV011102			APV011102	1	FRAME：MACHINE OR COPIER：ASS'Y				
主体	5					APV011052		APV011052	1	FRAME：MACHINE OR COPIER	新规	有	MO	要
主体	5					APV011067		APV011067	1	TERMINAL：DISCHARGE BRUSH	新规	有	PR	要
主体	5					APV011103		APV011103	1	DISCHARGE BRUSH：TRANSFER：ASS'Y				
主体	6						APV011072	APV011072	1	DISCHARGE BRUSH：TRANSFER	新规	有	PU	要
驱动	4				APV011183			APV011183	1	CASE：DRIVE	新规	有	MO	要
驱动	5					APV011187		APV011187	1	SPRING：DRIVE：FUSING	新规	有	WD	要
驱动	4				04513008B			04513008B	4		共通			
驱动	3			APV011131				APV011131	1	Motor：ASS'Y				
驱动	4				APV011177			APV011177	1	STEPPING MOTOR：DRIVE：SUB-ASS'Y	新规	有	EZ	要
驱动	5					APV011176		APV011176	1	STEPPING MOTOR：DRIVE	新规	有		
驱动	5					APV011175		APV011175	1	GEAR：STEPPING MOTOR	新规	有		

续表

部件	层级	部番（SFX）				部品编号（PN）	台当用量	部品名称（英语）	新规共通	图纸有/无	业种	试作要/否
驱动	4				04513006B	04513006B	2		共通			
外装	3			04513008B		04513008B	2		共通			
外装	2		APV011259			APV011259	2	GRIP：EXTERIOR	新规	有	MO	要
外装	2		APV011261			APV011261	1	COVER：USB SUPPORT	新规	有	MO	要
外装	2		04513008B			04513008B	1		共通			要

第六步，依据物料需求核算底稿（完全可于 IT 系统中完成）确定采购数量，具体参见表 5.12。

表 5.12 物料需求核算底稿

×××订单物料需求核算底稿													
预排生产计划				BOM					请购需求				
生产计划编号	产品系列	品名规格	生产数量	物料编号	物料名称	型号规格	标准用量	损耗率	实际生产用量	库存良品数	安全库存	采购周期	需请购数量

第七步，依据合格的供应商目录、物料或零部件联合开发认可书、购买订单评审结果确定物料供应商。

第八步，依据预排生产计划、销售订单评审结果表与供应商确定可靠的物料回料计划，这包括但不限于供应商同步提交支持回料计划的内部生产计划安排等。

第九步，向供应商下达采购订单并获得其确认、回传（可以在 IT 系统中完成等效的契约手续）。

第十步，定期、不定期地确认供应商的备货进度，包括但不限于确认其生产报表、质量记录、现场监察等。

第十一步，确认仓库收货情况，包括但不限于供应商的送货时间、数量、来料质量状况等。

第十二步，协助供应商及时处理影响回料计划达成的管理、技术、质量等问题，包括但不限于对供应商进行辅导、培训和不合格物料的处理。

第十三步，当供应商在生产或供货中出现无法及时解决的异常而影响回料计划达成时，应及时向本厂生产计划职能部门通报并立即采取补救措施，最大限度地降低对生产计划的影响，包括但不限于启动备份供应商供货等。

二、仓库物料配送实施要点

当周生产计划发布后、日冷冻生产计划实施前，仓库就需要按生产计划需求配料、送料给现场制造了。看似简单的物料出库作业，但在很多制造型企业里却没有得到较好的筹划、组织、控制，以至于仓库无料可发、有料发不出、发错料等问题频出，严重影响生产计划的成立和达成。

关于仓库配送物料的作业原则及总体要求可以简洁地概括为：

在保证安全和方便后、工序作业的前提下，根据生产计划的指令、小批量、多批次、成套、准时、定点、喂送合格的物料或零部件。这样的物料配送原则及要求，实际上是对传统的仓库管理发出挑战，要求仓库管理向物料控制中心的角色转变。

关于仓库物料配送的具体操作步骤及要点如下：

第一步，建立仓库备料区，备料区可分为第一天、第二天、第三天生产用物料，也可以分为早班、中班、晚班用物料，具体参见图5.10。

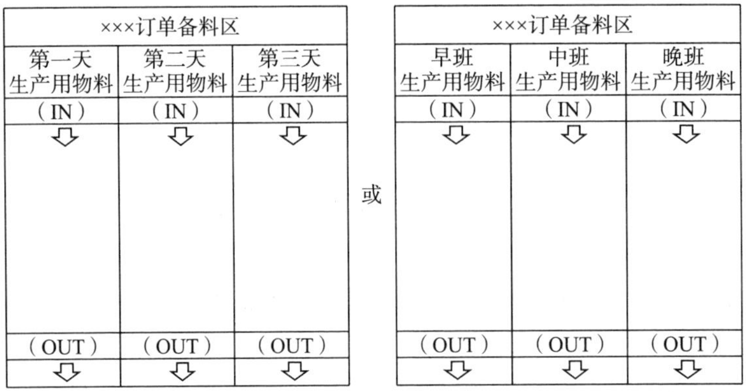

图5.10　仓库备料区示意图

第二步，依据工厂平面布置图、车间布局图、生产线布置图、工艺流程图、生产排线图，明确物料配送路线和具体作业工序所需物料的喂送点。

第三步，依据物料多少、大小、类别及属性等选取或开发适用的运送工具。

第四步，仓库依据周生产计划、日冷冻生产计划及BOM备三天或三个生产班次的物料，备料次序应与计划安排保持一致，即先备当日当班生产所需的物料，再备次日次班所需的物料，以此类推。

第五步，仓库及时向计划、物控、生产线通报备料进度及所遇到的问题，在寻求相应的职能部门给予备料支持的同时，提出计划变更建议。

第六步，制订物料配送计划，具体参见表 5. 13。

表 5. 13　物料配送计划看板

L361 组装线物料配送计划看板

L361 线长：张 × ×　　　　　联系电话：

配送日期：2018 年 3 月 16 日

订单号码	生产指令	物料品称	物料编号	配送时间	配送数量/PCS	配送地点	喂送点	配送员
AM201801016	JH201803067B	铝压铸合金面板	YL003017	AM8：00—10：00	100	L361 线，1#物料暂放区	ZP06 工序，装面板	李 × ×
				AM10：00—12：00	80			李 × ×
		12W 灯条	EL201069	AM10：00—11：00	10			高 × ×
				AM10：00—12：00	80			高 × ×
		导光板	DB363501	AM10：00—11：00	100			刘 × ×
				AM10：00—12：00	80			刘 × ×

第七步，依据物料配送计划将产线所需的合格物料准时送达指定地点，确保产线不待料、不停工。

最后，经营决策者应注意如下三点：

一是物料筹备与配送似乎是老生常谈，看似简单，但在绝大多数制造型企业里，实施情况并不好（绝非只有中小企业）——不符合本节所主张的“仓库配送物料的作业原则及总体要求”。

二是采购、仓库进行物料的筹备与配送并不是一个孤立、机械的作业活动，除了物控职能的健全、仓库职能的转型及经营决策者必要的关注外，应将物料的筹备与配送提升到供应链与实物流的角度给予管理和改进。

三是仓库物料配送实际上是一个极其考验企业内部管理基本功的作业，它检视的是企业识别价值、控制浪费和优化信息流及物流的能力，经营决策者不能因为繁忙而忽略了这一价值管理洼地。

第四节　基于高铁列车时刻表的三天执行计划编制

当经营决策者在企业运营策略上注重产销平衡、销售订单得到充分评审与应对、设计开发工作如期完成、物料供应又有保障时，生产计划就已经具备了必要的生存环境。此时，经营决策者需要思考的是：什么样的生产计划才能更经济地达成客户的交期要求？在做这样的思考前，不妨先回顾一下我国高铁是如何运行的。

一、来自高铁列车时刻表的启发

当下，高铁是我国高科技名片之一，也是当今世界上先进运营管理模式的典范。那么，高铁的运营优势是如何实现的？一般制造型企业的经营决策者又可以从中得到哪些启呢？具体参见图 5.11 的简要剖析。

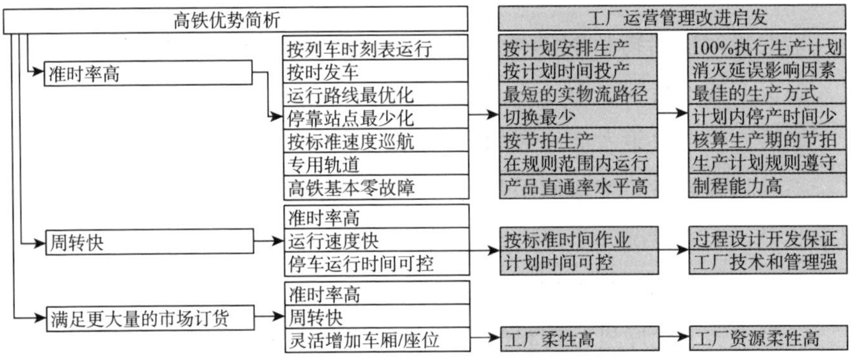

图 5.11　来自高铁的工厂运营管理改进启发

从图 5.11 可以看出，高铁的核心优势就在于可以按照既定的“列车时刻表”运行。高铁列车时刻表不仅是各高速铁路公司满足乘客出行的重要运营管理工具，也是乘客心中准时和效率的代名词。实际上，各高速铁路公司一旦制定了“列车时刻表”——生产计划，那么整个公司所能掌控的内外部资源——乘务员、列车、轨道、后勤等均会无条件地支持并服从于“列车时刻表”的安排进行有序运营，直至将旅客准时（以分钟为精度计算单位）地送达目的地。

其实，类似于高铁列车时刻表的运行安排，在飞机、汽车、绿皮火车及轮船的运输生产中早已有之，在一般制造型企业的订单生产安排、项目管理中也早已有之，但为何只有在高铁系统中才得到精准执行呢？这是值得经营决策者们思考和反省的话题。经营决策者只要细心观察、认真体悟，必能发现高铁运营的更多优势和可供学习、借鉴之处。

至此，一般制造型企业的经营决策者应在高铁列车时刻表的启发下，建立有关生产计划的如下重要认知：

认知 1，销售订单的准时交付、货物的快速周转和营业额的提升都有赖于生产计划的拉动。

认知 2，生产计划对工厂运营管理的强大拉动作用，离不开生产计划的顺畅运行。

认知 3，生产计划的顺畅运行，除了必要的生存环境创建外，还需要对影响生产计划编制的因素进行必要的管理，确保生产计划具有较高的可执行性。

二、管理影响生产计划编制的因素

在一般制造型企业里，普遍存在一个本末倒置的错误认知——持续纠结生产计划编制的本职工作，而鲜少对生产计划所在的生存环境和影响生产计划编制的诸多因素进行管理和改善，以至于生产计划无论如何编制都难以达成，销售订单的交付期更是没有保障。其实，当企业建立起良好的生产计划生存环境，管理并消灭了影响生产计划编制的因素时，生产计划编制本身就是一项极为简单的工作——在设定的 IT 软件程序中就可以自动计算生成了。

因此，所谓的生产计划编制难题其实也就是如下两个问题：

一是企业受限于自身当下的管理和技术能力而无法建立一个良好的生产计划环境，也不能对影响生产计划成立和达成的各项因素进行有效管理和改善。

二是经营决策者难以获取一套适用于本企业的生产计划IT系统，尽管市面的ERP、MRP_{II}、APS等IT软件早已问世，但并非为某个具体的企业量身打造，而很多声称能够为企业定制的IT软件又往往不能协助企业建立生产计划所需的运营环境，帮助企业有效管理和改善影响生产计划达成的诸多影响因素。

在进入生产计划编制阐述前，下面将着重对影响生产计划编制的关键因素进行讨论。

（一）生产计划类型影响生产计划的编制

一般制造型企业与高速铁路公司虽然同属实体经济，但毕竟存在行业不同、产品不同等差异点，为确保企业生产计划的可执行性，二者就生产计划类型的选择与编制也不完全一样，即便是同为制造行业的不同企业，其生产计划也可能有所不同。基于行业、产品、工艺和销售特点区分的生产计划类型，请参见表5.14。

表5.14　按行业、产品、工艺和销售特点区分的生产计划类型

生产计划类型	代表企业	产品特点	工艺特点	销售特点	生产计划关注点
交付生产计划	航空 铁路	同质化、品种少	连续型、流程性、设备通用	订单生产、市场份额庞大	到站时间
数量生产计划	自来水厂 发电厂 炼油厂	基本同质化	装置型	市场份额庞大	生产能力
进度生产计划	造船厂 飞机总装厂	大型、单件	集成总装	订单生产	进度要求
加工生产计划	电路板工厂 密封材料厂 钣金工厂	多品种，批量大小不一	离散型、多工序、设备通用	库存补货、订单生产	客户满足率（工艺、设备）、资源利用率（关键设备利用率）
复合生产计划	汽车制造厂 视频设备厂 显示模组厂 UPS电源厂	多品种、一定的批量	总装与加工并存采购件与自制件并存	库存补货、订单生产	客户满足率（配套性）、资源利用率（关键设备、人力资源、资金）

因此，一般制造型企业的经营决策者应进一步建立的生产计划认知，

请参见图 5.12。

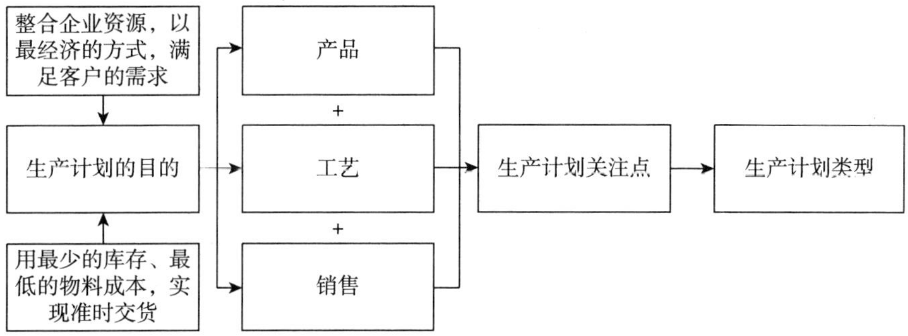

图 5.12　生产计划类型的选择逻辑

（二）PSI 管理影响生产计划的编制

PSI，即购（Purchase）、销（Sales）、存（Inventory）。要生产（Production），就要采购（Purchase），因此在一般制造型企业里可以将"采购销售库存表"理解为"生产销售库存表"。PSI 生产销售库存的重要意义如下：

• 以顾客需求为牵引，销售多少就生产多少、顾客不需要就不生产，从而最大限度地降低产品库存，减少因库存问题而导致的费用开支增加。

• 与客户（经营商）共同协商销售目标、共同研究营销策略，解决其周转和供应等问题。

PSI 生产销售库存对生产计划编制的影响，请参见表 5.15。

在一般制造型企业里，PSI 管理是生产计划编制必须面对的问题，实际操作时应注意如下要点：

• 此表每月（周）做成，以支持生产计划的滚动排产。

• 实际库存 = 上月（上周）最后一个工作日的实际库存。

• 预计库存 = 上月（上周）最后一个工作日的计划库存。

• 销售发货 = 本月（本周）总的销量。

• 计划生产 = 计划期间［销售发货 + 预计库存 - 实际库存］。

表 5.15　PSI 生产销售库存对生产计划编制的影响

已知 1：2018 年 5 月收到的订单明细

A 品号 50 件 6 月交付、B 品号 100 件 7 月交付、C 品号 78 件 8 月交付、D 品号 39 件 10 月交付

已知 2：产线月产能为 100 件

方案一："最低库存 + 均衡生产" 策略下的 PSI 管理表

产品	实际库存	6 月			7 月			8 月			9 月			10 月		
		计划生产	销售发货	预计库存	计划生产	销售发货	预计库存	计划生产	销售发货	预计库存	计划生产	销售发货	预计库存	计划生产	销售发货	预计库存
A	0	50	50													
B	0	50		50	50	100	0									
C	0				50		50	28		78		78	0			
D	0							39		39			39		39	0
生产计划面临的问题		100% 的负荷率是否过高			100% 的负荷率是否过高			剩余产能安排			剩余产能安排			剩余产能安排		

方案二："最低库存 +100% 服从销售订单交付期" 策略下的 PSI 管理表

产品	实际库存	6 月			7 月			8 月			9 月			10 月		
		计划生产	销售发货	预计库存	计划生产	销售发货	预计库存	计划生产	销售发货	预计库存	计划生产	销售发货	预计库存	计划生产	销售发货	预计库存
A	0	50	50													
B	0				100	100	0									
C	0										78	78	0			
D	0													39	39	0
生产计划面临的问题		剩余产能安排			100% 的负荷率是否过高			剩余产能安排			剩余产能安排			剩余产能安排		

● 计算预计库存时，要把库存量转换为天数，便于生产计划编制和存货库龄控制，即库存天数 = 预计库存量 ÷ 每天生产量，因此经营决策者要明确库存天数范围，如：

➢ 4 ~ 5 天时，一周的出货量（$Q1$）为：多少以下？

➢ 6 ~ 8 天时，一周的出货量（$Q2$）为：? < $Q2$ < ?

➢ 8 天以上时，后一周的出货量（$Q3$）为：≥ ?

（三）企业掌控的可投产时间影响生产计划的编制

企业掌控的内外部可投产资源包括用于销售订单生产的人力、生产线、机器设备、模具工装、物料和工作时间等，借由设计开发输出的作业标准时间表、BOM 等产品技术资料进行转换计算，企业掌控的这些资源本质上是可用于销售订单生产的总投产时间。本关第一节“基于产销平衡的工厂运营之表 5.5：WF 公司 2017 年生产资源负荷及需求”，就是将销售订单需求和企业所掌控的可投产资源“围绕时间要素”进行负荷计算的典型案例，此处不再赘述。因此，经营决策者应该建立起新的工厂运营管理思维，具体请参见图 5.13。

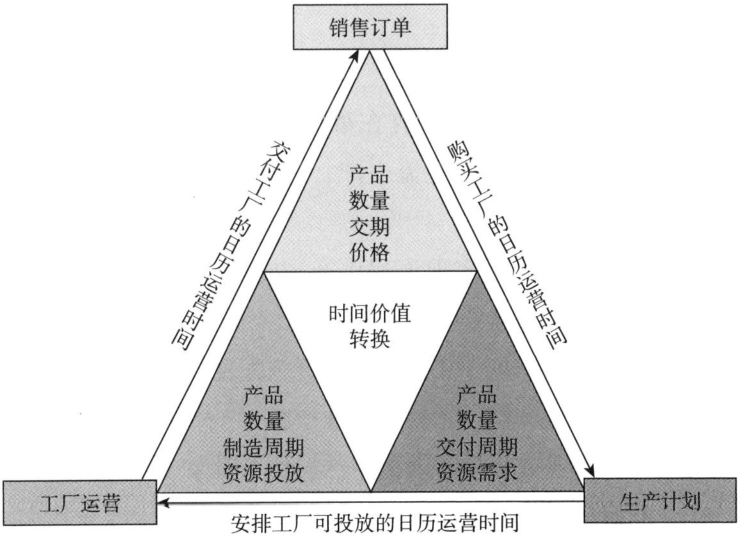

图 5.13　基于时间价值转换的工厂运营管理模型

• 客户通过销售订单向企业购买工厂的日历运营时间。

• 计划职能部门通过生产计划，在最经济的前提下，安排工厂可投放在销售订单的日历运营时间。

• 工厂各职能部门依据生产计划的安排，进行资源投放，准时向客户交付工厂的日历运营时间。

此时，经营决策者们想一想："高铁列车时刻表"不就是这种运营管理模型的成功实践典范吗？

（四）企业对资源效益最大化的追求影响生产计划的编制

在一般制造型企业里，工厂运营的主旋律是生产交付，货期往往是生产计划安排的首要考虑要素，这不一定就是错的。但有相当一部分企业在编制生产计划时，通常对完成订单、满足交付期的投入资源缺少必要的经济性权衡，这种情况直接导致完成订单任务的实际成本过高、资源投放效益低，从而影响订单的预期利润。

以最少的投入、最经济的方式满足客户订单的出货要求，是生产计划必须重点把握的工厂运营宗旨，因此生产计划的编制必须在资源投入管理方面遵守下述原则：

1. 定线、定区投产原则

本原则的要点是订单产品讲究在事前规划好生产线或车间、工段生产，从而在计划层面就规避"乱流生产、浊流生产"。本原则的实施要求企业做到如下几点：

• 在生产方式上起码要实现流程生产，或虚拟流水生产、整流生产，如果实现了单件流或混流生产更佳。

• 明确各生产线或车间、工段的标准资源配置。

• 制定各生产线或车间、工段的标准产能。

• 界定各生产线或车间、工段的生产、加工对象（产品范围）。

2. 保障重要客户交期原则

生产计划的目的之一就是要满足销售订单的交期要求，以下两类重要客户的订单交期应在生产计划编制时优先考虑：

战略类客户，是指为配合企业销售战略实现、营收增长需要而重点开发的客户，或已经呈现出较高增长和营收份额的客户。

现金类客户，是指购买价格较高、盈利能力较好、回款较快的客户，此类客户是企业利润和现金流的重要来源。

3. 散单、补单定期投入原则

为维持正常的生产秩序，非特殊许可的情况下，一般禁止插单。而在处理散单、补单等作业时，不仅要考虑最大程度上维持生产秩序，还应核算生产资源的投放收益。因此，一般情况下对散单、补单类的操作应尽可能有计划地定期投入。

4. 产能利用最大化原则

一般而言，当订单量较多、交期较紧急时，工厂正常运营状态下的产能余力就需要释放出来。对于生产计划，产能最大化就是要将用于生产的内外部的机器设备、人力和出勤工时等产能要素，按单位时间内的订单量做出最大的、必要的投入调整，从而充分利用现有资源完成订单任务。表5.16左侧是一般制造型企业产能的正常运用，右侧是一般制造型企业产能的最大化利用，二者的不同之处就在于生产要素的投入量和资源（人/机/线）的负荷率。

5. 投产利润最大化、成本最小化原则

（1）生产计划编制要考虑利润最大化，具体操作应用可参考下述案例

WF木制品公司在计划期内要安排生产A1、A2两种刀座，已知：

①组装A1刀座需要A型配件5个，B型配件3个。

②组装A2刀座需要A型配件2个，B型配件4个。

③而在计划期内该工厂只能提供A型配件180个，B型配件135个。

④WF木制品公司每生产一个A1刀座可获取利润20元、一个A2刀座可获取利润15元。

求：在计划期内A1、A2刀座应该各安排生产多少个，才能使总利润最大？

解：第一步，制作决策表。如表5.17所示。

表 5.16　一般生产与最大化生产的区别

车间/工序			包装车间
工序及应用设备			组装
现有人/机/线（配套数量）			5
可开动人/机/线数量			4
本月可开动天数/天			22
出勤班次/（班/天）			2
出勤时间/（分钟/班）			480
可开动时间/（分钟/天）			960
切换次数/（次/天）			0
单次换用时/（分钟/次）			0
切换损耗时间/（分钟/天）			0
人/机/线产能损失率/%			15.0
人/机/线可动工时/分钟			71808
人/机/线负荷工时/分钟			152250
人/机/线负荷率/%			212.0
人/机/线允许最大负荷率/%			90.0
人/机/线缺口数量			6.10
产品/型号	加工数量/件	组装标准工时/分钟	总工时/分钟
A1 刀座	3500	1.50	5250
A2 刀座	30000	1.65	49500
A3 刀座	45000	1.50	67500
A4 刀座	20000	1.50	30000

一般生产

车间/工序			包装车间
工序及应用设备			组装
现有人/机/线（配套数量）			5
可开动人/机/线数量			5
本月可开动天数/天			26
出勤班次/（班/天）			2
出勤时间/（分钟/班）			720
可开动时间/（分钟/天）			1440
切换次数/（次/天）			0
单次换用时/（分钟/次）			0
切换损耗时间/（分钟/天）			0
人/机/线产能损失率/%			15.0
人/机/线可动工时/分钟			159120
人/机/线负荷工时/分钟			152250
人/机/线负荷率/%			95.7
人/机/线允许最大负荷率/%			100.0
人/机/线缺口数量			-0.22
产品/型号	加工数量/件	组装标准工时/分钟	总工时/分钟
A1 刀座	3500	1.50	5250
A2 刀座	30000	1.65	49500
A3 刀座	45000	1.50	67500
A4 刀座	20000	1.50	30000

最大化生产

表 **5.17** 决策表

	A1 刀座配件耗用/个	A2 刀座配件耗用/个	现有配件/个
A 配件	5	2	180
B 配件	3	4	135
单位产品利/（元/个）	20	15	——

第二步，通过线性规划求解。如表 5.18 所示。

表 **5.18** 通过线性规划求解

总利润/元	单位利润/元		计划产量/个		零件使用数/个	
P	A1 刀座	A2 刀座	A1 刀座	A2 刀座	（A1 刀座）A×5＋（A2 刀座）A×2	（A1 刀座）B×3＋（A2 刀座）B×4
787.50	20	15	32.14	9.64	180	135

在计划期内，理论安排生产 32.14 个 A1 刀座和 9.64 个 A2 刀座，可获取最大利润 787.50 元。

（2）总计划成本最低。包括人工（直接人工/间接人工/加班费/招聘费/培训费/辞退费）、库货成本（资金时间成本/管理费/折损）、缺货成本（罚款/机会成本）及外发费用等应控制在最优范围内。具体操作应用可参考下述案例

WF 木制品公司在计划期内要安排组装工序生产 A3 刀座，已知：

①2017 年 9 月—11 月组装工序 A3 刀座的销售需求分别为 45000 个、35000 个、23000 个。

②2017 年 9 月—11 月工作时间分别为 22 天、19 天、22 天，每天 8 小时。

③可投入 A1 刀座组装的现有作业人力为 2 人。

④组装标准人工成本＝0.5 元/个＝20 元/小时÷（60 分钟÷1.5 分钟/个）。

⑤招聘及培训成本为 2000 元/人。

⑥解聘成本为 5000 元/人。

⑦外发组装成本为 1 元/个。

⑧存货成本为0.6元/个/月。

⑨缺货成本为1.2元/个。

⑩期初存货、安全存量、组装工序产量任务及期末存货参见表5.19。

表5.19 WF公司2017年期初存货、安全存量、组装工序产量任务及期末存货

项目	9月	10月	11月
期初存货/个	2000	6750	5250
销售需求量/个	45000	35000	23000
①安全存量/个	6750	5250	3450
②组装工序产量任务/个	49750	33500	21200
③期末存货/个	6750	5250	3450
备注①：安全存量=15%×销售需求量； 备注②：组装工序产量任务=销售需求量+安全存量-期初存货； 备注③：期末存货=期初存货+组装工序产量任务-销售需求量。			

⑪WF公司拟订了如下三个组装计划方案：

• 生产计划方案1产量与订单相同，通过调整投入作业人力数量满足销售需求。

• 生产计划方案2投入人力及工时不增加，通过库存及缺货来调节供应。

• 生产计划方案3投入人力及工时不增加，通过外发加工满足销售需求。

问：哪种生产计划方案总成本最低?

解：生产计划方案1产量与订单相同，通过调整投入作业人力数量满足销售需求，成本见表5.20核算结果。

表5.20 WF公司2017年生产计划方案1成本核算结果

项目	9月	10月	11月	总计
组装工序产量任务/个	49750	33500	21200	104450
A1刀座标准人工/（个/小时/人）	40	40	40	
每月工作天数/天	22	19	22	63

续表

项目	9月	10月	11月	总计
每天工作时数/小时	8	8	8	
完成组装任务所需工时/小时	1243.75	837.5	530	2611.25
可投入A1刀座组装的现有作业人力/人	2	2	2	
组装工序完成产量任务的欠缺人力/人	5	3	1	
各月需招聘人数/人	5	0	0	
各月需解聘人数/人	5	2	2	
招聘及培训成本/（元/人）	2000	2000	2000	
辞退成本/（元/人）	5000	5000	5000	
组装标准人工成本/（元/个）	0.5	0.5	0.5	
计划期间需支付的总成本/元	34875.00	26750.00	15600.00	77225.00

生产计划方案2投入人力及工时不增加，通过库存及缺货来调节供应，成本见表5.21核算结果。

表5.21　WF公司2017年生产计划方案2成本核算结果

项目	9月	10月	11月	总计
销售需求量/个	45000	35000	23000	
组装标准人工成本/（元/个）	0.5	0.5	0.5	
A1刀座标准人工/（个/小时/人）	40	40	40	
每月工作天数/天	22	19	22	63
每天工作时数/小时	8	8	8	
可投入A1刀座组装的现有作业人力/人	2	2	2	
期初存货/个	2000	-28920	-51760	
组装工序产能/个	14080	12160	14080	40320
期末存货/个	-28920	-51760	-60680	-141360
缺货成本/（元/个）	1.2	1.2	1.2	
存货成本/元	0.6	0.6	0.6	
计划期间需支付的人工成本/元	7040.00	6080.00	7040.00	20160.00
计划期间需支付的缺货成本/元	34704.00	62112.00	72816.00	169632.00

续表

项目	9月	10月	11月	总计
计划期间需支付的存货成本/元	0.00	0.00	0.00	0.00
计划期间需支付的总成本/元	41744.00	68192.00	79856.00	189792.00

生产计划方案3投入人力及工时不增加，通过外发加工满足销售需求，成本见表5.22核算结果。

表5.22 WF公司2017然后生产计划方案3成本核算结果

项目	9月	10月	11月	总计
组装工序产量任务/个	49750	33500	21200	104450
组装标准人工成本/（元/个）	0.5	0.5	0.5	
A1刀座标准人工/（个/小时/人）	40	40	40	
每月工作天数/天	22	19	22	63
每天工作时数/小时	8	8	8	
可投入A1刀座组装的现有作业人力/人	2	2	2	
组装工序产能/个	14080	12160	14080	40320
外发加工数量/个	35670	21340	7120	64130
外发加工费用/（元/个）	1	1	1	
计划期间需支付的人工成本/元	24875.00	16750.00	10600.00	52225.00
计划期间需支付的外发加工成本/元	35670.00	21340.00	7120.00	64130.00
计划期间需支付的总成本/元	60545.00	38090.00	17720.00	116355.00

比较上述三个生产计划方案，方案1通过调整投入作业人力数量满足销售需求所需支付的成本最低。

关于本原则在实际中的应用可能远较上述案例复杂，但其核心都是围绕实现企业资源整体收益最大化的理念展开的。在生产计划的编制过程中，为追求订单投产的利润最大化、耗用成本最低化，通常用到的技术工具有线性规划求解法、整数规划求解法、反复试验法、综合策略法等。这些方法均需要将各个订单的产品、价格、数量、交期与企业的标准工时、人力、设备、生产模式、物流、作息时间、物料供给、库存及其相应的成本水平等变量进行综合评价，其数据处理工作量是极其庞大的，一般需要结合专用编程软件计算才能完成。

三、生产计划编制步骤及要点

将一般制造型企业手工编制生产计划的步骤及要点予以简要说明，借此作为理解生产计划编制或开发适用于本企业生产计划编制 IT 软件程序的逻辑参考。

第一步，选择适用于本企业的生产计划类型。

第二步，经营决策者应依据企业发展规划及工厂运营管理需要确定长期生产计划、中期生产计划和短期生产计划的管理周期、编制时间与更新频率，具体参见表 5. 23。

表 5. 23　长期生产计划、中期生产计划和短期生产计划

内容	类别		
	长期生产计划	中期生产计划	短期生产计划
管理周期	长期生产计划	年度生产计划、季度生产计划	月度生产计划、周生产计划、三天执行计划
编制时间	3～5 年或 1 年（视实际需要）	每年、每季度	每月、每周、每天
计划精度	高度综合，精度一般不太高	比较综合，精度相对较高	比较详细、精准
计划用途	投资、预算	预算、开发立项、产品生命周期管理	完成客户订单
计划目的	经营决策、资源筹备	管理决策、资源平衡	运营安排、资源效益最大化
使用对象	股东、工厂经营决策者	高层管理、中层管理	中层管理、基层管理、员工
计划等级	战略级	战术级	作业级
计划内容	客户、产品、数量	客户、产品、数量、产能、负荷	顺序、产品、产线、时间、产能、数量等
涉及范围	公司、工厂	职能部门	生产车间、班组、工序
可变动性	大	中	小

续表

内容	类别		
	长期生产计划	中期生产计划	短期生产计划
关联计划	长期产销计划	中期产销计划	物料需求计划、采购计划、配件配套计划、提前备料计划等

第三步，将长期生产计划、中期生产计划的编制纳入企业经营管理，配合企业的发展策略、经营管理要求进行编制。

第四步，将短期生产计划的编制纳入工厂运营管理，围绕销售订单的准时交付、拉动产品快速周转和提升工厂营业额为编制目标。

第五步，确定短期计划的组成，如依据企业的实际情况和管理需要灵活选用月度计划、周计划与三天执行计划搭配组合。

第六步，检视或建立产品的BOM、工艺流程、标准作业工时、标准成本等基础信息资料。

第七步，确定短期生产计划的管理时间单位，一般遵循如下要求：

- 月度生产计划、周生产计划的管理时间精确到某个具体的工作日。
- 三天执行计划的管理时间精确到小时（水平较高的企业可以精确到分钟或秒）。

第八步，检视或确定工厂运营的作息时间，如日历年作息时间表的制定。

第九步，检视或确定各产品、各工序生产切换的标准时间。

第十步，检视或确定工厂可掌控并能投入生产的内外部资源清单，如人力、设备、模具等。

第十一步，检视或确定能够投入生产的设备效能水平，如各工序人/机/线的效能损失率（设备性能会衰减、模具型腔状态会变化等影响因素是客观存在的）。

第十二步，检视或确定各产品、各工序的直通率。

第十三步，检视或确定工厂安全运营所需的产能负荷预留值，如各工序人/机/线的最大负荷值。

第十四步，参见表5.24，依据工厂管理、技术及供应链能力，制定不同产品的订单交付周期、制造周期标准。

表 5.24　订单交付与制造周期标准表

单位：天

×××公司　订单与制造周期标准表																						
周期分解（从接收订单到出货）																					周期标准	
产品	过程																					
	订单评审	合同签订	登录系统	计划预排	物料核算	物料筹备	工艺1	工艺2	工艺3	工艺4	工艺5	工艺6	工艺7	工艺8	工艺9	工艺10	包装入库	验货	出货	安全预留	订单交期	制造周期
产品A	1	1	0.5	0.5	1	15	1	2	1.5	2	3	4	3	2.5	1.5	1	2	1	1	2	46.5	23.5
产品B	1	1	0.5	0.5	1	15	1	2	1.5	2		4	3	2.5	1.5	1	2	1	1	2	43.5	20.5
产品C	1	1	0.5	0.5	1	15	1	2	1.5	2		4	3		1.5	1	2	1	1	0.5	39.5	18

第十五步，确定生产计划必需的安排要素，各企业可能因各种情况会有所不同，但生产计划至少应包括以下六大安排要素，如图 5. 14 所示。

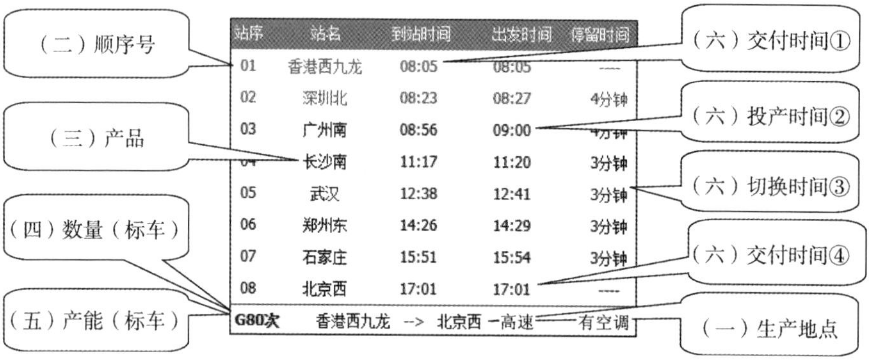

图 5. 14 用“高铁列车时刻表”解读生产计划要素构成

- 生产地点，是指某个生产区域、车间、生产线或工序设备等。
- 产品，是指某个销售订单的某个具体产品。
- 顺序号，是指各销售订单、各产品的投产先后次序。
- 数量，是指各顺序号产品的生产数量。
- 产能，是指基于瓶颈约束的各顺序号产品的最低产能。
- 时间，是指各顺序号产品的投产、完工时间，也可以包括切换时间、交付时间等。

第十六步，建立产能负荷评估模型，具体请参见本关第一节“基于产销平衡的工厂运营之表 5. 5“WF 公司 2017 年生产资源负荷及需求”。

第十七步，参见表 5. 25，依据销售预测和现有销售订单情况建立工厂订单状态管理总表。

表 5. 25 工厂订单状态管理总表

×××公司 订单状态管理总表																					
订单基础信息									交期					周期				配套期限提示			
接单日期	订单批号	客户名称	接单业务员	产品代码	产品规格	应用材质	订单数量	订单状态	订单交货日期	实际投产日期	预计入库日期	实际入库日期	实际出货日期	整体周期	信息周期	加工周期	库存周期	新厂转本部	本部转椒江	新厂转椒江	备注

续表

订单基础信息									交期					周期				配套期限提示			
接单日期	订单批号	客户名称	接单业务员	产品代码	产品规格	应用材质	订单数量	订单状态	订单交货日期	实际投产日期	预计入库日期	实际入库日期	实际出货日期	整体周期	信息周期	加工周期	库存周期	新厂转本部	本部转椒江	新厂转椒江	备注
备注：订单状态包括洽谈中，已完成订单评审、已签订合同、已入系统、待投产、生产中、已入库、订单暂停、订单取消等基本状态。																					

第十八步，每月 25 日从工厂订单状态管理总表中选取将会投产的订单，并且：

- 锁定次月（M）生产订单，这些订单一般是工厂订单状态管理总表里“已入系统、待投产、生产中”的三大类订单，次月生产订单一经锁定则不可再插单、补单。
- 预选第二个次月（M+1）、第三个次月（M+2）生产订单。

第十九步，确认销售订单评审结果跟进表（参见本关第二节“被忽视的订单评审之表 5.9：销售订单评审结果表”）的实施情况并及时协调解决可能出现的异常，包括但不限于如下事项：

- 物料可能出现的供应异常。
- 设计开发输出（如图纸、QC 工程图、工艺流程、作业指导书、检验标准、工装夹具等）可能出现的迟滞。

第二十步，将选取的 M、M+1、M+2 月的生产订单依据已经建立的“负荷评估模型”进行生产资源的负荷率评估。

第二十一步，生产资源负荷率的检视与对策，可能出现的两种情况与应对措施如下：

- 当负荷率 >（各工序人/机/线的）最大负荷值时，工厂通常可考虑的措施有提前生产、增加人/机/线数量或延长作业时间（参见本节上述“产能利用最大化原则）、提升产品直通率、提升生产效率、申请延期交付等。
- 当负荷率 <（各工序人/机/线的）最大负荷值时，工厂通常可考虑

的措施有提前生产、减少人/机/线、减少工作时间、申请提前交付等。

- 当负荷率 = （各工序人/机/线的）最大负荷值时，可进入第二十三步作业。

第二十二步，检视第二十一步之前两步异常应对措施的落实情况，这包括基于产销平衡异常解决行动计划是否拟订、责任人是否明确、经营决策者是否批准等，否则不能进行下一步的作业——计划职能部门必须牢记："高铁永远不会出售超越运载能力的车票。"

第二十三步，确定各月（M、M+1、M+2）所需生产销售订单、产品的顺序，一般遵循如下：

- 依据销售订单交付期的先后排队。
- 保障重要客户的交期。
- 散单、补单按工厂的既定规则定期投入。
- 投产利润最大化、成本最小化（请参见本节上述"投产利润最大化、成本最小化原则"）。

第二十四步，编制各月（M、M+1、M+2）生产计划并取得工厂各相应职能部门的会审认同，其中：

- M月生产计划（参见表5.26），是锁定的月度执行计划，原则上是不可变动的。

表5.26　一般制造型企业的M月生产计划

×××公司　201×年M月生产执行计划									
编制日期：				计划编号：				计划版本：	
生产顺序	销售订单	客户名称	品名规格	生产数量	生产线	瓶颈产能	投产日期	完成日期	出货日期
说明：□本月可按公司既定的作息制度和201×年工作日历计划出勤； □本月工厂作息时间□201×年工作日历计划出勤需做调整，具体变更为：＿＿＿＿＿＿。									
PMC最高主管批准：				计划员制定：				各职能部门最高主管会审：	

- M+1或M+2月（参见表5.27）生产计划是预排计划，是用于指导各职能部门进行产前准备的（如筹备物料或优化设计开发等），是可以变动的。

表 5.27 一般制造型企业的 M+1 或 M+2 月预排生产计划

<table>
<tr><td colspan="10">×××公司 201×年□M+1 □M+2 月生产执行计划
编制日期： 计划编号： 计划版本：</td></tr>
<tr><td>生产顺序</td><td>销售订单</td><td>客户名称</td><td>品名规格</td><td>生产数量</td><td>生产线</td><td>瓶颈产能</td><td>投产日期</td><td>完成日期</td><td>出货日期</td></tr>
<tr><td></td><td></td><td></td><td></td><td></td><td></td><td></td><td></td><td></td><td></td></tr>
<tr><td></td><td></td><td></td><td></td><td></td><td></td><td></td><td></td><td></td><td></td></tr>
<tr><td colspan="10">说明：□本月可按公司既定的作息制度和 201×年工作日历计划出勤；
□本月工厂作息时间□201×年工作日历计划出勤需做调整，具体变更为：____________。</td></tr>
<tr><td colspan="10">PMC 最高主管批准： 计划员制定： 各职能部门最高主管会审：</td></tr>
</table>

第二十五步，参考上述第十九步至第二十三步的操作方法分解并提前三个工作日完成 M 月各周（W1、W2、W3、W4）生产计划的编制，需要注意的事项如下：

● 当 M 月生产计划 100% 依据上述步骤编制，而工厂又具有较强的实现能力时，周生产计划一般可以省略，或者用 W1 ~ W4 周生产计划代替 M 月生产计划是完全可行的。

● 当一般制造型企业暂时不能用 M 月生产计划取代 W1 ~ W4 周生产计划时，建议 W1 周生产计划为锁定周执行计划、W2 ~ W4 周为预排生产计划。

● 当 W1 周执行生产计划实施至第四天（为便于说明，此处假定每个自然日历月均为 28 天）时，计划职能部门在检视 W2 周预排生产计划并再次进行负荷评估、对策后将 W2 周预排生产计划废除，同时完成 W2 周执行生产计划的编制，W3、W4 的操作同理。

第二十六步，从 M 月执行生产计划或 W1 周执行生产计划中按顺序分解并编制未来三个工作日的执行计划（企业可视实际水平将计划周期放宽至一天），此时计划职能部门不应忽略以下几点：

● 对上述第九步、第十步、第十九步工作的检视。

● 不排除再次进行负荷评估、对策的可能（当企业的管理和技术能力达到一定程度时，这种情况将会大幅减少），以确保编制的三天执行计划是可以执行和达成的。

现给出三天执行生产计划编制的三个典型模板以供选择，具体请参见表 5.28 至表 5.30。

表 5.28　三天执行计划示例 -1

×××生产线三天执行计划　序号：										6-16			6-17			6-18			计划已安排数量小计	计划待安排数量小计
编制：						批准：				早	晚		早	晚		早	晚			
										8：00	20：00	0：00	8：00	20：00	0：00	8：00	20：00	0：00		
规格型号	工令单号	批量	计划完成时间	生产顺序	时产	时产因子	转产时间	已完成	未完成	9.5	9.5		9.5	9.5		9.5	9.5			
										180	220	0	380	327	0	590	190	0		
产品1	A1904	600	40268	1	40	0.03	0.5		600	360	240	0	0	0	0	0	0	0	600	0
产品2	A1907	753	40271	2	40	0.03	1		753	0	100	0	380	273	0	0	0	0	753	0
产品3	A1922	600	40272	2	40	0.03	2	300	300	0	0	0	0	27	0	273	0	0	300	0
产品4	A1906	752	40270	3	40	0.03	0.5		752	0	0	0	0	0	0	87	380	0	467	285
产品5	A1909	1800	40273	4	40	0.03	0.5		1800	0	0	0	0	0	0	0	0	0	0	1800
产品6	A1905	751	40269	5	40	0.03	0.5		751	0	0	0	0	0	0	0	0	0	0	751
产品7	A1908	300	40272	6	40	0.03	0.5		300	0	0	0	0	0	0	0	0	0	0	300
小计		5556						300	5256	360		0	380	300	0	360	380	0	1780	3476

表 5.29　三天执行计划示例 -2

×××生产线三天执行计划　　序号：

编制：　　批准：　　计划更新时间：　　12 月 20 日 08：00

计划日期	计划分类	订单号	产品类型	产品规格	客户	计划数量	产能/(件/h)	计划投产时间	生产耗时/B	非生产耗时/h
12 月 20 日	批量单	DB110802017				200	200	12 月 20 日 08：00	1.0	
12 月 20 日	批量单	DB110802018				200	200	12 月 20 日 09：00	1.0	
	休停							12 月 20 日 10：00		8.0
12 月 20 日	批量单	DB110802025				566	200	12 月 20 日 18：00	2.8	2.0
12 月 20 日	批量单	DB110802026				644	200	12 月 20 日 22：49	3.2	
12 月 21 日	批量单	DB110802027				566	200	12 月 21 日 02：03	2.8	
12 月 21 日	批量单	DB110802028				447	200	12 月 20 日 04：52	2.2	
12 月 21 日	调膜单						200	12 月 21 日 07：06		0.8
12 月 21 日	批量单	新客 B				156	200	12 月 21 日 07：54	0.8	
12 月 21 日	批量单	客 C				2254	200	12 月 21 日 08：41	11.3	
12 月 21 日	调膜单						200	12 月 21 日 19：58		0.8
12 月 21 日	补单	客 D				1288	200	12 月 21 日 20：46	6.4	
12 月 22 日	调膜单						200	12 月 22 日 03：12		0.8
12 月 22 日	批量单	新客 B				214	200	12 月 22 日 04：00	1.1	
12 月 22 日	批量单	新客 B				193	200	12 月 22 日 05：05	1.0	
12 月 22 日	批量单	客 E				858	200	12 月 22 日 06：03	4.3	
12 月 22 日	批量单	客 E				1478	200	12 月 22 日 10：20	7.4	

表 5.30　三天执行计划示例－3

×××生产线三天执行计划　　　　序号：

★第一天：2018 年 6 月 5 日冷冻生产计划　　　　编制：　　　　批准：

生产顺序	销售订单	品名规格	客户代码	验货日期	合同数量	库存数量	库存状况	生产数量	瓶颈工序	瓶颈产能	切换时间	工序1		工序2		工序3		计划投入工时	计划生产周期
												6月5日		6月5日	6月7日	6月6日	6月8日		
												投产	结束	投产	结束	投产	结束		
												8：00	17：30	13：30	17：30	8：00	12：00		
小计																			

★第二天：2018 年 6 月 6 日冷冻生产计划

生产顺序	销售订单	品名规格	客户代码	验货日期	合同数量	库存数量	库存状况	生产数量	瓶颈工序	瓶颈产能	切换时间	工序1		工序2		工序3		计划投入工时	计划生产周期
												投产	结束	投产	结束	投产	结束		
小计																			

续表

★第三天：2018 年 6 月 7 日冷冻生产计划																			
生产顺序	销售订单	品名规格	客户代码	验货日期	合同数量	库存数量	库存状况	生产数量	瓶颈工序	瓶颈产能	切换时间	工序 1		工序 2		工序 3		计划投入工时	计划生产周期
												投产	结束	投产	结束	投产	结束		
小计																			

在一般制造型企业里，三天执行计划编制完毕，往往标志着围绕销售订单交付的生产计划已经编制完成，计划职能部门接下来应转向生产计划的管理工作。

最后，经营决策者应注意如下两点：

一是尽管按照列车时刻表运行，高铁就一定能够达成准交付、快周转和拉动承载量的运营目的，但离开坚实的技术基础及有效的管理支持，单纯的列车时刻表并不足以让高铁实现这些价值目标。所以，一般制造型企业应重点参悟并改善的是让高铁能够按照列车时刻表运行而进行的工厂管理和技术改进，创立本企业生产计划的生存环境，并不断消灭影响生产计划成立、达成的各种因素。

二是无论何种境况的企业至少应确保三天执行计划（通常也可称为日冷冻计划——像水一样冰冻了，不可再变动或更改）得以实现，这是工厂以市场为导向的具体实践，也是工厂各职能部门存在的基本价值，更是对企业经营决策者满足销售订单意志和能力的检视。

第五节　生产计划管理

生产计划编制后，计划职能部门应对生产计划的发布、执行、反馈、监督、变更和异常处理等进行积极管理，确保生产计划的实现。

一、生产计划的文件管理

生产计划作为指挥工厂生产及运营的重要文件，在制作完成后，必须作为正式的管理文件即刻签发给工厂各相关职能部门进行产前准备和生产安排。对生产计划文件的管理应注意如下事项：

- 明确生产计划的编号、版本、有效期间。
- 对生产计划进行审核、批准。
- 生产计划应对工厂的各职能部门发布，无论是服务于生产的物控、采购、仓库、品管、工程技术、外发、跟单、人事行政职能部门，还是直接执行生产作业的制造现场，都应将生产计划传达给每一位内部成员（含作业员工）。

- 每版生产计划发布时，应做好登记、签收工作，同步回收旧版本，避免现场文件混淆。

二、生产计划的执行

- 各职能部门服务于生产计划实现的所有人员都应按照生产计划的要求完成生产投入要素的准备，并及时将这些准备好的要素移交给现场制造。
- 现场制造必须 100% 执行生产计划，包括按计划的订单、产品、顺序、时间、数量和产线（或设备）进行生产作业。

三、生产计划的执行反馈

- 生产数据的及时录入，如进度、良品率、成本、工时、工序库存等。
- 生产计划汇报，如计划达成异常、停工、完工汇报等。
- 谁报告、报告给谁、报告要求等。

四、生产计划的执行监督

- 贴近现场的计划调度人员是最好的生产计划执行监督员。
- 及时召开生产计划会议，回顾、检讨并解决问题，包括公司级的生产计划协调会（产销会），现场制造的班前会、班后会等。
- 及时确认计划完成率、订单完成率、结单率、计划变更率等。

五、生产计划的变更

无论是 M 月锁定生产计划、W1 周锁定生产计划，还是三天执行计划，都经过了科学地规划和缜密地核算，实际上仍然会存在不同程度的变更，当出现如下情况时应及时变更生产计划：

- 实绩和计划差异大（超产或欠产）。

- 任何原因导致生产顺序变化时。
- 插单、取消或暂停订单时。
- 生产时间改变时。
- 产能变化时（如设备出现重大故障或投产资源增加时）。

但上述变更均应向计划或PMC最高主管汇报，在取得许可后应按生产计划编制步骤及要点重新编制、发布生产计划。

六、三天执行计划的异常管理

原则上，三天执行计划发布后，工厂各职能部门必须无条件服从，并以此作为职能日常运营管理的首要工作而全力以赴。然而现实中，在一般制造型企业里，其工厂运营往往存在各种难以预测的变量，影响三天执行计划的达成，所以对三天执行计划实施过程中出现的异常情况进行管理尤为重要。

计划职能部门可参考图5.15，对三天执行计划中出现的异常情况进行管理。

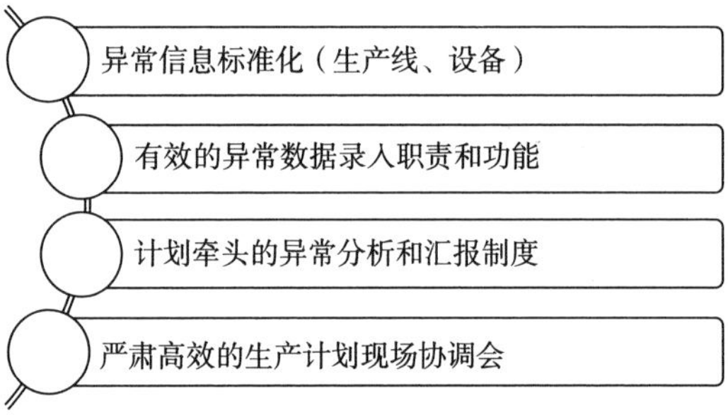

图5.15　三天执行计划异常管理四部曲

①将生产计划的异常信息按生产线或设备标准化，具体参见表5.31。

表5.31　停线原因标准代码表

停线类别	原因代码	具体描述	改善责任部门	内/外因素
1. 公司安排损耗	101	盘点		
	102	消防训练		
	103	健康体验		

续表

停线类别	原因代码	具体描述	改善责任部门	内/外因素
1. 公司安排损耗	104	就餐		
	105	没有安排生产计划		
2. 缺件损耗	201	SAP、PDM 等系统异常		
	202	外购件短缺		
	203	制件短缺		
	204	部装半成品短缺		
	205	外购件短缺		
	206	追加外购件短缺		
	207	盘点差异数据不准		
	208	设计变更后外购件短缺		
	209	BOM 不准导致加工数量差异		
	210	外购部件出库、搬送迟		
	211	寻找部件检查迟		
	212	寻找部件实物		
	213	生产计划问题（数据不准确）		
	214	生产计划问题（顺序不准确）		
3. 工序内加工品质不良	301	组立不良		
	302	机能不良		
	303	外购件在使用过程中不良		
	304	自制件在使用过程中不良		
	305	设计变更部件不良		
	306	追加工部件不良		
	307	外购部件不良（检查不良）		
4. 工装、设备不良	401	工装夹具不良（效率）		
	402	工装夹具不良（品质）		
	403	流水线异常		
	404	搬送设备不良		
	405	测定机异常		
	406	其他设备异常		
5. 作为效率低下的损耗	501	工作时间内返工		
	502	工序内加工不过来（熟练度不足）		
	503	切换品种		

续表

停线类别	原因代码	具体描述	改善责任部门	内/外因素
5. 作为效率低下的损耗	504	新品试作		
	505	下线产品重新投入损失		
	506	人员缺岗		
	507	作业工具、作料准备		

②建立有效的异常数据录入职责和功能，包括但不限于以下事项：

- 界定生产线或设备停产数据的录入人员、时机和要求。
- 规范生产线或设备停产数据传送形式及流程等。

③建立由计划职能部门主导的三天执行计划异常速报机制，可参考表5.32。

表5.32　三天执行计划异常速报表

（201×年××月××日）××工段　三天执行计划异常速报表

TO：　　　　制成：　　　　审批：

★每天15：00由工段发出速报，计划部调度员确认对策与完成时间。★

统计分类	批次数量	占比/%
正常生产	116	86.57
提前	0	0.00
延后	9	7.20
总批次	125	100.00

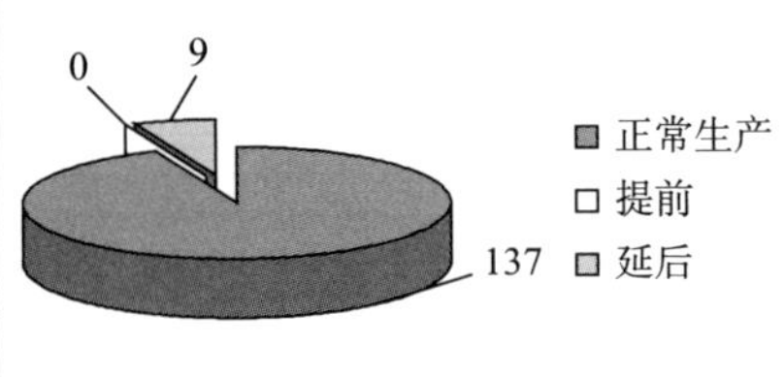

异常原因	发生次数	占比/%	责任单位对策	对策完成时间
×××订单××产品发生×××问题，影响时间×××小时	×	×.××	前处理按照排产顺序，该批次日9：00前交接	5月12日

④召开严肃高效的生产计划现场协调会，其操作注意事项如下：

- 生产计划现场协调会由计划职能部门召集。
- 计划职能部门收集、整理三天执行计划实施中的异常，并提前发送给相应的对策职能部门。

• 各对策职能部门在会前了解、分析并初步拟定对策。

• 在计划人员的主导下，各职能部门的对策人员在制造现场列队讨论对策，参见图 5.16 示例场景。

图 5.16　制造现场列队讨论对策

• 会议后完善三天执行计划异常揭示管理看板，参见表 5.33。

• 计划职能部门跟进、确认三天执行计划异常揭示管理看板各项工作的落实。

七、生产计划月度业绩管理

在一般制造型企业里，往往以月度为管理周期对生产计划的实绩表现进行统计、分析和改进，包括但不限于如下事项：

• 销售订单完成率，请参考表 5.34。

表 5.33　三天执行计划异常揭示看板

×××生产线三天执行计划异常揭示看板																		
序号	销售订单	计划编号	生产机型	计划数量	完成率	工序库存	异常类型	异常问题描述	影响程度	停线开始时间	解决对策	对策部门	责任人签字	承诺完成时间	实际完成时间	确认人	确认结果	备注

表 5.34 订单交付完成率管理表

管理部门：生管部	负责人：韩×	2018 年订单交付完成率（按金额）	做成：	确认：	承认：

金额	时间												均值
	4 月	5 月	6 月	7 月	8 月	9 月	10 月	11 月	12 月	1 月	2 月	3 月	
订单金额	10370	10002											
交付金额	9750	9968											
未完成金额	620	34											
订单达成率/%	94	99											
原因分析													
改善对策													

- 销售订单准时交付达成率，请参考表 5.35。

表 5.35 订单准时交付达成率管理表

管理部门：生管部	负责人：韩×	2018 年订单准时交付达成率（按批次）	做成：	确认：	承认：

项目	时间												平均值
	4 月	5 月	6 月	7 月	8 月	9 月	10 月	11 月	12 月	1 月	2 月	3 月	
延期批数	26	125											
准时批数	2925	3037											
总交货批数	2951	3162											
准时交付率/%	99	96											

续表

项目	时间												平均值
	4 月	5 月	6 月	7 月	8 月	9 月	10 月	11 月	12 月	1 月	2 月	3 月	
原因分析													
改善对策													

- 生产计划达成率，如 M 月锁定生产计划、W1 周锁定生产计划及三天执行计划。
- 生产计划变更率，如 M 月锁定生产计划、W1 周锁定生产计划及三天执行计划。
- 计划工时达成率。
- 交付周期。
- 订单迟交费用等。

对于统计、分析发现的普遍共性或重要问题可参考第三关介绍的质量问题八步法架构，成立改善专案组予以解决。

第六节　工厂制造周期的持续改善

销售订单交付周期，是指从销售接单开始到客户收到产品所需的时间，其衡量单位一般是订单或货柜；工厂制造周期，是指从生产投入开始到生产计划完成、产品入库所需的时间，其衡量单位一般是某个生产批次等。

销售订单的快速交付是计划管理永恒的主题。

那么，一般制造型企业应如何进行本企业的制造周期改善呢？具体操作步骤及要点如下：

第一步，初步明确工厂制造周期的改善范围，参见图 5.17。

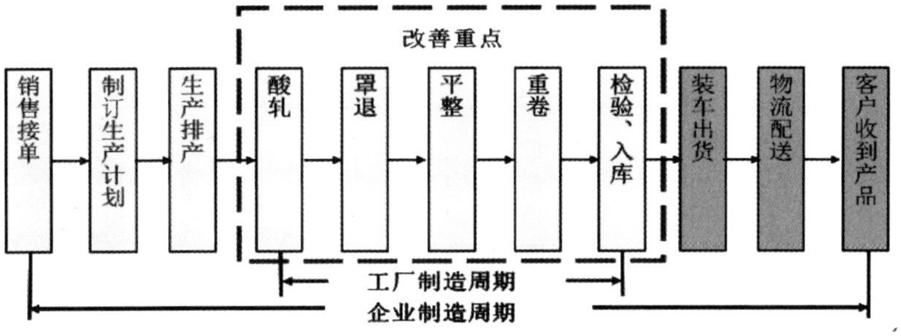

图 5.17　某钢铁企业不锈钢产品线制造周期的改善区域

第二步，从工厂订单状态管理总表（参见表 5.25）中提取、分析制造周期实绩，做成工厂制造周期频次分布图（单位一般为天），具体见图 5.18。

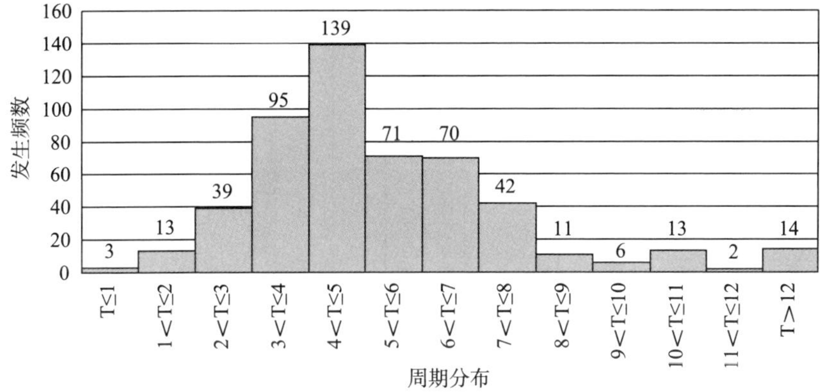

图 5.18　某工厂制造周期频次分布

第三步，依据工厂订单状态管理总表、制造周期频次分布图，确定实物流状况调查的代表性产品及其实际制造周期表现。代表性产品应具备如下基本特点：

- 销售金额大。
- 生产数量多。
- 销售订单交付周期、制造周期长。

第四步，明确被调查产品的实物流路径，具体参见图 5.19。

第五步，设计实物流调查用表。

第六步，进行实物流现状调查，具体参见表 5.36。

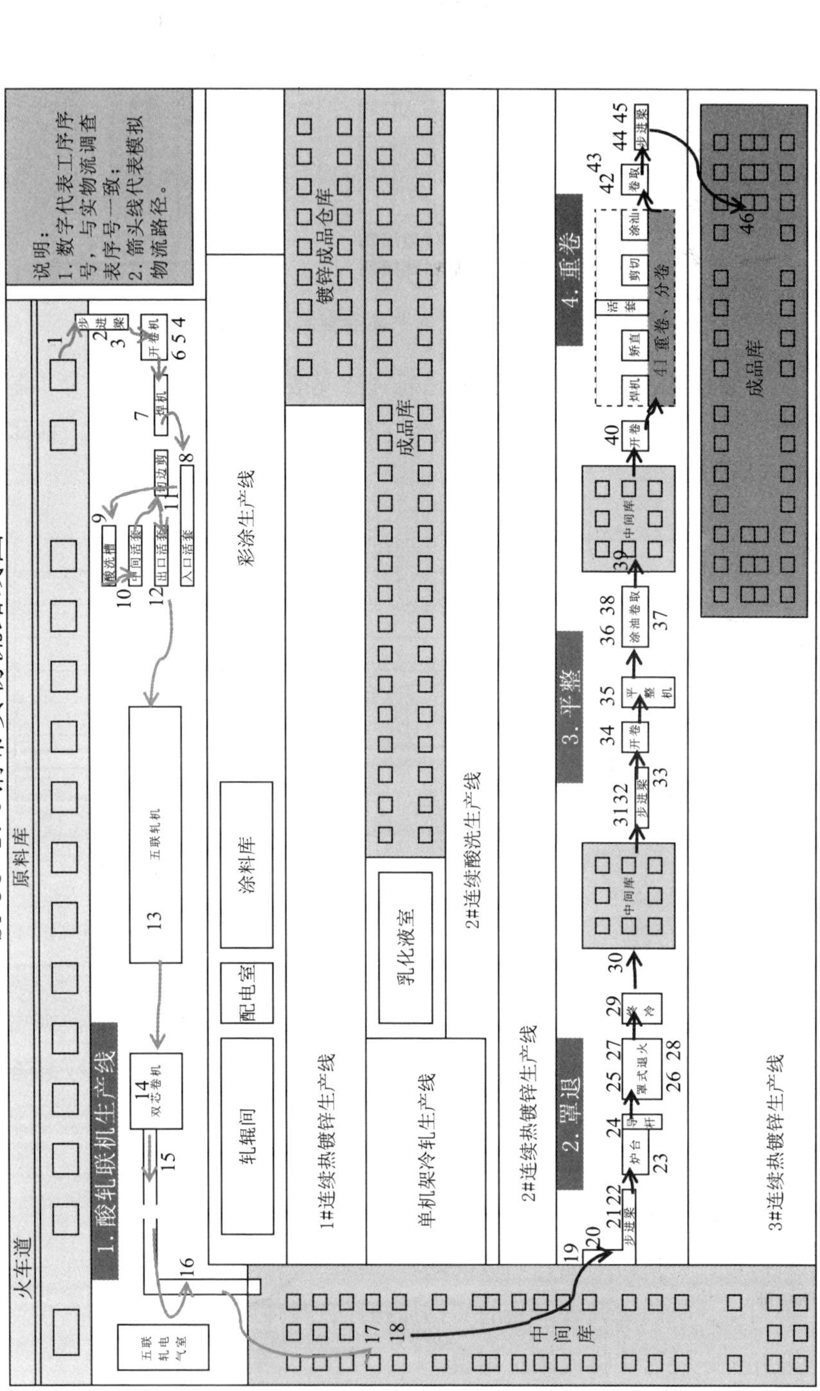

图5.19 某钢铁企业实物流路径

表 5.36　某钢铁企业某不锈钢产品的实物流调查表

实物流现状调查表 - 1

调查范围：	调查型号：	阶段：	调查成员：	调查时间：
热轧卷投料→平整包装入库	SPCC - 1.0	■前　□方案　□后	×××	2018 年 5 月 6 日

序号	工序符号						作业内容	时间/分钟						距离/m	作业者	设备	现状问题点
	加工	切换	搬运	等待	数检	质检		加工	切换	搬运	等待	数检	质检				
	○	E	-	▽	□	◇											
1			√				将热轧卷吊放至酸轧入口			5				100		天车	需先投入的热轧卷离酸轧不是最近
2		√					剪打包带							8		打包带切剪	剪打包 3 条、取放工具 2 个来回
3				√			等待上开卷机				12					横移小车	5 卷在等待
4		√					上卷（2#）		3					4		2#开卷机	
5				√			等待 1#机开完卷				6					2#开卷机	
6	√						开卷	12						5		2#开卷机	正工开卷前剪切头 2 米
7		√					焊接		2					10		焊接机	本卷开完后剪切尾 2 米
8			√				入口活套			2.5				20		入口活套	贮钢带 300 米
9	√						酸洗	3.5						40		酸洗机	
10			√				中间活套			2				15		中间活套	贮钢带 250 米
11	√						切边剪、碎边	5						20		切边剪机	切损带宽 1 厘米

续表

序号	工序符号						作业内容	时间/分钟						距离/m	作业者	设备	现状问题点
	加工	切换	搬运	等待	数检	质检		加工	切换	搬运	等待	数检	质检				
	○	E	–	▽	□	◇											
12			√				出口活套			5				100		出口活套	贮钢200米
13	√						五连轧	5						120		冷轧机	
14	√						打卷	5						6		打卷机	切带头、带尾
15		√					下卷			1				3		下卷小车	
16				√			待入中间库				3						贴标识1张、卷撞碰伤
17			√				入中间库			2				130		天车	
18				√			在库等待罩退				90						
19			√				取卷放入罩退步进梁1			1.5				6		天车	
20		√					焊卷心		2					3		点焊机	
21			√				翻钢、移入步进梁2			5				20		翻钢小车	
22				√			等待装炉				10						
23		√					装炉		35					60		天车	取放卷5~6个回合、取放对流板4~5个回合、加内罩1个、加顶罩1个

实物流现状调查表－2

调查范围： 热轧卷投料→平整包装入库	调查型号： SPCC－1.0	阶段： ■前 □方案 □后	调查成员： ×××	调查时间： 2018年5月6日

序号	工序符号						作业内容	时间/分钟						距离/m	作业者	设备	现状问题点
	加工	切换	搬运	等待	数检	质检		加工	切换	搬运	等待	数检	质检				
	○	E	–	▽	□	◇											
24		√					炉体密封测试		10							加热炉自测	
25	√						加热	1080								加热炉	
26		√					换冷却罩		20							天车	
27	√						冷却	1080								冷却炉	
28		√					取冷却罩、内罩		20							天车	
29			√				取卷、码放			5				50		天车	
30				√			中间库冷放				1200						
31			√				取卷放入平整入口步进梁			3				20		天车	
32		√					取带		1								取带2条、取放切剪、扔带
33				√			待上平整机				15			10			
34		√					上卷		3					3		平整机	
35	√						平整	6						30		平整机	
36	√						打卷	4						3		打卷机	

续表

序号	工序符号						作业内容	时间/分钟						距离/m	作业者	设备	现状问题点
	加工	切换	搬运	等待	数检	质检		加工	切换	搬运	等待	数检	质检				
	○	E	–	▽	□	◇											
37		√					下卷			0.5				2		卸卷机	
38			√				取卷放入横移小车			0.5				15			
39				√			等待重卷				5						
40			√				取送卷			3				3		天车	
41	√						重卷、分卷	4						5		卷取机	
42		√					下卷		2					5		下卷小车	
43			√				取送卷			3				15		天车	
44	√						打包	10								人工	
45					√	√	入库前自检					1	5			人工	
46			√				入库			3						天车	
加工周期分析							实际加工时间合计	2215 分钟									
							实际加工周期	5 天									从投产到入库
							加工时间占加工周期比	30.76%									

第七步，分析实物流现状调查结果，表 5.36 案例可解读如下：

● 实际加工周期为 5 天，即从投产到产品完成入库耗用时间为 7200 分钟。

● 实际加工时间只有 2215 分钟。

● 加工时间占加工周期的比率为 30.76%。

● 加工周期中约有 69.24% 的时间是不增值的，这也是导致 SPCC－1.0 带钢周期长（需要 5 天）的表面原因。

第八步，依据浪费机理进一步调查不增值时间存在的原因，包括但不限于如下信息的确认：

● 生产方式与中间库存的确认，如 SPCC－1.0 带钢采用孤岛生产，各设备周边存在大量的中间在制品（具体可参见图 5.20、表 5.37），大多数品种都要被反复搬运、排队上机，导致制造周期被拉长且占用周转资金。

图 5.20　某钢铁企业 SPCC－1.0 产品中间库存场景

表 5.37　某钢铁企业 SPCC－1.0 产品中间库存明细

序号	状态	卷数/卷	米数/米	金额	备注
1	待酸洗开	11	23848	—	
2	五连轧待入库	7	14700	—	
3	中间库	25	55000	—	
4	待装炉	12	25200	—	
5	冷却台区	60	130080	—	
6	待上平整机	8	17344	—	
7	待重卷	6	12600	—	
中间库存合计		129	278772	—	

• 切换时间长，更换品种前没有明确作业者需要提前准备的事项，导致需要接头或者更换品种时，停下设备寻找布料、工具等，由此浪费时间，切换效率不高，如 SPCC－1.0 带钢装炉耗时 30 分钟以上。

• 工序间在库量多、设备停机无人重视，在各工序之间存在半成品库存，即使设备停了，也没有太大的关系，没有设备运行记录管理，职工对停机现象表现“不紧张”。

• 很多工序之间出现重复作业、重复整理、重复搬运工作，影响人员及作业效率。

• 各机台生产计划临时编制，无法通过准确的计划信息拉动前工序或者关联部门同步。

第九步，依据上述实物流的调查与分析结果，绘制被调查产品的价值流程图（请参见图 5.21）。

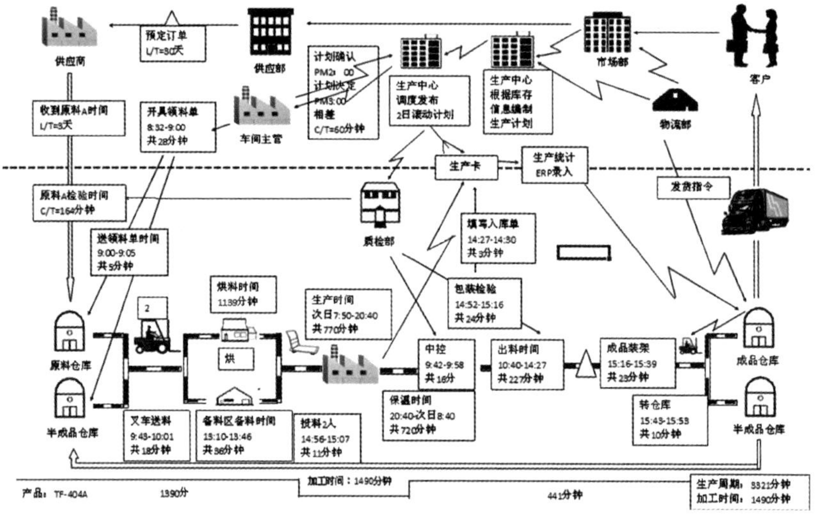

图 5.21　某化工企业 TF－404A 产品价值流程图（改善前）

第十步，结合企业管理目标及诉求，绘制被调查产品未来 3～5 年的价值流程图（请参见图 5.22）。

第十一步，确认差距、制订制造周期持续改进计划并进行持续改善。

企业通过实物流缩短或改善制造周期的同时，往往会拉动信息流的改善，而实物流、信息流的同步改善必将有效拉动企业的业务流程再造，从而最终推动销售订单周期的大幅改善。因此，通过价值流程进行销售订单周期的改善就不在此赘述了。

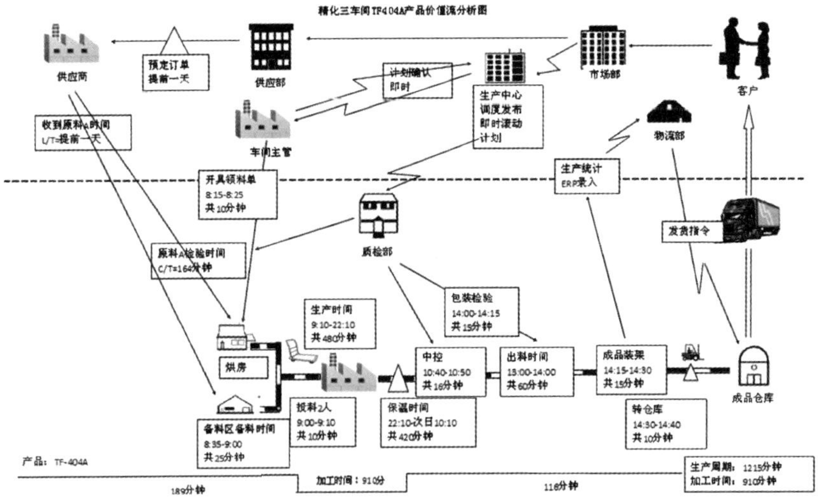

图 5.22　某化工企业 TF－404A 产品价值流程图（目标）

第六关

管理会计，利润最大化

现实中，很多经营决策者经常遇到如下问题：

• 在全球经济增速放缓的格局下，仍然需要较多订单才能让企业止损，市场开拓压力过大。

• 尽管订单充足、工厂资源开动率也不低，但企业难以取得正常的净利润额。

• 变动成本高、边际利润低，管理运营像走钢丝一样让人担心。

• 固定成本高、净利润低，每期利润分配及留存总是不尽如人意。

• 接单生产是亏，歇业又不可行，企业不知如何是好……

这究竟是什么原因？是否可以得到更有效地解决？管理会计可以做什么？即管理会计应发挥的五大作用见图 6. 1。

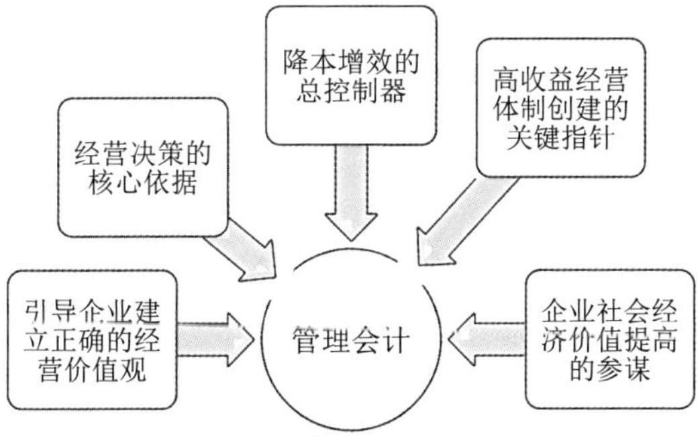

图 6. 1　管理会计的作用

第一节　树立正确的经营姿态

回归企业存在的价值，从管理会计入手，管理会计与财务会计是不同的，具体参考表6.1。以正确的姿态经营企业，是经营决策者经营企业的终点，也是起点。

表6.1　管理会计与财务会计的区别

比较维度	财务会计	管理会计
服务对象	企业外部的利益相关者	企业内部的利益相关者
报表用途	利益相关者之间的利益协调	企业经营决策和业绩的管理
报表关注点	利润分配	利润的获取
报表信息范围	过去的经营信息	涉及过去、现在及未来的经营信息
报表信息特点	正确性、合法性	有效性、及时性
报表编制要求	依据会计原则和相关法律法规	为企业经营、业绩管理提供依据，形式、内容灵活
计数特点	货币性计数	货币性计数、非货币性计数（如数量、比率等）
身份及定位	统计、核算	在统计、核算的基础上，进行分析、判断、评价和预警，并向经营决策者提供决策及业绩改善建议

经营决策者必须建立的三个正确的经营姿态及其相互关系，请参考图6.2。

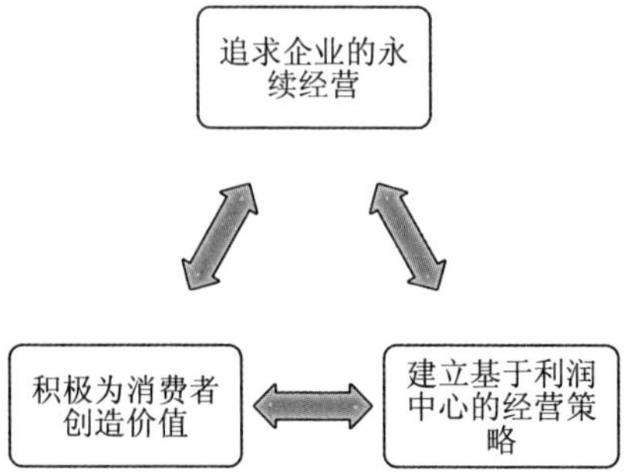

图6.2　经营决策者的经营姿态及相互关系

一、积极为消费者创造价值

身为经营决策者，如何为消费者创造价值并将价值内化，请参考图6.3。

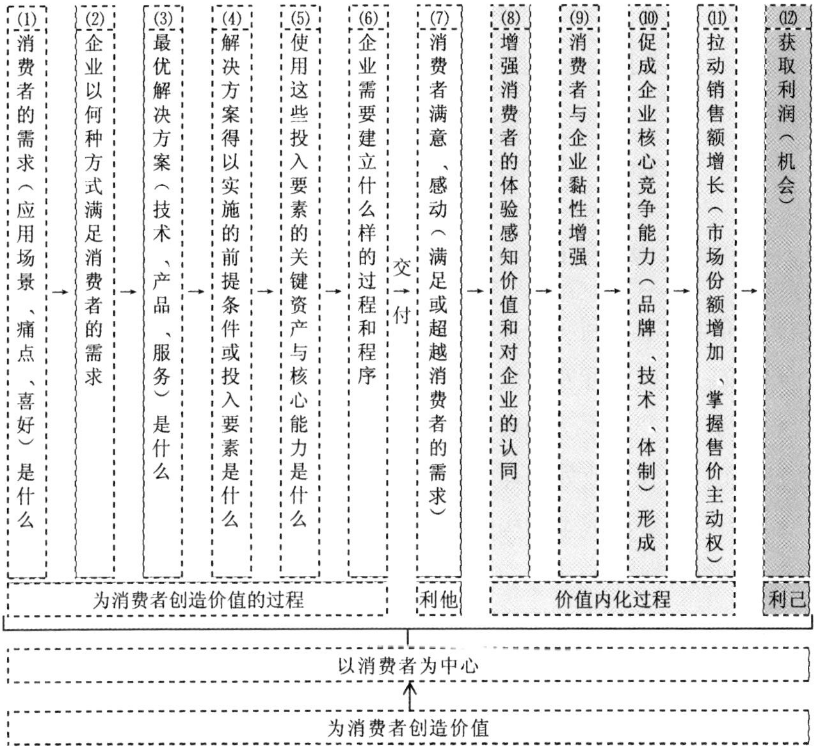

图6.3　以消费者为中心的价值创造与内化逻辑

二、建立基于利润中心的经营策略

为消费者创造价值，企业就有了存在的价值和获取利润的机会，但企业经营的出发点是为了持续、稳定地获取最大化利润，因此经营决策者为消费者创造价值时，必然会选择图6.4归纳的某一种策略，以实现企业的这一经营诉求。

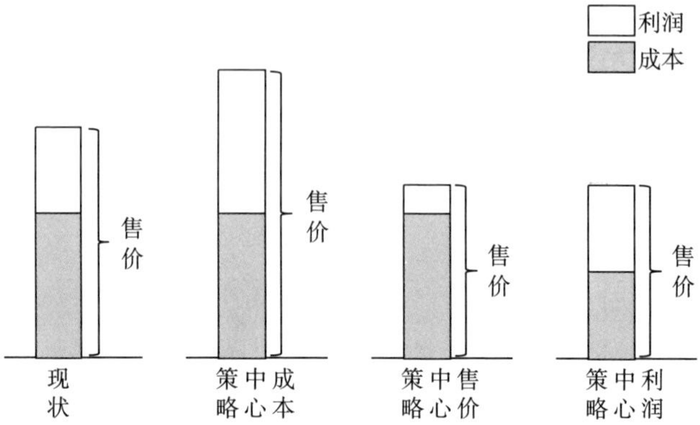

图6.4 持续稳定获取最大化利润的三种经营策略

（一）成本中心策略

即售价＝成本＋利润，具体解读如下：

• 定义：企业实际发生成本加上预期利润来决定商品售价。

• 实例：生产成本为100元，利润定为成本的15%，即15元，则售价为115元，代表企业如拜耳、孟山都等行业垄断巨头企业。

• 特点：最终将成本结构中不合理的部分转嫁到消费者身上，使企业获得预期利润。

• 评定：以成本为考虑核心，这类产品大都属于垄断性商品，消费者没有选择的余地，但这样的卖方市场是十分有限的。

（二）售价中心策略

即利润＝售价－成本，具体解读如下：

• 定义：依据市场售价扣减企业实际发生的成本来决定商品利润。

• 实例：市场售价为115元，现在的生产成本为100元，利润就是15元，代表企业如国内近年来倒闭的鞋、帽、玩具等传统行业企业。

• 特点：企业承受成本结构中不合理的部分。

• 评定：以售价为中心，当市场售价降低时，利润也随之减少，采用这种经营思想的企业大都属于没有危机感和缺乏改善意识的企业，在市场竞争日益激烈的今天更加难以生存。

（三）利润中心策略

即成本＝售价－利润，具体解读如下：

- 定义：为维护企业合理的目标利润，企业必须依据售价控制成本。
- 实例：目标利润是 15 元，现在市场的售价是 115 元，那么目标成本就是 100 元，代表企业如丰田汽车。
- 特点：要求企业持续降低成本，实现目标利润。
- 评定：以利润为中心，当市场售价降低时，成本也必须降低，采用这种经营策略的企业就可以在竞争中立于不败之地。

以上三种经营思想的目标虽然都是利润，但由于立足点不同，经营结果也完全不同。

成本中心策略是建立在生产垄断产品以获得高额利润的基础上的，虽然其垄断地位保证了目标利润，但市场需求仍将影响其利润的大小，并且一旦失去垄断地位，终将走向倒闭。

售价中心策略完全是消极地适应市场，供不应求时企业就会抬高售价，供大于求时就会降价，这种经营策略过于被动，终会被市场拖垮。

利润中心策略追求的就是利润，企业为了保证利润（利润最大化或目标利润），而努力改进经营管理及销售订单实现全过程中存在的问题，不断降低成本，使企业立于不败之地。

三、追求企业的永续经营

以利润为中心的经营策略，可以促成企业持续获取最大化利润，但这还不足以支持企业基业长青、永续经营。企业能赚钱和企业有钱完全是两码事，例如很多企业是在盈利状态下遇到经营困难甚至倒闭的，根本原因就是账面利润≠实际现金流量。利润、现金对企业的经营影响巨大，具体请参考图 6.5。

为了企业的永续经营，经营决策者必须确保图 6.6 的各项财务指标得到均衡、健康发展，并据此建立适用于本企业的经营体制和管理运营准则。

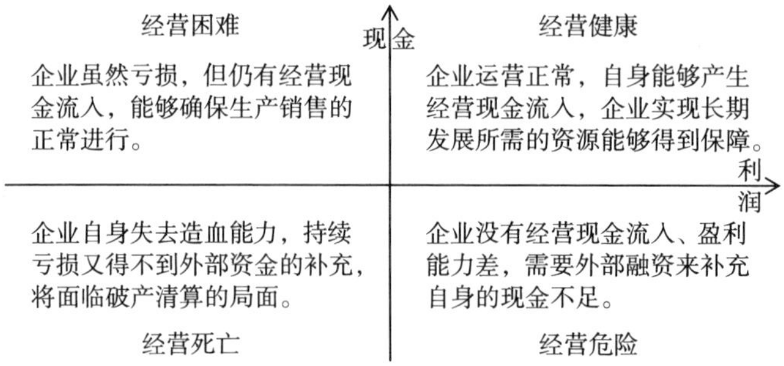

图6.5　利润与现金对企业经营的影响

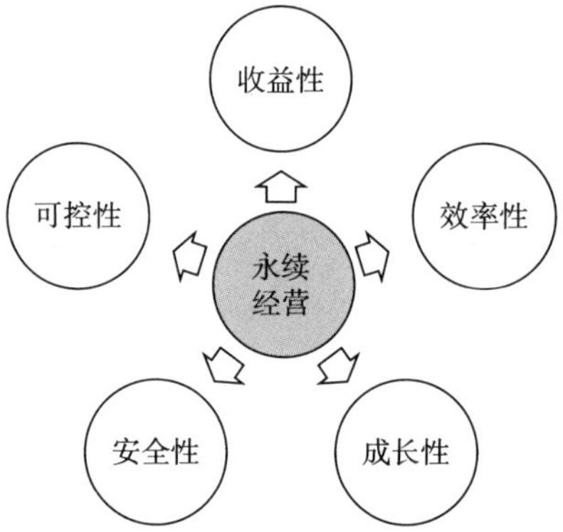

图6.6　支持企业永续经营的财务指标

第二节　经营业绩诊断

经营决策者必须及时掌握企业各期的经营状况，精准、有效地改善经营业绩，这就要求管理会计对图6.6归纳所示的各领域财务指标进行及时、准确地分析、评价，并提供改善建议。

一、企业收益性指标诊断

（一）常用收益性指标的构成与表现判定

收益是企业利润和现金流的源泉，收益类指标诊断，是企业经营业绩诊断的核心。对一般制造型企业而言，其收益能力的诊断可参考表6.2。

表 6.2 一般制造型企业收益能力诊断表

<table>
<tr><th>诊断指标</th><th>单位</th><th>计算公式</th><th>常见实绩</th><th>指标用途</th><th>一般判定标准或方法</th></tr>
<tr><td rowspan="2">边际利润率</td><td rowspan="2">%</td><td rowspan="2">（销售收入 - 变动成本）/销售收入 ×100%</td><td rowspan="2">25% ~45%</td><td>判断企业产品结构是否合理</td><td>如果企业生产的所有产品均有边际利润，则说明企业的产品结构基本上合理</td></tr>
<tr><td>决定企业某一产品是否应该停产</td><td>只要亏损产品存在边际利润就应该继续生产</td></tr>
<tr><td rowspan="2">销售毛利率</td><td rowspan="2">%</td><td rowspan="2">（销售净收入 - 产品成本）/销售净收入 × 100%</td><td rowspan="2">25% ~35%</td><td>引导投资方向</td><td rowspan="6">与行业水平、标杆企业、本企业目标值比较</td></tr>
<tr><td>确认企业主管业务的盈利空间和变化</td></tr>
<tr><td>总资本收益率（ROA）</td><td>%</td><td>销售利润率 × 总资本周转率 ×100%</td><td>5% ~20%</td><td>衡量总资产的盈利水平</td></tr>
<tr><td>股东资本收益率（ROE）</td><td>%</td><td>总资本收益 × 股东权益系数</td><td>3% ~20%</td><td>衡量股东权益的收益水平</td></tr>
<tr><td>经济附加值（EVA）</td><td>元</td><td>税后净营业利润 - 全部资本成本</td><td>0% ~15%</td><td>衡量资本真正创造价值的能力</td></tr>
<tr><td>投资回报率（ROI）</td><td>%</td><td>年均利润/投资总额 × 100%</td><td>10% ~25%</td><td>作为某个具体投资机会的选择依据</td></tr>
</table>

备注：“常见实绩”是部分一般制造型企业的实绩，仅供企业制定相应指标判断标准时参考。

（二）常用收益性指标的业绩改进

当经营决策者对企业的收益能力不满意时，一般可参考表 6.3 进行改进。

表 6.3 一般制造型企业收益力改善指南

业绩指标	经营决策者的态度	正确的业绩改进方向或策略
边际利润率	对指标实绩不满意	（1）削减变动成本，如材料、直接人工、生产能源消耗（水、电、气）； （2）优化、调整产品结构，下架亏损且无边际利润贡献的产品（生命周期提前终结）； （3）可能的出厂价格上调等
销售毛利率	对指标实绩不满意	削减变动成本，如材料、直接人工、生产能源消耗（水、电、气）等

续表

业绩指标	经营决策者的态度	正确的业绩改进方向或策略
总资本收益率（ROA）	对指标实绩不满意	（1）增加营业利润额（在销售额不增加的前提下）； （2）增加销售额（在提升利润率的基础上）； （3）减少资本、资产投入（含及时清理呆滞资产）等
股东资本收益率（ROE）	对指标实绩不满意	（1）改善总资本收益率； （2）适当增加财务杠杆
经济附加值（EVA）	对指标实绩不满意	（1）增加销售额（在提升利润率的基础上）； （2）减少资产投入（含及时清理呆滞资产）； （3）控制或削减资本成本
投资回报率（ROI）	对指标实绩不满意	（1）减少或控制不必要的项目投资； （2）提升已投资产品的利润额，如产品的销售额提升、成本控制等； （3）提升已投资设备或场地的稼动率、有效产出等

（三）常用收益性指标的应用检视

在收益能力改善的同时，经营决策者应围绕各个收益指标的实现，完善或建立适用于本企业的经营体制和管理运营规则，相应的检视要点参考如下：

①经营决策者和销售、计划及生产等职能部门的主管人员能否运用边际利润率、边际效益作为工作的指导依据？包括但不限于以下事项：

- 产能规划。
- 产品结构调整。
- 产品生产周期管理。
- 销售订单的承接。
- 计划排产。
- 产能弹性管理等。

②经营决策者和工程技术等职能部门的主管人员能否运用销售毛利率作为日常工作的指导依据？包括但不限于以下事项：

- 经营领域进入。
- 客户选择。
- 销售订单承接。
- 产品报价（市场定价）。
- 材料议价。

- 工时定价。
- 产品标准成本制定等。

③股东、经营决策者、财务职能主管部门是否共同确立了企业的总资本收益率、股东资本收益率、经济附加值目标？

④经营决策者、财务职能主管部门能否及时、精准地识别影响总资本收益率、股东资本收益率及经济附加值目标达成的关键因素？包括但不限于以下事项：

- 外部环境因素。产品销售地区政局变化、汇率变化、融资成本等。
- 企业战略因素。新事业的进入风险、企业或新事业所处的发展阶段、不合理的收益目标等。
- 经营管理因素。过激和过于保守的财务政策、经营管理漏洞、总成本控制能力薄弱等。
- 业务及流程限制因素。响应市场变化速度慢、交付周期长、产品流通呆滞等。

⑤经营决策者及各职能主管部门能否对影响总资本收益率、股东资本收益率、经济附加值目标达成的关键因素进行及时、有效的管理？包括但不限于以下事项：

- 企业战略的审视、完善或制定。
- 业务战略的审视、完善或制定。
- 职能战略的审视、完善或制定。
- 经营计划的审视、完善或制订。
- 经营预算的审视、完善或制定等。

⑥经营决策者及各职能部门的主管人员能否运用投资回报率作为日常工作的指导依据？包括但不限于以下事项：

- 人力招聘。
- 生产线筹建。
- 检测仪器或生产设备增加。
- 技术及管理课题改善等。

下面以投资回报率（ROI）为例，就收益性指标在企业经营中的内化应用给予概要说明，具体请参考表6.4。

表 6.4　一般制造型企业投资回报率应用实例

××× 公司扩建新厂房项目的投资回报分析表

	2018 年	2019 年	2020 年	2021 年	2022 年	2023 年	2024 年	2025 年	2026 年	2027 年
现金流入/万元										
销售毛利润增加金额	—	100	150	200	250	250	250	250	250	250
成本节约金额	—	300	300	300	300	300	300	300	300	300
现金流入小计	—	400	450	500	550	550	550	550	550	550
现金流出/万元										
初始投资	1500									
日常维修维护费用	—	20	20	20	20	20	20	20	20	20
资本成本	98	98	98	98	98	98	98	98	98	98
现金流出小计	1598	118	118	118	118	118	118	118	118	118
净现金流/万元	(1598)	282	332	382	432	432	432	432	432	432
净现金流累计/万元	-1598	-1317	-985	-603	-171	261	692	1124	1556	1988
投资回报所需期间/年	1	1	1	1	0.40	—	—	—	—	—
贴现率/%	10	10	10	10	10	10	10	10	10	10

NPV-净现值/万元	574.21
ROI-投资回报率/%	18.52
PP-投资回收期/年	4.40

→

公司确定的投资判定基准值

(1) NPV>0;
(2) ROI≥10%

→

经营决策

同意2018年投入并启动本项目，请按计划实施

二、企业资产运用效率性指标诊断

（一）常用资产效率性指标的构成与表现判定

资产运用效率性指标，是衡量企业资产利用有效性、充分性的重要指标，直接影响着企业期间收益和经营安全（如现金流等）。对一般制造型企业而言，其资产效率的诊断可参考表 6.5。

表 6.5　一般制造型企业资产效率性指标诊断表

诊断指标	单位	计算公式	常见实绩	指标用途	一般判定标准或方法
应收账款周转率	次	主营业务收入/［（期初应收账款 + 期末应收账款）/2］	2 ~ 6 次	衡量资金、资本、资产流转速度	与行业水平、标杆企业、本企业目标值比较
存货周转率	次	主营业务收入/［（期初存货 + 期末存货）/2］	2 ~ 6 次		
固定资产周转率	次	主营业务收入/［（期初固定资产 + 期末固定资产）/2］	1 ~ 4 次		
总资产周转率	次	主营业务收入/［（期初总资产 + 期末总资产）/2］	1 ~ 4 次		

备注：“常见实绩”是部分一般制造型企业的实绩，仅供企业制定相应指标判断标准时参考。

（二）常用资产效率性指标的业绩改进

当经营决策者对资产运用效率不满意时，一般可参考表 6.6 进行改进。

表 6.6　一般制造型企业资产效率改善指南

业绩指标	经营决策者态度	正确的业绩改进方向或策略
应收账款周转率	对指标实绩不满意	（1）提高主营业务收入，如产品销售收入、其他收入等； （2）做好应收计划、加速回款； （3）淘汰回款不及时或周期过长的经销商、客户；

续表

业绩指标	经营决策者态度	正确的业绩改进方向或策略
应收账款周转率	对指标实绩不满意	(4) 建立商业信誉评估、授信额度管理机制; (5) 优化交易结算规则，缩短回款周期等
存货周转率	对指标实绩不满意	(1) 提高主营业务收入，如产品销售收入、其他收入等; (2) 建立积极的出货计划、缩短成品库龄，减少成品库存; (3) 进行实物流改善、缩短制造周期、物料配送等，减少中间在制品; (4) 通过缩短采购周期、准时回货、按单采购，减少材料库存; (5) 完善库存管理机制，如设立安全库存、最高库存标准，执行先进先出、盘点、不良及呆滞品快速处理流程等
固定资产周转率	对指标实绩不满意	(1) 提高主营业务收入，如产品销售收入、其他收入等; (2) 减少或控制不必要的固定资产投资; (3) 提升固定资产运用效率，如设备稼动率、单位面积产值提升等
总资产周转率	对指标实绩不满意	(1) 提高主营业务收入，如产品销售收入、其他收入等; (2) 减少期初和期末的流动资产、长期投资、固定资产、无形资产和递延资产等

（三）常用资产效率性指标的应用检视

在资产效率改善的同时，经营决策者应围绕各个资产效率指标目标的实现，完善或建立适用于本企业的经营体制和管理运营规则，相应的检视要点参考如下：

①经营决策者和财务、销售等职能部门的主管人员能否运用应收账款周转率作为工作的指导依据？包括但不限于以下事项：

- 交易结算方式的确定。
- 回款周期标准的制定及执行。
- 回款计划的制订及执行。
- 资金应用计划的制订及执行。
- 资金平衡表的制定及执行等。

②销售、计划、采购、生产及仓库等职能部门的主管人员能否运用应存货款周转率作为日常工作的指导依据？包括但不限于以下事项：

- 订单交付、制造、采购库存周期标准的制定及执行。

• 最高存库、先进先出、盘点及物料配送仓库管理规范的制定及执行等。

③经营决策者、财务、计划及生产等职能部门的主管人员能否运用固定资产周转率作为日常工作的指导依据？包括但不限于以下事项：

• 固定资产的稼动率及负荷管理。

• 单位固定资产的有效产值、利润贡献度管理。

• 固定资产的增置、运用、转移及清除等。

④经营决策者及财务等职能部门的主管人员能否运用总资产周转率作为日常工作的指导依据？包括但不限于以下事项：

• 避免货币资金闲置。

• 减少应收账款和应收票据。

• 加速产品流动。

• 减少或控制不必要的固定资产投入等。

周转率，无论是对于一般制造型企业，还是销售流通型企业，都是非常重要的运营效率指标，其对资产的高效利用必将促成股东资本收益率（ROE）的向上，具体请参考下述两个方案的对比分析。

【方案一】：A 企业投入 1000 元的总成本用于 YM123 产品的生产，出厂价格为 1300 元，从投入到回款周期为 180 天。180 天内 A 企业生产、出货 YM123 产品并回款 1 个循环，利润率 30%、创造利润 300 元。如果 A 企业的股东权益系为 1，则 A 企业的股东资本收益率（ROE_1）$=30\% \times 1 \times 1 = 30\%$。

【方案二】：A 企业投入 1000 元的总成本用于 YM123 产品的生产，出厂价格为 1200 元，从投入到回款周期为 90 天。180 天内 A 企业运用初始资本 1000 元及经营所得实现了生产、出货 YM123 产品并回款 2 个循环，利润率 20%、创造利润 440 元。如果 A 企业的股东权益系为 1，则 A 企业的股东资本收益率（ROE_2）$=20\% \times 2 \times 1 = 40\%$。

上例表明：

如果改善资产周转率，企业可以取得更高的股东资本收益率，包括更高的销售额、更高的利润额。

如果改善资产周转率，企业可以选择更具竞争力的经营方式，包括更低的销售价格或相同价格时赋予产品更好的质量和使用体验等。

正因为如此，一般制造型企业的经营决策者越来越重视密切影响资产应用效率的订单交付周期、制造周期、库存周期、回款周期等的改善与管理。

三、企业成长性指标诊断

（一）常用成长性指标的构成与表现判定

成长性指标，是衡量企业成长速度的重要指标。对一般制造型企业而言，其成长的诊断可参考表6.7。

表6.7　一般制造型企业成长性诊断表

诊断指标	单位	计算公式	常见实绩	指标用途	一般判定标准或方法
主营业务收入增长率	%	（本期主营业务收入－上期主营业务收入）/上期主营业务收入×100%	10%～35%	衡量营收增长速度	与行业水平、标杆企业、本企业目标值比较
主营业务利润增长率		（本期主营业务利润－上期主营业务利润）/上期主营业务利润×100%	5%～30%		
净利润增长率		（本期净利润－上期净利润）/上期净利润×100%	3%～20%		
总资产增长率		（期末总资产－期初总资产）/期初总资产×100%	5%～30%	衡量资产增长速度	
固定资产增长率		（期末固定资产－期初固定资产）/期初固定资产×100%	3%～15%		
研发费用增长率		（本期研发费用－上期研发费用）/上期研发费用×100%	4%～30%	衡量研发投入增长速度	

备注："常见实绩"是部分一般制造型企业的实绩，仅供企业制定相应指标判断标准时参考。

（二）常用成长性指标的业绩改进

当经营决策者对企业的成长不满意时，一般可参考表6.8进行改进。

表6.8　一般制造型企业成长性改善指南

业绩指标	经营决策者的态度	正确的业绩改进方向或策略
主营业务收入增长率	对指标实绩不满意	（1）在现有主要产品、客户、渠道的基础上提高市场占有率； （2）创造新的增长极（产品、客户、渠道）； （3）纠正过低的销价等
主营业务利润增长率	对指标实绩不满意	（1）提高主营业务收入； （2）降低主营业务成本； （3）充分应用国家或区域政策，合法合理减少成本等
净利润增长率	对指标实绩不满意	（1）提高销售收入； （2）降低总成本等
总资产增长率	对指标实绩不满意	（1）提高净利润额； （2）减少利润分配，增加利润留存； （3）合理运用财务杠杆，补充必要的经营资产等
固定资产增长率	对指标实绩不满意	在销售额、利润额增长的基础上，正比增加固定资产等
研发费用增长率	对指标实绩不满意	增加产品研发、技术创新费用投入等

（三）常用成长性指标的应用检视

在企业成长性改善的同时，经营决策者应围绕各个成长指标目标的实现，完善或建立适用于本企业的经营体制和管理运营规则，相应的检视要点参考如下：

①经营决策者和各职能部门主管人员能否运用主营业务收入增长率、主营业务利润增长率及净利润增长率作为工作的指导依据？包括但不限于以下事项：

- 竞争策略的制定。
- 增长极的打造与市场开拓。
- 经营管理活动聚焦。
- 成本控制或降低课题的选择与实施。

• 国家财税政策解读与利好应用等。

②经营决策者和财务职能部门的主管人员能否运用总资产增长率、固定资产增长率作为工作的指导依据？包括但不限于以下事项：

• 利润分配计划的制订。
• 资产结构调整。
• 资本引入或融资计划。
• 固定资产投入计划等。

③经营决策者和技术职能部门的主管人员能否运用研发费用增长率作为工作的指导依据？包括但不限于以下事项：

• 企业技术策略及路线的确定。
• 企业技术平台、产品平台规划与建设。
• 技术改造与升级实施。
• 基础应用技术、前沿技术的研究等。

尽管上述成长性指标，既涉及“量”的增长，也涉及“质”的增长。但在实际经营管理中，往往出现的现象是：经营决策者（此处包含职业经理人）只关注成长性指标，甚至是只关注个别成长性指标（如主营业务收入增长率），而忽视或不顾经营收益、资产效率、安全及可控性指标对工作开展的指导和约束——这种经营心态和战略短视行为对于企业的永续经营往往是致命的。

四、企业经营安全性指标诊断

（一）常用安全性指标的构成与表现判定

安全性指标，是衡量企业经营安全性的重要指标。对一般制造型企业而言，其经营安全性的诊断可参考表6.9。

表6.9　一般制造型企业经营安全性诊断表

诊断指标	单位	计算公式	常见实绩	指标用途	一般判定标准或方法
现金比率	%	（货币资金＋有价证券）/流动负债×100%	10%～60%	衡量企业不依靠存货销售及应收款时的偿债能力	与行业水平、标杆企业、本企业目标值比较

续表

诊断指标	单位	计算公式	常见实绩	指标用途	一般判定标准或方法
流动比率	%	流动资产总额/流动负债总额×100%	80%～200%	衡量企业流动资产在短期债务到期前的变现偿债能力	与行业水平、标杆企业、本企业目标值比较
资产负债率		负债总额/资产总额×100%	50%～100%	衡量企业负债水平及长期偿债能力	
固定成本率		固定成本/销售收入×100%	15%～35%	衡量企业固定成本水平及损益余量	
自有资本比率		自有资本总额/资本总额×100%	30%～60%	衡量企业资本结构健康度	

备注："常见实绩"是部分一般制造型企业的实绩，仅供企业制定相应指标判断标准时参考。

（二）常用经营安全性指标的业绩改进

当经营决策者对企业的成长不满意时，一般可参考表6.10进行改进。

表6.10　一般制造型企业经营安全性改善指南

业绩指标	经营决策者态度	正确的业绩改进方向或策略
现金比率	对指标实绩不满意	（1）增加货币资金持有额度； （2）减少流动负债
流动比率	对指标实绩不满意	（1）增加流动资产持有额度，并控制变现能力较弱的存货及待分摊费用； （2）减少流动负债
资产负债率	对指标实绩不满意	（1）当资产负债率较低时，在确保财务安全的前提下增加负债； （2）当资产负债率较高时，加速债务偿还或增加自有资本额
固定成本率	对指标实绩不满意	（1）在不影响企业经营能力的基础上，削减固定成本； （2）在固定成本不增加的前提下，大幅度提升销售收入
自有资本比率	对指标实绩不满意	（1）增加自有资本； （2）削减不良或呆滞资本

（三）常用经营安全性指标的应用检视

检视要点：经营决策者和财务职能部门的主管人员能否运用现金比

率、流动比率、资产负债率及固定成本率、自有资产比率作为工作的指导依据？包括但不限于以下事项：

- 企业资本结构的选择与调整。
- 股东增资计划的制订及执行。
- 融资计划的制订及执行。
- 流动资产调配、应用及管理。
- 利润分配计划的制订及执行。
- 偿债计划的制订及执行。
- 固定成本削减计划的制订及执行。
- 不良资产的及时处理等。

下面以资产负债率为例，就安全性指标在企业经营中的内化应用给予概要说明，具体请参考表6.11。

表6.11　一般制造型企业资产负债率应用实例

×××公司基于资产负债率的资本结构决策分析表					
科目	**方案一**	**方案二**	**方案三**	**方案四**	**方案五**
资产负债率/%	0	100	200	300	400
负债成本率/%	—	6	7	9	12
息税前投资收益率/%	10	10	10	10	10
负债额	—	3000	4000	4500	4800
权益资本额	6000	3000	2000	1500	1200
年息税前利润额	600	600	600	600	600
减：负债利息	—	180	280	405	504
年税前净利润额	600	420	320	195	96
所利税率/%	33	33	33	33	33
应纳税所得额	198	138.6	105.6	64.35	31.68
权益资本收益率前/%	10	14	16	13	8
权益资本收益率后/%	6.70	9.38	10.72	8.71	5.36

分析：方案一、方案二没能发挥财务杠杆效应且节税效应有限；方案四、方案五负债高且收益率并非最佳。

结论：采用方案三的负债率，并据此调整本企业的资本结构。

五、企业经营可控性指标诊断

（一）常用可控性指标的构成与表现判定

可控性指标，是衡量企业经营业绩偏离经营目标值的指标，体现的是经营决策者对经营的可掌控程度。对一般制造型企业而言，其经营可控性的诊断可参考表 6.12。

表 6.12　一般制造型企业经营可控性诊断表

诊断指标	单位	计算公式	常见实绩	指标用途	一般判定标准或方法
销售收入偏差率	%	（实际销售收入 - 目标销售收入）/目标销售收入 ×100%	±30%	衡量企业营收的可掌控性	与行业水平、标杆企业、本企业目标值比较
销售量偏差率		（实际销售量 - 目标销售量）/目标销售量 ×100%	±30%		
变动成本偏差率		（实际变动成本 - 目标变动成本）/目标变动成本 ×100%	±5%	衡量企业成本的可掌控性	
固定成本偏差率		（实际固定成本 - 目标固定成本）/目标固定成本 ×100%	±3%		
利润总额偏差率		（实际利润总额 - 目标利润总额）/目标利润总额 ×100%	±3%	衡量企业盈利的可掌控性	

备注：“常见实绩”是部分一般制造型企业的实绩，仅供企业制定相应指标判断标准时参考。

（二）常用经营可控性指标的业绩改进

当经营决策者对企业的可控性不满意时，一般可参考表 6.13 进行改进。

表6.13　一般制造型企业经营可控性改善指南

<table>
<tr><th>业绩指标</th><th>经营决策者的态度</th><th>正确的业绩改进方向或策略</th></tr>
<tr><td>销售收入偏差率</td><td>对指标实绩不满意</td><td rowspan="5">（1）科学制定合理的目标；
（2）制订足以支撑目标实现的行动方案、计划；
（3）监视、统计各指标的实绩；
（4）分析实绩与目标的差异；
（5）确定造成差异的影响因素，探寻造成差异的真实原因；
（6）检讨行动方案、行动的实施情况并及时完善、纠偏等</td></tr>
<tr><td>销售量偏差率</td><td>对指标实绩不满意</td></tr>
<tr><td>变动成本偏差率</td><td>对指标实绩不满意</td></tr>
<tr><td>固定成本偏差率</td><td>对指标实绩不满意</td></tr>
<tr><td>利润总额偏差率</td><td>对指标实绩不满意</td></tr>
</table>

（三）常用经营可控性指标的应用检视

检视要点：经营决策者和各职能部门的主管人员能否运用销售收入偏差率、销量偏差率、变动成本偏差率、固定成本偏差率及利润总额偏差率作为工作的指导依据？包括但不限于以下事项：

- 产能规划。
- 订单承接与实绩动态管理。
- 生产出货与实绩动态管理。
- 标准成本与实绩动态管理。
- 目标利润总额与实绩动态管理等。
- 形成不断缩小偏差、控制偏差波动范围的良好经营习惯和经营掌控能力等。

实际上，结合企业内外部环境因素，将各类财务指标控制在一个科学、合理的目标范围内，其难度是空前的。运用管理会计诊断企业经营业绩后，应及时撰写并向经营决策者提报“经营业绩诊断报告”，经营决策者据此及企业内外部环境等，及时进行经营管理与企业治理的改善。

经营决策者应当注意的是，收益性、效率性、成长性、安全性及可控性指标是一个有机整体，各类指标之间相互作用、相互促进，各指标的均衡、协调发展，企业才可能永续经营，具体请参见图6.7的逻辑归纳示例。

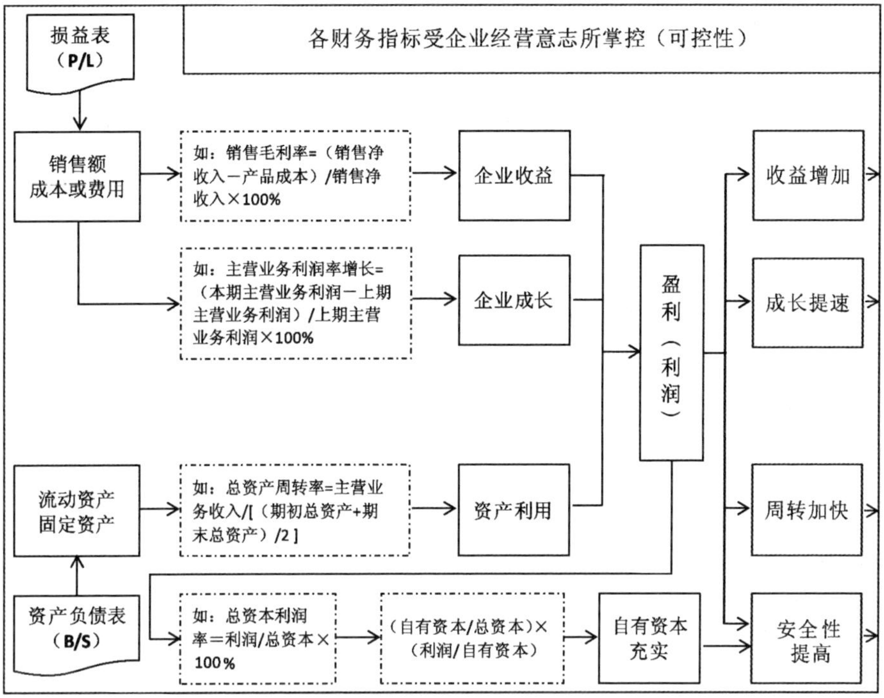

图 6.7　一般制造型企业五大类财务指标的相互作用关系

第三节　经营宽裕率与企业抗风险能力提升

在全球经济增长放缓、市场竞争日益加剧、贸易壁垒不断叠加的环境下，企业如何对冲外部影响因素、轻装突围？经营决策者如何聚焦企业经营的出发点、稳健经营企业？经营决策者应提高企业经营的宽裕率。

一、什么是经营宽裕率

通过损益平衡点了解经营宽裕率是改善的第一步。

(1) 损益平衡点，是指边际利润 = 固定成本时的销售额（或产品数量)，即

$$损益平衡点 = \frac{固定成本}{1 - \frac{变动成本}{实际销售额}} 或 = \frac{固定成本}{边际利润/实际销售额} 或 = \frac{固定成本}{边际利润率}$$

算式表明，成本（变动成本和固定成本）、销售额是影响损益平衡点的直接会计科目，相互关系可参考图 6.8。

变动成本VC/元	30000000
产量Q/支	1500000
单位变动成本VCb/元/支	20
销售单价P/元/支	30
固定成本FC/元	15000000
盈亏平衡点销量/支	1500000
盈亏平衡点销量额/元	45000000

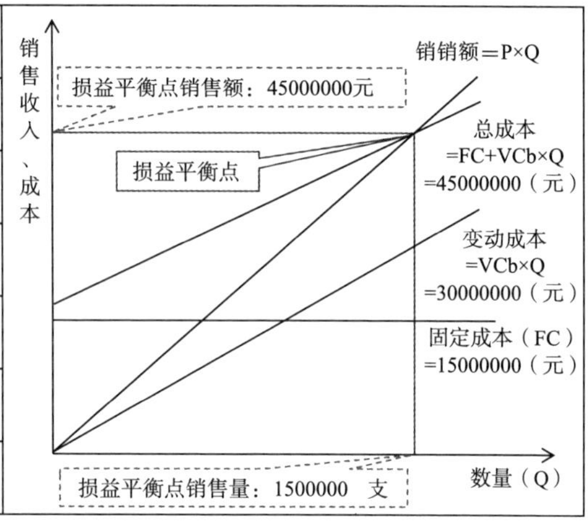

图 6.8　损益平衡点分析模型

（2）损益平衡点比率，是指损益平衡点与实际销售额的比，即

$$损益平衡点比率 = \frac{损益平衡点}{实际销售额} \times 100\%$$

（3）经营宽裕率，是指企业能够获取最大利润的理论销售额下降至损益平衡点时，下降的那部分销售额与理论值之比，即

$$经营宽裕率 = 1 - 损益平衡点比率$$

此时，基于损益平衡点、经营宽裕率及边际利润可推演出企业经营的三种结果：盈利、损益平衡和亏损。具体请参考图 6.9。

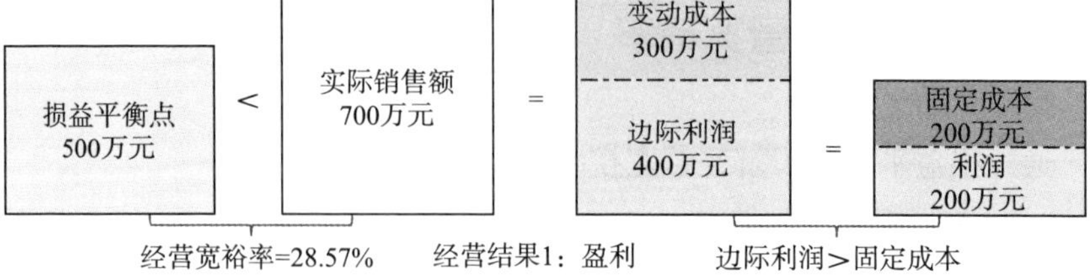

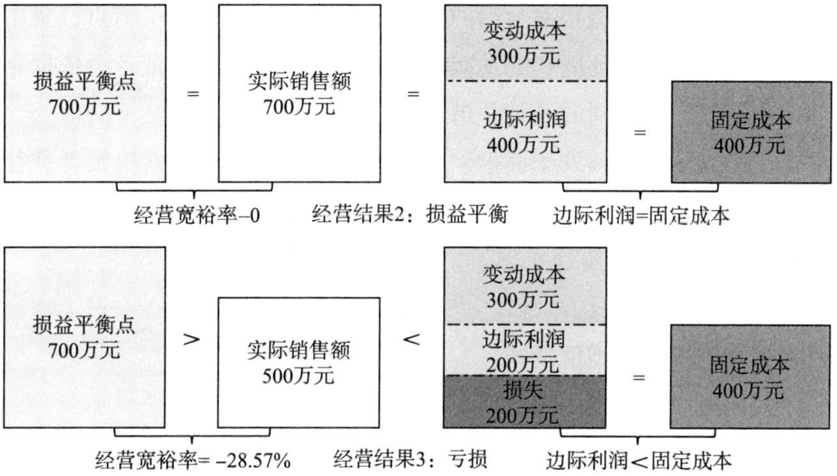

图 6.9　企业经营结果及成因简析

由图 6.9 很容易看出：企业只有在经营宽裕率 >0 时才能获得利润，原因就在于（此时）损益平衡点低于实际销售额，边际利润能够充分吸收固定成本。

二、评价企业的经营体制状态

在充分理解上述概念后，参考表 6.14 对经营宽裕率进行检视，评价企业当前经营体制状态，是经营决策者提高经营宽裕率的第二步。

表 6.14　基于损益的一般制造型企业经营体制检视表

经营体制等级	经营体制类型	经营宽裕率	损益平衡点比率
九级	死亡型体制	< -20%，但≥30%	>120%，但<130%
八级	亏损型体制	<0%，但≥ -10%	>100%，但<110%
七级	危险型体制	0%	100%
六级	较差型体制	>0%，但≤10%	<100%，但≥90%
五级	警惕型体制	>10%，但≤20%	<90%，但≥80%
四级	一般型体制	>20%，但≤30%	<80%，但≥7%
三级	较好型体制	>30%，但≤40%	<70%，但≥60%
二级	优良型体制	>40%，但≤50%	<60%，但≥50%
一级	卓越型体制	>50%	>50%

实际上，以经营宽裕率为纲的损益平衡点比率、损益平衡点，集中反映的是企业抵御恶劣环境和突发减产危机的能力。经营决策者会依据企业当前体制情况实施不同的经营举措，例如：

①当经营体制持续处于第七、第八、第九等级时，经营决策者往往会以空前力度控制固定成本，包括但不限于以下事项：

- 削减各种费用。
- 裁减非核心人员。
- 处理闲置、不增值资产。
- 关闭或出售亏损的生产线、门店、子公司。
- 淘汰亏损且无边际利润的客户、产品等。

②当经营体制持续处于第四、第五、第六等级时，经营决策者往往会大大压缩变动成本，包括但不限于以下事项：

- 按订单核算、监控并快速降低材料成本、直接人工成本。
- 重新核算出厂价格，对利润低或亏损产品进行必要的涨价。
- 调整并优化客户、渠道、产品结构。
- 在取得供应商支持的基础上降低采购价格。
- 提高产品直通率，减少内部失败成本等。

③当经营体制持续处于第二、第三等级时，经营决策者一般会表现出更为成熟的经营姿态，包括但不限于以下事项：

- 集焦企业的战略制定、文化建设、接班人培养。
- 技术创新、产品开发。
- 市场开拓、品牌塑造等。

④当经营体制持续处于第一等级时，经营决策者往往会表现出比较积极的经营姿态，包括但不限于以下事项：

- 产能扩张。
- 企业兼并。
- 进军新事业领域。
- 价值链整合。
- 资本运作等。

经营决策者无论实施何种经营举措、表现以什么样的姿态经营，其本质还是要将企业的经营宽裕率维持在一定水平——这是企业收益、现金流和自有资本的源泉，也是企业追求利润最大化的护城河。因此，任何时候经营决策者都应提升或巩固企业当下的经营宽裕率水平，具体请参考图6.10。

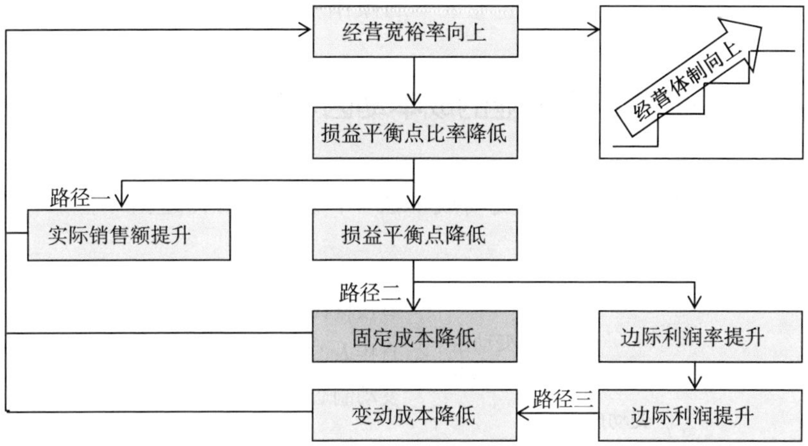

图6.10　管理会计提升经营宽裕率的逻辑

由图6.10很容易看出，提升经营宽裕率有三条路径，但需要注意以下几点：

第一条路径：当经济增长放缓、消费疲软时，销售额提升比较困难。

第二条路径：当材料及劳动力市场价格稳定、产品标准成本设计合理时，变动成本的降低将主要依靠技术改进和创新驱动，这是一个比较缓慢的过程。

第三条路径：当企业行政效率比较高、资源投入及组织编制比较精简时，固定成本降低比较困难。固定成本是影响经营宽裕率最直接的因素，但它往往起着维持企业规模的“营销”作用，是“自信、乐观”型经营决策者一般不愿意大力削减的成本。

第四节　经营决策者的成本管理

在一般制造型企业里，成本管理一直都是经营决策者重视并积极推动的工作之一，但实际上只有极少数企业真正进行了有效的成本管理——普遍存在的、较低的利润率就能说明一切。

原因何在？各企业的具体情况可能会有所不同，但根本原因只有一个：经营决策者没有识别出成本的控制源头，并对其进行系统控制和持续改进。经营决策者有效管理企业成本的操作步骤及注意要点如下。

一、分解并识别企业的成本动因、控制源

第一步，应确立本企业变动成本法①下会计科目构建指导框架，具体请参考图6.11。

- 总成本
  - 变动成本
    - 变动生产成本（计入产品生产成本）
      - 直接材料
      - 直接人工
      - 变动制造费用
    - 变动非生产成本
      - 变动销售费用
      - 变动管理费用
      - 变动财务费用
  - 固定成本
    - 固定生产成本——固定制造费用
    - 固定非生产成本
      - 固定销售费用
      - 固定管理费用
      - 固定财务费用

（变动非生产成本、固定生产成本及固定非生产成本：列为期间成本并在当期收益中全部扣除）

图6.11 变动成本法下会计科目构建框架

第二步，在完全成本法②的基础上（即企业税务会计中的科目），依据

① 变动成本法：是指在企业常规的成本核算过程中，以成本总额与业务总量之间的依存关系为前提条件，只将变动生产成本作为产品成本的构成内容，而将固定生产成本和非生产成本作为期间成本，并按贡献式损益确定程序计算损益的一种成本计算模式。

② 完全成本法：是将一定时期内为生产一定数量的产品而耗用的所有直接材料、直接人工和全部制造费用（包括变动制造费用和固定制造费用），都计入产品生产成本中的一种成本计算方法。

图 6. 11 进行变动成本法下会计科目的优化、调整，具体请参考表 6. 15。

表 6. 15　×××公司会计科目向变动成本法转化过程

×××公司会计科目设置优化、整合一览表（摘选）

——由完全成本法向变动成本法转化

变动前			变动后		
类别	科目代码	科目名称	新科目代码	新的科目名称	说明
成本类	5001	生产成本	5002	生产变动成本	
成本类	5001. 01	生产成本 – 原材料（塑胶）	5002. 01	生产成本 – 原材料（钢材）	
成本类	5001. 02	生产成本 – 原材料（钉米）	5002. 02	生产成本 – 原材料（钉柄）	
成本类	5001. 03	生产成本 – 辅助材料	5002. 03	生产成本 – 辅助材料	
成本类	5001. 04	生产成本 – 包装物	5002. 04	生产成本 – 包装物	
成本类	5001. 05	生产成本 – 动力　电费	5002. 05	生产成本 – 动力　电费	
成本类	5001. 06	生产成本 – 工资	5002. 06	生产成本 – 工资	
成本类	5001. 07	生产成本 – 外购产品	5002. 07	生产成本 – 外购产品	
成本类	5001. 12	生产成本 – 折旧费		合并到固定费用中	
成本类	5101	制造费用			
成本类	5101. 03	制造费用 – 其他		合并到“固定费用 – 制造加工费”中	
成本类	5101. 09	制造费用 – 办公费		合并到“固定费用 – 制造加工费”中	
成本类	5101. 11	制造费用 – 水费		合并到“固定费用 – 制造加工费”中	
成本类	5101. 19	制造费用 – 修理费		合并到“固定费用 – 制造加工费”中	
成本类	5101. 22	制造费用 – 员工制服		合并到“固定费用 – 制造加工费”中	
成本类	5101. 26	制造费用 – 运输费		采购原料的运费合并到原材料中	
成本类	5101. 41	制造费用 – 车间改造修缮		合并到“固定费用 – 制造加工费”中	
成本类	5101. 42	制造费用 – 医药用品		合并到“固定费用 – 制造加工费”中	

续表

变动前			变动后		
类别	科目代码	科目名称	新科目代码	新的科目名称	说明
成本类	5101.43	制造费用－物料损耗		合并到“固定费用－制造加工费”中	
成本类	5101.44	制造费用－劳保用品		合并到“固定费用－制造加工费”中	
成本类	5101.45	制造费用－模具发外加工费		合并到“固定费用－制造加工费”中	
……	……	……	……	……	

需要注意的是，各企业因内部管理水平不同、所处发展阶段不同，具体操作中对于变动成本（费用）、固定成本（费用）的归纳及核算精度要求等可能不同，这些将会直接影响会计科目的设置。但应遵守的效率原则是：兼顾税务会计、管理会计需求，成本数据（或信息）能够在完全成本法和变动成本法之间快速转化、归集、核算。具体可参考表6.16至表6.18。

表6.16　×××公司基于变动成本法的会计科目设置一

×××公司会计科目一览表

——基于变动成本法

新科目代码	新的科目名称	科目说明	物注
5002	生产变动成本	指跟生产挂钩的费用	
5002.01	生产成本－原材料（塑胶）		
5002.02	生产成本－原材料（钉米）		
5002.03	生产成本－辅助材料		
5002.04	生产成本－包装物		
5002.05	生产成本－动力 电费		
5002.06	生产成本－工资		
5002.07	生产成本－外购产品		
5002.08	生产成本－冲发外吸塑仓产成品		
6003	商场扣点满减	内销的扣点，由费用科目改到新增一级科目“商场扣点满减”中核算	不在期间费用中核算
6003.01	商场扣点满减－商场扣点		

续表

新科目代码	新的科目名称	科目说明	物注
6603	财务费用		
6603. 01	财务费用－银行存款利息	理财收益调整到投资收益科目中核算	
6603. 02	财务费用－银行贷款利息		
6603. 03	财务费用－汇兑损益		
6603. 04	财务费用－银行手续费		
6603. 05	财务费用－POS 手续费		
6603. 06	财务费用－承兑贴息		
……	……	……	

表 6. 17　×××公司基于变动成本法的会计科目设置二

×××公司会计科目一览表

——基于变动成本法

新科目代码	新的科目名称	科目说明	物注
6603. 07	财务费用－其他		
6111	投资收益		
6111. 01	投资收益－理财产品收益	核算理财收益	
6111. 02	投资收益－借款利息	指公司借款给股东、供应商等的利息收入	
6301	营业外收入		
6301. 01	营业外收入－盘盈利得（停用）	停用，改到固定费用科目中核处	
6301. 02	营业外收入－处置非流动资产利得		
6301. 03	营业外收入－其他		
6301. 04	营业外收入－政府补贴		
6301. 05	营业外收入－水磨泥款		
6301. 06	营业外收入－废刀处理		不在期间费用中核算
6301. 07	营业外收入－废旧物资		
6301. 08	营业外收入－赔偿款		
6301. 09	营业外收入－违规责罚		
6301. 10	营业外收入－住宿水电费		

续表

新科目代码	新的科目名称	科目说明	物注
6301.11	营业外收入－建行柜员机租金		
6301.12	营业外收入－IC卡工本费		
6301.13	营业外收入－电脑室利得		
6301.14	营业外收入－税金收入		
6711	营业外支出		
6711.01	营业外支出－盘亏损失（停用）	停用，改到固定费用科目中核算	
6711.02	营业外支出－非流动资产处置损失		
6711.03	营业外支出－其他		
6711.04	营业外支出－税金支出		
6621	变动费用	指跟销售挂钩的费用	
6621.02	变动费用－业绩奖金	导购、销售人员的绩效、提成等；管理人员的季度、年度奖金	
6621.10	变动费用－包装物及低值易耗品	与销售有关的包装物	变动、固定费用
6621.16	变动费用－服务费	与销售相关的服务费	变动、固定费用
6621.21	变动费用－销售折扣折让		
6621.23	变动费用－促销费	与销售相关的促销费	变动、固定费用
6621.26	变动费用－运输费（销货运费）	与销售相关的运输费	变动、固定费用
6621.27	变动费用－装卸费	与销售相关的装卸费（出仓装卸费、订单处理费）	变动、固定费用
6621.31	变动费用－保险费	与销售相关的保险费	变动、固定费用
6621.38	变动费用－销售佣金	与销售相关的佣金费	
6622	固定费用	指与销售不挂钩的费用	
6622.01	固定费用－工资	含所有管理人员的工资、销售人员的基本工资	
6622.03	固定费用－福利费		
6622.04	固定费用－社保费		
6622.05	固定费用－住房公积金		
……	……	……	

表 6.18　×××公司基于变动成本法的会计科目设置三

×××公司会计科目一览表

——基于变动成本法

新科目代码	新的科目名称	科目说明	物注
6622.06	固定费用－工会经费		
6622.07	固定费用－职工教育经费		
6622.08	固定费用－租金及管理费	含办公室、宿舍、门店租金及管理费用、专展租金、仓库租金及管理费	
6622.09	固定费用－办公费		
6622.10	固定费用－包装物及低值易耗品	与销售无关的包装物	变动、固定费用
6622.11	固定费用－水电费		
6622.12	固定费用－折旧费		
6622.13	固定费用－无形资产摊销		
6622.14	固定费用－无形资产摊销		
6622.15	固定费用－招聘费		
6622.16	固定费用－服务费	与销售不相关的服务费	变动、固定费用
6622.17	固定费用－通信费		
6622.18	固定费用－邮寄费		
6622.19	固定费用－修理费		
6622.20	固定费用－员工制服		
6622.21	固定费用－促销费	与销售不相关的促销费	变动、固定费用
6622.22	固定费用－广告费		
6622.23	固定费用－业务宣传费		
6622.24	固定费用－运输费	除了销货运费外发生的运输费（购货运费、门店运费、其他运费）	变动、固定费用
6622.25	固定费用－装卸费		
6622.26	固定费用－差旅费		
6622.27	固定费用－汽车费		
6622.28	固定费用－业务招待费		
6622.20	固定费用－保险费	与销售不相关的保险费	变动、固定费用
6622.30	固定费用－研发费		
6622.31	固定费用－质检费		
6622.32	固定费用－展会费		

续表

新科目代码	新的科目名称	科目说明	物注
6622.33	固定费用－会议费		
6622.34	固定费用－盘盈盘亏	核算仓库、门店物料及存货盘盈盘亏	
6622.35	固定费用－工伤		
6622.36	固定费用－质量成本		
6622.37	固定费用－坏账损失		
6622.38	固定费用－制造加工费	原来在制造费用中核算的	
6622.44.01	固定费用－制造加工费－车间改造、修缮	原来在制造费用中核算的，放到三级科目中	
6622.44.02	固定费用－制造加工费－医药用品		
6622.44.03	固定费用－制造加工费－机物料损耗		
6622.44.04	固定费用－制造加工费－劳保用品		
6622.44.05	固定费用－制造加工费－模具发外加工费		
6622.44.09	固定费用－制造加工费－其他		

第三步，选择适合的技术工具并能够熟练运用。比较适合的管理技术工具有思维导图法、工作分解法、树状图、关联图法、系统图法、矩阵图法、矩阵数据分析法及5Why等。

第四步，组建成本动因及控制源识别论证小组。组员由顾问、经营决策者、内部专家（相应职能领域的管理或技术权威代表）组成。

第五步，识别成本动因及控制源工作的安排。需明确小组的组织形式、沟通机制，以及各成员的职责、权限、具体工作任务、计划日程、输出成果或表单等。

第六步，按计划进行成本动因及控制源的识别研究，用表为“成本动因及控制源识别表”（参见表6.19）、“成本控制源汇总表”（参见表6.20）。成本动因及控制源的识别研究，应以本企业既定会计科目中最细会计科目为研究对象，如表6.20中“科目代码5002.01、生产成本－原材料（塑胶）”及“5002.02、生产成本－原材料（钉米）”分别是“科目代码

5002、生产变动成本”的底层科目之一，此时应分别对“5002.01、5002.02”进行研究。

表6.19　×××公司成本动因及控制源识别表

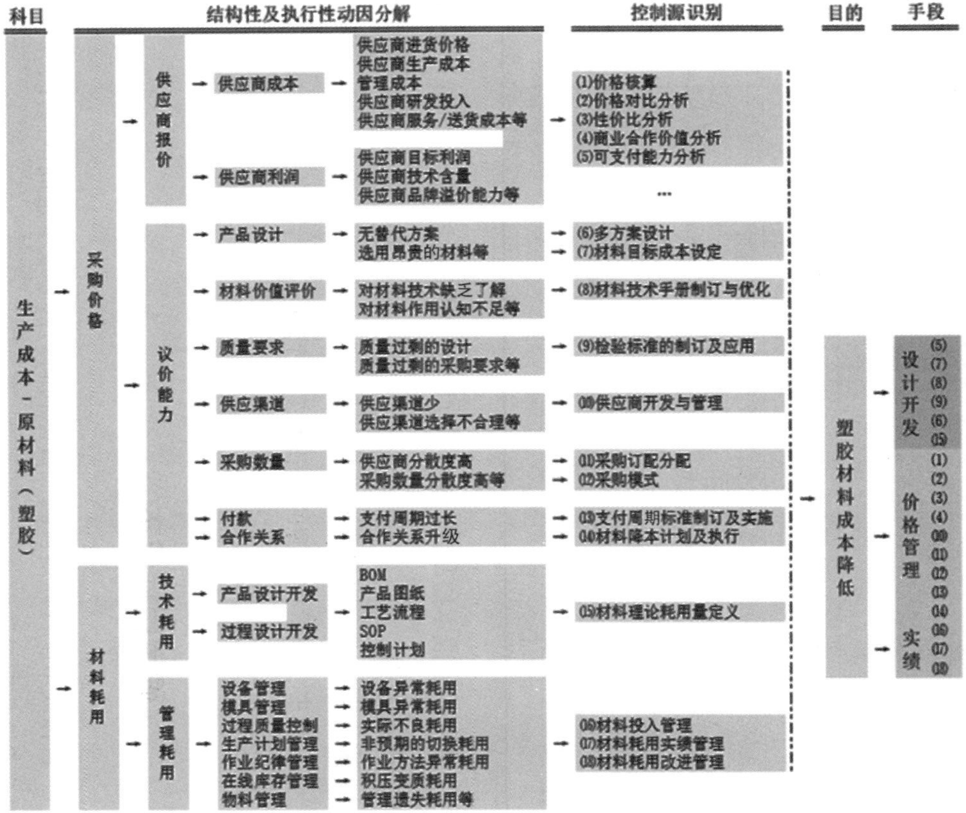

可性行评价（每项0～5分）

手段	对成本的影响度	实施难易度	投入资源多少	普及应用性	与战略的关联度	评价得分	优先控制顺序
(5)	2	2	1	5	5	15	10
(7)	3	3	1	5	5	17	8
(8)	3	5	2	5	4	19	7
(9)	5	3	2	5	5	20	6
(6)	5	5	4	5	5	24	2
(15)	5	4	2	5	5	21	5
(1)	3	4	1	3	4	15	10
(2)	3	1	1	4	5	14	11
(3)	3	3	1	2	5	14	11
(4)	2	5	2	5	3	17	8
(10)	3	4	2	4	4	17	8
(11)	3	3	1	4	5	16	9
(12)	3	3	0	4	4	14	11
(13)	2	3	1	3	4	13	12
(14)	5	5	5	5	5	25	1
(16)	4	4	4	5	5	22	4
(17)	4	4	2	5	5	20	6
(18)	4	5	5	5	4	23	3

表6.20　×××公司成本控制源汇总表

×××公司成本控制源汇总表			
科目代码	科目名称	成本控制源	优先控制次序
5002	生产变动成本		
5002.01	生产成本－原材料（塑胶）	材料降本计划及执行	1
		多方案设计	2
		材料耗用改进管理	3
		材料投入管理	4
		材料理论耗用量定义	5
		检验标准的制定及应用	6
		材料耗用实绩管理	6
		材料技术手册制定与优化	7
		材料目标成本设定	8
		商业合作价值分析	8
		采购订配分配	9
		价格核算	10
		可支付能力分析	10
		价格对比分析	11
		性价比分析	11
		采购模式	11
		支付周标准制定及实施	12
5002.02	生产成本－原材料（钉米）	……	……
……	……		……

第七步，成本控制源归集、汇总，作为期间成本管理的重要指导，具体参考表6.20。

第八步，成本控制源审批及发布。

第九步，成本控制源的更新及变更管理，频率视企业的需求，但一般每年应至少检视或更新一次。

二、确定目标成本

目标成本＝目标销售额－目标利润，目标成本是成本监控、成本改善不可或缺的重要依据。

第一步，确定目标利润。目标利润的确定需要考虑市场价格与竞争、资本保值与回报，以及企业永续经营所需的利润等因素。确定目标利润常用的方法有但不限于以下事项：

- 量本利分析法，通过销量、销售额、固定成本、变动成本与利润之间的变动规律，对目标利润进行预测。

- 相关比率法，依据销售利润率、成本利润率、经营杠杆率、资本净利率预测结果确定目标利润。

- 利润增长比率测算法，依据企业过往利润增长率的变化趋势与幅度，结合预测期间可能发生的变动情况预计利润增长率，然后再推算出目标利润。

- 标杆法等。

第二步，通过市场价格、需求预测并结合企业的发展目标等，确定目标销售额。

第三步，利用期间目标销售额减去期间目标利润，预求期间目标总成本，即初始目标总成本（TC_0）。

第四步，结合“成本动因及控制源识别表”（参见表6.19）、“成本控制源汇总表”（参见表6.20），确认当下变动成本水平及改善空间，包括以下几点：

- 具体产品的直接材料费用、直接人工费用、变动制造费用及其基于价值工程的改善空间。

- 产品线的直接材料费用、直接人工费用、变动制造费用及其基于价值工程的改善空间。

- 变动销售费用及其改善空间。

- 变动管理费用及其改善空间。

- 变动财务费用及其改善空间。

第五步，结合“成本动因及控制源识别表”（参见表6.19）、“成本控制源汇总表”（参见表6.20），确认当下固定成本水平及改善空间，包括以下几点：

- 固定制造费用及其改善空间。

- 固定销售费用及其改善空间（不以牺牲企业未来的发展为前提条件，如不能草率地削减能够提升销售能力的展会费、广告费等）。

- 固定管理费用及其改善空间（不以牺牲企业未来的发展为前提条件，如不能粗暴地裁决关键岗位或战略储备岗位人才等）。

- 固定财务费用及其改善空间。

第六步，依据期间目标销售额、上述“第四步、第五步”，计算出基于企业实际能力水平的变动成本（VC_L）、标准固定成本（FC_L）及实际总成本（TC_L），此时则有：$TC_L = VC_L + FC_L$。

第七步，将初始目标总成本（TC_0）与实际总成本（TC_L）进行对比分析，判断初始目标总成本（TC_0）的挑战性和可实现性。

第八步，确定期间目标总成本（TC_M），具体可参考表6.21。

表6.21　×××公司期间目标总成本确定准则

TC_0 与 TC_L 关系①	关系式形成的主要影响因素	×××公司 TC_M 常用确定准则及注意事项
$TC_0 = TC_L$	当企业技术能力及管理水平较高时，左式的出现为大概率事件	1. 为保证目标的挑战性，TC_M =（90% ~ 95%）×TC_0； 2. 同时提高目标利润值
$TC_0 > TC_L$	当企业技术能力及管理水平不高且经营决策较为保守时，左式的出现为大概率事件	1. 为保证目标的挑战性，TC_M =（80% ~ 95%）×TC_0； 2. 同时应考虑提升5% ~20%的目标利润
$TC_0 < TC_L$	当企业技术能力及管理水平不高且经营决策较为激进时，左式的出现为大概率事件	1. 为保证目标的可实现性，TC_M =（95% ~ 110%）×TC_0； 2. 同时应考虑减少5% ~20%的目标利润

备注①：实际上 TC_0 与 TC_L 远不止表中列举的三种关系式，不同企业可以视自身的实际情况及需要给出更细致的层别，更好地指导本企业目标成本（TC_M）的制定。

第九步，依据期间目标销售额、期间目标总成本（TC_M），分解期间目标总变动成本（VC_M）、期间目标总固定成本（FC_M），且应满足以下两点：

- 期间目标总成本（TC_M）=期间目标销售额－期间目标利润。
- 期间目标总成本（TC_M）=期间目标变动成本（VC_M）+期间目标固定成本（FC_M）。

第十步，成本目标监控：

- 目标总成本额×××××元。
- 目标总成本率××.××%。
- 目标变动成本额×××××元。
- 目标变动成本率××.××%。
- 目标固定成本额×××××元。
- 目标固定成本率××.××%。

- 目标边际利润额×××××元。
- 目标边际利润率××.××%。
- 目标损益平衡点×××××元。
- 目标损益平衡点比率××.××%。
- 目标经营宽裕率××.××%，等等。

三、制订成本控制计划

当成本监控目标确定后，企业应参考既定的“成本控制源汇总表”（参见表6.20）并结合监控期间可能出现的变动因素，制订期间成本控制计划（参考表6.22）。

四、监控成本实绩

（一）总体成本实绩监控

为掌握公司的成本实绩，可参考表6.23、图6.12，对企业总成本按月度监控。

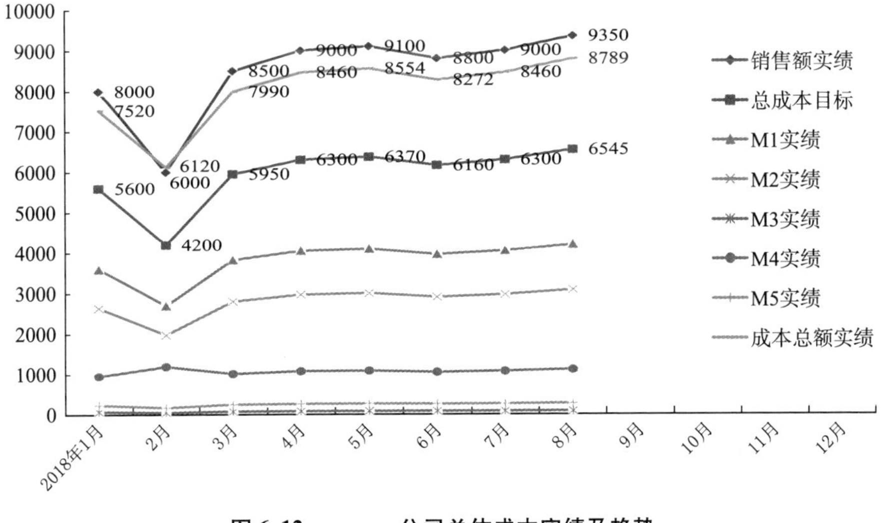

图6.12　×××公司总体成本实绩及趋势

表6.22　成本控制计划

×××公司2018年成本控制计划															
成本科目				控制目标	成本控制源（What）	目的（Why）	控制范围（Where）	具体措施（How to do）	责任人（Who）	起止时间（When）				预期成果（How much）	确认人（Check）
变动成本	M1	M1001	塑胶材料	××.××%	材料降本计划及执行										
					多方案设计										
					材料耗用改进管理										
					材料投入管理										
					材料理论耗用量定义										
					检验标准的制定及应用										
					材料耗用实绩管理										
					材料技术手册制定与优化										
					材料目标成本设定										
					商业合作价值分析										
					供应商开发与管理										
					采购订配分配										
					价格核算										
					可支付能力分析										
					价格对比分析										
					性价比分析										
					采购模式										

续表

成本科目				控制目标	成本控制源（What）	目的（Why）	控制范围（Where）	具体措施（How to do）	责任人（Who）	起止时间（When）				预期成果（How much）	确认人（Check）
变动成本					支付周标准制定及实施										
					……										
		……													
	M2	M2001	员工工资												
		……													
	M5	M5001	运输费用												
		……													
固定成本	M3	M3001	折旧费用												
		……													
	M4	M4001	设备保养费												
		M4002	间接人工成本												
		M4003	间接加班费												
		……													

表 6.23 ×××公司总体成本实绩监控表

科目				责任部门	2018 年目标		1 月份实绩		2 月份实绩		……		12 月份实绩		年度平均值		年度平均值与目标差异	
					金额	%	金额	%	金额	%	金额	%	金额	%	金额	%	金额	%
（A）销售额				市场部门														
变动成本	M1	M1001	塑胶	生产 + 采购														
		M1002	钢材	生产 + 采购														
		M1003	钉米	生产 + 采购														
		M1004	铸件	生产 + 采购														
		M1005	材料盘点盈亏	仓库														
		M1006	包装材料	生产 + 跟单														
		S/TTL																
	M2	M2001	直接人工成本	现场部门														
		M2002	直接加班费	现场部门														
		S/TTL																
	M5	M5001	运输费	物流部门														
		M5002	快递费	物流 + 市场														
		S/TTL																
	（B）变动成本合计																	
固定成本	M3	M3001	设备折旧费	生产部门														
	M4	M4001	设备保养费	生产部门														
		M4002	间接人工成本	现场部门														

续表

科目				责任部门	2018 年目标		1 月份实绩		2 月份实绩		……		12 月份实绩		年度平均值		年度平均值与目标差异	
					金额	%	金额	%	金额	%	金额	%	金额	%	金额	%	金额	%
固定成本	M4	M4003	间接加班费	现场部门														
		M4004	电费	生产 + 行政														
		M4005	水费	生产 + 行政														
		M4006	房租费	行政部门														
		M4007	治具/夹具/工装费	生产 + 工程														
		M4008	杂材费	现场部门														
		M4009	加工费	生产部门														
		M4010	ISO/认证/验厂	品管部门														
		M4011	报关费	财务部门														
		M4012	杂项费	财务部门														
		M4013	社保费	人事部门														
		M4014	维修费	生产部门														
		M4015	办公用品费	行政部门														
		M4016	厂房维修费	行政部门														
		M4017	销售费	市场部门														
		M4018	差务费	财务部门														
		M4019	电话费	行政部门														
		M4020	税金	财务部门														

续表

科目				责任部门	2018 年目标		1 月份实绩		2 月份实绩		……		12 月份实绩		年度平均值		年度平均值与目标差异	
					金额	%	金额	%	金额	%	金额	%	金额	%	金额	%	金额	%
固定成本	M4	M4021	福利费	人事部门														
		M4022	失败成本费（内部）	品管部门														
		M4023	扣款费（客户）	市场部门														
		M4024	……	品管部门														
	（C）固定成本合计																	
（D）销售损益 = A - （B + C）																		
（E）废料/边脚料																		
（F）特别损益																		
（G）其他																		
（H）经常损益 = D + E + F																		

（二）按成本科目专项监控

为了及时发现成本问题，需按成本科目进行专项监控。比如，期间为了重点监控 M1 科目的实绩表现，可参考图 6. 13 将 M1 科目及构成 M1 科目的次级成本科目 M1001 ~ M1003 一并纳入趋势图监控。

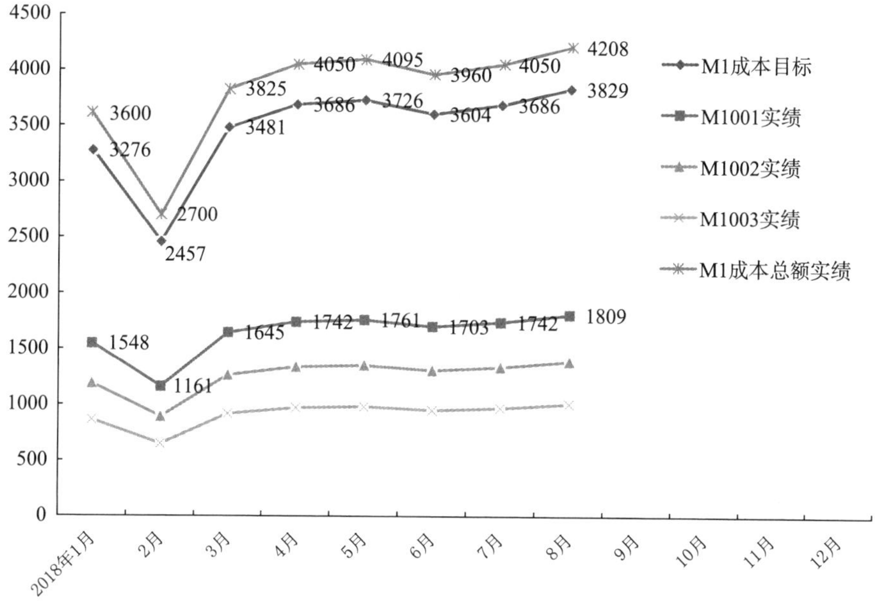

图 6. 13　×××公司 M1 成本实绩及趋势

（三）按成本动因监控

为了及时解决成本问题，需对成本动因的表现进行监控。比如，图 6. 12 中科目 M1001（塑胶材料）成本过高，为降低塑胶材料的成本就必须确认实际生产中塑胶材料的实际耗用情况，具体可参考图 6. 14。

五、经营决策层次的成本改善

图 6. 12 至图 6. 14 所呈现的成本实绩没有达成目标，所以就需要改善，而成本改善的核心思维就是利用最少的投入创造最大的价值。思维不同，管理结果肯定不一样。表 6. 24、表 6. 25 再现了成本改善思维在经营管理中的重要作用。

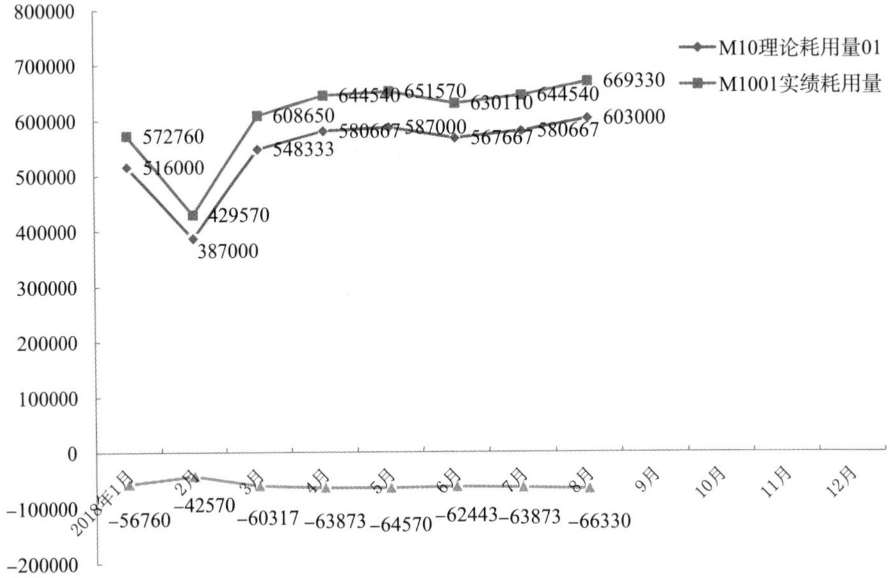

图6.14 ×××公司M1001成本动因——材料耗用实绩及趋势

表6.24 传统思维下的经营决策模型

会计科目	当期经营实绩	销售额增长目标（基于当期水平）	增长后的目标业绩预测	增长预测	预测结论与经营方向
销售额	¥12000000	20.00%	¥14400000	¥2400000	资源不足 ↑ 人员 场地 设备 材料 供应商 宿舍 …… ↓ 要投入
变动成本	¥8680000	20.00%	¥10416000	¥1736000	
直接材料费用	¥6000000	20.00%	¥7200000	¥1200000	
直接人工费用	¥500000	20.00%	¥600000	¥100000	
变动管理费用	¥600000	20.00%	¥720000	¥120000	
变动销售费用	¥1500000	20.00%	¥1800000	¥300000	
变动财务费用	¥30000	20.00%	¥36000	¥6000	
其他变动制造费用	¥50000	20.00%	¥60000	¥10000	
固定成本	¥2200000	0.00%	¥2200000	¥0	
管理费用	¥1500000	0.00%	¥1500000	¥0	
销售费用	¥250000	0.00%	¥250000	¥0	
财务费用	¥150000	0.00%	¥150000	¥0	
其他固定制造费用	¥300000	0.00%	¥300000	¥0	
利润	¥1120000	—	¥1784000	增长¥664000	
利润率	9.33%	—	12.39%	增长32.80%	

表 6.25　改善思维下的经营决策模型

<table>
<tr><th>会计科目</th><th>当期经营实绩</th><th>成本改善目标（基于当期水平）</th><th>改善后的目标业绩预测</th><th>减少预测</th><th>预测结论与经营方向</th></tr>
<tr><td>销售额</td><td>¥12000000</td><td>0.00%</td><td>¥12000000</td><td>¥0</td><td rowspan="15">资源不足
↑
人员
场地
设备
材料
供应商
宿舍
……
↓
要改善</td></tr>
<tr><td>变动成本</td><td>¥8680000</td><td>20.00%</td><td>¥6944000</td><td>¥ -1736000</td></tr>
<tr><td>直接材料费用</td><td>¥6000000</td><td>20.00%</td><td>¥4800000</td><td>¥ -1200000</td></tr>
<tr><td>直接人工费用</td><td>¥500000</td><td>20.00%</td><td>¥400000</td><td>¥ -100000</td></tr>
<tr><td>变动管理费用</td><td>¥600000</td><td>20.00%</td><td>¥480000</td><td>¥ -120000</td></tr>
<tr><td>变动销售费用</td><td>¥1500000</td><td>20.00%</td><td>¥1200000</td><td>¥ -300000</td></tr>
<tr><td>变动财务费用</td><td>¥30000</td><td>20.00%</td><td>¥24000</td><td>¥ -6000</td></tr>
<tr><td>其他变动制造费用</td><td>¥50000</td><td>20.00%</td><td>¥40000</td><td>¥ -10000</td></tr>
<tr><td>固定成本</td><td>¥2200000</td><td>20.00%</td><td>¥1760000</td><td>¥ -440000</td></tr>
<tr><td>管理费用</td><td>¥1500000</td><td>20.00%</td><td>¥1200000</td><td>¥ -300000</td></tr>
<tr><td>销售费用</td><td>¥250000</td><td>20.00%</td><td>¥200000</td><td>¥ -50000</td></tr>
<tr><td>财务费用</td><td>¥150000</td><td>20.00%</td><td>¥120000</td><td>¥ -30000</td></tr>
<tr><td>其他固定制造费用</td><td>¥300000</td><td>20.00%</td><td>¥240000</td><td>¥ -60000</td></tr>
<tr><td>利润</td><td>¥1120000</td><td>—</td><td>¥3296000</td><td>增长 ¥2176000</td></tr>
<tr><td>利润率</td><td>9.33%</td><td>—</td><td>27.47%</td><td>增长 194.42%</td></tr>
</table>

富有经验的经营决策者都明白：降低成本≠成本降低。因此，成本改善追求的是当期及未来的成本降低，即成本改善应做到以下几点：

- 立足于财务状态与经营策略降低成本，达成当期成本目标。
- 进行成本体制再造，提高经营宽裕率、推动高附加值型企业塑造，从而让企业取得更为持久的成本优势。

当经营决策者意志笃定、降本决心确立时，绝大多数的经营决策者都拥有快速降低成本的能力，因此有关降低成本的常用手段与技法（如提高效率、降低不良、减少材料耗用等）就不再占用此处篇幅了。更重要的是，经营决策者应立足于财务状态与经营策略降低成本。

当企业处于财务危机时，经营决策者需要“急救式”降本，包括但不限于快速变卖亏损的子公司或门店、淘汰亏损的产品或客户、裁员、终止或暂缓新事业投资等。

当企业财务状态总体正常时，经营决策者应以成本目标未达成为契机，着眼于中长期的成本业绩改善，具体操作步骤及要点简述如下：

第一步，进行期间成本目标未达成的管理原因分析，参考图6.15。

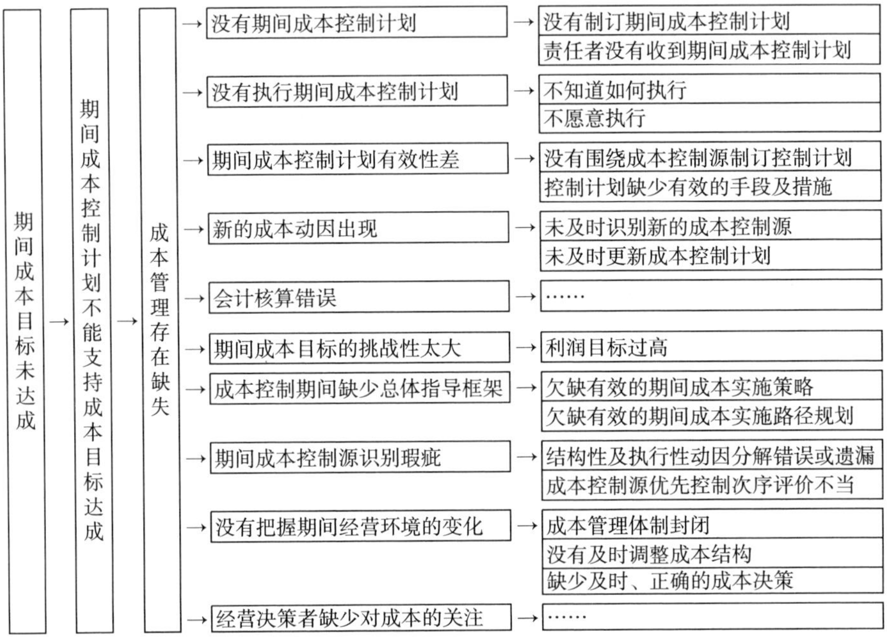

图6.15　期间成本目标未达成的管理原因分析

第二步，检视当下的成本管理体制并予以评价，具体可参考表6.26。

表6.26　企业成本管理体制自评表

序号	一般制造型企业成本管理体制检视内容	5分	4分	3分	2分	1分
1	是否确立了不同时期各种产品的边际利润?					
2	是否制定了盈利、亏损产品的清单（含利润率)?					
3	是否依据年度经营目标制订了（期间）利润计划?					
4	是否定期核算损益平衡点、变动成本率、固定成本率经营宽裕率?					
5	是否制定并执行了预算制度?					
6	是否编制了支出预算并监控、反省、改进执行情况?					
7	是否制定材料费、直接人工费、销售费、管理费等标准?					
8	是否制定了各产品的理论成本?					

续表

序号	一般制造型企业成本管理体制检视内容	5分	4分	3分	2分	1分
9	是否制定了各产品的标准成本（基于企业期间能力）？					
10	是否从成本角度考虑外发加工或内部生产？					
11	是否清楚地掌握了每款产品的实际成本？					
12	是否对每款产品的理论成本和实际成本进行比较？					
13	是否进行单位成本管理？					
14	是否掌握了质量状况，如材料合格率、退货率、报废数量等？					
15	是否清楚地掌握了不同种类消耗品的使用量？					
16	是否清楚地掌握了每位员工一个月的生产量和产值？					
17	有关成本的记录和报告是否及时、准确？					
18	成本数据是否得到了评价、分析，并针对性地进行有效改善？					
19	是否能够及时编制、发布成本报告？					
20	制定了现场作业标准时间吗？					
21	生产设备运行状况如何（如 OEE、TEEP、MTBF、MT-TR 实绩）？					
22	模具工装运行状况如何（如 OEE、TEEP、MTBF、MT-TR 实绩）？					
23	是否制定了明确的检查基准（如材料 SIP、半成品 SIP、成品 SIP）？					
24	是否用金额表示每月生产日标及实绩？					
25	是否遵守了生产计划（如生产计划达成率、制造周期实绩如何）？					
26	自动化程度如何（如工厂内还有多少搬运作业由人工来实现）？					
27	有能源（如水、电、气、油等）浪费的现象吗？					
28	是否定期召开成本检验与改进会议？					
29	是否配备了负责成本的专职人员？					
30	是否建立了事业部制或各部门的成本核算规则？					
31	各管理者是否承担了成本责任？					
32	成本资料（如月报等）是否定期发放给成本责任者及经营决策者？					
33	是否清楚地掌握了有关成本问题的工序、部门？					

续表

序号	一般制造型企业成本管理体制检视内容	5分	4分	3分	2分	1分
34	降低成本的技巧工作是否作为项目体系积极地加以推进?					
35	当成本比较高的时候，是否能够快速、清楚地了解原因?					
36	是否可以将成本问题按照重点顺序列举出来?					
37	是否按照变动成本法建立了会计科目?					
38	是否进行了成本动因分解?					
39	是否制定了成本发生源清单?					
40	是否制订成本控制计划?					
41	成本控制计划是否得以执行?					
42	是否制定期间成本目标?					
43	是否制定成本战略?					
44	组织人员（经营决策者、管理者、员工）是否具有较高的成本意识?					
45	公司是否有奖励制度并实施?					

表6.26有关成本管理的应用及解读，简要归纳如下：

• 本表采用评分制，共45个小项检视内容（可依据企业的实际情况进行增减或调整）、每小项评分范围为1~5分，本表满分小计225分。

• 总得分225分：表示企业成本管理体制暂时完美，企业一般可采用保持现有水准的策略。

• 总得分205~224分：表示成本管理体制暂时卓越，企业一般可采用保持现有水准和专项改进的组合策略。

• 总得分185~204分：表示企业成本管理体制暂时优秀，企业一般可采用技术升级、产品升级、市场升级及管理升级的组合策略。

• 总得分165~184分：表示企业成本管理体制较差，企业一般需要全面检视成本战略、成本目标、成本控制计划等，在经营宽裕率、损益平衡点、变动成本率、固定成本率等经营结果的指引下进行成本管理体制再造。

• 总得分165分以下：表示成本管理体制极差，基本上是一个失效的成本体制，企业应考虑成本管理体制的重新构建。

第三步，经营策略反省。

- 企业的经营策略是什么？
- 促成企业短期、中期、长期经营目标实现的驱动因素是哪些？
- 企业的成本策略、规划路径是什么？
- 企业经营体制等级现状如何，是否还能实现盈利？
- 构成企业当下及未来成本的动因、成本控制源是什么？
- 成本动因、成本控制源与驱动企业经营目标实现因素之间存在什么关系？
- 将要管理的成本动因和控制源是什么？其预期收益和机会成本是什么？
- 是否需要修订企业的经营策略？
- 是否需要修订企业的经营目标？
- 是否需要修订企业的成本策略、路径？
- 是否需要调整期间成本控制目标？
- 是否需要完善并更新期间成本控制源？
- 是否需要调整或优化成本结构？
- 是否需要改善成本管理体制？

第四步，拟订成本改善计划。

以统领并指导企业高层、中层改善成本实绩。本计划可以是财务职能或经营决策者指定的相应内部组织或人员制订，但该计划在体现经营决策者意志的同时，应正确解码经营决策者对企业战略、管理、技术及内外部环境的深度系统思考，并对企业资源进行统筹及合理安排——这在一般制造型企业，特别是中小企业里是极其困难的，因此还是建议由经营决策者拟订此计划。

第五步，成本改善计划的执行。

第六步，成本改善计划的确认。

第七步，成本改善计划的反省与自我改进。

第五节　破解现金不足的困局

现金作为企业的血液，对企业的经营至关重要。很多企业因为现金断流而一夜之间轰然倒闭，其中固然存在亏损比较严重的企业，但也不乏盈利能力不错的“绩优”企业。

一般制造型企业很容易出现“手头紧”的现金流问题，特别是在综合实力普遍偏弱的中小企业里，经营决策者更是长期受困于此，从而导致企业正常的经营、投资及财务活动受阻，如此往复，形成恶性循环而难以破局。

富有经验的经营决策者应该有如下体会：

一是有盈利≠有现金，因为企业赚取的利润可能是一堆待处理的废品，也有可能是那些闲置的设备或厂房，还有可能是无偿提供给经销商或客户的周转金（如兑现期较久的远期汇票）……

二是资本雄厚≠现金宽裕，原因就在于开发新产品和新市场、投建新厂房和新生产线、购置新设备、并购等为了保持或提升企业竞争力的经营活动均需要大量的现金投入。

三是企业为了应对经营过程中可能遇到的不确定性，需要一定的现金储备。

身为经营决策者，应确保企业日常运营及持续发展所需的现金。在为此努力之前，经营决策者需要了解与现金收支密切相关的三个基本概念：现金收支平衡点、现金收支平衡点比率、现金宽裕率。

（1）现金收支平衡点

定义：现金收支平衡点，是指经营周转资金收支相等时的销售额。

计算公式：$现金收支平衡点=\frac{固定费用-非现金费用-年初周转资金}{边际利润率-资金周转率}$

$或=\frac{固定支出}{边际收入率}或=\frac{固定收入}{边际支出率}$，且$>0$

数据来源：资产负债表、损益表、资金应用表。

指标特点及解读：望小值、但应>0，即经营周转资金收支相等时的销售额越小越好。

（2）现金收支平衡点比率

定义：企业现金支出与现金收入之比值。

计算公式：$现金收支平衡点比率=\frac{固定费用-非现金费用+周转资金的增加额}{边际利润}\times 100\%$

数据来源：资产负债表、损益表、资金应用表。

指标特点及解读：

①望小值，即现金支出与现金收入之比越小越好。

②当现金收支平衡率 =1 时，现金收支相等。

③当现金收支平衡率 <1 时，则表示现金充足。

④当现金收支平衡率 >1 时，则表示“入不敷出”、现金不够用。

（3）现金宽裕率

定义：是指企业可能支出的最高现金额下降至现金收支平衡点时，下降的那部分支出与可能支出的最高现金额之比。

计算公式：现金收支宽裕率 =1 - 现金收支平衡点比率

数据来源：资产负债表、损益表、资金应用表。

指标特点及解读：望大值，即现金宽裕率越大，企业现金压力越小。

综上所述，经营决策者们很容易建立图 6.16 的经营逻辑，指引现金流不足问题的有序解决。

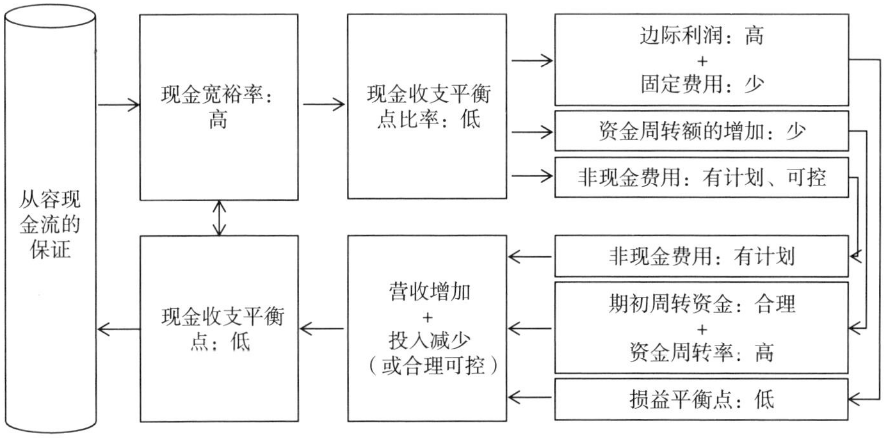

图 6.16　构建从容现金流的经营体制

经营决策者可以从如下六个方向破除现金不足的长期困扰。

一、提升企业主营业务的收益能力

• 增加销售额，但应注意两点：一是必须确保销售额实绩要高于损益平衡点（否则企业仍然是亏损状态）；二是销售额的增长应同步考虑利润率的最大化。

• 改善成本结构，依据边际利润重新组合产品并及时调整销售、生产安排，争取销售额与利润的同步提升。

• 完善产品原价管理，依据理论成本、标准成本、实绩成本等及时更新原价（可能是降价，也可能是涨价）。

• 控制并降低变动成本、固定成本。

二、提高资产效率、加速资金周转

• 削减库存，如过多或呆滞的原材料、半成品、成品，减少资金积压并尽快将库存变现。

• 协商一致地应付债务延期支付，如材料款等（非特殊情况不建议使用）。

• 做好出货计划、货款回收计划，提高出货准时率、回款准时率，确保现金100%及时回笼。

• 通过信誉度评估、客户选择、结算及回款条件约定，避免呆账、坏账。

• 及时处置多余、闲置的固定资产，如废旧设备变卖、厂地分租等。

• 缩短采购周期、制造周期、库存周期、交付周期、回款周期等。

• 有序削减或减少动销率低的产品。

• 有序削减或减少资金占用量大，但利润贡献度低的产品。

三、建立企业现金持有标准并动态维护

• 通过现金收支平衡点、现金收支平衡点比率、现金宽裕率状况，结

合企业订单、战略项目及资金成本等，建立企业的“现金池”及其“储蓄”标准，如资金持有的上限、中限及下限额度。

- 建立资金筹措计划，通过一切努力确保现金池的“储蓄”不低于下限水平。

四、按计划精准地投放资金

- 依据企业经营与发展诉求、资金现状等确定资金战略（如激进型、维护型、放弃型或混合型）。
- 依据资金战略、资金需求及资金现状水平等编制资金预算表。
- 依据资金预算表，制订资金支出计划。
- 按资金支出计划使用资金。

五、优化资本结构，增加自有（含企业内部）资产

- 减少股东利润分配，增加利润留存。
- 终止利息过高的贷款（必要时尝试企业内部筹资及持股方案）。
- 长期固定资产100%由不需返还的自有资本构成。
- 争取风险及成本较低的融资，如企业内部成本及供应商持股。
- 充分利用国家及所在地区的政策扶持和帮助。

六、定期检视资金情况并及时处理资金问题

- 检视现金收支平衡点及其趋势。
- 检视现金收支平衡点比率及其趋势。
- 检视现金宽裕率及其趋势。
- 检视现金流量比率及其趋势。
- 检视现金流量盈利率及其趋势。
- 检视非现金费用率及其趋势。
- 检视现金流量利息支付比率及其趋势。

- 识别可能出现的现金流不足或剩余。
- 现金流不足或剩余的原因及对应措施。

上述六个方向的举措可通俗地概括为：企业首先要赚钱，同时要让钱生钱，并且不能乱花钱，更不能花冤枉钱，时常还要看看有没有钱。这些都是确保现金流正常的关键，经营决策者必须谨记。

老板·创业			
一、经理人			
书名	内容	书名	内容
老总有想法，高层有干法 王清华　著	企业将、帅之间的定位问题、角色问题、方法问题、思维问题、管理问题等	**历史深处的管理智慧1：组织建设与用人之道** 刘文瑞　著	通过历史鉴照当今企业选人用人、二代接班人、创业团队管理等问题
历史深处的管理智慧2：战略决策与经营运作 刘文瑞　著	通过历史鉴照当今企业决策、战略规划、战略冒进、决策监督等问题	**历史深处的管理智慧3：领导修炼与文化素养** 刘文瑞　著	通过历史鉴照当今企业的领导修养、用权、管理风格等问题
老板经理人双赢之道 陈　明　著	经理人怎养选平台、怎么开局，老板怎样选/育/用/留		
二、用人			
用好骨干员工 王　敏　著	系统化分享关键人才打造与激励方法	**领导这样点燃你的下属** 孟广桥　著	领导者如何才能让员工积极主动地工作
让用人回归简单 宋新宇　著	帮助管理者抓住用人的要害，让用人变得简单		
三、转型·创业			
创业要过哪些坎 董　坤　著	15年创业咨询经验总结的创业遇到的问题及办法	**高潜牛人** 董　坤　著	创业和事业发展中如何找到牛人
成为下一个SaaS独角兽 崔牛会　主编	19位SaaS领专家，7个不同的视角总结SaaS行业实践	**创模式：23个行业创新案例** 段传敏　著	CEO社群23位企业家的思考与实践分享。
重生——中国企业的战略转型 施　炜　著	本书对中国企业战略转型的方向、路径及策略性举措提出了建议和意见。	**7个转变，让公司3年胜出** 李　蓓　著	企业估值、业务模式、营销、生产制造、客户服务、用户黏性到组织管理7个转变
企业二次创业成功路线图 夏惊鸣　著	五步骤给出了一幅企业二次创业经营突破、管理提升的成功路线图	**跟老板"偷师"学创业** 吴江萍　余晓雷　著	如何通过"偷师"学习与积累当老板的阅历
公司由小到大要过哪些坎 卢　强　著	企业成长路线图，现在我在哪，未来还要走哪些路，都清楚了	**跳出同质思维，从跟随到领先** 郭　剑　著	66个精彩案例剖析，帮助老板突破行业长期思维惯性
企业经营			
经营打造你的盈利系统 高可为　著	选择最有效的经营策略，打造属于自己的商业模式	**中国企业的觉醒** 王　涛　著	企业告别自私、野蛮，转向善良、爱，才会赢得消费者
成为敏感而体贴的公司 王　涛　著	未来有竞争力的企业，一定是那些敏感而体贴的公司！	**有意识的思考** 王　涛　著	对头脑中固有观念保持觉察，从而超越它们的局限
简单思考 孔祥云　著	著名咨询公司（AMT）CEO创业历程中的经验与思考	**写给企业家的公司与家庭财务规划** 周荣辉　著	以企业的发展周期为主线，写各阶段企业与企业主家庭的财务规划

续表

书名	内容	书名	内容
从10亿到100亿的企业顶层设计 刘建兆　著	重新定义企业成长方式，有效益、有效率、有效能、有效果、有品质的良性成长。	活系统：跟任正非学当老板 孙行健　尹　贤　著	造活系统，使系统活，靠系统活，活得系统。
宗：一位制造业企业家的思考 刘建兆　著	发展20年营业额近亿元制造业企业家的思考与心得	使命：驱动企业成长 高可为　著	用大企业发展轨迹及企业家的心路历程，揭示企业成长的基因，做事的逻辑
让经营回归简单 宋新宇　著	战略、客户、产品、员工、成长、经营者的经营法则	边干边学做老板 黄中强　著	86个案例讲述中小公司成长过程遇到的问题和方法
盈利原本就这么简单 高可为　著	跨越业务与财务边界，为企业提高盈利水平提供方法。		
综合管理			
一、企业管理			
让管理回归简单 宋新宇　著	从目标、组织、决策、授权、人才、老板自己等提供方案	管理的尺度 刘文瑞　著	西医式的体检化验，又要施加中医式的望闻问切
管理：以规则驾驭人性 王春强　著	人性驾驭角度权度运筹安排的可兑现性，管理有效性	看电影，学管理 刘文瑞　著	十六部电影的解读，揭示电影内含的管理之道
好管理　靠修行 曾　伟　著	从佛法、道法思想中寻找管理智慧	公司大了，怎么管 金国华　著	成长型企业发展中的共性问题，通过案例实录解开
低效会议怎么改 王玉荣　葛新红　著	从梳理公司会议体系的层面改变低效会议的现状	年初订计划年尾有结果 郭　晓　著	总结七步落地方案让战略计划切实落地实现
分股合心 段　磊　周　剑　著	围绕股权激励，详细介绍相关知识和实行方法	员工心理学超级漫画版 邢　磊　著	漫画形式对组织中个体心理的全面介绍和深入探讨
让投诉客户满意离开 孟广桥　著	投诉法律法规，应对各种投诉技巧等提升客诉能力		
二、管理思想			
管理学的奠基者 刘文瑞　著	近代以来的管理思想发展揭示管理思想的演化奥秘	巴纳德组织理论研读 郭　威　著	深度研读巴纳德《经理人员的职能》，帮你理解和看懂
管理学在中国 刘文瑞　著	科学看待管理学流入中国，对继承发展进行深入阐述	德鲁克管理学 张远凤　著	以德鲁克管理思想发展为线展示20世纪管理学发展
德鲁克与他的论敌们 罗　珉　著	德鲁克与马斯洛、戴明等诸多管理大师论战的故事	德鲁克管理思想解读 罗　珉　著	作为德鲁克学生全面解构其思想的精髓与实践价值
治论：中国古代管理思想 张再林　著	深入分析中国古代哲学基本精神的基础上，梳理分析了儒法墨三家的管理思想		

续表

营销·销售			
一、企业销售			
书名	内容	书名	内容
大客户销售这样说这样做 陆和平　著	大客户销售活动的十大模块，68个典型销售场景	**向高层销售** 贺兵一　著	销售人员与客户高层打交道需要重点掌握的知识、技巧
资深大客户经理 叶敦明　著	将大客户经理必须具备的规划、策略、执行三种能力连通自如	**成为资深的销售经理** 陆和平　著	让销售经理成功把握销售管理6个关键点，并提供工具
销售是个专业活 陆和平　著	据客户采购流程拆分销售过程10阶段，讲解方法技巧	**学话术　卖产品** 张小虎　著	手机、电动车、家电、食品等消费品的一线销售话术
二、企业营销			
新营销组织力 迪智成　著	适应最新数字化外部环境，系统化协同组织能力建设	**营销按钮** 老　苗　著	讲述存在于人性以及各个营销环节中的“按钮”
精品营销战略 杜建君　著	“精品营销战略”核心逻辑与营销组合策略	**360°谈营销** 王清华　古怀亮　著	营销是立体的，从不同角度观察不同企业的营销精髓
互联网精准营销 蒋　军　著	互联网时代整3体策划、包装品牌和产品	**招招见销量的营销常识** 刘文新　著	做好基本的营销动作都可以提高销量、减低成本
用数字解放营销人 黄润霖　著	用数字说话覆盖营销工作的方方面面	**用营销计划锁定胜局** 黄润霖　著	让营销计划落地，营销人员只需解决两个问题：基数与概率
我们的营销真案例 联纵智达研究院　著	五芳斋粽子、诺贝尔瓷砖、利豪家具、保健品、娃哈哈	**中国营销战实录** 联纵智达研究院　著	51个案例，46家企业，46万字，18年积淀
弱势品牌如何做营销 李政权　著	产品与物流通道、服务通道、促销互动通路提供方法	**解决方案营销实战案例** 刘祖轲　著	十大工业品作者实操案例解码解决方案营销
升级你的营销组织 程绍珊　吴越舟　著	根据企业实际情况建立有机性营销组织	**变局下的营销模式升级** 程绍珊　叶　宁　著	十年大量案例归纳三种核心驱动要素，三种升级方向
老板如何管营销 史贤龙　著	以十六个招式，理论与案例相结合，高段位营销方法	**孙子兵法营销战** 刘文新　著	理解《孙子兵法》原意的同时，还可体悟到营销之用
三、品牌			
中国品牌营销十三战法 朱玉童　著	深度演绎最符合企业品牌营销策划的十三套实战战法	**中小企业如何打造区域强势品牌** 吴　之　著	如何建立强势品牌的角度解析扩张难题
四、营销策划			
这样写文案，就没有卖不动的产品 秦　剑　刘安丽　著	术、法、道三个层面由浅至深培养商业文案创作能力	**洞察人性的营销战术** 沈　坤　著	介绍了28个匪夷所思的营销怪招，大部分甚至可以直接运用

续表

书名	内容	书名	内容
双剑破局：沈坤营销策划案例集 沈　坤　著	双剑公司8年来的实操案例，每个项目诞生过程、策划角度和方法		
企业案例			
鲁花：一粒花生撬动的粮油帝国 余　盛　著	鲁花如何成长为优秀的带动农业产业发展的品牌，鲁花你一定学得会	金龙鱼背后的粮油帝国 余　盛　著	以金龙鱼为脉的一部中国粮油行业的史诗
你不知道的加多宝 曲宗恺　牛玮娜　著	以时间为轴线，详细叙述了加多宝品牌的发展历程	静水流深 黄治国　著	作者在美的十五年对何享健近内部讲话资料的整理
娃哈哈区域标杆 罗宏文　快车君 赵晓萌　寇尚伟	讲娃哈哈豫北市场如何成为娃哈哈全国第一大市场、全国增量第一的市场	借力咨询：德邦成长背后的秘密 官同良　王祥伍　著	德邦将自己积累的与咨询公司发展共赢的合作逻辑和盘托出
六个核桃凭什么从0过100亿 张学军　著	全视角深度解读养元企业的裂变成长，复盘十年蜕变轨迹	像六个核桃一样 王　超　著	六个核桃为什么卖得这么好，产品畅销的6大要义36条简明法则
中国首家未来超市 IBMG集团　著	对乐城超市的掌门人及内部员工的采访详细阐释了乐城的经验	三四线城市超市如何快速成长：解密甘雨亭 IBMG集团　著	甘雨亭的许多关键经营指标均高于行业标准，学习其成功的方法
集团化企业阿米巴实战案例 初勇钢　著	作者在某酒厂推行阿米巴经营模式的心得		
经销商			
新经销：新零售时代教你做大商 黄润霖　著	探访近100位经销商在传统营销手法上的创新，传统营销微创新和新营销本地化	商用车经销商运营实战 杜建君　王朝阳 章晓青　著	对商用车经销商的经营与管理、4S店运营做了全方面的系统总结
跟行业老手学经销商开发与管理 黄润霖　著	从管理耐用消费品经销商角度提炼了48个代表性问题并给出解决办法	快消品经销商如何快速做大 黄润霖　著	经销商如何通过经营实现规模，通过管理实现规模效益
建材家居经销商实战42章经 王庆云　著	经营管理的心法和战法，帮助经销商成为“业务妙手”和“管理能手”	成为最赚钱的家具建材经销商 李治江　著	针对建材家居行业的经销商，从销售模式、产品、门店、市场等方面给出方法
白酒经销商的第一本书 唐江华　著	经销商如何选择厂家、合作、运营品牌等问题给建议	快消品招商的第一本书 刘　雷　著	从招商理论到招商动作进行系列化分解，化繁为简
中小企业			
中小企业如何打造区域强势品牌 吴　之　著	如何建立强势品牌的角度解析扩张难题	用流程解放管理者 张国祥　著	8个板块构成，共66篇文章，14幅流程管理图
用流程解放管理者2 张国祥　著	对中小企业规范化流程管理进行系统的阐述	弱势品牌如何做营销 李政权　著	产品与物流通道、服务通道、促销互动通路提供方法

续表

书名	内容	书名	内容
本土化人力资源管理8大思维 周　剑　著	用最贴近中国中小企业现实管理情境的案例去讲述周围人的“家事”	**中小农业企业品牌战法** 韩　旭　著	农业企业需要全产业链视野，更需要品牌实战方法
门店销售冠军复制系统 王吉坤　著	门店型企业如何打造可复制的销售冠军系统，凡是门店型企业都可以使用	**新零售动作分解与实操：建材·家居·家具** 盛斌子　著	对泛家居行业趋势、店面管理、团队管理、促销推广、五感营销等提供策略
家具建材促销与引流 薛　亮　李永锋　著	对泛家居营销执行模式和工具、关键环节等进行汇总	**建材家居门店6力爆破** 贾同领　著	产品力、导购力、形象力、推广力、服务力、组织力
家具行业操盘手 王献永　著	总结家具终端门店发展的现状及问题并给出策略	**手把手教你做专业督导** 熊亚柱　著	系统梳理督导的核心技能，岗位职责、工作流程及技能
手把手帮建材家居导购业绩倍增 熊亚柱　著	针对建材家居门店的业务人员，案例故事还原场景教你成为好导购	**10步成为最棒的建材家居门店店长** 徐伟泽　著	梳理店长管理的核心工作职责，店面管理规范和帮助销售人员成长
建材家居门店销量提升 贾同领　著	9个板块讲述建材门店一个单店如何做到经营的良性循环	**总部有多强大，门店就能走多远** IBMG集团　著	五大方向综合阐述连锁零售企业总部如何提升管理能力
赚不赚钱靠店长，从懂管理到会经营 孙彩军　著	注重专卖店的经营思路拓展，门店管理细节方面能力提升	**新医改了，药店就要这样开** 尚　锋　著	从药店定位的思考，内部和会员管理等几个方面探讨中小型药店发展方向
门店管理			
电商来了，实体药店如何突围 尚　锋　著	新时代药店经营三驾马车：药学专业服务、会员贴心服务和精准定向促销	**引爆药店成交率1：店员导购实战** 范月明　著	药店人的零售工作怎样接待顾客，完善销售技巧
引爆药店成交率2：药店经营实战 范月明　著	从药店经营角度如何建立改善门店现状的实用标准	**引爆药店成交率：专业化销售解决方案** 范月明　著	从简单的拿药服务到提供多角度的专业解决方案
互联网			
一、互联网转型			
画出公司的互联网进化路线图 李　蓓　著	18个“可以……吗”的问题作为你产品、客户和价值方面的指引牌	**7个转变，让公司3年胜出** 李　蓓　著	企业估值、业务模式、营销、生产制造、客户服务、用户黏性到组织管理7个转变
重生战略移动互联网和大数据时代的转型法则 沈　拓　著	四个重生战略对应四个法则告知传统企业的转型重生之路	**创造增量市场：传统企业互联网转型之道** 刘红明　著	为读者提供了寻找这些互联网的切入点和接触点的具体方法，带来增量市场
互联网+变与不变 本土管理实践与创新论坛　著	61篇精华文章，聚焦传统行业如何互联网+时代转型	**今后这样做品牌** 蒋　军　著	顶层设计、营销创新、产品战略、渠道变革、品牌策略
移动互联新玩法 史贤龙　著	立足现实，剖析新时代背景下的移动互联趋势与热点	**互联网时代的成本观** 程　翔　著	多维组合成本的互联网精神和大数据特征及应用

续表

书名	内容	书名	内容
正在发生的转型升级实践 本土管理实践与创新论坛　著	100多位本土管理专家当年对最新一年的思考和实践	**1000铁杆女粉丝** 张兵武　著	如何让普通女性成为忠实追随的铁杆粉丝，磁力点、情感结、甜蜜区、信任圈
混沌与秩序Ⅰ：变革时代企业领先之道 彭剑锋　施　炜 苗兆光　王祥伍 孙　波　夏惊鸣	新环境下企业面临变革应如何应对，作为企业家又应当如何坚守并与企业共同成长提出了深度思考	**混沌与秩序Ⅱ：变革时代管理新思维** 彭剑锋　施　炜 苗兆光　王祥伍 孙　波　夏惊鸣	对处于时代变革下的企业管理新机制、人力资源管理新思维，组织与人的新型关系，结合案例提出优化建议
消费升级：实践·研究 本土管理实践与创新论坛　著	从经营、管理、行业三个方面记录消费升级下的实践	**互联网精准营销** 蒋　军　著	互联网时代整体策划、包装品牌和产品
二、抖音、微信微商、电商			
抖音营销系统 刘大贺　著	抖音系统的实战营销知识，上百个从0做大的案例	**金牌微商团队长** 罗晓慧　著	微商团队长创业实操的指导工具书
微商生意经：真实再现33个成功案例操作全程 伏泓霖　罗晓慧　著	精心挑选的33个微商成功案例，阐述具体操作过程	**快速见效的企业微信营销方法** 孙　巍　著	站在微信生态的立体高度系统讲述企业微信快营销方法论
阿里巴巴实战运营：14招玩转诚信通 聂志新　著	产品定位、阿里巴巴排名因素、数据分析，标题优化等如何做好阿里巴巴	**阿里巴巴实战运营2：诚信通热卖技巧** 聂志新　著	打开诚信通运营的金钥匙，10大具体运营技巧
三、行业新营销			
餐饮新营销 杨　勇　程绍珊　著	聚焦餐饮企业转型，系统的餐饮企业营销管理体系	**新零售进化路径** 李政权　著	预先复盘新零售及商业的未来，找到方向
珠宝黄金新营销 崔德乾　著	珠宝业新营销/新品牌/新产品/新零售/新连接/新场景/新服务/新传播/新管理	**新经销：新零售时代教你做大商** 黄润霖　著	探访近100位经销商在传统营销手法上的创新，传统营销微创新和新营销本地化
新零售动作分解与实操：建材·家居·家具 盛斌子　著	对泛家居行业趋势、店面管理、团队管理、促销推广、五感营销等提供策略	**新营销** 刘春雄　著	让品牌商和渠道商掌握获得独立流量的能力，能够与平台商博弈
快速见效的企业网络营销方法　B2B　大宗B2C 张　进　著	数据和案例90%来自作者服务的中小企业，快速全面地学习企业网络营销方法	**移动互联下的超市升级** 联商网专栏　著	超市未来的发展趋势，对社区超市、生鲜、全渠道建设、O2O等提出观点
百货零售全渠道营销策略 陈继展　著	零售行业的竞争重点、行业本质，战略转型、未来趋势、经验和案例	**互联网时代的银行转型** 韩友斌　著	银行业在互联网金融变革浪潮中所做的积极应对和转型布局
触发需求：互联网新营销样本·水产 何足奇　著	通过鲜誉案例解读阐述水产行业如何进行互联网转型	**新农资如何弯道超车** 刘祖轲　著	从农业产业化、互联网转型、行业营销与经营突破四个方面阐述农资企业转型

续表

书名	内容	书名	内容
新零售　新终端 迪智成　著	将新零售系统打法做梳理并落地在新终端建设上		
医药医疗			
一、药店			
新医改了，药店就要这样开 尚　锋　著	从药店定位的思考，内部和会员管理等几个方面探讨中小型药店发展方向	电商来了，实体药店如何突围 尚　锋　著	新时代药店经营三驾马车：药学专业服务、会员贴心服务和精准定向促销
引爆药店成交率1：店员导购实战 范月明　著	药店人的零售工作怎样接待顾客，完善销售技巧	引爆药店成交率2：药店经营实战 范月明　著	从药店经营角度如何建立改善门店现状的实用标准
引爆药店成交率：专业化销售解决方案 范月明　著	从简单的拿药服务到提供多角度的专业解决方案		
二、药品销售			
医药第三终端：从控销到动销　诊所　基层医疗 王祥君　张芳文　著	用大量案例来梳理药企落地动销的策略、方法和技战术	医药营销：诊所开发维护与动销 张江民　著	从六个方面系统阐述基层诊所市场营销攻略
处方药合规推广实战宝典 赵佳震　著	对处方药推广体系搭建、推广人员岗位内容等六个方面进行阐述	医药代理商经营全指导 戴文杰　著	从产品选择、价格体系设计、路径管理等维度描述代理商产品操作的基本策略
处方药零售这样做 田　军　著	处方药零售的重要性及做市场的具体措施和方法	OTC医药代表药店开发与维护 鄢圣安　著	一位从初级OTC医药销售代表成长起来的销售经理的经验分享
OTC医药代表药店销售36计 鄢圣安　著	以《三十六计》为线，写OTC医药代表向药店销售的一些技巧与策略		
三、药企转型			
药企战略·运营与医药产业重构 杜　臣　著	对医药产业的深度认知与发展趋势结合，战略思考与经营操作相统一	医药行业大洗牌与药企创新 林延君　沈　斌　著	围绕着创新介绍医药行业，介绍近百家医药企业创新实践案例
医药新营销 史立臣　著	从药企最关心的八个方面阐述制药企业、医药商业企业营销模式转型	医药企业转型升级战略 史立臣　著	商业模式转型、管理转型、定位转型、运营模式转型和跨界转型五方面阐述转型
新医改下的医药营销与团队管理 史立臣　著	立足新医改相关政策的解读，为中小医药企业出谋划策	在中国，医药营销这样做 段继东　著	时代方略在医药营销领域思想、方法文章的精选合集
四、新医疗			
成为医疗器械领军者 王　强　著	中小型医疗器械生产企业和代理商怎样转型	新型诊所经营与创新 动脉网　著	对新型诊所从标准化管理、经营方式、团队建设、连锁模式四个方面进行解读

续表

书名	内容	书名	内容
医美新风口：颜值经济下的亿万市场 动脉网　著	详细介绍中国医疗美容行业的发展趋势，现状以及医美产业链等	**互联网医院：正在发生的医疗新变革** 动脉网　著	介绍互联网医院的建设与运营、管理，发展模式和市场布局，以及发展规律
快消品			
一、快消案例			
中国快消品营销这些年 史贤龙　著	一本书浓缩快消品营销15年的实战历程与前沿思考	**这样打造大单品** 迪智成　著	通过13个大案例帮助企业梳理打造大单品的路径
你不知道的加多宝 曲宗恺　牛玮娜　著	以时间为轴线，详细叙述了加多宝品牌的发展历程	**娃哈哈区域标杆** 罗宏文　快车君 赵晓萌　寇尚伟	讲娃哈哈豫北市场如何成为娃哈哈全国第一大市场、全国增量第一的市场
六个核桃凭什么从0过100亿 张学军　著	全视角深度解读养元企业的裂变成长，复盘十年蜕变轨迹	**像六个核桃一样** 王　超　著	六个核桃为什么卖得这么好，产品畅销的6大要义36条简明法则
5小时读懂快消品营销 陈海超　著	20年快速消品市场风云洞察解码，丰富的案例解析		
二、快消品区域经理			
快消品营销团队管理 刘　雷　伯建新　著	快消品团队管理相关的20余个工具+20余个案例	**这样打造快消品区域标杆** 罗宏文　牛玉龙　著	分为两篇解决如何成功打造标杆市场和进行持续增量管理两大问题
成为优秀的快消品区域经理（升级版） 伯建新　著	作为区域经理的“速成催化器”，升级版增加11篇内容	**快消老手都在这样做：区域经理操盘锦囊** 方　刚　著	一线成长起来的资深快消品营销人“压箱底”绝活亲囊而授
快消品营销人的第一本书 刘雷　伯建新　著	针对一线厂家业务员工作中常遇到的问题给予建议	**销售轨迹：一位快消品营销总监的拼搏之路** 秦国伟　著	一个普通营销人的故事，16年背井离乡的职场拼搏之路
快消品营销：一位销售经理的工作心得2 蒋　军　著	从市场操作、团队管理、传播推广、营销的具体策略和战略等方面提供方法		
三、快消品动销			
动销：产品是如何畅销起来的 余晓雷　著	怎么被消费者买走和竞争对手是谁这两个原点解决动销问题	**动销操盘：节奏掌控与社群时代新战法** 朱志明　著	用七个章节阐述关于动销操盘的要诀，节点、节奏、主次、条件匹配性等问题
动销四维：全程辅导与新品上市 高继中　著	从产品、渠道、促销和新品上市四个方面详细讲解提高动销的具体方法		
四、快消品渠道			
深度分销 施　炜　著	流道价值链、模式选择、渠道策略与管理、零售经销商管理、最佳实践、团队建设	**通路精耕操作全解周俊** 陈小龙　著	对康师傅制胜法宝通路精耕进行系统介绍与说明，图表和完善入微的操作方法

续表

书名	内容	书名	内容
酒水饮料快消品餐饮渠道营销手册 朱伟杰　著	对餐饮渠道深入挖掘，建立适合餐饮渠道发展的服务模式和组织保障措施	**快消品经销商如何快速做大** 杨永华　著	经销商如何通过经营实现规模，通过管理实现规模效益
快消品营销与渠道管理 谭长春　著	解决日常涉及的渠道管理、市场、产品等营销事务	**快消品招商的第一本书** 刘　雷　著	从招商理论到招商动作进行系列化分解，化繁为简
采纳方法：化解渠道冲突 朱玉童　著	21 个最新的渠道冲突案例立体地介绍渠道冲突的现象和方法		
五、快消品企业战略			
重构：快消品企业重生之道 杨永华　著	从战略，品牌，市场，产品，营销，系统，管理 7 个方面进行重构	**变局下的快消品实战策略** 杨永华　著	从 5 个角度针对快消品企业如何应对行业变局给出答案
新营销 刘春雄　著	让品牌商和渠道商掌握获得独立流量的能力，能够与平台商博弈	**采纳方法：破解本土营销 8 大难题** 朱玉童　著	破解困扰营销人的八大难题变给出解决方法
白酒营销培训宝典：复制高业绩 刘孝鞅　著	总结白酒营销人员系统运作市场的要点，转化为易学可复制的动作和工具表单	**酒水饮料快消品餐饮渠道营销手册** 朱伟杰　著	对餐饮渠道深入挖掘，建立适合餐饮渠道发展的服务模式和组织保障措施
白酒营销的第一本书 唐江华　著	多角度阐释白酒一线市场操作的最新模式和方法	**白酒经销商的第一本书** 唐江华　著	经销商如何选择厂家、合作、运营品牌等问题给建议
白酒到底如何卖 赵海永　著	多角度地阐释了白酒一线市场操作的最新模式和方法	**白酒到底如何卖 2：从市场培育到动销** 赵海永　著	系统化、标准化、模式化的促成动销的实战操作方式和方法
变局下的白酒企业重构 杨永华　著	白酒企业重构期的营销战略与实操策略 6 大方法	**酒业转型大时代** 微　酒　著	酒水营销、新闻资讯及行业分析、预测的知识宝典
区域型白酒企业营销必胜法则 朱志明　著	以 36 条法则从战略、营销、推广、产品线、品牌、市场、战术、等方面提供方法	**10 步成功运作白酒区域市场** 朱志明　著	从市场攻守、产品攻略、新品上市、占领渠道、促销等十个层面阐述
茶·调味品·油·乳业			
营销中国茶：2 小时读懂茶叶营销 史贤龙　著	中国茶营销的“困局”“破局”和“创举”	**中国茶叶营销第一书** 柏　龑　著	纵览中国茶叶市场的全局，并且有针对性地提出问题并阐述解决方法
调味品营销第一书 陈小龙　著	15 年监控中国市场 50 个中外著名调味品品牌市场运作、管理等得到的经验总结	**调味品企业八大必胜法则** 张　戟　著	提炼了调味品企业八大规律性的关键成功要素
食用油营销的第一本书 余　盛　著	从小包装油行业概述到产品的基本知识，从基本执行动作到品牌整体策划等	**鲁花：一粒花生撬动的粮油帝国** 余　盛　著	鲁花如何成长为优秀的带动农业产业发展的品牌，鲁花你一定学得会

续表

书名	内容	书名	内容
金龙鱼背后的粮油帝国 余　盛　著	以金龙鱼为脉的一部中国粮油行业的史诗	乳业营销的第一本书 侯军伟　著	区域型乳品企业如何才能够稳健的发展
工业品			
一、工业品销售			
大客户销售这样说这样做 陆和平　著	大客户销售活动的十大模块，68 个典型销售场景	销售是个专业活　B2B 陆和平　著	据客户采购流程拆分销售过程 10 阶段，讲解方法技巧
成为资深的销售经理：B2B　工业品 陆和平　著	让销售经理成功把握销售管理 6 个关键点，并提供工具	一切为了订单：订单驱动下的工业品营销实践 唐道明　著	以订单流程的三个环节为主线讲述工业品营销管理新思路
二、工业品营销			
工业品营销管理实务（第 4 版） 李洪道　著	是信任导向工业品营销体系的深化版、工业品营销管理体系优化咨询升级版	工业品企业如何做品牌 张东利　著	为当下中国制造的品牌化转型提供经过实践证明的理念、方法和体系
工业品市场部实战全指导 杜　忠　著	解决职能不清、市场部五大职能如何运作、职业发展路径等具体问题	解决方案营销实战案例 刘祖轲　著	十大工业品作者实操案例解码解决方案营销
资深大客户经理：策略准　执行狠 叶敦明　著	将大客户经理必须具备的规划、策略、执行三种能力连通自如		
三、工业品企业			
变局下的工业品企业 7 大机遇 叶敦明　著	探索工业品企业成长的新机会，7 大战略与战术性机会	两化融合管理体系贯标流程与方法 戴　勇　著	融合五十多家企业在两化融合贯标过程的经验，总结重点与举措
丁兴良讲工业 4.0 丁兴良　著	多角度阐述中国在工业 4.0 的机遇和挑战		
建材家居			
一、建材家居门店			
家居建材促销与引流 薛　亮　李永锋　著	对泛家居营销执行模式和工具、关键环节等进行汇总	新零售动作分解与实操：建材·家居·家具 盛斌子　著	对泛家居行业趋势、店面管理、团队管理、促销推广、五感营销等提供策略
家具行业操盘手 王献永　著	总结家具终端门店发展的现状及问题并给出策略	手把手教你做专业督导 熊亚柱　著	系统梳理督导的核心技能，岗位职责、工作流程及技能
手把手帮建材家居导购业绩倍增 熊亚柱　著	针对建材家居门店的业务人员，案例故事还原场景教你成为好导购	10 步成为最棒的建材家居门店店长 徐伟泽　著	梳理店长管理的核心工作职责，店面管理规范和帮助销售人员成长
建材家居门店销量提升 贾同领　著	9 个板块讲述建材一个单店如何做到经营的良性循环	建材家居门店 6 力爆破 贾同领　著	产品力、导购力、形象力、推广力、服务力、组织力
二、建材家居经销商			
新经销：新零售时代教你做大商 黄润霖　著	探访近 100 位经销商在传统营销手法上的创新，传统营销微创新和新营销本地化	建材家居经销商 42 章经 王庆云　著	经营管理的心法和战法，帮助经销商成为“业务妙手”和“管理能手”

续表

书名	内容	书名	内容
成为最赚钱的家具建材经销商 李治江　著	针对建材家居行业的经销商，从销售模式、产品、门店、市场等方面给出方法		
三、建材家居企业			
定制家居黄金十年 韩　锋　翁长华　著	对中国定制家居行业20年发展历程深度、系统、专业的解读	建材家居营销：除了促销还能做什么 孙嘉晖　著	探索家居建材行业营销的革命，回顾和思考来发现行业“营销天花板”的突破口
建材家居营销实务：新环境、新战法 程绍珊　杨鸿贵　著	针对建材家居市场特点提出以客户价值为基础的整体营销价值链		
零货·超市·百货			
新零售进化路径 李政权　著	预先复盘新零售及商业的未来，找到方向	新零售　新终端 迪智成　著	将新零售系统打法做梳理并落地在新终端建设上
移动互联下的超市升级 联商网　著	超市未来的发展趋势，对社区超市、生鲜、全渠道建设、O2O等提出观点	百货零售全渠道营销策略 陈继展　著	零售行业的竞争重点、行业本质，战略转型、未来趋势、经验和案例
超市卖场定价策略与品类管理 IBMG集团　著	零售企业的市场拓展与商品定位、商品结构与商品陈列、毛利分析与库存分析	连锁零售企业招聘与培训破解之道 IBMG集团　著	围绕零售企业组织架构、培训体系建设等内容进行深刻探讨
总部有多强大，门店就能走多元 IBMG集团　著	五大方向综合阐述连锁零售企业总部如何提升管理能力	三四线城市超市如何快速成长：解密甘雨亭 IBMG集团　著	甘雨亭的许多关键经营指标均高于行业标准，学习其成功的方法
中国首家未来超市：解密安徽乐城 IBMG集团　著	对乐城超市的掌门人及内部员工的采访详细阐释了乐城的经验	零售：把客流变成购买力 丁　昀　著	通过大量的实际案例对中国零售业态的升级转型之路提出思考
餐饮·服装·影院			
餐饮新营销 杨　勇　程绍珊　著	聚焦餐饮企业转型，系统的餐饮企业营销管理体系	电影院的下一个黄金十年 李保煜　著	介绍了中国电影产业的运作模式以及电影院的开发、设计思路
餐饮企业经营策略第一书 吴　坚　著	阐述餐饮企业产品之道、市场之道、顾客之道及盈利之道	赚不赚钱靠店长，从懂管理到会经营 孙彩军　著	注重专卖店的经营思路拓展，门店管理细节方面能力提升
农牧业			
一、农资			
饲料营销有方法 陈石平　著	饲料营销的7大核心命题	农资营销实战全指导 张　博　著	深度营销在农资市场行之有效的营销策略和工具
新农资如何弯道超车 刘祖轲　著	从农业产业化、互联网转型、行业营销与经营突破		

续表

书名	内容	书名	内容
二、农牧企业			
中国牧场管理实战 黄剑黎　著	牧场管理标准、管理制度、操作规程做出剖析和指引	**中小农业企业品牌战法** 韩　旭　著	农业企业需要全产业链视野，更需要品牌实战方法
变局下的农牧企业9大成长策略 彭志雄　著	为农牧企业量身打造了9个立足现在、展望未来的成长策略	**农产品营销实战第一书** 胡浪球　著	针对33个农产品营销的核心问题提供具体招数
		地产·汽车	
一、地产			
中国城市群房地产投资策略 吕俊博　刘　宏　著	挖掘主要城市群的现状特征、发展因子、演化趋势、竞争关系等，给出分析建议	**产业园区/产业地产：规划、招商、实战运营** 阎立忠　著	认知、规划、招商、运营四方面系统解读产业园区的建设精要和运营技巧
人文商业地产策划 戴欣明　著	“全球化视野（创意）”+“人文+”思维		
二、汽车			
商用车经销商运营实战 杜建君　著	对商用车经销商的经营与管理、4S店运营做了全方面的系统总结	**汽车配件这样卖** 俞士耀　著	适合轮胎、机油、维修、快保、美容、洗车等汽车服务业态销售实操办法
润滑油销售：这样说，这样做更有效 张金荣　著	总结润滑油销售面对三大客户常遇到的200余个营销问题解决方法		
		投资理财·收购资本	
交易心理分析 马克·道格拉斯 【美】　著	一语道破赢家的思考方式，并提供了具体的训练方法	**财报背后的投资机会** 蒋　豹　著	零基础轻松掌握财务报表的相关知识，快速入门
写给企业家的公司与家庭财务规划 周荣辉　著	以企业的发展周期为主线，写各阶段企业与企业主家庭的财务规划	**分股合心** 段　磊　周　剑　著	围绕股权激励，详细介绍相关知识和实行方法
成功并购300问 浩德并购军师联盟　著	系统学习资本运作和企业并购知识的金融工具书	**并购名著阅读指南** 叶兴平　著	全球5000多本并购图书中精选200本并进行评价
		阿米巴	
阿米巴经营的中国模式 李志华　著	基于阿米巴经典理念提出了适合中国本土的员工自主经营的“1532”模型	**集团化企业阿米巴实战案例** 初勇钢　著	作者在某酒厂推行阿米巴经营模式的心得
中国式阿米巴落地实践之激活组织 胡八一　著	划分原则、裂变与整合、组织管控、重新定位、巴长竞聘和组阁	**中国式阿米巴落地实践之从交付到交易** 胡八一　著	从6个方面阐述经营会计，从交付到交易是成功实施阿米巴的标志
中国式阿米巴落地实践之持续盈利 胡八一　著	企业做平台、平台做成阿米巴、阿米巴做成合伙制		

续表

人力资源管理			
一、绩效·薪酬			
书名	内容	书名	内容
回归本源看绩效 孙　波　著	从目的和概念帮助企业梳理绩效管理与经营的关系	**走出薪酬管理误区** 全怀周　著	7个常见薪酬误区入手为企业提供一套系统解决方法
曹子祥教你做绩效管理 曹子祥　著	作者核心授课课程的还原，掌握绩效管理的核心内容	**曹子祥教你做激励性薪酬设计** 曹子祥　著	作者28年咨询经验总结，如何进行科学的薪酬体系设计
二、招聘·面试·培训			
把招聘做到极致 远　鸣　著	多年人力资源资深招聘经理多年工作心得提炼	**把面试做到极致** 孟广桥　著	一套实用的确定岗位招聘标准、提升面试官技能方法
人才评价中心漫画版 邢　雷　著	用漫画形式写成的人才测评专业书籍	**世界500强资深培训经理人教你做培训管理** 陈　锐　著	从构建培训体系、培训组织、培训文化、开发培训资源教你做培训管理
三、HR高管·劳动法			
经营型HRD 黄渊明　著	总结企业HRD如何支撑企业经营成功抓好七件关键事情	**人才供应链：实现高绩效均衡的人才管理模式** 许　锋　著	打造人才供应链的四大支柱，十项修炼的完整体系
新任HR高管如何从0到1 新　海　著	到互联网创业型企业担任HRVP，从0到1建立较完善的HR体系	**人力资源体系与e－HR信息化建设** 刘书生　陈　莹 王美佳　著	6大框架、28个关注点、5大目标、6大优势、166个交付物咨询体系和盘托出
集团化人力资源管理实践 李小勇　著	针对集团型企业人力资源管理急问题，提出科学建议	**我的人力资源管理笔记** 张　伟　著	第三方咨询视角跳出“技术方法”看人力资源管理
人力资源的5分钟劳动法 李皓楠　著	入职管理、在职管理、离职管理中遇到的劳动法问题及应对		
四、HRBP			
HRBP是这样炼成的之菜鸟起飞 黄渊明　著	作者在初步转型HRBP两年时间里摸索实践的亲身经历与总结	**HRBP是这样炼成的之中级修炼** 黄渊明　著	结合作者亲身从事HRBP的工作经历，总结HRBP的作战故事
HRBP高级修炼 黄渊明　著	故事方式，HRD角度深度呈现运用HRBP的思维、方法		
企业文化			
企业文化落地本土实践 王祥伍　著	华夏基石“知信行”模型描绘企业文化落地路线图	**企业文化的逻辑** 王祥伍　著	从文化起源深刻剖析文化、效率、企业、企业文化联系
企业文化定位·落地一本通 王明胤　著	企业文化理念传播和落地聚焦的17种方法，解读了近100个实战案例	**36个拿来就用的企业文化建设工具** 海融心胜　著	汇集整理了36个通用的企业文化实践工具

续表

书名	内容	书名	内容
企业文化激活沟通 宋杼宸　安　琪　著	系统阐述沟通与企业文化的关系，给予企业提升沟通效能的企业文化解决方案	**企业文化建设超级漫画版** 邢　雷　著	用漫画形式写成的企业文化建设专业书籍，理论体系和29个具体的操作方法
在组织中绽放自我 朱仁建　著	个人与组织之间的关系，文化对组织化形成的影响		
流程管理			
营销·研发·供应链业务架构与流程管理 谭勋晖　著	对营销、研发、供应链这三大业务流程变革实践经验总结	**打造集成供应链** 王春强　著	第一用力在“集成”上，梳理内外部各相关模块及其依赖关系
人人都要懂流程 金国华　余雅丽　著	50幅流程管理漫画，内部对流程价值理念的高度共识	**用流程解放管理者** 张国祥　著	8个板块构成，共66篇文章，14幅流程管理图
用流程解放管理者2 张国祥　著	对中小企业规范化流程管理进行系统的阐述	**跟我们学建流程体系** 陈立云　罗均丽　著	在《跟我们做流程管理》基础上丰富了标杆实践案例
16949质量管理体系落地与全套文件汇编 谭洪华　著	对IATF16949每个条款讲解采用理解、作用、落地、模板、成功案例四个模块解析	**ISO9001：2015制造业文件模板全集** 贺红喜　著	五篇内容组成的完整的质量管理体系工具文件
精益质量管理实战工具 贺小林　著	四个方面对精益质量管理进行了全方位介绍和解读，并提供大量方法工具	**五大质量工具详解及运用案例** 谭洪华　著	APQP、FMEA、MSA、SPC、PPAP这五大质量工具的具体运用
IATF16949质量管理体系详解与案例文件汇编 谭洪华　著	针对IATF16949的标准原文做详细解说，同时提供大量表单案例	**SA8000：2014社会责任体系认证实战** 吕　林　著	将SA8000多版本及10多年的体系实战经验汇编成书
ISO9001：2015新版质量管理体系解读与案例文件汇编 谭洪华　著	ISO9001：2015新版标准理解和运用操作进行详细解读	**ISO14001：2015新版环境管理体系解读与案例文件汇编** 谭洪华　著	ISO14001：2015改版后的差别和操作运用进行详细讲解
精益生产			
一、精益·JIT·IE			
精益思维 刘承元　著	作者二十余年企业经营和咨询管理的经验总结	**比日本工厂更高效** 刘承元　著	管理提升无极限+超强经营力+精益改善里的成功实践
计划与物流精益改善之道 于晓光　著	围绕“计划与物流战略咨询的方法论”进行解析，提供方法论和案例	**300张现场图看懂精益5S** 乐　涛　著	通过日本丰田、上市企业案例，用300张现场图系统讲解5S管理
3A顾问精益实践1：IE与效率提升 党新民　苏迎斌 蓝旭日　著	系统、全面地介绍IE工厂管理技术，提高效率创造价值	**3A顾问精益实践2：JIT与精益改善** 肖智军　党新民　著	系统、全面地介绍JIT生产方式，并加入实践案例
高员工流失率下的精益生产 余伟辉　著	从三方面论述推行精益管理时如何应对员工流失		

续表

书名	内容	书名	内容
二、生产管理			
化工企业工艺安全管理实操 黄　娜　著	围绕化工工艺安全 14 要素来展开分析	手把手教你做专业生产经理 黄　娜　著	生产经理如何在信息流、物流、资金流三大流中开展工作
欧博心法：好工厂　靠管理 曾　伟　著	从管人篇和管事篇帮助读者解决人难管、事难控	欧博工厂案例 1：生产计划管控对话录 曾　伟　曾子豪　著	工厂管理生产计划管控模块的 8 个全景细节大案例
欧博工厂案例 2：品质技术改善对话录 曾　伟　曾子豪　著	工厂管理品质、技术、效率管理模块的 10 个全景细节大案例	欧博工厂案例 3：员工执行力提升对话录 曾　伟　曾子豪　著	工厂管理人员管控模块的 5 个全景细节大案例
工厂管理实战工具 曾　伟　著	中国传统文化指导下的工厂管理工具		
全能型班组：城市能源互联网与电力班组升级 国网天津电力公司　著	从互联网时期的班组转型升级出发，对新型班组组织模式和运行机制进行设想	国网天津电力全能型班组建设实务 国网天津电力公司　著	聚焦天津电力公司在探索全能型班组转型升级时的优秀实践
车间人员管理那些事儿 岑立聪　著	小事入手把基层车间管理者头疼的事务打包解决		
咨询·培训师			
培训师事业长青之道 廖信琳　著	培训师自我管理的"洋葱模型"，十项内容与五个层级	管理咨询师的第一本书 熊亚柱　著	深度剖析初级入行咨询师在工作中会遇到的问题
资深管理咨询顾问工作心得 张国祥　著	使用手册讲述咨询师如何操作项目，老板如何选择咨询师，企业如何自主落地	手把手教你做顶尖企业内训师 熊亚柱　著	从开、控、收、编、制、用的角度去践行培训师的职责
TTT 培训师精进三部曲上 廖信林　著	手把手教您"深度改善现场培训效果"的一招一式	TTT 培训师精进三部曲中 廖信林　著	建构一整套培训课程设计与开发的认知架构和方法体系
TTT 培训师精进三部曲下 廖信林　著	通过"沉淀职业功力的六度模型"，帮助培训师在职业技能上的持续精进		
产品·研发			
研发体系改进之道 靖　爽　陈年根 马鸣明　著	取材数十家企业研发改进的咨询实践，提炼一套实操的改进步骤与工具	新产品开发管理，就用 IPD（升级版） 郭富才　著	把产品经营的思想凝结在新产品开发管理机制中，升级版更丰富
产品开发管理：方法·流程·工具 任彭枞　著	结合超过 300 家企业的实际研发管理方法，总结问题和方法，大量表格	资深项目经理这样做新产品开发管理 秦海林　著	采用过程管理方法，对新产品开发的四大过程进行分析，主要针对小电器产品
产品炼金术 Ⅰ：如何打造畅销产品 史贤龙　著	如何打造畅销产品的四个方法	产品炼金术 Ⅱ：如何用产品驱动企业成长 史贤龙　著	经营者视角重新认识产品，对产品现状快速诊断
中东历史与现状二十讲 黄民兴　著	对中东几千年的历史和动荡的现状进行了一个白描	非暴力抵抗的诞生 甘　地　著	甘地南非 21 年为印度侨民争取政治权利的艰苦历程

续表

书名	内容	书名	内容
中国古代政治制度上：皇帝制度与中央政府 刘文瑞　著	探究中国古代政治制度的规则和机制，论证古代皇帝制度的形成和演变历程	中国古代政治制度下：地方体制与官僚制度 刘文瑞　著	探究中国古代政治制度的规则和机制，论证古代地方政府的发展演变过程
两晋南北朝十二讲 李文才　著	分12个专题对两晋南北朝的历史进行阐述	每个中国人身上的春秋基因 史贤龙　著	透过真实的春秋历史，看到人性里的黑暗与光明、卑劣与高尚
二、哲学			
车过麻城·再晤李贽 张再林　著	用游记的方式，展示李贽独到的学术眼力和理论建树	王阳明万物一体论 陈立胜　著	“万物一体”是王阳明思想的基本精神。大人者，能与天地万物为一体
自我与世界：以问题为中心的现象学运动研究 陈立胜　著	对现象学运动之中的“意向性”“自我”“他人”“身体”及“世界”进行深入分析	作为身体哲学的中国古代哲学 张再林　著	对中国古代哲学之性质内容给予一种全新的理论解读
中西哲学的歧义与汇通 张再林　著	揭示中西哲学“你中有我，我中有你”之旨		
三、传统文化			
与老子一起思考·道篇 史贤龙　著	一本将《老子》思想本义、思想价值、思想史地位、文明史意义讲透的著作	与老子一起思考·德篇 史贤龙　著	考、释、译、论四个方面的工作对《老子》进行解读
国富策：读管子知天下财富 翟玉忠　著	《管子》轻重十六篇为核心的轻重术，深刻阐发并从中汲取有益时代的经验教训	说服天下：鬼谷子的中国沟通术 翟玉忠　著	为纵横家正名，对纵横术进行了系统总结
中国商道 翟玉忠　著	对中国先秦和明清时期商业典籍系统整理和诠释	梁涛讲孟子之万章篇 梁　涛　著	对《万章》的讲解通俗、富有新意
中国思想文化十八讲 张茂泽　著	中国宗教文化课程10年基础上撰写而成，介绍中国古代宗教思想	孔门心法，中道而行：史幼波中庸讲记 史幼波　著	史幼波讲的《中庸》提炼出中华传统心性之学的精髓
大学之道，圣学纲目：史幼波大学讲记 史幼波　著	史幼波讲的《大学》帮助我们在自己身上找到一个精神的皈依处	史幼波《周子通书》《太极图说》讲记 史幼波　著	根据史幼波围绕这两篇儒学经典的系列讲座整理而成
四、书法·太极·教育·英语			
跟陈忠建学写名家书法Ⅰ 陈忠建　著	用视频跟陈忠建学名家书法之楷书·行书	跟陈忠建学写名家书法Ⅱ 陈忠建　著	用视频跟陈忠建学名家书法之隶书·楷书·行书
郑子太极拳理拳法 杨竣雄　著	作者14岁入郑子太极之门，用故事性的方式讲述教学	内功太极拳训练教程 王铁仁　著	训练方法及练习，用内气演练过程予以详析，有视频
别让你的执着毁了孩子 廖信林　著	复盘与孩子互动过程中的关键时刻，有效的亲子教育	像美国人一样讲话 马方旭　著	美国最常用的800句习惯用语搭配场景例句，有视频